信息技术时代体育教学理论解读与体系建构研究

赵　辉　高金霞　高　涛　著

全国百佳图书出版单位

吉林出版集团股份有限公司

图书在版编目（CIP）数据

信息技术时代体育教学理论解读与体系建构研究／
赵辉，高金霞，高涛著. -- 长春：吉林出版集团股份有
限公司，2020. 9

ISBN 978-7-5581-9191-6

Ⅰ. ①信… Ⅱ. ①赵… ②高… ③高… Ⅲ. ①信息技
术-应用-体育教学-教学研究 Ⅳ. ①G807. 01

中国版本图书馆 CIP 数据核字（2020）第 182396 号

XINXI JISHU SHIDAI TIYU JIAOXUE LILUN JIEDU YU TIXI JIANGOU YANJIU

信息技术时代体育教学理论解读与体系建构研究

著：赵 辉 高金霞 高 涛
责任编辑：潘莉莉 朱 玲
封面设计：冯冯翼
开　　本：787mm×1092mm 1/16
字　　数：410 千字
印　　张：18.25
版　　次：2020 年 9 月第 1 版
印　　次：2022 年 10 月第 2 次印刷

出　　版：吉林出版集团股份有限公司
发　　行：吉林出版集团外语教育有限公司
地　　址：长春市福祉大路 5788 号龙腾国际大厦 B 座 7 层
电　　话：总编办：0431-81629929
印　　刷：廊坊市印艺阁数字科技有限公司

ISBN 978-7-5581-9191-6　　定　价：62. 00 元

前　言

中共中央国务院《关于加强青少年体育，增强青少年体质的意见》指出，增强青少年体质、促进青少年健康是关系到国家和民族未来的大事，一个国家繁荣昌盛的最根本因素是人力资源，而对于任何一个个体来说，最基础也是最重要的因素是身体素质。学校体育是进行身体锻炼的基础，课堂教学是促进青少年身心全面发展的主要阵地。因此，高校体育教学是高校教育的重要组成部分，是高校体育教学改革的重要对象。

当人类昂首迈入21世纪的今天，每一个人都深切地感受到现代信息技术正在以前所未有的速度影响人类社会的各个领域全球信息化的快速发展，尤其是互联网和电子商务的飞速发展，日益改变着人类的生产和生活方式，对政治、经济、文化等领域产生深远的影。目前，信息产业已成为全球规模最大、最具活力的产业，成为经济发展的引擎。体育是中国社会文化和国民经济不可缺少的重要组成部分，体育信息化建设不仅对提高体育系统办公透明化、提高管理水平、提高办事效率具有深远意义，还将对中国从体育大国向体育强国迈进起到积极的推动作用。

在目前的大学体育教学中，深度信息化使得教学双方所处的信息环境发生了巨大的变化，整个教学系统由相对封闭走向开放。教学环境的改变，促使整个体育教学系统也应该发生相应的调整。体育教学模式、环境、资源等是体育教学体系的重要构成因素，本书就从这几个方面论述了信息化时代体育教学体系的建构的具体方法。此外，体育教师是体育教学的主导者，对体育教学产生着重要影响。大学体育教师的观念需要及时转变，选择合适的教学模式，合理安排教学内容，利用信息化手段实现教育教学资源的共建共享，推进教育改革，使信息化教学这种新兴的教学手段更好地服务于大学体育教学。

与已有的同类研究成果相比，本书主要具有以下两大特色：

一是层次性。本书首先引入了信息技术的相关知识，并阐述了体育教学的基础知识；而后分析了信息技术与体育专业课程的整合、信息技术在高校体育教学中应用等方面的内容；最后论述了信息技术与高校体育融合的各种途径。本书框架清晰，能够让读者迅速抓住作者的写作思路。

二是针对性。目前，虽然当代大学生的体育教育越来越系统化，但大学生学习体育的兴趣没有得到预期的显著提升却是不争的事实。本书针对这一现实问题，探索了解决问题的有效路径，以当下信息技术为基础，阐述了信息时代下体育教育的新方法，以期能给大学生及教育工作者有益的启迪。

全书由河北建材职业技术学院赵辉老师、四川大学高金霞老师、山东建筑大学高涛老师合作完成，共计41万余字。其中赵辉老师负责全书统稿和第一、二、三、四、五章的撰写工作，合计17万余字；高金霞老师负责第六、七、八、九章的撰写工作，合计13万余字；高涛老师负责第十、十一、十二章的撰写工作，合计 11 万余字。

　　本书在写作的过程中参考了许多体育教学与训练方面的资料，作者本人也进行了一些调研工作，力求观点的新颖，论述的全面。但是，由于作者学识、能力有限，再加上篇幅过长，本书中肯定还存在许多不足之处，希望读者多多指导。最后，郑重的感谢给本书的写作提供帮助的同行、朋友、家人，谢谢你们提出的宝贵意见。

CONTENTS

目 录

第一章　　体育教学概述

体育教学是实现学校体育目标的途径之一。体育教学是在教师的指导和学生的参加下，按照体育教学大纲和体育教学工作计划，由教师指导学生掌握体育和卫生保健知识、基本的运动技术和技能，增强学生体质，培养良好的思想、道德和意志品质的一种有组织的教育过程。本章就对体育教学的基本概念进行了全面阐述。

第一节　体育教学的概念、性质与目的

一、体育教学的概念

体育教学是按一定计划和课程标准进行的有目的和有组织的教育过程。我们可以从以下三个方面来解析体育教学的概念。

（一）体育教学是一门学科

体育教学由体育教学目标、教学内容、教学方法、教学评价等多种要素共同组成。体育教学是一种特殊的教学课程，它以发展学生体能、增进学生身心健康为主要目标，它与德智美劳相配合来促进学生身心的全面发展。体育教学最重要的教学组织形式是课程教学。具体来说，体育课程教学指的是特殊的课程教学，它的开展主要是为了实现教学目标，促进学生德智体美劳的全面发展，同时促进学生体能与身心的健康发展。体育课程教学注重学生对体育运动的知识与技能的学习与掌握，但对学生的体育实践活动、情感发展以及适应社会的能力的关注还不够。

（二）体育教学是一项体育活动

体育教学主要是有目的、有计划、有组织的相关体育活动的组合。有关研究学者也提出了相似的看法："现代体育教学是为了使学生能在身体、运动认识、运动技能、情感和

社会方面和谐发展的有计划、有组织的活动。"①通过体育教学,学生不仅要对理论知识加以了解与熟记,还要在参与实践运动的基础上,对一定的运动技能进行掌握,达到相应的技能标准与要求。

(三)体育教学是教育的一部分

体育教学是在教师的指导下,从生物科学、教育学、心理学、社会学、哲学等学科中获得知识,在体育与健康方面有计划、有目的、有组织地以身体锻炼为载体的活动,它与德、智、美、劳的教育课程相配合,共同促进学生身心全面发展。现代体育教学中,除了运动能力方面的教育还有些许欠缺,在体育运动与体育活动、训练方面的教育都较为成熟,能够提高学生身心发展的基础修养。作为教育的一部分,体育教学的部分内容与方法也是素质教育内容和方法的体现。

二、体育教学的性质

事物本身与其他事物之间最根本的区别主要由性质来决定,性质不同的两种事物其带来的表象自然有一定的差异。体育教学和其他学科教学之间最根本的区别就在于它本身所具有的体育教学性质。这种体育性质使其表现出如下几方面的特点。

(1)体育教学活动多在户外开展,但体育课堂教学在室内场馆开展的情况也较为常见。

(2)体育教学过程中,师生都要承受一定的运动负荷与心理负荷。

(3)教学过程是身体活动与思维活动的结合,并且还有比较频繁的人际交往。

(4)体育教学侧重于发展学生身体时空感觉以及运动智力。

(5)体育教学更加重视学生的自我操作与体验等实践能力。

体育教学活动中,最重要的教学形式就是体育运动技能的教学,它是体育育人的一个主要方式。对运动技能的传授同时也是体育教学与其他学科教学之间的一个重要区别。在体育教学中,学生全面掌握体育运动技能,需要经过几个教学阶段(认知阶段、联系阶段与完善阶段)才能实现,具体来说,在体育运动技能的认知阶段中,学生与体育运动技能之间的联系最为密切,该阶段教学的主要目的就是学生对所学技能的结构、要素、关系、力量、速度等要素进行表象化的认识,从这一角度来看,体育运动技能教学仅仅是学生提高身体素质、完成技术动作的一种方法。因此可以认为,运动技术不具有人的特性,而只是一种"操作性知识"。②

通过以上论述,可以认识到,体育教学的本质就是"一种针对运动技术和知识的教学",在体育教学中,学生学会了运动知识并将之转化为运动技能,体育教学的本质就达成了。③

---

① 周遵琴.高校体育教学改革与发展 [M].成都:电子科技大学出版社,2015:4.

② 关北光,毛加宁.体育教学设计 [M].成都:西南交通大学出版社,2016:6.

③ 周遵琴.高校体育教学改革与发展 [M].成都:电子科技大学出版社,2015:7.

三、体育课程教学的目的

体育课程教学的目的是有效地促进学生身心健康发展，增强学生体质，与德育、智育和美育一道共同完成培养德、智、体、美全面发展的现代社会建设人才。体育课程教学的这一目的充分体现了在"健康第一"思想指导下学校体育教学的基本功能，充分显现了体育课程教学在学校教育中的重要地位和作用。

第二节　体育教学的特点与功能

一、体育教学的特点

我们已经了解到体育教学是学校教育的重要组成部分，但是由于体育教学较其他学科的教学而言，具有很强的实践性，并且在教学的过程中涉及的内容较多，较为复杂，因此体育教学的特点也较其他学科的教学特点有着本质的区别。因此，对于体育教学工作者而言，掌握体育教学的特点也成为必备的知识之一。这里将体育教学的特点概括如下。

（一）身体参与的直接性

体育教学的根本目的就是增强学生的体质，其教学的本质就是通过肌肉群的运动，促进学生身体机能的发展，从而增强学生的运动技能。这就决定了体育教学这门课程是通过反复的教授和实践，让学生掌握锻炼的方法，直观地说，就是通过肌肉的感觉将信息传递到中枢，然后经过反复的条件刺激，建立起条件反射，最终经过分析、总结，达到对某种技能的理性认识，使得学生掌握某项体育运动的技能。因此体育教学的特点之一就是身体参与的直接性。所谓身体参与的直接性主要表现在两个方面：第一是教师身体参与的直接性，因为有些体育运动需要教师亲身示范，这是体育教学中最常见的一种教学方式；第二就是学生的身体参与的直接性，通过亲身参与练习，按照教师的示范，进行反复尝试和练习。

（二）认知活动的本体性

体育教学贯穿于学校教育的整个阶段，体育教学内容也较为复杂，因此在教学的过程中，要根据学生的认知规律和身心发展的特点，组织体育教学的内容，最大限度地促进学生对体育教学的知识和技能的掌握。如果所安排的教学内容与学生认知的本体性发展有一定的差距，那么就会降低学生对体育教学的兴趣和参与热情，让学生产生厌恶的情绪，不利于体育教学的开展。如对低年级的学生开展体育教学的时候，就应该多采用一些游戏式的教学方法，所选用的教学内容也应该较为形象、简单，这样易于学生掌握和接受。但是对高年级的学生进行体育教学的时候，就应该在教学的过程中多加入一些比赛活动，激发学生的热情，有利于学生学习兴趣的提高。因此在开展体育教学的过程中，要坚持认知活动的本体性的特点。

（三）体力和智力的结合性

体力和智力的结合性是体育教学的特点之一，这也是当今素质教育和全面发展教育的主要内容。众所周知，体育锻炼能通过各种调节人体机能的运动或是活动，达到强健骨骼、增强体质的作用。因为骨骼的生长需要不断吸收蛋白质和无机盐，人体必须有足够的维生素才能使钙和磷更好地吸收，在体育课上，进行户外锻炼的时候，日光中的紫外线能够释放一些物质，促进机体对钙和磷的吸收。同时还能使肌体的纤维变粗，提高肌肉血液的供应，增加毛细血管的收缩程度，同时使肌肉强壮。除此之外，体育锻炼还能够促进人体大脑和神经系统以及其他各部分的生长发育。据美国科学家对幼鼠的训练表明，适当地开展一些体力活动能有效地增加脑的重量、皮质的厚度和神经细胞的体积，使脑物质结构发生变化，延缓衰老，消除疲劳，提高大脑的工作效率，从而提高记忆能力，开展体育锻炼可以提高脑细胞的反应速度，有利于发挥脑的智力功能。

（四）教学内容的健身性

体育课程是通过教师的讲解和示范，带领学生进行各种锻炼活动，并且在活动的过程中引导学生掌握相关知识和技能的过程。如体育教师在体育课上组织学生进行各种体育锻炼活动，根据学生的体质特点，开展各种强度不同的体育练习使学生学习掌握运动技能，使身心得到运动负荷的刺激，增强了学生的体质，促进学生身心健康，达到健身性的作用。体育教学内容的健身性是教学的显性特点，这一教学特点是语文、数学等文化学科所不具备的，在开展体育教学的过程中，教师通过预设的活动和身体练习，以及循循善诱的教学方法，对学生的心理进行刺激，促进学生的心理健康，帮助学生养成良好的行为习惯，由此可以看出，体育教学内容具有健身性这一显性特点。

（五）学习者身体生理负荷性

体育教学中涉及很多的运动和锻炼，这些都是通过肌肉群的运动，促进身体机能的变化，从生理角度而言，很多体育运动、活动都会牵涉到身体做功的问题，学生在参与的过程中，由于肌肉群的运动，促进人体的新陈代谢，增加身体的生理负荷，最终达到强身健体的作用。如组织学生参加跑步活动，我们可以看到的是，跑步结束的学生会感觉到小腿肌肉和大腿内侧的肌肉有酸胀感，同时也会造成身体的劳累，这就说明了体育锻炼具有增加学习者的身体生理负荷性的特点。除了跑步这项运动之外，例如跳远、篮球、足球等能够带动机体肌肉群的运动，都能对机体产生负荷。在进行体育教学的过程中，教师通过引导学生反复的进行体育运动的实践，完成教学任务，因此，体育教学具有增加学习者身体生理负荷性的特点。

（六）人际交往的直接性

体育教学是一个实践性很强的教学，是开放式的教学，同语文、数学等文化课学科的教学有着本质的区别。因为体育教学大都是室外教学，能够促进学生之间的互动交流，通过与同学之间的自由式的交流、沟通，提升每一位学生自身的交际能力。如学生在进行跳远练习的时候，需要同学之间互相帮助测量跳远的成绩，学生的成绩是透明的，能促进学生之间的交流和讨论，促进跳远技巧的研究，在问题的发现与解决中促进学生交际能力的提升。除此之外，体育教学中会牵涉到很多的比赛项目，将学生分成小组，让小组之间进行比赛，小组成员之间相互配合，相互支持，形成团队凝聚力，培养学生的团队凝聚力。再加上任何一项体育锻炼和小组之间的比赛，都是由学生亲身参与进行的，这就是体育教学人际交往的直接性特点的表现。

二、体育教学的功能

与其他课程一样，体育教学不仅要向学生传授生物、生理、心理、医学等自然科学和体育基本知识，还要将科学的身体锻炼方法与手段传授给学生，使学生正确掌握运动技能，同时达到学习、健身与锻炼的目的。此外，体育教学对培养学生爱国主义情感、集体主义价值观、互帮友爱和顽强拼搏、积极进取的精神也发挥着极大的促进作用。具体来说，体育教学主要具有以下功能。

（一）传播体育知识

体育教师承担着传播体育知识的重要责任，因此，体育教学具有传播体育知识的重要功能，体育教学主要是通过改造学生身体的手段来实施教学的，从教与学的角度来说，可以将体育知识形容成一种"身体的知识"。[①] 这种知识最初伴随着人类的发展而发展，每个人类社会时期都有相应的"身体的知识"的传承，如在原始社会，身体的知识就是人类通过走、跑、跳、投、打等动作捕获猎物或逃避猛兽的追捕等行为。而在现代社会中，体育知识的传承内容变成了某项体育运动（如篮球、体操）的基本知识或某些体育技能。

现代教育强调以人为本，人们对以人为本的教育教学理念的追求使得人类自我知识的回归不仅代表了体育教学的特殊性，还给予了体育教学知识传承的特殊意义。具体到体育教学中，要求教师在体育教学的开展和实施中重视学生的主体性作用，因为学生才是体育文化的继承者和传承人，体育教学就是要发挥体育文化的传承功能，使体育文化能通过体育教学获得长久的传承。

（二）传授运动技能

传统的运动技能等同于生存技能。那时的人类通过走、跑、跳、投、打等行为捕猎和采摘，已获得生存的能量。

体育教学中所涉及的体育运动技能对于人体的要求就不再像过去那样严格，主要是指如球类、武术、田径和游泳等运动技巧和方法。科学研究表明，适当参加体育运动对人的身体素质的发展非常有益，而体育教学就成为传授这些运动技术的最好方式。

当前，体育教学中，体育教学活动的组织过程就是体育教师以体育教学内容为依据对学生传授体育知识与相关技能的双向信息传送的过程。因此，运动技术就成为体育教学的主要内容，也是重要内容。具体来说，教师在体育课中传习的是各项具体运动技术，如足球运动中的传球技术，甚至可以细分到用脚背传球技术。运动技术不同于其他学科的学

---

① 舒盛芳，高学民. 体育教学设计［M］. 上海：复旦大学出版社，2013：8.

习，它不仅需要学生对运动理论有深刻的了解，还要身体力行地参与技术练习，在无数次的重复中逐渐在脑中和身体上建立起对技术的表象反应，最终到熟悉动作以及可以在下意识的情况下做出正确的动作。因此，对于运动技能的训练，没有实践就无法学会。

（三）健身功能

增强人民体质是发展体育运动的本质属性。经过长期的改革与实践，现代高校体育课程在规划设计教学大纲、选择教材内容、安排课时、实施教学组织等方面已逐渐合理化与科学化。

促进学生身体的发展，实现体育教学的健身功能是体育教学的本质意义，这要求体育教师应做到以下几点。

（1）始终将健康教育放在重要位置，根据体育教学的规律特点，将各种行之有效的健身内容、方法与手段（健身的、竞技的、娱乐的、保健的等）应用到体育教学中去，有机协调并统一体育教学的教育性、健身性、竞技性和娱乐性等特征，从而提高体育教学质量，促进学生积极参与体育运动，科学地进行体育锻炼，进而实现强身健体的效果。

（2）为保证学生身体的健康，体育教师应酌情掌控运动负荷强度。学生亲身参与体育运动实践在体育教学活动中是必不可少的。而既然参与运动实践，就必然会使身体承受一定量的运动负荷。合理的运动负荷对发展学生身体素质有极大的帮助，它对学生的机体或多或少会产生一定的刺激与影响，其影响的程度要视运动项目的内容、学生身体素质、持续运动的时间、运动间隙时间、营养补充等状态而定。而不同运动项目对身体的锻炼重点也有区别，如足球运动对人体的耐力、爆发力、速度和灵敏有着较高要求；游泳对人体心肺功能和协调能力有较高要求等。如果运动负荷过大，那么体育运动对学生的健康无益，反而会对学生的健康造成损害。因此，体育教师在制定教学计划前就要对学生的普遍体质与运动基础有一个清晰、全面的认识，并遵循体育教学的规律，运用科学的教法合理组织体育教学，以此来有效发挥体育教学健身功能。

（四）健心功能

心理健康也是评定人体健康的指标之一，体育教学不仅有利于学生的身体发展，还对学生的心理健康发展具有重要的作用。

和体育教学的健身功能一样，体育教学促进心理健康的功能主要是通过教师传授来实现的，因为教师的一言一行无时无刻不影响着学生的思想，这些行为都是在潜移默化中进行的，因此，教师必须身体力行、为人师表，为学生做出表率与榜样。

体育教学的健心功能主要表现在以下几个方面。

（1）缓解压力。体育活动可以使学生得到身体和心理上的放松，缓解学生的学习压力。

（2）平和心态。在参与体育运动的过程中，学生要频繁地面对成功与失败，其中失败和挫折的次数远远多于成功。由此可以培养学生在逆境中正确调整心态的能力，作为胜利者也要做到戒骄戒躁，只有具备这样的素质，才能再接再厉，取得成功。教学更为重要的作用是传授各种人类社会的道德、规范与理念，这是学生走向社会之前的必学内容。

（3）修养品德。体育教学具有帮助学生形成良好思想品德的功能。学生在体育教学与比赛中，可以养成遵纪守则的良好习惯。根据体育运动或游戏的规则，运动竞赛或游戏要想顺利进行，必须依靠参与者自觉遵守既定规则。在体育练习或比赛（游戏）中，学生还要懂得关心同学，尊重对手，尊重裁判，自觉遵守体育课堂秩序。

第三节 体育教学的目标与原则

一、体育教学的目标

（一）体育教学目标的结构

同任何事物一样，目标也有着固有的结构。本书认为，体育教学目标的结构是由体育教学目标的"外部特征"和"内部要素"共同构成的。

1. 体育教学目标的外部特征

体育教学目标的外部特征是：属于体育教学目标内容以外的，但对体育教学目标内容具有规定性的那些特点及其标志，包括"目标的层次"和"各层次目标的功能与工作"两个方面。[①] 在"各层次目标的功能与工作"中又包括"功能""工作"和"搭载文件"三个方面。

（1）教学目标的层次

体育教学目标是由多个层次的目标组成的，有超学段体育教学目标（也被称为课程目标）、学段体育教学目标（也被称为水平目标）、学年体育教学目标、学期体育教学目标、单元体育教学目标（也可称为内容目标）、课时体育教学目标，甚至还有下位的技术点或知识点的教学目标等（图1-1）。

---

① 龚正伟．体育教学论［M］．北京：北京体育大学出版社，2004：3．

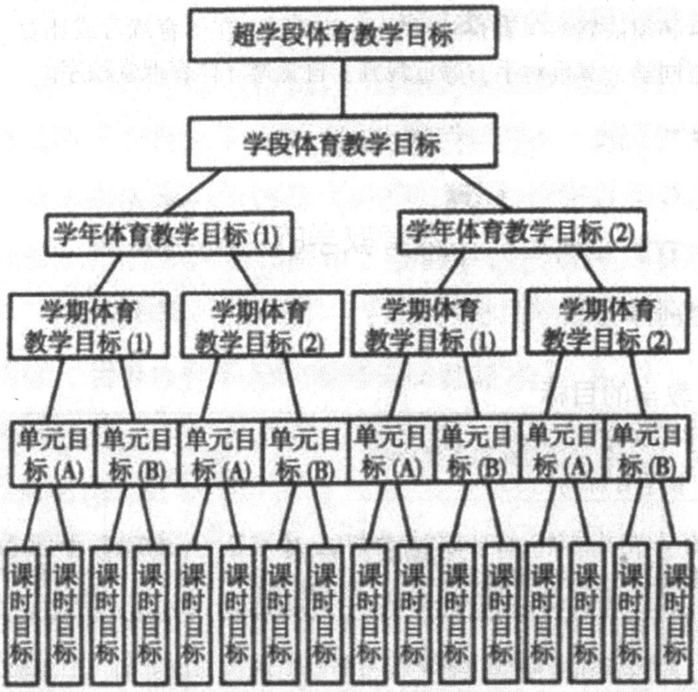

图1-1 体育教学目标的层析

（2）各层次目标的功能与工作

①各层次目标的主要功能

体育教学目标的功能是指各个层次的体育教学目标所具有的独特的"个性"和"作用"，如果各层目标的功能与特性不明确，那么，这层目标就会与其他层次的目标相混淆，就说不清楚该如何考虑、如何制订、如何表述本层次目标。也可以把"各层次目标的主要功能"理解为"目标的定位"或"目标的特点"。

②制订各层次目标的主要工作

各层次体育教学目标有着各自要解决的问题，因此，制订各层次目标都有各自的重点工作。"制订各层次目标的主要工作"也决定了理解该目标的"着眼点"就是"制订本层目标应该做哪些事"和"制订本层目标应该看哪些事"的意思。①

（3）各层次目标的搭载文件

不同层次的体育教学目标所"搭载"的文件也不相同，如《体育教学大纲》和《体育与健康课程标准》的文件上不可能出现"课时的体育教学目标"，同理，在体育教师的教案上也不能出现"超学段的体育教学目标"。因此，"目标的搭载文件"也是一个可以形象地辨别体育教学目标特征的"观察点"（表1-1）。

---

① 舒盛芳，高学民．体育教学设计［M］．上海：复旦大学出版社，2013：11.

表 1-1 各层次体育教学目标的外部特征

目标层次	各层次目标的主要功能	制订各层次目标的主要工作	本层次目标的搭载文件
超学段的体育教学目标	与其他学科相对比的体育学科的定位目标	研究学科的特性和功能	国家教学文件、体育教学论著
各学段的体育教学目标	大、中、小学间相对比、相衔接的体育教学策略性目标	研究各个阶段的学生生长发育特点	各学段教学文件、学校体育教学规划
各学年的体育教学目标	针对学生身心发展状况和需要的体育教学发展性目标	研究各年龄段的学生的身心特点和教育计划	学校和体育教研组的教学计划
各学期的体育教学目标	学年的体育教学目标的分割	研究四季和各项目运动的关系	体育教研组的教学计划
各单元的体育教学目标	依托各个运动项目学习的、依据各运动项目特性制订出的教学目标	研究运动项目的特性和学理	主要是各个担任教师的教学进度
各学时的体育教学目标	依据单元计划的逻辑分割出来的目标	研究教学时空情景和45分钟的条件	教师的教案

2. 体育教学目标的内部要素

体育教学目标究竟应该如何写？写哪些内容？写到何种清晰程度？这些问题就牵涉到体育教学目标的内部要素。

什么是体育教学目标的内部要素呢？美国著名体育教学论专家西登托普（Siedentop）认为：具有指导性的体育教学目标应该包括"达成什么样的课题""在什么条件下达成课题""用什么标准来评价"三个要素。[①]

（1）课题（目标中要学习和掌握的运动技术）

课题往往是一个要学生学习的动作，其中包含运动的技术，如"排球的垫球"就是课题。

（2）条件（目标是在什么条件下完成的）

条件决定了目标实现的难度。在考虑运动技术的目标难度时，可利用目标中的条件因素来调整，如同样是排球的垫球，条件变化了，目标的难度也变了。如条件 A：自己抛出后将球垫出；条件 B：接垫同伴在 3 米外抛出的柔和球；条件 C：接垫同伴隔网抛来的球；条件 D：接垫同伴隔网发过来的球。

---

① 李小刚. 西登托普运动教育模式对我国大学体育课程改革的启示［J］. 体育研究与教育，2016，31（6）.

（3）标准（对目标实现与否的评价标准）

标准也是改变目标难度的一个因素。同样是"接垫对方隔网发过来的球"，就可以通过改变标准来调整目标的难度。如标准 A：垫出的球要达到 2.4 米的高度，并落到本方场地中；标准 B：垫出的球要达到 3 米的高度，并落到本方场地的前半场；标准 C：垫出的球要达到 4.5 米的高度，并落到本场的前左方规定的范围内。

（二）各个层次体育教学目标的制订

1. 超学段体育教学目标

（1）外部特征

一般把超学段的体育教学目标称为学科目标或体育教学总目标，它是超越各个学段学生年龄特征的、概括体育教学最本质功能的最上位教学目标。

超学段体育教学目标的外部特征如下：

①功能与特点：是与其他学科相对比的体育学科的定位目标。

②目标着眼点：学科的特性与功能。

③搭载的文件：国家教学文件，如体育教学理论书籍。

（2）制订超学段体育教学目标时的注意事项

①要有整体的观点：要注意使体育能与其他学科一起贯彻"健康第一"的指导思想，为实施素质教育服务。目标制订得要全面，在体例上也应与其他学科的目标表述相统一。

②要有学科的观点：体现出体育学科的目标特点和独特作用，注意完成体育学科的职责，着重写明特色的目标，不要制订体育学科不应该完成或无法完成的目标。

③要有系统的观点：由于是跨学段的目标，因此目标要有联系性、衔接性和系统性，要使各学段的目标都有所体现。

（3）制订超学段体育教学目标的步骤

①先列出目标的各个方面，如列出技能、知识、行为、锻炼、态度等。

②集中制订出各个方面的总目标，如运动技能习得的总目标有："精学 2~3 项运动技能""粗略掌握 10~15 项较常见运动技能""掌握体育锻炼与保健的基本方法"三项基本内容。[①]

2. 学段体育教学目标

（1）外部特征

在过去，学段的体育教学目标是以"小学体育教学的目的""初中体育教学的目的"的表述形式出现的。在现在的《体育课程标准》中，学段的体育教学目标则是以各个"水平学习目标"（如"水平四学习目标"）的表述形式出现的。

学段体育教学目标的外部特征如下：

①功能与特点：大、中、小学之间相对比、相衔接的体育教学策略性目标。

②目标着眼点：各个学段学生的生长发育特点。

③搭载的文件：国家颁布的各学段的体育教学文件。

---

① 舒盛芳，高学民. 体育教学设计 [M]. 上海：复旦大学出版社，2013：21.

（2）制订学段体育教学目标时的注意事项

①要有系统的观点：虽然是一个学段的体育教学目标，但它必须服从跨学段体育教学目标的整体要求，本学段的目标要与上、下学段的目标相衔接，在体例上也要与上、下学段的表述形式相一致。

②要有学段的特点：不同的学段面临着不同身心发展阶段的学生，因此学段的体育教学目标要为根据本学段学生的身心发展特点制订具有学段特色的教学目标，学段的目标要在整体性和系统性下有鲜明的阶段性征。

③要有责任感：学段目标必须体现本学段应该完成的阶段性任务，因为如果各学段的目标不能实现，那么超学段的体育教学目标就不可能实现，也就谈不上目标的系统性和各学段的衔接性了。

（3）制订学段体育教学目标的步骤

①认真学习超学段目标中的各个方面，如技能、知识、行为、锻炼、态度等。例如，认真领会运动技能习得的总目标："精学2~3项运动技能""粗略掌握10~15项较常见运动技能""掌握体育锻炼与保健的基本方法"三项基本内容的含义。

②根据本学段学生的年龄特征，制订出各方面的学段目标，如制订技能的学段目标为："精学1项运动技能""粗略掌握3~4项较常见运动技能""学习体育锻炼的原则和制订运动处方的方法"。

3. 学年体育教学目标

（1）外部特征

学年的体育教学目标是各个学校制订的年度体育教学计划中的目标。

学年体育教学目标的外部特征如下：

①功能与特点：根据学生身心特点和需要，制订的年度发展性目标。

②目标着眼点：各年龄的身心特点和学校的年度教育计划。

③搭载的文件：学校和体育教研组的《教学计划》。

（2）制订学年体育教学目标时的注意事项

①要有系统的观点：学年的体育教学目标必须服从学段体育教学目标的整体要求，本学年的目标与上、下学年的目标要有机衔接，目标的表述在体例上也应与上、下学年相一致。

②要有阶段的特点：有些学年的学生有很特殊的身心发展课题，如青春发育期的某些年龄段，因此学年体育教学目标要符合学段体育教学目标的整体性和系统性的同时，具有鲜明的年级特征。

③与学校年度的各项工作相结合：由于各学校的工作计划都是以年度为主安排的，每个学年学校都会有一些与体育教学有关的工作安排，如军训、夏令营和各种全校体育活动等，体育教学目标也会在一定程度上受到学校年度工作安排的影响，因此要加以统筹考虑。

④要有责任的观点：学年体育教学目标必须有利于完成年度的教学任务，如果各学年的教学目标不能实现，那么学段的体育教学目标就会落空。

（3）制订学年体育教学目标的步骤

①认真研究学段体育教学目标中技能、知识、行为、锻炼、态度等目标内容。例如，

领会运动技能习得的学段目标："精学1项运动技能""粗略掌握3~4项较常见运动技能""学习体育锻炼的原则和制订运动处方的方法"。

②根据本学年学生的年龄特征和上个学年的体育学习情况，制订出各个方面的学年目标。例如，在运动技能目标方面制订："重点学好篮球的主要进攻技术""粗略掌握羽毛球和轮滑运动技能""学习体育锻炼的知识和力量练习的方法"的目标内容。

4. 学期体育教学目标

（1）外部特征

学期的体育教学目标是根据年度的教学目标分割而成的学期体育教学计划中的目标。学期体育教学目标的外部特征如下：

①功能与特点：反映气候与学期日程安排的，由学年的体育教学目标分割而成的教学目标。

②目标着眼点：学期所在季节对教学的影响和学期的教学安排。

③搭载的文件：学校和体育教研组的《某某年度第一（二）学期教学计划》。

（2）制订学期体育教学目标时的注意事项

①要有季节的观点：学期目标主要要考虑季节的因素，它是将一个学年的目标一分为二，但内容却不是简单地一分为二，分解时必须充分考虑到季节特征对体育教学的影响。

②与学校的学期工作安排相结合：学校年度工作计划在两个学期中也是各有重点的，上、下学期都会有一些与体育教学有关的特殊安排，如春天有运动会和中考体育等，会在一定程度上影响学期体育教学目标的制订，因此要统筹考虑。

③要有责任的观点：如果各学期的体育教学目标不能实现，那么学年的体育教学目标就会落空，因此学期的目标必须体现本学期应该完成的任务。

（3）制订学期体育教学目标的步骤

①认真研究学年体育教学目标中各个方面。例如，领会运动技能习得的学段目标为："重点学好篮球的主要进攻技术""粗略掌握羽毛球和轮滑运动技能""学习体育锻炼的知识和力量练习的方法"三项基本内容。

②根据本学期的气候、场地情况和上学期的学生的学习情况，制订出各个方面的学期目标。例如，在运动技能方面制订："重点学好篮球的'三打二'和'四打三'的进攻技术""粗略掌握羽毛球（因为在春夏交接的季节比较适合学习羽毛球）""学习春季体育锻炼的方法和上肢力量练习的方法"三项学期的教学目标。

5. 单元体育教学目标

（1）外部特征

单元体育教学目标是以某一个学习内容为中心制订的教学目标，它的外部特征如下：

①功能与特点：依托各个运动项目学习和依据各运动项目特性制订出的实质性的教学目标。

②目标着眼点：运动项目的特性及其学理。

③搭载的文件：各个教师的《单元教学计划》。

（2）制订单元体育教学目标时的注意事项

①要有"教程"的观点：单元教学目标本质上是一个"教学程序"的目标，是运动技能学习的基本单位，单元教学目标和教学过程都是由运动技能的"学理"所决定的，

所以单元体育教学目标要反映教学程序的科学性及学理。

②要有"模式"的观点：同样的教学内容可以有不同的教学目标，不同的教学目标可以形成不同的教学单元，不同的教学单元形式实际上就是不同的教学模式。因此，单元体育教学目标要有利于根据学生不同的发展需要，形成各种有特色的体育教学模式。

③要有全面的观点：由于单元是围绕运动教材设计的，是以运动技能的教学为主线的，但是体育教学还具有其他的教育效益，因此单元的体育教学目标有利于把各方面的教学目标依托在运动学习上，单元教学目标要全面。

（3）制订单元体育教学目标的步骤

①认真研究有助于"学好篮球的'三打二'和'四打三'的进攻技术"和相关的技能和体能评价标准，制订出更为细致的教学目标。

②认真研究"学习篮球的'三打二'和'四打三'进攻技能"过程所具有的一切教育因素，制订出适合的道德教育和行为教育的目标。

③认真研究"学习篮球的'三打二'和'四打三'进攻技能"过程所具有的体能锻炼因素，制订出适合的体能锻炼目标。

④认真研究"学习篮球的'三打二'和'四打三'进攻技能"过程所具有的认知因素和重要知识点，制订出适合的知识和认知的目标。

二、体育教学的原则

（一）体育教学原则的整体性

在本书中介绍的体育教学原则的整体性包含了两层含义：第一是指教学所承担的任务具有整体性的原则。因为开展体育教学的目的，就是为了培养全面发展的青少年，这一教学任务是完整的，在教学的过程中应该坚持这一完整性的原则，不能有任何的缺陷和偏颇。[1] 二是体育教学活动本身的整体性，体育教学中涉及很多的相关要素，也是构成整个体育教学活动的关键要素，这就要求在教学过程中，要将体育教学过程中的各相关要素有机的配合起来，保证其在体育教学过程中能够共同发挥作用。

（二）身心全面发展的原则

青少年正处于生长发育的时期，可塑性比较大，体育教学又是学校教育中对学生进行身体和心理教育的有效方式。为了培养时代所需的全面发展的人才，保证学生身心的健康发展，就应该在教学的过程中选择不同材质、不同类型以及多手段的教学，以便学生身体的全面锻炼和身体各个器官系统的机能都能得到协调的发展，养成正确的身体姿势，培养学生的健康心理。因此在教学的过程中，要始终坚持身心全发展的原则，保证教学内容、教学手段的多样性，使学生无论是身体的机能、感知、想象、思维、心理承受能力、交际能力等都能得到全面的发展。

---

① 姜明.现代学校体育教学研究［M］.武汉：湖北科学技术出版社，2013：25.

（三）运动负荷与间歇相统一的原则

每个人的身体所能承受的运动量都有一定的标准，称为运动负荷，人体生长发育、成熟的不同阶段，所对应的运动负荷也会有所不同。只有将学生在练习时的身体和心理的负荷都控制在机体所能承受的最佳范围之内，才能达到最佳的练习效果。如果运动负荷太强，就会对机体造成一定的伤害，不能达到运动的根本目的，如果运动负荷较弱，就无法达到对机体进行体能训练的目的。同时，在运动的过程中还要有必要的间歇，保证机体体能的恢复，两者相统一能够调节运动的节奏，消除学生的疲劳之感，活跃课堂气氛，从而提升学生的学习效率。

（四）掌握"三基"与发展体能相结合的原则

体育教学应有计划地全面锻炼学生的身体，发展学生的体能，同时根据体育教学的目标使学生掌握体育标准中所规定的知识、技术和技能，提升学生的身体素质，培养学生进行体育锻炼的能力和习惯。这一原则是由我国体育教学的目标和体育教学的要求所决定的，通过反复的体育教学实践认为，学生只有掌握体育的相关知识、技术和技能，才能正确地运用并处理三者之间与提升学生身体素质和体能之间的关系，才能养成正确锻炼的习惯，更好地完成体育教学的目标。

（五）注重体验运动乐趣的原则

每一个成熟的体育运动项目中，都有其特定的运动乐趣，体验运动乐趣是人进行体育运动的目的，乐趣是体育运动的本质。在进行体育教学的过程中，让学生充分体验到体育运动的乐趣，满足学生对运动乐趣的追求，从而提升学生对体育运动的兴趣，激发学生在学习过程中的主观能动性，促进学生养成热爱体育运动的习惯，促进终身体育教学的发展。从学生的角度而言，体育是学生的学习活动，因此，只有能够充分地激发学生的学习的动机，才能充分调动学生的主动性，从而提升体育教学的质量。因此在进行体育教学的过程中，要始终坚持注重体验运动乐趣的原则。

（六）循序渐进的原则

循序渐进的原则是指在进行体育教学内容、方法和运动负荷的安排时，要把握好不同内容之间的顺序，且必须遵守系统性和连贯性的要求，保证所安排的教学进程和顺序能够符合学生的身体和认知发展的一般规律，使学生能在这一规律的保证下，使得体育运动的能力和技能得到逐步的发展和提高。因此，在教学的过程中，必须按照学生的认知规律、知识和技能的习得规律、学生身体的发展的特点，科学、系统的安排体育学科知识的顺序，然后进行有规律的教学。

（七）统一要求和因材施教相结合的原则

随着新课改的推行，我国教育的目的也随着时代的发展做出了相应的调整，并强调在教学的过程中，既要保证要求的统一性，又要保证学生的个性和特长能够得到发展。因为如果在教学的过程中，脱离了统一的要求，那么教学工作就失去了方向，如果对学生都按照统一的标准和要求进行教学，那么就会扼杀学生的个性和特长，使得难以发展。因此，在进行体育教学的时候，应该坚持统一要求与因材施教相结合的原则，这一原则是由人的身心发展的规律和教育的目的决定的。

（八）实效性与发展性相结合的原则

实效性和发展性相结合的原则，是建立在掌握实用的体育知识、技术、技能，并且能够有效地利用的基础上，这是体育教学的基本要求和实现体育教学目标的必要手段。体育教学直接面对的对象是学生，因此体育教学与学生身心发展的一般规律有着密切的联系。学生在进行体育学习的过程中，技能的形成和体质的增强之间有着紧密的联系，是相互促进的关系，如果一个学生个体不具备体育相关的技能，那么怎么能够通过体育运动增强体质？换言之，如果一个学生没有强壮的体质，如何能够更好地掌握体育技能。因此，要实现教学目标的发展，不仅要重视学生体育相关知识和技能的获得，还要重视学生的发展性，根据国家对体育教学的要求，坚持实效性和发展性相结合的教学原则。

（九）安全运动与安全教育的原则

任何一项运动都是有利有弊的，运动虽然能够增强人的体质，促进个体体能的提高，但是与此同时，也会在一定程度上产生消极的作用。如果运动负荷超过机体的承受范围，就会对身体产生消极的影响，在运动的过程中不能掌握运动器械的使用方法，也会对机体造成一定的伤害。这些都是在进行体育教学的时候经常出现的一些问题，因为体育运动是以非正常的体位活动、剧烈的身体活动、器械上的活动等需要身体直接参与的活动构成的，所以在教学的过程中，要始终坚持安全运动与安全教育的原则。

根据以上对体育教学原则的论述中可以看出，体育教学原则体系是动态的、开放的，并且同一教学原则在不用的教学阶段和教学时期，所包含的内涵也不完全相同。本书中关于体育教学原则体系的论述也并不是一成不变的，但是所讲述的教学原则却是教学过程中所应该遵守的。这里希望体育教学研究者能够结合体育教学的时间过程，不断地丰富和发展体育教学原则体系。

第四节 体育教学现状与发展趋势

一、体育教学现状

（一）传统体育教学过程过于模式化

体育课的基本部分一般都是老师在做示范，学生模仿老师的示范动作练习。教师在做示范动作的同时讲述动作要领、示范动作要领，而学生们在台下则是倾听动作要领，模仿教师动作等待老师纠正，最终达到学会技术动作的目标。但是，这种教学的方法无法保证学生们当堂课上都能学会该项技术动作，但是体育课的教学时间有限，下课后学生们动作遗忘快，加之学生们平时学业任务繁重，课后能实现自主复习动作的学生凤毛麟角。从而导致很多学生上第二次课时已经将第一节课所学的内容忘记。

（二）传统体育教学内容过于任务化

传统的体育教学内容往往是学校根据我国课程教学大纲设定的，教学内容和教课方式往往千篇一律，上课过程中老师绝大多数时间都在做示范和纠正学生的错误动作，学生绝大多数时间在照着老师的动作模仿练习。由于课堂上时间有限，教师精力也有限，这种过于任务式教学模式，难以激发学生自主参与体育运动的积极性，也遏制了学生们的体育个性化发展。

（三）学生的体育意识有待养成

学生往往对体育课的重视程度不高，很少有学生能明白自己喜欢和擅长的体育项目是什么，只是一句"我不擅长运动"，就此作罢。除极少体育运动的爱好者外，几乎没有人会在课余时间将自己的精力花在体育上，这终究导致了学生们综合素质发展的不平衡。同时，由于传统体育课程开展的自身因素，也遏制了学生们体育的个性化发展，不利于学生"终身体育"思想的养成。

（四）体育教师对体育课教学思维的固化

体育教师在运动技能上有着过硬的本领，在教学水平上有着较强的能力，但是由于课程形式的限制和大班教学的模式，很容易固化其教学思维，传统"跑马灯"式的体育教学难以做到根据不同的学生个体因材施教。教学方法统一而学生们的接受能力又各不相同，很多学生本来兴致勃勃地接触一项运动，但是由于天赋和基础不同，容易在学习过程中对其自信心造成打击，导致其丧失学习兴趣。如何让一部分天赋不高的学生在体育课的挫折中找回自信，在体育学习中提高学生的积极性，是当代高校体育学中亟待解决的一个问题。

二、体育教学发展趋势

（一）以素质体育教育为指导

素质体育教育是素质教育思想的一个分支。全体学生参加体育锻炼的意识如何、全体学生的体质如何、终身运用锻炼身体的手段如何、健康体育教育如何等都是其内涵所在。因此，学校体育教育必须面向全体学生，全面提高学生的身心健康，对学生进行体育文化教育，使学生具有健康的体魄、健康的心理、健全的人格，即身体和心理都得到健康发展。何为身心健康素质，怎样贯穿到学校体育教育中呢？

身心健康素质，即身体健康素质和心理健康素质。身心健康素质是发展其他素质的物质基础。毛泽东早在《体育之研究》中指出："体育一道，配德育与智育，而德育皆寄于体，无体是无德智也。""体者，载知识之车而寓道德之舍也"。身心健康素质对于发展智力、保持稳定和支持个体正常工作学习，具有特别重要的意义。身心健康素质包括：体态健康素质（体型、体重），体质健康素质（器官发育、对疾病的免疫力）。体能健康素质肌体器官的生理功能（亦如力量、耐力速度、协调、灵敏等）以及人体对各种刺激的反射、适应和耐受能力等。通过实践证明，身心健康素质的教育就是指影响和提高学生身体心理健康水平的活动过程。具体地说，身心健康素质教育所要达到的目标是：在先天身心健康素质的基础上，使受教育者具有健美的体态、良好的体质、充满生机与活力的体能，并养成稳定的心态和优良的体育锻炼生活习惯。使受教育者身体结构各个部分、各个系统都获得和谐统一的发展，增强对外界环境的适应能力和运动能力，能够适应紧张的学习工作节奏以及复杂形势的各种挑战。

（二）以健康体育教育为基础

早在 1800 年美国教育家霍列斯·曼首先提出健康教育和学校健康教育的概念。[①] 世界卫生组织中岛宏博士指出：全世界有近十亿儿童青少年中大部分都在学校读书，因此学校健康教育将为达到全球健康的目的提供一个极好的机会。[②] 因为今天的儿童青少年将成为明天的父母、公民和领袖，他们的健康将影响未来世界。世界联合国教科文组织发表的《综合学校健康教育：行动指南》指出：接受健康教育是每位儿童青年的基本权力，要提高他们的健康价值观和实践能力，推动全世界人民的健康水平。学校健康教育经历了从强调知识传播到强调行为培养进而强调环境支持的发展过程，新时期的体育教育通过体育教学向学生进行体育卫生保健教育，增强学生体质、促进身心健康发展，培养德、智、体、美全面发展的社会主义建设者。所以，二者紧密结合、互相促进，其主要目的都是为了保持健康，故又称保健体育。据 1995 年中国学生体质健康调查结果显示，中国在校学生虽然形态发育和速度、力量素质有明显提高，但是耐力、柔韧素质呈下降趋势，学生心理品质（意志力、竞争力、抗挫折力、协作精神等）比较薄弱。根据对部分学校的问卷调查结果显示目前健康体育教育不能适应学校教育的需要，经过近几年的教学实践，认为健康体育教育有利于增强学生体质，面向全体学生促进学生身心健康发展。因此，必须突出健康第一，注重体育与健康教育的结合，使学生懂得健康的意义，学会保健的方法，形成对体育的兴趣爱好。

（三）以创造体育教育和快乐体育教育为过程

1. 创造体育

创造体育是由现代创造教育应运而生的，创造教育长久以来不曾引起人们的重视，近代的教育更倾向于传授教育，但其有较大的弊端，即浓厚的保守性。而人类的生存和发展所依赖的是其发明和创造的能力，人类发展的历史就是一条发明创造的长河，于是就产生了培养发明创造能力的创造教育。在素质教育的今天，创造教育又赋予它新的生命力。在实践中，教育工作者也总结出了相应的创造体育教育。创造体育教育的作用是改变人的思维方法和思维素质。在此过程中，教师和学生在遵循科学的教育和学习规律的前提下，积极开动脑筋，创造各种生活环境，培养学生的创造意识、能力、精神，训练学生的创造性思维，培养学生通过各种体育活动发现问题、分析问题、解决问题的能力。挖掘学生的创

① 厉以贤. 社区教育原理 [M]. 成都：四川教育出版社，2003：86.
② 万安静，万国林. 健康教育——初级卫生保健健康教育手册 [M]. 南昌：江西科学技术出版社，1991：52.

造潜能，开发学生的创造力。为此，在体育课堂教学中老师必须具有创造精神，这样才能培养学生的创造意识。如篮球的一分制，四门足球赛，反五十米跑等创造教学的成功运用都说明了唯有创造精神，才能取得良好的教学效果。在体育教学中，让学生自己创编徒手操。教师把编排徒手操的原则和方法教授给学生，学生通过思考把学习的理论知识，运用到实践中去使每一节体育课都充满了创造，结合愉快健康体育园地的开展，充满了趣味。作为教师的创造能力日益为人们所关注，并被视为未来教师素质的核心，只有创造型的教师才能教育出创造型的学生，创造型的人才。

2. 快乐体育

快乐体育是日本全国体育学习研究协会 1979 年提出的适应日本社会变化的体育思想。其基本宗旨是把运动作为体育追求的目的，使运动文化成为自己生活内容中不可缺少的一部分，直至终身。快乐体育传入中国十余年，对广大体育教师和中国体育教学产生了一定的影响，对解决体育"厌学"问题起到了积极的作用。随着中国体制改革和素质教育的深入发展，经过多年实践总结理解愉快的理念：快乐是一种心理体验，因人、因事、因时、因地而异。快乐体育应以活动身体发展体验的快乐、得到成功的快乐、兴趣体验的快乐，以及得到尊重和依赖体验等的快乐为目的。

素质教育的意义和内涵：一是快乐体育激发学生体育活动的兴趣，调动学生自觉锻炼身体的积极性。二是快乐体育面向全体学生，全面提高身体健康。三是快乐体育让学生享受体育的快乐。体验成功和进步的喜悦，进而增强了学生的自信心。具体实施教学的过程中应做到：注重学生在快乐体育教学过程中的主导地位；建立和谐的师生关系；追求学生个性的和谐发展；让学生理解体育教学活动本身是愉快的、有吸引力的；对学生进行思想品德教育和提高运动技能教育。总之，教学过程的创造性，对于丰富体育教学内容，开辟课外活动，激发学生的体育兴趣，培养学生的体育意识有着积极的意义，对于提高体育成绩也有着重要的作用。

（四）以终身体育教育为目的

1965 年法国成人教育家保罗·朗格朗提出"终身体育"的思想。[①] 接着苏联学者提出"终身体育"是培养与发展学生从事体育活动的能力和学习的主导能力，让学生在学习时代学会"一技之长"，养成与掌握终身进行体育锻炼的习惯和方法，使之终身受益。[②] 终身体育教育通过身心的调节，达到人与自然的和谐、统一通过教学实践和部分学生的反馈信息也证明了这一点。

终身体育简而言之，就是体育运动不应该成为人生某一阶段的内容，而应该是伴随人们终身的。换句话说，人们在自身的生活中，有按照自己的兴趣、爱好选择适合自己参加的运动项目去享受运动中乐趣，不断提高完善自身锻炼方式和从锻炼中受益，并持之以恒终身从事体育运动。在教学中尽量以快乐体育的方式进行身体锻炼，使之出现条件反射性的兴奋状态，以利于顺应终身体育的产生条件，成为学生们走向终身体育的起点或一个过程。

---

① 何齐宗. 现代外国教育理论流派述评 [M]. 南昌：江西高校出版社，2006：74.
② 耿岳. 终身体育研究 [M]. 北京：人民体育出版社，2018：52.

许多受过体育教育的人，也许能够说出一些体育的理论，但很少有人能够真正地理解它，只有熟练地掌握了这些知识，并能够灵活运用到生活实践中去，这种教育才算是成功的教育。而终身体育教育使受教育者达到最高层次。根据受教育者的程度可分为三层次：一为初级阶段，即学会了某些运动的活动形式、技术，没有充分认识体育的价值。二为中级阶段，即体育活动对身体产生了很好的促进作用，人的身心调适到某种良好状态，但缺乏主观能动性。三为高级阶段，意识到自我对运动的需要，并形成良好的锻炼习惯，逐渐使身心状态得到较大的改善。达到第三阶段的体育教育，受教育者充分认识到体育是生活不可缺少的部分，通过自觉运动达到身心统一，并持之以恒。

第二章 信息技术与体育教学的融合

教育信息化通过网络技术和计算机技术实现了人与人之间的远距离交互学习,使得大量丰富的教育资源能为全体学习者共享,打破了以学校教育为中心的教育体系,缩小了由于各地教育规模、教育水平和经济条件的差异造成的地区间教育差距,使得教育社会化、终身化、自主化,是实现建设学习型社会、构建终身教育体系、提高全体国民素质的有效途径。

高等教育体育教学专业的课程不同于普通高校的大学体育课,它是一类学科教育课程,培养对象是未来的体育教学工作者。与信息技术进行整合是体育教学专业课程为适应新时期对体育教学工作者的需求而进行改革的方向之一。

第一节 高等学校体育信息化趋势

一、信息化教学的内涵

(一) 信息化教学的概念

信息化教学,就是指教育者和学习者借助现代教育媒体、教育信息资源和方法进行的双边活动。[1] 它既是师生运用现代教育媒体进行的教学活动,也是基于信息技术在师生间开展的教学活动。

信息化教学不仅是在传统教学的基础上对教学媒体和手段的改变,而且是以现代信息技术为基础的整体的教学体系的一系列的改革和变化。信息化教学是与传统教学相对而言的现代教学的一种表现形态,它是在现代教学理念的指导下,重视现代信息技术,如多媒体技术、计算机网络技术、卫星通信技术等在教学中的作用,充分利用现代教育技术手段,应用现代教学方法,调动多种教学媒体、信息资源,构建良好的教学与学习环境,并在教师的组织和指导下,充分发挥学生的主动性、积极性、创造性,使学生能够真正成为

---

[1] 景亚琴. 信息化教学 [M]. 北京:国防工业出版社,2013:6.

知识、信息的主动建构者，从而达到良好的教学效果。

（二）信息化教学的主要构成要素

1. 现代教学媒体

现代教学媒体是近一个世纪以来利用科技成果发展起来并被引入教学领域的电子传播媒体，主要包括幻灯、投影、录音、录像、电视、计算机等教学媒体，以及由它们组合而成的教学媒体系统，如多媒体综合教室、计算机综合教室、视听阅览室、微格教学训练系统等。[①]

2. 教师

现代教育理念的不断更新，促使教师转变教学观念；现代信息技术的发展以及现代教学媒体在教学中的应用，使得教师的角色发生变化。信息时代对教师提出了新的挑战，要求教师具备在信息化教学环境中开展教学的能力。

3. 学生

当前，以学习者为主体的教育思想已成为教育教学的主导思想，在信息化教学过程中，学习者是教学活动的对象，是学习的主体，教师的一切教学活动都是围绕学习者来开展的，没有学习者就不存在教学活动。因此，学习者是教学活动的根本要素。信息化教学环境为学习者提供了丰富的网络信息资源和灵活的学习平台，使学习者的学习方式和学习行为发生变化。

4. 教学内容

教学内容是指教学过程中师生之间传递学习的知识、方法和技能等内容。

二、教学情景的虚拟化

体育教学情景是体育教学活动得以进行的场景，它直接影响着体育教学过程中学生认知的数量与质量。体育教学情景虚拟化意味着教学活动可以在很大程度上摆脱物理空间和时间上的限制，通过计算机仿真技术和多媒体技术可以使体育技术教学内容中涉及的技术动作模拟在学生面前，使得学生学习如身临其境，使其对所学的内容易于理解，还可以使学生对学习活动本身产生兴趣。利用网络还可以模拟体育教学环境，如果能够充分开发网络的虚拟教学功能，就可以做到虚拟体育教学与实在体育教学结合、校内教学与校外教学贯通。目前，体育教学在虚拟教学方面的技术和环境还不是很成熟，但这必将是高等学校体育信息化的发展趋势和方向。

总之，高等学校体育信息化趋势改变着传统的学习活动结构和形式，变革着学习行为方式和学习过程。信息技术对人类传统最普遍、最基本的学习方式和行为都具有变革的作用，这是一种学习方式的革命。信息技术与学习方式的整合，不是仅仅在学习方式上贴上"信息技术"的标签就能实现的，它客观地要求以先进的教学理念为基础，充分发挥信息技术的作用，体现信息技术在学生学习过程中的价值生成。[②] 通过这种革命式的整合，一种全新的学习文化逐步形成。

---

① 沈建平. 现代教学媒体应用 [M]. 北京：知识出版社，1999：16.

② 周秋燕. 基于虚拟现实技术的实践教学虚拟化初探 [J]. 电子世界，2018（10）.

三、信息技术环境下学习能力的培养

基于信息化的教学环境以其无限丰富的网络资源、多种媒体的强大表现力、虚拟现实和超媒体的技术手段都将有利于学生学习能力的培养。

（一）丰富的网络信息资源为学习能力的培养提供了知识储备的条件

学习能力的培养必须建立在一定的知识储备和积累的条件下，而丰富的网络信息资源为此提供了便利的条件。高等学校体育信息化将使高等学校体育借助信息高速公路，把互联网变成可进行信息资源共享的理想场所。海量的电子图书馆、先进的图文检索和工具检索功能，各种电子教案和电子课件等教学辅助系统使人们可以在网络的知识海洋中畅游，方便、快捷地获取知识，扩大视野，开拓思路，从而激发创新能力产生，促进学习能力的提高。

（二）多种媒体的组合是激发创新想象的手段之一

在信息化环境的教学中，信息的呈现形式是多媒体化的，图、文、声、像等多种媒体的各种教学信息有机地组合在一起，新颖、直观、形象、生动。多种媒体的组合，其强烈的表现力，使得人们从科学与艺术的相融中感知抽象，理解复杂；其丰富的表现手段，以多种媒体综合的形式给予我们视听的全新感受，全面刺激我们的各个感官，造成了震动、新奇的效果，从而打破了我们思维的樊笼，促使人们的思维高度活跃，极大地激发人们的想象力，引发创新的火花。

（三）超媒体的网状结构系统有利于培养学生独特的学习个性

网络教育提供的由超文本、超媒体技术建立起来的网状结构系统使学生的思维脱离了传统教学中的线性思维模式，而是一种具有非线性网状结构的发散思维模式。在这个网状结构中，学生们可以根据自己的兴趣，依据不同的节点任意跳转，发挥想象，形成思接千里的发散思维，这就是创新思维的雏形。而这些节点就是一些重要的纲要信号，它们就是学生思维的启动脉冲，学生思维依靠这些信号进行发展，不断地唤起以往的经验和储存的信息，形成再造想象，并不断地激励其对未知问题的探寻，引导其产生新的思路和结构，从而培养出学生独特的学习个性，挖掘出其创造的潜力。

第二节　信息技术与体育专业课程的整合

一、信息技术与体育专业课程整合的可行性

（一）符合当代教育发展的理念

信息技术与体育专业课程整合符合教育信息化的理念。面对 21 世纪信息化的浪潮，

世界各国都在加强教育信息化，把教育信息化作为整个教育改革的突破口。如何迎接全球信息化给教育带来的机遇与挑战，已经成为教育领域的重大研究课题，加快教育信息化已成为共识。

信息容量大、传递速度快、自主性和选择性强、能提高学习效率和降低学习成本等，是人们最感兴趣的信息技术的教育应用功能。把获得的知识（信息）与获取信息的技术有机地结合起来，即教育内容与教育手段在教育过程中的完满结合，是信息技术应用于教育的最好方式。信息技术与课程整合就是符合这种理念的教学形式。信息技术与课程整合的教学形式有利于培养学生的信息素养，有利于提高学生的创新能力，有利于提高学生的协作能力。而这三种素质是新时期人才的基本素质。

（二）信息技术环境的支持

1. 有形的信息技术环境

近年来，由专业人员制作的网络教学平台的出现，使网络课程的制作变得容易了。这是一整套提供基于校园网络教学服务的系统软件，它以网络课程为核心，在教学管理系统的支持下，合理有效地利用学科教学资源，为实施全方位的数字化教学提供服务，它将网络课程与学校的教学进行了有机的集成。[①] 网络教学平台不仅是先进计算机科学和技术水平的体现，更重要的是要符合教育的一般规律，能够为教育提供一个真正高效的现代化教育手段。在这个平台上，一般教师不需要精通网络技术即可做出符合标准的网络课程。该平台提供了课程目录、专题学习网站、数字资源、精品课程和网络平台使用指南等子系统，在各子系统下展开了各自的功能板块。教师只需根据课程的教学目标和教学内容，准备一些相应的材料，分别导入相应的板块即可。

2. 无形的信息技术环境

无形的信息技术环境主要是指教师和学生的信息素质。信息素质也称为信息素养，是指信息意识、信息伦理道德和主动高效地获取信息与处理信息的能力，它是信息社会的公民必须具备的基本素质。

信息素质是实施信息技术与课程整合的基本保证。信息技术在教学系统中充当的是"媒体"和"联系"的角色，对于"教师"这个教学系统的要素来说，信息技术是工具，教师借助它将教学内容传递给学生，借助它与学生进行交流，借助它得到关于教学过程的反馈信息。因此，教师具备良好的信息素质，也是实施素质教育培养21世纪新型人才的根本保证。

随着信息技术的发展和不断渗透到社会生活的方方面面，加之对教师现代教育技术的培训（这是教师上岗的基本条件），与信息技术有关的各种概念逐渐深入体育教育专业教师，尤其是年轻一代教师的思想中，并且体现在日常生活和教学工作中。他们在教学实践中多多少少总会应用一些现代教育技术。

学生的信息素质直接决定了信息技术获取知识的认知工具的作用和效率。随着信息技术教育的普及和发展，以及整个社会的信息化进程的推进，当今大学生的信息素质已经较20世纪末的大学生提高了很多，一些最基本的信息素质在基础教育阶段就已经打下了基

---

① 解继丽. 教育信息化促进教学改革的保障体系研究 [M]. 昆明：云南大学出版社，2015：34.

础。而且，许多学习和生活用品的数字化、智能化，尤其是网络的迅猛发展，对大学生信息素质的提高都起到了潜移默化的作用。学生已经具备的信息素质为信息技术与体育教育专业的整合奠定了环境基础。

由于信息技术与课程整合的教学形式本身也具有培养信息素质的功效，所以，无论是教师还是学生，在信息技术与课程整合的教学形式下，其信息素质都会随着教学的进展而得到提高。

信息化的教育提倡以资源为中心的学习。随着社会的发展和通信水平的提高，特别是因特网的飞速壮大，信息的内容和总量都得到了极大的丰富，与课程相关的信息资源越来越丰富。这对学生和教师的信息素质要求日益明显。所以，在这种机遇与挑战面前，信息技术与体育专业课程的整合更具有可行性。

（三）师生主观态度的支持

许多关于信息技术与课程整合的研究针对学生对这种教学形式的态度进行了调查，虽然学生对所用的具体方法褒贬不一，但是大多数学生都对信息化的学习形式表示出较高的兴趣。

在现在的体育教育专业的教学中，无论是体育人文社会学类，还是术科的理论课，教师一般是借助多媒体课件作为教学辅助手段，这已经是司空见惯的现象了。更有许多运动技能的教学课，应用多媒体课件作为示范演示的手段。这些现象说明，多媒体技术已经成为教学的主要技术手段之一，信息技术在教学中的应用已经得到教师的认同。

（四）职业素质需求的需要

体育教育专业的培养目标是培养能胜任学校体育教育、教学、训练和竞赛工作，并能从事学校体育科学研究、学校体育管理及社会体育指导等工作的复合型体育教育人才。在体育教育专业学习的学生大多数将成为各类学校的体育教学师资。因此，对于体育教育专业的学生来说，信息素质的培养是本专业课程的"潜目标"。信息技术与体育专业课程整合达到这个"潜目标"的需要，因为信息技术与课程整合的教学形式既需要学生的信息素质支持，又能够在教学过程中培养学生的信息素质。

二、信息技术与体育专业课程整合教学结构上的探索

（一）以学生为中心的教学结构

以学生为中心的教学结构强调主体在教学过程中的能动作用，强调知识是通过学生主动构建而掌握的，教师的作用是引导、答疑、解惑，帮助学生组建学习资源。信息技术的快速发展为这种教学结构的生存提供了基础条件。在信息技术与课程整合的教学形式下，这种教学结构才能够真正实现。

术科课程对于学生的先天素质有一定的要求，这是由体育运动的特点决定的。因为不同的体育运动项目对于学习者的基本要求也不一样。另外，各人对动作技能的理解和接受能力也有较大差异。正确理解动作的方法和要领，或者说动作方法和要领概念的掌握，不仅需要第二信号系统的参与，即通过听教师的讲解和看示范，建立一个"语言化"的表

象，更需要各种本体感觉的参与，即通过本体感受器对正确完成动作时关节和肢体在空间和时间上的位置和顺序、各肌群参与动作的顺序和用力的程度、整个身体和各局部与器械的时空关系等，结合第二信号系统建立的"语言化"的表象，形成正确动作方法和要领的概念。在整个动作方法和要领的学习过程中，学生的本体感觉起着很重要的作用。但是，事实是同一种本体感觉是因人而异的，本体感觉的差异可导致掌握动作方法和要领的速度和完整性方面出现差异。因此，对于具体项目的术科课程来说，学生的个体差异对教学效果影响更大。以学生为中心的教学结构，注重学生的个体差异，相比以教师为中心的教学结构能够更好地因材施教。这是这种教学结构在运动技能教学方面的主要优点。

但是这种教学结构由于过分强调学生的"学"，往往忽视教师主导作用的发挥，忽视师生之间的情感交流和情感因素在学习过程中的重要作用。而在体育教育专业的术科课程学习活动中，运动技能的学习伴有强烈的心理活动，容易导致学习情绪的变化，这时就特别需要教师察言观色，给予心理疏导。

另外，由于忽视教师主导作用，当学生自主学习的自由度过大时，还容易偏离教学目标的要求。在运动技能的初学阶段，很容易出现动作上的错误，但只要能够及时发现并采用适当的措施予以纠正，是很容易改正的。[①] 如果此时没有及时纠正，任其发展一段时间后再想纠正，就难于刚出现动作错误的时候了。尽早发现错误和及时纠正是防止这种现象出现的关键。而在动作错误出现的初期，学生自己往往是不知道出现了错误，因为此时之所以出现错误一般都是对正确的动作没有形成准确的表象，所以当然不会发现自己的动作已经出现了错误。此时，教师的作用就是不可替代的了，教师能够起到及时发现并纠正动作错误的作用。

（二）重视学教并重的教学结构

学生的个体差异对运动技能的学习效果的影响强调了区别对待的重要性，同时也确定了这类课程的教学活动采用以学生为中心教学结构的合理性，然而在运动技能形成过程中，教师的指导和帮助的重要性又让这类课程的教学活动少不了教师的参与。至此，为了解决这个矛盾我们自然就会想到"学教并重"教学结构。因为这种结构形式介于上述两种结构形式之间，它既不是以教师为中心，也不完全是以学生为中心，而是既发挥教师的主导作用又充分体现学生的认知主体作用。这应该是一种相对理想的教学结构。实际上，学教并重教学结构已经在体育教育专业的教学中得到了一定程度的应用。

（三）运用多种教学结构

在目前的教学大背景下，多种教学结构在体育教育专业的教学中并存是合理的。

（1）体育专业课程内容是由多种知识体系构成的综合体，包括认知性知识和操作性知识。这两类知识的学习活动各具特点，有不同的学习理论作为理论支撑。在体育教育专业主干课程教学中，以教师为中心、以学生为中心和学教并重三种教学结构各有其所用。对于体育人文社会学和运动人体科学等课程的教学，以学为主的方式较适合，因为这类课程知识的构建完全可以通过学生个人的自主学习、与其他同学的协作学习的方式形成；对

---

① 常学军. 信息时代体育教学变革 [J]. 当代体育科技, 2019, 9 (25).

于运动技能的学习，最好采用学教并重的教学结构。

（2）目前能够应用于教学中的信息技术手段还不多，主要是计算机技术和网络技术，仅依靠这些手段就要将信息技术与体育专业课程的整合推到一个很高的阶段是不现实的。[①]

（3）教学结构的选择还受到教育管理体制的影响。课程的学习是有时间限制的。众所周知，学生的接受能力是不一样的，他们在掌握知识的进度上也不会是统一的。既然如此，课程学习的时间限制必然会限制教学方式。现行的常用的教学结构导致的种种学习方式都有它存在的理由。

三、体育场所信息化模式的探索

（一）多媒体教室

多媒体教室是指配有投影机，屏幕和由计算机、实物展台、扩音机等构成的主控台的教室。这是多媒体教室的基本配置，教师可以将预制好的各种 CAI 软件投放到屏幕上进行演示；可以利用实物投影仪将实物的影像投放到屏幕上，便于更多的学生观看；更可以通过校园网将网络上的教学资源展现给学生。

目前这种教室在高校校园中十分普遍。近几年来，教育部进行本科教学水平评估，对教学硬件有一系列的基本要求，各高校也据此增添了新的硬件设施，许多接受过评估的高校，特别是"211"高校，所有教室都配有最基本的多媒体设备，为教学手段"数字化"提供了必要的条件，所以多媒体教室已经十分普及。

在体育教育专业的教学中，这种教室可以应用于体育人文社会学类课程、运动人体科学课程和术科的理论课教学。教室中的多媒体设备主要是用作教师教的辅助手段，即教师借助多媒体设备将教学内容传递给学生，因此，多媒体教室更适合于"以教师为中心"的教学结构。

（二）网络化计算机教室

这是指具有多台学生机和一台教师机，而且相互连接构成一个局域网的教室，其功能主要包括视听教学功能、实时监控功能、控制功能、分组管理功能、交互辅导功能等。广播教学包括屏幕广播、语音和集体讨论等多种形式，使教师将教师机或某台学生机屏幕显示的画面和语音同步播送给学生，可以全体广播也可以对部分学生广播。实时监控功能是指当学生自由练习或自由讨论时，教师可以不离开自己的座位，通过教师机来查看和控制学生的操作情况，从而采取某种手段对教学过程加以监控。这类信息化教学系统利用计算机彻底改变了以往教学中黑板加粉笔的状况，大量多媒体教学信息得以方便地展示给学生，可以轻松实现集体授课、协作式学习、个别辅导、探索式学习等多种教学方式，学生在各种教学方式下都可以很方便地同教师进行沟通，利用软件解决方案容易实现与 Web 的无缝连接，可以大大地扩展教育信息的来源。

这种教室与多媒体教室一样，可以应用于体育人文社会学类课程和术科的理论课的教

---

① 董杰. 论信息技术与体育教学 [J]. 考试周刊，2019（58）.

学，但比多媒体教室的功能更多。教室中的监控功能有利于发挥教师在课堂中的主导作用，让教师实时监控学生的学习行为，及时发现、纠正学生学习过程中的问题，特别适合个别化教学。教师作为引导者，通过对学生机的实时监控，可以掌握每个学生的学习进展情况，可以一对一地指导每个学生；每个学生都可以根据自己的特点进行自主学习，体现主体的主动性。① 所以说，这种教学环境不仅能够适用于"以教为中心"类的教学模式，而且更能够适用于"学教并重"类的教学模式。

（三）信息化的运动场馆

1. 多媒体教学设备在运动场馆的应用

体育专业课程中需要在运动场上进行教学的活动很多，以往由于硬件技术的限制，多媒体设备一般都运用于固定场合，这就使得运动技能教学课中应用多媒体教学设备受到了限制。但是随着信息技术硬件设备的发展，这种限制正在逐渐减小。首先是笔记本电脑的"平民化"为在运动场上实现多媒体设备的应用降低了"门槛"。其次是近年来便携式投影机的普及更为实现体育场馆教学设备多媒体化扫清了障碍。由一台笔记本电脑、一台便携式投影机和一台数码摄像机即可构成的一套"便携式"多媒体教学设备。

2. 各种传感探测技术在运动场馆中的应用

在运动场馆中应用传感技术可以提高器材设备和场地的教学功能，辅助教师和学生更好地完成教学任务。体育教育专业的各门术科课程的教学有一个突出的特点，即学生在学习过程中要承受一定程度的运动量。虽然教学中的运动量远不及竞技运动训练那么大，但是，教学对象的体能往往是参差不齐的，而且差距相当大。因此，在教学的过程中对学生的生理反应进行实时的监控也是十分重要的。可是，目前常用的监控方法一般都是仅仅凭教师的观察。在竞技体育的运动训练中监测运动员生理指标的手段已经相当普及了，这些手段当然可以应用在运动技能的教学中。传感技术的应用本身也是体育教育专业的学习内容之一。因此，在教学场馆中的应用传感技术，同时还起到了教学的作用，也就是说起到了"教学"和"应用"双重作用。

3. 网络技术在运动场馆中的应用

网络技术是信息技术的主要代表之一。各种网络学习平台是教学环境信息化的具体表现形式。网络学习环境有诸多优越性，资源丰富，能够实现资源共享，不受时空限制，因此可以为学习者提供终身学习的机会。只要在学习者有学习需要的时候，他们就可以利用相应的网络学习环境，选择需要学习的课程，在他们认为合适的时间和场合进行学习。从理论上来说，是真正能够实现"以学为中心"的教学环境。随着网络技术、多媒体技术的不断进步，网络学习理论的不断深入研究和拓展，网络学习的质量也在不断提高，为真正实现"以学为中心"创造了很好的外部条件。校园无线网络的普及，使得实现"多媒体网络场馆"已经不是"纸上谈兵"了。

---

① 张英平. 开创体育信息化教学的途径和实践 [J]. 教育信息化论坛, 2019 (8).

第三节 基于信息技术的体育教学的问题及对策

一、信息技术在高校体育教学中应用中的理论问题及其解决对策

（一）认识模糊问题

认识模糊问题主要表现为概念模糊问题。目前的研究发现很多教育工作者包括高校体育教育者对信息和信息技术的概念还很模糊，这已经在不同程度上阻碍或延缓了高校体育信息化教学的发展。[①]

理解信息和信息技术的含义对高校体育教学有正确的理论导向作用，更有利于信息技术与高校体育教学的整合。由于认识模糊有些高校体育教师认为信息技术仅仅是一种表演艺术，只有上公开课时使用，别的上课时间不使用。有些体育教师认为传统教学比现代信息技术更能体现学科的特点，而几乎拒绝使用信息技术。有些体育教师把信息技术扩大化了，认为什么都应该使用信息技术，简单几句话就能解释清楚的问题也要使用信息技术，导致了信息技术的滥用、误用现象。

现代信息技术应用于教育威力巨大但并非万能，信息技术和其他教育技术不是取代的关系，而是适者生存，共同演进的关系。理顺信息技术与高校体育教学的关系就在于更好的指导体育教学实践。

高校体育教学的对象大部分是成年人，学生的理解力已经有了很大的发展。信息技术的应用有助于帮助学生最大程度地理解和掌握体育和健康的知识，大大提高了学生学习的主动性和灵活性，能更快地将知识整合，使学生对知识全面理解和掌握，因而，它在高校体育教学中有极其重要的意义。无论信息技术如何发展，必须肯定的是作为运动技能的学习运动实践是必不可少的，否则体育教学就失去了它的真义。

认识模糊问题的解决策略主要包括以下几点：首先，转变观念，切实树立现代信息意识。各学院对信息和信息技术在思想认识上存在着较大的差异。现代信息技术在高校体育教学中的应用是时代的要求和社会发展的必然趋势，需要校领导的高度重视和支持。目前，有些院校领导对信息技术的概念、内涵等理解不深，对其重要性、紧迫性、战略性认识模糊，严重影响了信息技术教学的实施。所以必须统一思想，转变观念，从领导做起，具体到每一个高校体育教师和学生，使每个人都充分认识到信息技术强教的真正概念和内涵。其次，加大投入，抓好硬件软件建设。信息化建设是一项高技术、高投入的现代化基础建设，需要购置大量硬件设备、开发软件系统。随着对信息化建设的投入不断加大，高校信息化硬件建设、网络建设已经初具规模。但一些设备由于购置时间较早，配置较低，无法适应新的教学软件运行环境，而且存在老化现象，故障不断，设备需要更新。在软件建设应用方面，目前高校已经能够初步实现网络交互功能、视频会议功能、电子邮件功

---

① 常学军. 信息时代体育教学变革 [J]. 当代体育科技，2019，9（25）.

能、视频点播功能等，但也需要及时更新。加大投入，抓好硬件软件建设，能从物质的层面解决认识模糊问题。最后，要加大体育教师信息技术教学培训的力度。

（二）现代信息技术在高校体育教学中应用的技术绝对化问题

信息技术的广泛使用使社会日益复杂，我们对她的依赖性也越来越大，这意味着发生问题的可能性及问题的严重性也在不断增加。由于对技术的本质及技术的二重性的不同认识，导致对技术与社会相互关系的认识出现了不同的观点，技术自主论（技术统治论、技术绝对论）和社会建构论是其中的两种最主要、最基本的观点。现代信息技术在高校体育教学中应用面临的常见问题之一便是技术绝对化的问题。

近年来，一些教育技术专家伴随着每一次技术的进步，总是宣传它对教育的深刻影响，也对教师掌握相关技术提出了新的要求。然而，对广大非计算机专业的高校体育教师，当前到底掌握哪些相关信息技术才能把它们很好的应用到高校体育学科教学中呢？有技术绝对化倾向的高校体育教师认为信息技术能彻底改变高校体育教育的现状或者认为体育教师可以马上被计算机技术所取代。众所周知"理想"的教学环境并不等于现实所能提供的教学环境。关于"理想"的信息技术教学环境是多媒体计算机、教室网络、校园网+互联网等。专家认为技术在教学中应用的突出优势在于多媒体计算机的交互性，多媒体计算机进一步把电视机所具有的视听合一功能与计算机的交互功能结合在一起，产生出一种新的图文并茂、丰富多彩的人机交互方式，而且能够立即进行反馈。这样一种交互方式对于高校体育教学具有重要意义。然而根据中国国情，在今后相当长的时间内，高校体育教学中教室、黑板与粉笔还不能彻底抛弃，运动场则必须永远存在。

再如网络，跨地区的协作式学习最能体现网络特性，也是最有利于 21 世纪人才培养的一种教学策略之一，目前围绕协作式教学策略的探索已成为国际上计算机网络教育领域的一个研究热点。高校体育教学无疑也可以利用网络进行协作式教学，但是，如果对网络过分依赖，忽视其他教学方式，不能正确处理这种跨地区的协作式学习与中国现行教育体制的关系，网络在高校体育教学中的作用也只能停留在表面化。因特网信息资源包罗万象，内容异彩纷呈，但因特网信息资源不是传统信息资源的复制，因特网也不能取代传统的信息媒体、交流渠道，它是对传统信息资源和信息交流渠道最令人振奋、最有利的补充。尽管网上信息发展很繁盛，还是有许多重要信息不可能在网上公开，或任用户自由访问获取。[1]

技术绝对化的另外一种表现是片面追求最好的技术与设备。网络并非万能，围绕着因特网的信息资源与服务的诸多误解也必须得以消除，才更有利于信息技术在高校体育教学中的合理有效应用。

当前不存在"理想"的教学环境，即每个学生面对一台多媒体计算机，此外技术教学设备无论如何先进也未能代替面对面教学的情感交流，体育教学也不能只靠操作电脑就能获得运动技能，高校体育教师更不可能被"优秀的多媒体课件"和"网络教学"所取代。

在任何情况下，高校体育教师都不应过度依赖于技术。不是所有需要运用的技术环境

---

① 张英平．开创体育信息化教学的途径和实践［J］．教育信息化论坛，2019（8）．

都能随时保证不出差错，那只能是一种理想状态。如果有技术的支持，我们能够做到信息技术在课堂中不同作用的发挥。但是如果因为某些硬件或软件环境的制约，导致出现无法按已定教学设计方案实施，那么教师的应变能力要提高，而且要具备处理常见问题、排除常见故障的能力，以保证教学正常进行。有些技术运用如网络环境下的体育网络教学平台或体育多媒体教学系统，简单的体育教学软件的开发等都应是高校体育学科教师自身应具备的能力。

针对技术绝对化问题的对策包括以下几点。首先，要明确高校体育教学的主要任务是什么。信息技术的应用与体育教学不能本末倒置，信息技术是为教学服务，而不是凌驾于体育教学之上。其次，要明确实用才是最好的。高校公共体育教学主体部分是体育术科技能的教学，需要"身体实践"，单靠技术是无法获得健康和运动技能技巧的。最后，要不断实践探索，加强信息技术在体育教学中应用的研究，及时更正与改进信息技术在高校体育教学中的应用。

（三）现代信息技术在高校体育教学中应用的技术异化问题

技术的确创造了无数奇迹，使人类的许多美好梦想变成现实。然而技术并未像人们曾憧憬的那样带给人类真正的幸福、保证人类文明的价值和意义，反倒伴生了人类的生存危机和精神文明衰退，即技术的异化。技术的异化一般是指人类在利用技术改造和控制自然的过程中，技术反倒成了一种控制和奴役人的力量。多数学者则是从与技术相伴生的负面效应来谈论技术异化的。那么，随着未来技术的飞速发展带给人类的将是什么呢？如何克服技术的异化，使其更好地造福于人类？这是值得当代人认真思索的重大问题。①

人类社会已进入信息化时代，其前沿重点在于：高速宽带智能化综合数据网，多媒体技术语言文字识别与机器翻译，虚拟现实等，模拟大脑活动而发展的计算机原理，新的计算方法和软件是计算机科学的前沿领域。信息技术在高校体育教学中的应用，将促进整个体育教学产生革命性的变化，其成效是不可估量的。信息技术推动了人类社会的进步，对信息的依赖使人类社会在很大程度上避开了物质和能量的大量消耗。高校体育教学信息以多媒体的形式表现出来，会更具有形象性、动态性、丰富性、交互性，但同时局限性也很明显，如缺乏情感、过于逻辑化、机械化等。面对一台电脑学练武术与跟随武术教师习练武术定会有极大的差异。

信息技术异化从技术过程延伸进入社会过程，对社会的影响是整体的、复杂的、广泛的。信息技术的日新月异，信息产业的竞争与发展，不断地满足了人类对信息存储和信息传播的要求。然而科技是一把"双刃剑"，信息技术从产生的那天起就似乎注定了异化的发生。信息技术在高校体育教育中的异化是与信息技术在高校体育教育中的应用相伴而生的。信息技术在高校体育教学中应用的技术异化主要表现在以下几个方面：

一是，将导致大量漫无目的高校网虫的出现。信息爆炸可能把社会中的每一个个体都卷入其中，卷入信息的异化过程之中。信息爆炸首先涉及的就是个体，把个体卷入异化过程之中。

二是信息污染和信息犯罪对高校学生的影响。在伦理、道德、政治领域，信息技术异

---

① 许良. 技术哲学 [M]. 上海：复旦大学出版社，2005：56.

化体现为信息污染。信息污染在全世界都存在，黄色的、白色的以及黑色的等等。信息技术的应用也加大了学生接触不良信息的机会，大量的垃圾信息和黄色网站无疑也会对信息技术教学产生负面影响。

三是信息安全问题对信息技术在高校体育教学中应用的影响不容忽视。信息安全，这是信息技术异化所涉及的最敏感问题。信息渗透和信息战不仅涉及个体或集团的信息安全，也涉及经济安全、国家安全等等。在信息渗透和信息战中，关键就是安全保密问题。安全保密问题涉及很多方面，国家机密、企业机密、个人机密等都存在保密问题。现在，高校体育教学优秀信息资源极为稀缺，信息安全没有保证，不利于优秀高校体育信息资源的开发利用，开发商和研究者缺乏积极性，造成优秀体育教学信息资源市场供应不足，价格昂贵，不利于体育信息化教学的发展。

信息技术必然带有双重效应。我们的任务就是使双重效应中的积极面扩大，消极面缩小。解决的办法就是建立信息技术社会应用的伦理学。从伦理道德上加以约束，是一切信息技术工作者和高校教师不可推卸的义务。

二、信息技术在高校体育教学中应用中的实际问题及其解决对策

（一）现代信息技术在高校体育教学中应用的信息分化问题

信息分化（Information divide 或 Information differentiation）是一个全新的概念，它的基本含义是：在当代社会信息化发展的过程中，由于信息技术的迅速发展和有效应用，而导致的一种人类社会的不同信息活动主体之间的信息差距及其不断扩大的社会分化现象。

信息分化作为一个科学概念，它具体包括三方面的情况：一是不同信息主体之间在信息接触和信息拥有方面的差距；二是不同信息主体之间信息差距的生成与扩大态势；三是不同信息主体之间因信息差距的存在和发展而引起的某些特定的社会分化。[①]

信息化时代开始后，信息的价值空前提高，信息的作用越来越大，20 世纪 70 年代以来，由于信息技术的迅猛发展，信息分化也日益严重。信息技术在高校体育教学应用中确实存在这样一种现象：一方面是一些条件好的大学，例如，北京体育大学、武汉体育学院等，它们通过比较先进的信息技术的有效利用，广泛地开发信息资源，成了信息的富有者。这些信息技术条件好的学校已经开设了体育信息技术专业，培养专业的体育信息技术人才，走在体育教育领域里信息技术应用的前列。另一方面是一些信息技术条件较差的高校未能或不能利用先进的信息技术条件来开发体育信息资源，成了信息的贫乏者。有些高校信息技术在体育教学中的应用还仅仅停留在电子板书代替手写板书的层面，这是信息技术利用极不充分的表现，而且这类高校占了中国高校的大部分。正是现代信息技术的发展，才使得信息资源迅速转化为社会财富成为可能，也正是在这种情况下，才有了不同信息主体之间因为信息技术的占有与利用的不同而造成的剧烈的社会分化现象。可以说，如果没有现代信息技术的迅速发展和有效利用，这种剧烈的信息化是不可能在当代社会中凸显出来。

当前中国高校体育教学的信息分化主要明显地体现一种信息技术差异现象。这种信息

---

① 谢俊贵. 信息的富有与贫乏：当代信息分化问题研究 [M]. 上海：上海三联书店，2004：36.

技术差异主要表现在两个方面：一是信息技术占有情况的差异；二是信息技术应用能力上的差异。一般来说体育发达国家，体育教育也比较发达，关键在于他们拥有高度发达的现代信息技术。对一个国家来说，哪所高校拥有或掌握了比较发达的信息技术，那所高校的体育教学就越信息化。目前，中国有些高校体育教学比较先进，关键在于他们已经掌握和能够应用现代信息技术获取、利用和开发体育信息资源。此外对具体某所高等院校来说，学生有性格差异、兴趣差异和能力差异等。学生个体利用信息技术的差异性也会导致信息分化，最终影响信息技术在高校体育教学中应用。较好的信息素质和较强的信息能力更有利于信息技术在教学中的普及和应用。

在高校体育教学中如何缓解信息分化问题呢？根据目前高校体育教学的实际分析，关键策略应包含以下几点：一是强化基础信息教育。信息技术教育要从中小学抓起，只有基础打好了，整个国民的信息意识提高了，高校体育教学中的信息技术应用才能得以顺利进行；二是加快信息化基础设施建设，没有基本的软硬件，信息技术的应用是空谈；三是要重视贫富差距，开展信息和信息技术扶贫。扶贫既要考虑地区差异，也要考虑"校校"差异和校内"院院"差异等；四是要学习国外先进经验，特别是体育信息技术教学发达国家的先进经验。从长远来看，信息技术在高校体育教学中的应用在全国范围内的普及只是时间的早晚问题，信息技术的使用应该是一个过程而不是一种结果，信息分化暂时的加剧无碍于高校体育信息化教育的最终全面普及。

（二）现代信息技术在高校体育理论与体育术科教学中应用的差异性

信息技术应用于高校体育教学，要强调信息技术服务于课程，应当设法找出信息技术在哪些方面能增强学习者的锻炼效果，培养学生终身体育的思想，促进学生整体素质的提高。体育教学主要包括理论教学和术科教学，而术科教学又是高校体育教学的主要部分。针对理论与术科教学的差异性，现代信息技术的应用也应注意"随机应变"。相对来说信息技术应用于理论课教学较易实现。

如何在高校体育理论课中应用信息技术，实现信息化教学呢？首先，信息技术作为演示工具。教师可以利用现成的教学软件或多媒体教学库选择适合自己教学的内容进行演示。另外，体育教师也可以自己编写演示文稿或课件，还可以利用模拟软件或计算机外接设备，来演示某些试验现象，帮助学生理解所学知识。第二利用信息技术获取学习资源。第三将信息技术作为交流工具。利用多媒体技术的交互性和共享性，通过制作适宜的理论课教学课件方便地实现人机对话的学习目的。师生还可以通过 e-mail OICQ，体育论坛，电子视频会议系统等进行交流，提高教学的效率。

现代信息技术在高校体育理论课中应用的实例分析。

随着科学技术的不断进步，多媒体技术已经步入了课堂，体育教学和其他课程一样，其教学内容、手段和方法也在不断地变化和发展。特别是多媒体的应用，弥补了体育理论课中讲课枯燥、不生动的现象。多媒体课件提供了视觉、听觉等多种信息通道，教师根据教学需要，随意地获取、处理、编辑、存取和展示两种以上不同类型的图形、图像、文本、声音等，使原来单一的教学过程变得形象、生动和活泼，以图文并茂的表现方式，生动地描述了各种复杂的、抽象的运动生理、生化、生物力学及运动形式的现象，并配以色彩鲜艳的动画显示，形象逼真地模拟各种运动情况，以简明易懂的分析过程，深入浅出地帮助学生去理解书本知识。同时多媒体提供的友好的人机交互的信息反馈方式，对于激发学生的学习兴趣，调动学习的积极性和主动性，挖掘个人潜能有着特殊重要的意义。①

对于高校体育术科教学，要求的信息技术环境和条件比较高，对体育教师的要求也更高，不仅要求教师有精深的体育专业知识和技能，还要求体育教师具备必需的信息素养和信息技术技能，并能很好地将信息技术整合于体育术科技能教学实践中。目前适用于高校体育术科教学的课件相对理论教学的课件要少得多。体育术科课件的制作对体育教师和能力要求更高。体育术科信息化教学对素材的要求更多更高。中国体育队伍的整体文化素质偏低，体育教学和科研队伍的文化素质不高，业务能力和信息能力都强的高校体育教师相对较少，这在很大程度上妨碍了对信息资源的利用以及信息技术在体育教育领域的普及。只有不断提高现有体育教育者的文化素质和信息素质，注意吸纳复合性的体育信息技术人才充实高校体育教育者队伍，才能在体育术科技能教学中最大限度地开发和利用信息资源和信息技术，促进整个体育教育事业的发展。

下面讨论的是现代信息技术在高校体育术科教学中应用实例分析。在体育运动中，有许多运动技术不仅结构复杂，而且需在一瞬间完成一连串复杂的技术动作。例如，田径跳跃项目的空中动作，体操支撑跳跃的连续动作，技巧的滚翻，单杠的回环动作等，而且还是一些非常态动作。如投掷项目中，铅球的最后用力顺序；跳跃项目中，挺身式跳远的展体，俯卧式跳高的转髋等动作都是日常生活中从来没有过的运动动作，这给教学带来很大难度。一方面教师的示范动作受各方面的限制，随意性往往较大，如教师对动作要领的领会程度、教师的年龄、临场身体状况、心理因素或自身其他条件等；另一方面学生的观察角度和时机也有很大的局限，由于动作快，综合难度较高，因此学生很难清楚地观察到教师的动作示范，这必然对学生的学习带来一定的影响。利用多媒体课件把教师自己很难示范清楚的技术环节，用课件中的动画或影像采用慢动作、停镜、重放等教学手段结合讲解、示范表现出来，这样就能够帮助学生看清楚每一瞬间动作的技术细节，教师就可以讲解各分解动作的要领，演示整个动作的全过程，进而抓住动作的关键部分，突出重点，难点。更快、更全的建立起动作表象，提高了认知阶段动作学习的教学效率，缩短教学过程。利用现代信息技术进行分析对比，可以提高学生分析和解决问题的能力。利用现代信息技术，把各种不同的运动技术，技术难点、重点，常见错误动作制作成课件，在学生上课时让学生观看，并与学生一起分析比较，提出问题，解答问题，可以促进学生的分析解决问题的能力。

现代信息技术应用于高校体育教学必须根据体育学科特点来进行。现代信息技术应用于体育教学，其体育教学过程中教学内容、方法、组织形式的安排仍需要严格遵循体育教学的基本规律和体育教学原则，而不是盲目的凭空想象，否则就会偏离体育教学的目标。体育教学的基本规律包括学生身心发展规律，认识事物的规律，社会制约性规律，动作技能形成规律，人体生理和心理活动规律，人体技能适应性规律；体育教学原则包括自觉积极性原则，直观性原则，因材施教原则，身体全面发展原则，合理安排心理负荷原则，循序渐进原则，巩固提高原则等。② 当然，现代信息技术在高校体育理论与体育术科教学中应用的差异性不能绝对化。体育理论和术科技能教学统一于体育教学这个系统，既要注意差异性，又要注意整体教学效果，因时因地制宜地应用与整合信息技术，才能最终提高整个体育教学的质量。

（三）现代信息技术在高校体育教学中应用的有效性

在当今信息时代，学习化社会的背景下，如何有效地利用信息技术是每个教育者面对的重要课题。如何使现代信息技术在高校体育教学中应用发挥最大的效用性是体育教育工作者应该考虑的重要问题。建构主义理论之所以在九十年代风行，就是因为多媒体和网络技术为建构主义学习环境的实现提供了最理想的条件；反之，建构主义学习理论与教学理论，则为实际体现多媒体和网络技术教学应用优越性的以学生为中心教学模式提供理论基础。建构主义学习理论是认知主义学习理论的一个重要分支。建构主义学习理论强调学习是获取知识的过程，但学习不是教师传授得到的，而是在一定社会文化背景下借助他人包括教师和学习伙伴的帮助，利用必要的学习资料由自己建构起来。建构主义学习理论强调以学生为中心和主体，强调情景对知识构建和学习的作用，强调利用各种资源来进行学习，强调教师对学习环境的设计，强调教师对学生的督促、激励和帮助，强调协作学习对知识建构的关键作用，强调在教师指导下的自主学习和协作学习。[①]

建构主义的学习观促使我们重新审视对体育学习的理解，首先对体育本质的重新认识。从外部看，体育知识是一种社会建构。这一论点的依据是：（1）体育知识的基础是体育运动知识、约定和规则；（2）个人的主观体育理论研究成果公布转化成使人普遍接受的客观体育知识，需要社会交往的过程；（3）客观性本身应理解为是社会的。从内部看，体育技术具有高度的形象性特征决定了体育发展是感性知识的建构过程。现代信息技术弥补了传统体育教育技术和手段的不足，改变了传统的体育知识储存、传播和提取方式，这具有教学方法变革的意义。众所周知，网络信息浩如烟海。信息论中也有一条著名公理：信息多了等于没有信息，不经过选择的信息往往是泛化的、大而无当的信息。

只有明确现代信息技术教学与传统体育教学的差异，对教学起决定作用的还是教学内容和教学方法，而不是信息技术，只有发挥现代信息技术教学的优势，正视传统体育教学手段中的应用价值，才能合理、正确使用它，从而真正进入现代化的信息技术教学时代。体育教学主要是在宽敞的场、馆、池等空旷环境中进行的教学，是通过教师的讲解、示范以及学生的反复的身体练习来提高身体素质，信息技术的应用要服务于整体教学目标，才能发挥真正的效用。

有效性主要涉及的是教育评价问题。在评价高校体育信息化教学设计时，主要考虑以下几个方面。首先，信息技术的应用是否能真正有利于提高学生体育学习的效果。其次，信息技术与体育教学的整合是否合理可行。第三，是否能够有效评价学生的体育学习效果。通过专业的高校体育教育评价机制能及时发现信息技术在高校体育教学应用中的各种问题，从而对信息技术在教学中的应用不断进行调整、改进和完善，进而不断提高体育教学水平。

---

① 魏淑珍. 网络下的英语的研究性学习理论与实践研究 [D]. 上海：华东师范大学，2005.

第四节　体育教学信息化系统的构建策略

一、构建高校体育教学信息化系统的意义

（一）充分展现体育教学的特点

在通常的体育教学中，很多体育运动的动作是比较复杂和烦琐的。同时，大量体育运动的动作具有连贯性、快速性等特点，在进行某些较为专业的训练和教授时，关键动作以及一些技巧学生难以观察清楚，进而难以在教学中把握重点和难点，这往往使得体育教学的教学效果大打折扣。从教师层面来看，由于教师水平、理解能力、教学方式以及运动水平的差异，在教学中也不可避免地会受到自身随意性的影响。体育教学信息化系统的构建能够把传统教学与数字化教学资源充分整合起来，有助于体育教学的维度和广度更加丰富，有助于体育教学难度的下降，促使体育教学的理解性和形象度得到大幅度提升，最终使体育教学的整体效果得到改善。

（二）促使教学形式的多样化

由于体育教学涵盖面广，而高校体育又比较开放及自由，因而高校体育教学的形式并不像小学和中学那样固定。同时，由于硬件设施的相对完善，排球、足球、乒乓球、羽毛球、田径、游泳等大量的体育活动都可以作为体育教学的内容就教学形式来说，不管是开展简单的体育活动、专业化培训、不同类型的体育比赛，还是测试学生对体育知识的掌握情况，均造成了体育教学的涵盖面不断拓展，管理难度和对教学资源的需求量都在逐步增加。同时，各种体育教学形式间也需要全面整合，所以体育教学信息化系统建设对不断多元化的体育教学形式的管理与资源来说十分必要。

（三）有助于深入推行素质教育

在素质教育推行深度不断加深的情况下，高校体育教学理念发生了翻天覆地的变化，体育教学已经从简单的体育运动发展成为集身体训练、协调性、身体机能开展、学生心理健康、生存能力、意志力于一体的综合性学科，很多高校的体育教学已经更名为了体育与健康。这些方面的转变也让体育教学目标朝着多元化方向发展，衍生出了知识目标、技能目标、情感目标、社会适应目标等全新的结构和理念。针对这些变化，体育教学必须要有效整合更多信息，提供生动形象的教学方法，形成更加多样化的服务性功能，如果只单方面依赖传统的体育课程教学是无法实现的，必须要有体育教学信息化系统的全面支持。

二、构建高校体育教学信息化系统的具体实施

构建高校体育教学信息化系统的实施过程包括很多环节，这里主要对系统概念、系统

分析、系统总体设计、系统功能实现进行阐述。

（一）系统基本概念

教育电子政务是电子政务和教育信息化的组成部分，从形成开始便一直受到教育部的密切关注。体育教学管理系统应当把实际应用当成重要目标。教育信息化着重反映在体育教学中运用信息化方式解决传统体育教学中的管理问题上，其在提升教育管理水平和教育管理工作质量以及优化教育部门服务职能等方面的作用越来越突出。[①]

系统平台能够在安全的前提下供全校师生在线使用，选择统一认证的方式，在校师生可以选择 Wed 的形式实施访问，查询并管理体育课程以及素质测试信息。信息化管理平台软件可以采用数据库服务器、业务服务器分开使用的方式提高访问并发性及数据安全性。每天自动从各相关系统抽取数据，保持数据的及时准确，用户根据需要可直接快速查看所需的各类信息，不需要再进行二次加工，功能基本上涵盖了高校体育教学所涉及的内容，能够满足学校的实际使用需求，采用良好的人机界面，并能够随着业务的发展及时更新相关功能，软件专门设置了学生查询访问系统，每个学生的所有相关体育信息都可以随时在上网进行查询，并且可以进行网上选课，网上择课外协会、俱乐部，网上预约体质健康测试。

在现代信息技术飞速发展，计算机技术、通信技术以及网络技术发生翻天覆地变化的情况下，高校体育教师应当不断提升应用及驾驭信息技术的能力，全面掌握开发工具与开发方式，不断提升自身掌握信息技术的素质。在现阶段，社会信息量持续增加、各类信息混杂无序、信息质量的差距较大，提供服务的信息资源数量十分庞大，信息资源之间交叉重复，很多学科与领域的信息都有涉及，所以高校体育教师必须要对各类信息资源形成清晰认识，不断提升自身的信息查询能力和信息获取能力。而针对已经获取的有关信息，体育教师应具备组织、加工、分析信息的能力，准确吸收与自身需求相吻合的信息，同时组织和加工成与自身需求相适应的形式，对自身参与的实践活动发挥出推动作用。

目前，有很多高校的信息化系统构建已经实现了校园一卡通管理、无线校园网覆盖、高性能服务器群、数据库中央信息等多项功能，截至目前已经形成了功能齐全的教务管理系统与学生管理系统。因此，在完成系统架构设计工作时，应当对怎样和当前系统有机结合进行全面考虑，实现直接取得当前数据信息的目标，舍弃重复录入环节和数据导出工作。本系统的课程信息与学生信息选择和教务系统以及学生系统同步更新的方式，为数据的准确、有效提供了保障，学生体育锻炼成绩能够借助系统联动输入至教务系统中。这些系统都已经拥有基于数据库结构的接口模块，并且在人员权限管理上能够采取统一身份认证的方式，把权限通过角色的方式进行组织，最终为系统管理者和系统使用者高效管理系统用户带来便利。

（二）系统分析

1. 需求分析

高校体育教育信息化是一项系统工程，体育成绩管理、交费重修、优秀生选专业、体

---

① 李鑫．高等学校教学管理系统思考［J］．文存阅刊，2018（12）．

育馆（所）开放管理与完善、教学质量监控系统和教学评估制度都一定要科学运用计算机网络系统，从而更好地适应崭新的教学管理运行机制，为高校实现教学秩序井然、教学各个环节良好运转提供保障，这种发展趋势一定会成为未来体育教学信息化系统发展的潮流及方向。

高校学生没有固定的班级，在每学期开始之前，教务处会公布体育课程班信息，学生可以自己选择不同类型的体育班和任课教师。教务系统将选课结果同步到中央数据库，体育锻炼管理系统则通过中央数据库同步来实现更新。数据同步采用定时运行数据同步程序来实现。

2. 系统功能分析

系统设计需要达到的要求分别是超前性、及时性和准确性高效性、方便性、安全性和可靠性、参数化和兼容性、先进性和可扩展性。具体来说，超前性有助于系统升级及功能的延伸；及时性和准确性是指每天自动在有关系统中抽取数据，从而保证数据及时和准确；高效性是指用户结合实际需求在短时间内查看不同类型的信息；方便性是指使用者能够直接查看相关信息，无须二次加工；安全性和可靠性是指清晰划分不同用户的实际权限，明确限定具体功能的使用权；参考化和兼容性是指各项功能选择参数化设计，从而为修改和升级系统功能提供便利；先进性和可扩展性是指运用理想的人机界面，同时根据业务发展情况来更新有关功能。系统功能分析的具体内容包括以下几个方面。

（1）为全方位落实并实施《学生体质健康测试标准》，必须对上报学生体质健康测评数据时进行全过程与全方位的监管，为上报质量提供保障，保证上报质量达到信息化要求和规范化要求。

（2）为精准统计和全面分析学生的体质健康情况，对体教工作的科学决策和教学研究提供重要参考价值，就必须保证社会公示有事实依据、有说服力，达到真实、客观的要求。

（3）业务工作信息化。将学生健康测试数据管理的主要业务由计算机处理，避免人工处理的信息不准确、效率低和出错率高等问题，提高对数据处理中遇到的种种问题的实时响应能力，加快决策的速度。同时，通过对现有业务流程的整理分析，可以优化业务流程、提高工作效率。

（4）信息管理网络化。所有的应用都应在网络上实现，将数据和应用集中起来形成整体。避免数据和应用系统不及时与不统一带来的信息"孤岛"现象，防止对同一数据重复录入和结果不致而造成的数据冗余及数据丢失等现象。同时，信息通过网络传递，也加快了信息处理的速度。

（5）业务管理数字化。全面且准确的测试数据不仅是研究改进质检工作的重要依据，还能为学生体质评价带来参考价值，也是体育教学管理、体育教学决策的重要根据。当前，体育教育管理已经不再只凭借经验，而是以数据为重要根据，立足于实际情况，保证最终的决策更加科学、更加合理。体育教学信息化系统通常是充当指导性的管理监控平台，该系统集全局性、精确性、独立性、稳定性、安全性、可扩展性于一体。本系统将采用当前易用和流行的 B/S（基于浏览器/服务器）的架构，用 Java 语言开发，保证系统有良好的可操作性及后期扩展性。该系统要求能实现的功能有系统管理、新闻管理、体育成绩管理、课外锻炼管理、课外俱乐部管理、健康测试管理、教师管理、电子教案、理论考试、网上选课、网上成绩评价、业务数据上传等功能模块。

（三）系统总体设计

1. 系统设计

本系统将采用 J2EE 技术进行开发。J2EE 是一种利用 Java2 平台来简化企业解决方案的开发、部署和管理相关的复杂问题的体系结构。J2EE 技术的基础就是核心 Java 平台或 Java2 平台的标准版，J2EE 不仅巩固了标准版中的许多优点，例如"编写一次、随处运行"的特性、方便存取数据库的 JDBC API、CORBA 技术以及能够在 Internet 应用中保护数据的安全模式等，同时还提供了对 EJB（Enterprise Java Beans）、JavaServlets API、JSP（Java Server Pages）以及 XML 技术的全面支持就系统设计来说，可选用分层手段完成构建系统架构的工作把和业务逻辑有关的内容组建成业务逻辑层的部件，前台一般采取 Java 开发界面（表现层），而界面设计则需要把用户的具体使用考虑在内，构建理想的人机交互。[1] 针对业务逻辑层下面与数据层更接近的位置，应当安置和数据层存在直接联系的业务数据操作业务，从而形成数据操作层。底层就是数据层，其充当着系统的核心数据库角色，储存和业务数据存在联系的内容是其主要作用。因此，我们可以将整个系统分成四个层面，以期在未来调整系统业务逻辑方面和表现层时不会波及系统架构，也便于开发人员采取修改手段来调整与新建中间业务层的内容，最终达到更新系统的目标。

2. 数据设计

系统采用 B/S 模式，用户通过 Intranet 访问系统，进行数据查询并获取数据处理结果。系统安装在 redhat Advance server5 上，数据库采用 Oracle9i，主页服务器使用 A-pache2.0 加 Jbos3.26，以获得对 JSP 良好的支持。使用 JDBC 与数据库建立连接、发送 SQI 语句并处理结果，JDBC 为程序开发提供标准的接口，用户的查询命令先是被发送到 JDBC，然后由它将 SQL 语句发送给数据库。数据库对 SQL 语句进行处理并将结果送回给用户。

（1）运动处方相关数据库结构设计

①运动测试评价表

运用体育锻炼管理系统，学校整理并分析实施体质健康测试，同时把最终结果反馈给学生。成功构建大学生体质健康档案以后，体育教师与指导员应当以学生在各个阶段的体质健康情况为依据，对体育锻炼的内容与计划进行科学修订及完善，在密切联系学生生活方式的基础上，制定出针对性强的运动处方。

②运动处方表

假设高校的本科生大约是 2.5 万人，每个年级第一学期都需要完成体质测试，怎样有效管理学生的体质测试，怎样有效管理各年级学生的晨跑、体育课外活动以及体育俱乐部锻炼，怎样把学生体育锻炼数据换算成体育成绩，都必须借助于信息化方式来完成切实可行的人性化管理。教师运用个人校园网络平台和手持终端，了解并掌握学生具体体质情况，能够更有针对性地培养体质差和特殊学生群体的体育兴趣与爱好。由于各方面条件所限，现阶段中国高校体育教育还无法真正意义上为每个学生制定体育运动处方，而现代化的以人为本的教育理念要求教师尽可能引导并帮助大学生形成科学的健身技能与正确的运动锻炼习惯。

（2）体质测试成绩评价

对于高校体育教学信息化系统软件来说，学生体质测试的成绩评估结果和具体数据是系统决策的重要依据，阐述这个部分的设计过程与实现过程，当学生完成各项体质测试之后，相关数据会随之进入系统，表主要用来存放学生体质测试表，针对特定的学生，需要借助学生信息基础表来获取学生性别和健康成绩评价标准系数表。

表 health details 用于存放学生体质测试表，对于某一个学生，通过学生信息基础表 student 获取其性别，与健康成绩评价标准系数表 health grade 进行比较，得出对应学生的单项成绩、状态、折合分，并对各项分数相加得出学生的总成绩，对学生的体质测试状况进行精确判断。

需要说明的是，学生的每一项测试成绩应作为一个记录。在运用高校体育信息化系统评定学生体质成绩时，应当把每名学生的体质测试成绩根据不同性别和健康成绩评价标准系数展开细致比较，从而获取学生的单项成绩与总成绩（折合分累加获得）。

（四）系统功能实现

高校可以充分发挥并完善无线网络覆盖的作用，选择带有无线网卡的掌上电脑（Personal Digital Assistant，PDA）完成日常教学管理。PDA 的主要特征是选用触摸式图形界面操作，可操作性特征和直观性特征显著，具备多媒体功能。教师手持 PDA 进行教学活动，将学生的课外活动出勤数据、体育考试成绩数据、健康测试数据和游泳测试数据等信息实时传输到服务器后台，由体育教学管理平台软件进行处理。对于设备的技术维护来说，应当由学校信息化办公室安排专人管理各类的软件设备和硬件设备。如此，就可由专业人员完成网络维护工作与硬件维护工作，而体育部门则是使用部门，仅需学习并掌握软件的业务使用流程即可。这样能够把体育部门与体育教师的管理任务分摊出去。

1. 系统人员管理

目前，很多高校的人事管理与学生管理已经配备了应用系统，同时有关系统和高校中央数据库是实时同步的，有效预防了体育锻炼管理系统中体育教师数据与学生数据被再次输入，为数据的完整及一致提供了保障。体育锻炼系统的人员和中央数据库数据是直接同步的，系统管理员不具备在系统中增加人员信息的权力，要想对人员更新就必须先完成数据同步，达到数据同步目标的方法是采用定时运行数据同步程序。体育锻炼管理系统中不允许更改教师信息和学生信息，相关信息更改只能要求学校人事管理系统和学生管理系统修改，然后同步更新到体育锻炼管理系统中，以保证数据的统一性。

人员登录采用高校统一身份认证系统，用户登录体育锻炼管理系统时，体育锻炼管理系统将用户名与密码发送到统一身份认证系统进行验证，统一身份认证将返回"True"或"False"，体育锻炼管理系统根据返回值判断用户登录是否成功，体育锻炼管理系统本地不保留用户密码。

体育锻炼管理系统设有三级权限，即系统管理员、教师、学生。系统管理员具有最高权限，教师可以管理自己课程班学生的信息，而学生则只能查询与自己相关的信息。

2. 手持机管理

在高校全面覆盖无线网络的情况下，体育教师可以在工作中使用手持机登记学生早操出勤情况、课外锻炼成绩、体育课成绩，进行常规的早操和课外活动的设置与考勤，也可以采用课外俱乐部的组织模式，进行俱乐部式的锻炼及考勤，然后上传到服务器课外俱乐部可以安排体育教师结合实际需求来自行设置，指导学生自由选择学生感兴趣的运动项目，从而有效调动学生参与课外活动的主动性，最终实现强身健体的终极目标。[①]

在课外锻炼考勤中运用手持机的优点是方便携带、操作性强、性能稳定。在条件允许的情况下，高校可以选择符合标准的 IC 卡，选择一次能够存储 2.5 万条记录的机器，同时在电脑端导出数据后清空，然后进行反复使用。

（1）持机体育管理程序界面

手持机上的体育管理程序可根据课程需要设置早操课外锻炼、游泳成绩录入、体育成绩录入和数据上传等多个方面的内容教师在进入体育管理程序前需要先刷教师的工作证进行身份识别。

（2）早操、课外锻炼

早操、课外锻炼和课外俱乐部运动是体育教学课内外一体化的组成部分，通过早操、课外锻炼和课外俱乐部锻炼刷卡统计学生的锻炼次数可作为学生体育成绩的一部分。

（3）游泳成绩录入

高校可以强制要求学生在校期间必须要通过游泳 50 米的测试，不然就不能颁发毕业证，这样不仅有助于提升学生的身体素质，还能让学生掌握一项生存技能。在游泳测试中，不需要考虑时间和姿势，只设置有通过和不通过两种选择。当学生刷卡后，教师需要完成的工作是确定学生是否通过测试并记录具体成绩。

（4）体育成绩录入

体育成绩录入是教师对学生进行专项考试时，教师可以选择考试科目，刷完学生卡后进行成绩录入。

（5）数据上传

通过手持机完成各类体育项目考核之后，应当把数据保存在手持机中，教师可以连接无线网络把手持机中的数据上传至服务器，最终导入系统。需要注意的是，上传的成绩也需要在手持机上进行备份。

3. 系统反馈

大学生体育健身过程是指不间断地进行学习、健身、信息反馈、修正调整的动态系统，而不管是哪个环节存在问题，都一定会对健身活动的开展产生制约，常常会出现学生离开体育健身活动的情况，没有深刻认识到学生体质测试评价的重要性是出现大学生体质水平下降的关键因素之一。把测试的证明功能摆在过高位置、不积极向学生提出反馈信息以及切实可行的健身指导意义的评价方式，显然对培养学生的健身意识和健身习惯是有负面作用的。

长时间以来，传统的高校体育教学工作都没有密切关注学生的体质信息分析、体质信息反馈，也没能提供针对性强的健身运动处方，没有联系学生体质来给出针对性强的运动

---

① 许晶．智能手机对体育教学的三个促进［J］.吉林教育，2019（28）．

处方反馈，最终出现了健身系统脱节的问题。而信息化教学就是要应用现在已经基本普及的高校校园计算机网络，沟通学生、体质评价信息和教师之间的联系，更好地为大学生的科学健身服务。

测试资料的收集、整理和保存：系统实现了学生的各项测试成绩和登记卡的电子化信息管理，整理保存学生历年的测试数据，是大学生体质健康状况的追踪调查研究的宝贵资料。同时，建立实现学生的各项测试结果、评价等级的网络化查询体系，在校园网信息发布系统上，大学生可以随时查阅自己的评价等级、各项测试数据。

组织测试是学校实施标准工作中相对复杂的一个环节，体育教师要想获得准确、客观的学生原始数据，就必须对组织测试环节进行正确的处理与解决。详细来说，组织测试往往由测试时间安排、测试人员培训、场地器材与仪器的准备、场地器材与器材的安全策略等很多个问题组成；体育教师充当主测者角色，在测试尚未开始时就需要做好思想准备和测试条件的准备。准备内容包括领会文件精神、全面掌握测试项目内容以及测试仪器性能，全面掌握测试手段以及使用过程中的熟练操作，保证场地准备到位、器材准备到位，这些方面的准备对最终的测试结果有着直接影响。[①]

因此，高校要想保证标准的顺利实施，就一定要制定定期培训测试人员的制度。学校组织教师对体质健康知识方面的进行培训，组织教师参加体质健康知识方面和对仪器操作方面的培训；标准要求学校对学生进行安全教育，一是要对学生日常的体育锻炼提出安全要求，防止伤害事故的发生；二是测试前要检查并了解学生的身体健康情况，有病或身体状况不好的学生不得参加测试；三是测试前要检查场地器材是否符合安全要求；四是测试前要给学生讲清测试细则和安全要求，使其引起重视；五是体育教师在上课时对学生进行宣传必须要结合学生体育活动的特色，注重标准宣传工作的多样性，向学生进行经常性的宣传教育，深入进行思想发动，帮助学生了解健康的意义和锻炼目的。要让学生了解实施标准的目的是为了促进他们加强锻炼，提高体质健康水平。由此可知，学校应当在宣传方面投入更多精力，实现课内和课外相互呼应的目标，有针对性地进行标准宣传。根据标准的实施要求，密切联系体质测试项目的实际情况，在高校中举办娱乐性与观赏性的趣味运动，促使学生在娱乐过程中认识到测试的正确方法，让学生亲身感受到运动前和运动后的身体机能变化，由此实现主动宣传。

高校和体育教师应当采取多种方式来充分发挥学校各类资源的作用，真正落实好宣传工作，保证学生深刻认识到测试的重要性，如此才能使测试在学校顺利推广。标准的测试结果和评分成绩，不只是检验标准实施效果的关键性指标，还是追求调查研究学生身体状况的珍贵资料。体育锻炼管理系统能够在最佳时间段内完成评价以及统计分析，进而准确找出问题，有效归纳经验，制定出切实可行的策略，对增强学生体质健康的方法展开深入研究，最终促使高校体育更加科学化。

大学生积极评价自身体质健康情况，有助于学生对健康形成崭新的认识，构建出和现代社会发展走向适宜的体质健康理念，推动学生明确深刻认识到身体成分、身体形态、机能、基础素质、运动素质是决定人类健康水平的关键性因素；有利于帮助与督促学生建立并实现健康目标；有利于科学地、综合地自我评价自身体质健康状况，通过学生端平台的

---

① 邓勇. 高职体育教学信息化探究 [J]. 科学大众（科学教育），2019（5）.

信息反馈，大学生自身体质健康状况的监控和及时反馈又能激发他们自觉主动参加体育锻炼，培养终身追求健康生活方式的行为及习惯。

在不同方面的教学条件和训练条件的制约下，当前体育教师无法针对每名学生都制定出详细的运动处方来，应任课体育教师和学生可以在健康测试的测试平台窗口全面掌握自身的体质水平，保证各项措施的针对性和实效性，尤其是要针对学生的体质情况制定出切实有效的学习计划和训练计划，从而为获得预期教学效果提供保障。

贯彻并落实"以人为本"的时代精神，把灵活性与资源性摆在关键位置。因为高校体育教学信息化系统表现出了多媒体化和信息的可扩充化，为学生脱离以往的被动接受式学习方式提供了条件，使学生能够自觉建构知识体系，能够在多种环境与多种条件下探索性地学习体育基本知识和运动技术，充分凸显出学生在教学过程中的主体地位。

除此之外，高校体育教育还提出了实现人才多样化的目标。要培养信息时代所需的人才，就迫切需要合作化的体育教学方式。在合作化的体育教学方式中，学生的学习不仅来自体育教师，也来自学生间的相互帮助和纠正错误动作。随着教育信息化的进一步发展，在传统教学环境下难以开展的研究性学习、发现式学习等会再度兴起，尤其是以学为中心的各种教学模式将会被广泛认同。[①] 教学过程中"教"的单极化走向合作化，新时代教育模式以人才多样化培养为目标，注重目标管理，同时注重个性化的培养。

---

① 权华. 教育信息化背景下的高校体育教学改革 [J]. 陕西教育（高教），2019（10）.

第三章 体育翻转课堂教学研究

翻转课堂是应用互联网思维创新教学的产物,其核心是将互联网的开放、共享、平等、自由等特征与教育教学的本质规律相结合,形成对师生关系、教学活动、课程内容等要素的重新定位与思考。翻转课堂在班级授课制框架下的课堂教学中引入网络学习的新思维,拓宽课堂的时空,有利于实现传统课堂群体教学与网络个别学习的有效融合。网络环境下的翻转课堂作为一种全新的教学模式,颠覆了传统课堂教学的基本结构,为教育教学改革注入了新的活力。

第一节 翻转课堂概述

一、翻转课堂产生的背景

(一) 信息技术发展的时代背景

第三次科技革命包含空间技术、原子能技术、电子计算机技术等的利用和发展。电子计算机的广泛应用,促进了生产自动化、管理现代化、科技手段现代化和国防技术现代化,也推动了情报信息的自动化。第三次科技革命带来了信息技术的飞速发展,掀起了信息革命。信息革命以互联网的全球化普及为重要标志。信息技术的巨大变革引发新的技术变革,对社会发展产生了深远的影响。

当今社会处于数字化、信息化时代的转型时期,新技术的快速发展和广泛普及对人的发展提出了更高的要求。在这个时代的转折点和关键点上,需要重新审视教育制度和教学模式,思考如何在教育教学中充分利用现代技术并最大限度地发挥技术的有效性。处于信息化潮流之中,教育的目的之一必然包含——人们能够积极主动地处理信息,提高信息处理能力,包括信息的获取、分析、加工等方面的能力,具备信息素养。

中国《国家中长期教育改革和发展规划纲要(2010—2020)》高瞻远瞩地提出:"信息技术对教育发展具有革命性影响,必须予以高度重视。"信息技术对教育的各个方面、各个环节都会产生颠覆性的变革,它正在改变学习习惯和学习方式,也在改变学校的教学模式。没有理由不转变教育观念，重新审视教育技术，从不同的视角积极主动地探索信息革命下如何进行教育变革，如何在教育中充分利用现代信息技术以促进教育的发展。

(二) 亟须变革的教育现实

在工业革命之前，学徒制一直是最主要的教育形式。学徒制强调的是现场教学、个别化教学和代际间口传手授，教学发生在真实的工作场所中，徒弟在师傅的指导下学习和实作。学徒制培养出了具有高超技术水平的技艺人员。

工业革命的兴起使得工厂的规模扩大，这样就亟需大量的具有一定知识和技能的劳动力。即是说，近代资本主义的兴起要求广泛普及教育，扩大教育规模，提高教学质量和效率，迫切要求在短时间内培养出大批量受过良好教育的劳动者。然而，传统的学徒制难以满足这一需求，班级授课制这一新型教学组织形式也就应运而生了。

班级授课制是以班级为单位，由教师按照固定的课时表安排，向固定的学生教授统一内容的一种教学组织形式。捷克著名教育家夸美纽斯在其著作《大教学论》中首次对班级授课制从理论上加以系统论证，使班级授课制确定下来。后来，德国教育家赫尔巴特进行了补充说明，使其进一步完善。

接下来，分析班级授课制的基本特点，可以从中看出为什么班级授课制顺应了工业革命之需，并自其创立以来，一直持续至今，依然发挥着非常重要的作用。

第一，班级授课制有利于学生在有限的时间里掌握大量系统化的知识。第二，教师可以进行"一对多"教学，可以大规模地向全体学生进行授课，提高了教学效率。[①] 第三，班级授课制按照"课"来确定统一的教学进度和学习要求，在教学中管理学生按照统一的步调执行即可，教学管理更为高效。因此，班级授课制能够高效地培养大量的人才，这正好迎合了工业革命对大量劳动力的迫切需求。

随着计算机和网络信息技术的发展与广泛应用，当今社会已经步入了信息化时代。信息革命不仅仅要求现时代的人具备一定的专业知识和技能，还提出了更高层次的发展要求，比如：熟练掌握信息技术，学会及时处理应急事件，拥有不同于他人的独特创想，能够自主学习新鲜事物，敢于探索求知，等等。因此，信息革命对教育提出了更高层次的目标要求。然而，传统的班级授课制教学组织形式已经难以充分满足这一要求。

信息革命带来的新型理念冲击着人们的思维，提出的新要求促使人们适时做出改变，终身学习和自主学习在当下备受关注。人人都应该接受终身教育，进行终身学习；人人都需要积极自主地有选择性地进行学习，以适应时代的发展和满足自身的发展需要，从而更好地实现自我价值和获得完满丰盈的生活。

第一次教育革命发生在从农业社会到工业社会的转型时期，在工业革命的助推之下，教学组织形式由学徒制过渡为班级授课制。第二次教育革命初见端倪，在信息革命浪潮的助推下，教学组织形式由班级授课制向终身学习、自主学习发展。通过简要梳理教育发展的历程，可以看出教学组织形式由手工学徒制到班级授课制再到现时代的终身学习、自主选择学习的变迁和发展趋势。因此，需要审视教育教学的现状，以找到教育教学的出路：

首先，教学内容与社会实践脱节。太多的学生在工作后抱怨："在学校里学习的绝大

---

① 龚珏. 解析班级授课制 [J]. 当代教研论丛, 2018 (5).

多数知识，在生活和工作中很少用得上。学到的知识在毕业后基本又'还给'了老师。"[①]是的，正如这些学生所言，学校教育跟社会实践存在着脱节的现象。虽然学生在学习知识的过程中也会锻炼逻辑思维能力等能力，但是传统教学必须做出改变。人们需要关注学校课程体系与学生发展的结合，构建适合并促进学生发展的课程体系，实现课程的生活化和实践化。

其次，传统教学往往在教学内容、教学进度等方面"一刀切"。那些"学得慢"的学生常抱怨教师讲得过快，自己还没有完全理解某一知识内容，但是为了跟上教师的进度，只能接着学习后面的知识，而前面那些没有掌握、没有彻底弄明白的知识点就成了疑难点。长此以往，这样的疑难点越积累越多，以至于这类学生慢慢成为所谓的"差生"。与此形成鲜明对比的是，那些"学得快"的学生，他们能够较快地理解知识内容，厌烦教师一遍又一遍地讲解，希望得到较高层次的拓展提升，或者希望进行下一阶段的新知识学习，但是传统教学往往限制了他们的这些需求，当然，也就剥夺了他们发掘自己潜能的机会，也许还会慢慢降低他们的学习兴趣和积极性。因此，需要思考如何才能使得每一个学生都能够按照自己的学习进度和学习特点进行学习，以使得每一个学生都能够最大限度地发挥自己的潜能。

再次，传统教学重视结果，轻视过程；重视知识的知晓，忽视智慧的培养；重视知识的获得，忽视情感的感悟和生活的体验。在教学中，人们更多关注学生掌握了多少知识，忽视学生切实感悟到什么、体验到什么；关注学生"学会"，忽视学生"会学"；关注学生的学习成绩，忽视学生的潜能；关注学生的学习结果，忽视学生的思维过程。现实中不论是教师还是家长，都非常关注学生的考试成绩，较少关注学生在学习上的其他表现——学生是否具有良好的学习习惯，学习方法是否有效，学习积极性是否有待提高，学生的问题意识、交流表达能力、独立思考和探索能力的发展情况如何等——甚至忽视学生完满性格的发展、道德品行的完善等等。

最后，传统教学强调教师的主导作用，尚未深入发挥学生的主动性。传统教学中，教师往往按照自己的教学设计按部就班地进行教学，学生在课堂上被动地听讲、忙于记笔记，课后又忙于完成作业，以应付各种考试。即学生面对更多的是"听课、做笔记、做练习、考试"，属于学生自己思考的时间较少，会导致学生缺少学习的热情和好奇心，缺少个性化创想。教师虽然发挥自己的主导作用来顺利、高效地完成自己的教学任务，但对于发挥学生的主动性、积极性与创造性还有待加强，还需要进一步探索怎样使学生成为有智慧、有个性的完整的人，而非仅仅是具备知识但缺少灵性的人。

纵观以上可以看出，一方面，传统教学自身存在着种种弊端和缺陷；另一方面，现时代又有"终身学习、主动学习"的新教育要求。因此教育正处于关键的转折点上，必须抓住时机适时做出变革。

（三）求知创新的社会需求

快节奏的社会生活对每个个体提出了更高的时代要求：人们要快节奏地学习新鲜事物，分析理解新情境，做一个学习能力强的求知者。因为，人生需要求知。不管是谁，都

[①] 孙学军. 体育教学的技能提升 [J]. 江西教育，2020（6）.

需要不断地发展和完善自己，以适应瞬息万变的社会发展，更好地面对未来的不确定性。人们需要紧跟时代的步伐，融入时代潮流，在新的时代背景下审视人们的生活、学习和工作。社会的飞速发展对教育提出了新的需求：现时代社会不仅需要具备知识和技能的专业人才，更需要具有独特的个性、较强的学习能力、较大的发展潜力和创新能力的高层次人才。这也就促使人们重新思忖教育问题——怎样去培养学生，使学生将来能适应社会的发展。

（四）学生学习的差异化需求

学生个体具有独特性，个体之间存在着差异。学生在学习过程中同样存在着显著的个体差异，具体表现在如下几个方面：

1. 学生在认知方式上存在差异

认知方式又称为认知风格，它是指学生在组织和加工信息的过程中表现出来的个性差异，其实质就是个体在感知、记忆、思维、想象等认知过程中所偏爱的、习惯化了的态度和方式。[①] 譬如，有的学生喜欢在安静的环境下静静地看书，而有的学生喜欢在嘈杂喧闹的环境下做数学几何题；有的学生喜欢独自一人沉思，有的学生喜欢和他人交流，善于表达自我；有的学生擅长用抽象的逻辑思维解决问题，有的学生则擅长运用具体的形象思维看待事物……学生的认知方式千差万别。

2. 学生的学习风格存在差异

"学习风格"这一概念是由哈伯特·塞伦首次提出的。学习风格是指学生在学习过程中比较喜欢采用的并习惯化了的学习方式，是个性化的学习策略和倾向的总和。学生的学习方式各有特点。例如，在语文学习中，有的学生喜欢安静地阅读，静心体会文章的内容想要表达的含义；有的学生则喜欢大声朗读，在朗诵中理解文章的寓意。学生的学习步调有快有慢，不能按照统一的教学设计组织学生学习同一知识点。学习能力较强、学习进度快的学生，会因为学习内容早已掌握，从而感到教师的讲授枯燥无聊；学习能力较差、学习进度慢的学生，则可能会认为教师讲得太快，觉得学习内容太难，逐渐跟不上教师的授课节奏，从而失去学习兴趣。学习风格没有好坏之分，也与智力无关。不能单纯地说："学得快"的学生就好，"学得慢"的学生就不好。学习风格的差异还表现在学生对知识点的掌握能力存在差异。在传统课堂（标准化课堂）上有的学生没有足够的时间来吸收内化知识。而知识内化是一个过程，需要一段时间。如果给予那些"学得慢"的学生充足的时间，很有可能的是，那些"学得快"的学生他们对知识点的理解不比"学得慢"的学生更深入和扎实，对知识点的记忆不比"学得慢"的学生更持久和牢固。因此，传统课堂"一刀切"的教学模式忽略了学生学习风格的差异性。

3. 学生的学习动机存在差异

学习动机包含学习兴趣、学习需要、情感、意志力等非智力影响因素，起到激发和维持学生学习行为的重要作用。学习动机对学生的影响并不直接"卷入"认知过程，而是间接增强学生的学习效果。例如，在学习意志力方面，有的学生可以一直表现出刻苦努力的学习意志力，但有的学生没有持之以恒的学习意志力，只能在一段时间内保持较好的学

---

① 袁晓琳. 认知方式与学习的关系及其对教学的启示 [J]. 教育现代化, 2016 (14).

习状态。在教学过程中，应当关注每个学生的非智力影响因素，针对学生的学习动机差异，制定属于每个学生的学习目标，做出合适的学习规划，设定不同层次的学习任务，实现真正的个性化指导与帮助。

世界上没有两片完全相同的树叶，同样，世界上也没有完全相同的两个学生。每个学生个体都具有自身特有的认知方式、学习风格和学习动机，所有这些特质结合在一起就构成了学生的个性。在这个非常注重个性的时代，需要善于发现学生本来就存在的个性，并促使其得到最大限度的发展。

二、翻转课堂的定义

翻转课堂从英文"Flipped Classroom"或"Inverted Classroom"翻译而来。与翻转课堂类似的翻译还有"颠倒课堂""反转课堂""翻转教学""翻转学习"等，目前基本统一使用"翻转课堂"这个概念。从美国到中国，翻转课堂的定义不断变化和完善，反映了研究者和实践者对翻转课堂的内涵的认识越来越深入。

对于翻转课堂概念的界定，学术界里还未形成一个统一概念。目前，有一部分人对翻转课堂的认识还停留在对其实施过程的描述层次上，所以对翻转课堂内涵的深入剖析还很有必要。

"翻转课堂"是由体育"Flipped Class Model"翻译而来，一般又被称作"反转课堂式教学模式"，这里的"反转"是相对传统课堂式教学模式而言的。[①]

（一）定义一

所谓翻转课堂，就是教师创建视频，学生在家中或课外观看视频中教师的讲解，回到课堂上师生面对面交流和完成作业的这样一种教学形态。

这是2007年美国科罗拉多州林地公园高中两位化学老师乔纳森·伯尔曼和亚伦·萨姆斯提出的定义。

在此之前，他们只能对翻转课堂的做法进行简单、朴素的描述：学生晚上在家观看教师录制的教学视频，第二天则跟同学起在课室完成作业，遇到问题可以向老师或同学请教。这跟传统的"白天学生跟随教师在教室上课，晚上回家完成作业"的教学方式正好相反，所以称为翻转课堂。这一描述方式，主要是通过与传统课堂教学进行参照和对比的方式，帮助教师同行认识他们的翻转课堂实践。

（二）定义二

颠倒的教室，是指教育者赋予学习者更多的自由，把知识传授的过程放在教室外，让大家选择最适合自己的方式接受新知识；而把知识内化的过程放在教室内，以便同学之间、同学和老师之间有更多的沟通和交流。

这是在"聚焦教育变革——2011年中国教育信息化峰会"上，英特尔全球教育总监布瑞安·冈萨雷斯（Brian Gonzalez）在题为《教育变革——全球趋势和经验》的主题演

① 付艳丽. 翻转课堂研究综述［J］. 现代交际，2020（4）.

讲中提出的翻转课堂定义。①

在英特尔的合作项目学校，这种模式已经得到很好的落实。课前，学生们以自己的方式和时间，选择性地观看教师的课程视频；课上，大家针对自己的疑问解决问题，以及做一些测评、沟通的工作。

英特尔对翻转课堂的理解，离不开英特尔的"一对一"数字化学习模式。虽然强调"同学之间、同学和老师之间有更多的沟通和交流"，但更多的还是强调通过数字化"一对一"学习，提供给学生更多的自主和自由，强调的是技术的参与。如同他在演讲中反复强调学习无处不在、在移动中学习以及云计算。学习无处不在是指：在任何时间、任何地点，任何对象都可以进行教与学，就如同英特尔"一对一"数字化学习一直倡导的那样。始终强调了技术的支持作用。

（三）定义三

翻转课堂是学生在课前利用教师制作的数字材料（多媒体课件、音视频材料等）自主学习课程，然后到课堂上参与教师的互动活动（释疑、解惑、探究等）并完成练习的一种教学形态。②

这是重庆市江津区聚奎中学在《学习的革命：翻转课堂》一书中提出的翻转课堂定义。早在 2011 年，重庆市聚奎中学开始引入翻转课堂理念并对其进行探索实践，是中国基础教育阶段最早开始探索翻转课堂的学校。在三年多的探索实践中，聚奎中学对翻转课堂教学法进行了本土化改造，在持续深入地对翻转课堂进行深入理论研究的基础上，构建起中国本土化的翻转课堂整体架构、支撑体系、教学模式和评价体系。

（四）定义四

翻转学习是把直接教学从群体学习空间转移到个体学习空间，将群体学习空间改变成一种动态性、交互性的学习环境，促进学生在教师指导下运用概念创造性地参与科目学习的一种教育教学形态。

随着翻转课堂研究的进一步发展，乔纳森·伯格曼将研究的重点由"翻转课堂"转向"翻转学习"，从关注"教学"到关注"学习"，从关注"课前视频学习"到关注"课堂活动"，并强调了群体学习空间与个体学习空间的关系，使翻转课堂研究和实践得到升级换代。③

前面四个定义，第一、第二两个定义将研究和关注的重点放在课前自主学习和视频技术的运用；第三个定义表明中国的本土化翻转课堂强调课堂活动，但主要以作业练习为核心，缺乏对创造力的关注和培养；第四个定义强调课堂时空的动态性、交互性应用，认为"翻转学习就本质而言是以学习为中心的"。

这些定义对翻转课堂的内涵的描述和界定主要着重于翻转的形式，说明中国翻转课堂

① 王奕标. 透视翻转课堂——互联网时代的智慧教育 [M]. 广州：广东教育出版社，2016：13.

② 重庆市聚奎中学. 学习的革命：翻转课堂——聚奎中学的探索与实践 [M]. 成都：西南交通大学出版社，2015：8.

③ 乔纳森·伯格曼. 翻转课堂与深度学习——人工智能时代，以学生为中心的智慧教学 [M]. 北京：中国青年出版社，2018：14.

的研究和实践主要还是聚焦于形式的翻转课堂，对翻转课堂的本质有待深入。

其实，翻转课堂，从字面意思理解，只是将课堂翻转。这样看来，"把原来在课堂完成的知识传递过程改为在课前完成，把原来在课后完成的知识内化过程改为在课堂上完成"，应该是翻转课堂的最基本的定义了。而那些"与信息技术结合""课前要提供哪些教学资料""课上应如何组织"等内容，并非翻转课堂的原始要求，而是人们在翻转课堂实施过程中演化而来的内容。

翻转课堂要求教育者赋予学生更多的自由，把"知识传授"的过程放在课堂外，让大家选择最适合自己的方式接受新知识；而把"知识内化"的过程放在课堂内，以便同学之间、同学和老师之间有更多的沟通和交流。

三、翻转课堂的特征

翻转课堂作为一种新型的教学模式，实现了对传统教学结构的革新。与传统课堂相比，翻转课堂具备以下四大特征：颠倒传统教学过程，重新分配课堂时间，创新知识传授方式，转变师生角色。

（一）颠倒传统教学过程

翻转课堂最大的特征是颠覆了传统的教学过程。传统的教学过程是先由教师在课中讲授知识，然后学生在课下以完成作业的方式进行巩固练习。传统课堂教学中，知识传授的过程在课中，知识内化的过程则放在课后进行。翻转课堂则恰恰与传统课堂相反，课前，教师根据教学目标提供以教学视频为主的学习资源供学生在家或在校观看，完成知识的学习，即知识讲授过程放在了课前；课堂上，学生就课前知识建构过程中产生的疑惑向老师请教，教师给予学生针对性的适时指导，另外，学生也可以通过小组讨论、协作探究等方式对知识进行内化提升，学以致用，即知识内化过程在课中完成；课后学生则借助教学资源对所学内容进行查漏补缺、巩固提升，也可以根据学习资源进行反思总结。翻转课堂使学习从传统的"课中教师讲授+课下学生作业"转变成了"课前自主学习+课中知识内化"。总而言之，翻转课堂颠覆了传统的教学过程，重新定义了教学过程中各个部分的功能。

（二）重新分配课堂时间

翻转课堂的第二个核心特点是在课堂中减少教师的讲授时间，留给学生更多的学习活动时间。传统课堂中，教师占用大部分时间来讲解知识，而学生处于"被动接受"的状态，然而在翻转课堂中，课堂的大部分时间用来进行师生、生生的答疑、解惑、针对性辅导、探究性活动等，学生在基于真实生活情境下的交互协作学习活动中完成学习任务。翻转课堂将原先课堂讲授的内容转移到课下，在不减少基本知识展示量的基础上增强了课堂中学生的交互性。该转变将提高学生对知识的理解程度。此外，当教师进行基于绩效的评价时，课堂中的交互性就会变得更加有效。根据教师的评价反馈，学生更加客观地了解自己的学习情况，更好地掌控自己的学习。翻转课堂需要教师重新思考课堂时间的分配，实现课堂时间的高效应用。

（三）创新知识传授方式

短小精悍的教学视频是翻转课堂教学资源最为重要的组成部分。在翻转课堂教学模式中，教师课前提供以教学视频为主的学习资源供学生自主学习，完成知识讲授的过程。教学视频通常针对某个特定的主题，长度维持在几分钟到十分钟左右。学生在观看的过程中可以实现暂停、回放等多种功能，便于做笔记和进行思考，有利于学生的自主学习。课前观看教学视频，学生学习的氛围更加轻松，不必像在课堂上听讲那样紧绷神经，担心遗漏教师讲授的知识点。以视频呈现为主的讲授方式的另一个优点是便于学生在学习一段时间之后重新观看教学视频进行复习和巩固。

（四）转变师生角色

由于教学过程的完全颠倒，翻转课堂中教师与学生的角色和地位也发生了质的变化。传统课堂中，教师是知识的讲授者，是课堂教学中的"主角"。而在翻转课堂中，学生成为学习的中心。

当学生需要指导的时候，教师需要向他们提供必要的支持。教师成了学生便捷地获取资源、利用资源、处理信息、应用知识到真实情景中的帮手。这意味着教师不再是课堂的中心，教师身份转变的同时也给教师提出了新的教学技能的挑战，如教师课前视频资源制作、课堂活动的管理等。在课堂中，教师通过对教学活动进行设计促进学生的成长和发展。在完成一个单元的学习后，教师要检查学生的知识掌握情况，给予及时的反馈，使学生清楚自己的学习情况。翻转课堂使得教师由"知识传授者"变成了"教学活动的组织者"，教师成为学生学习的促进者和指导者。

传统课堂中，学生在长达40分钟的被动接受过程中一直处于"听课—记笔记"的状态，甚至有些学生由于害怕知识有所遗漏，精神高度紧绷，有些学生在课堂上缺乏学习兴趣。课后的知识内化过程，由于缺少教师和同伴的帮助产生挫败感，有些学生丧失了继续学习的热情和动机。翻转课堂中，学生摆脱了被动接受知识的角色，成为知识意义的主动建构者，学生可以自定步调，制定学习的时间和速度，遇到难以理解的知识时可以反复观看教学视频或搜索相关教学资源，而不是被动等待教师的"直接告知"，同时，在课堂上学生不再仅仅是独立完成作业，而是参与到教师设计的课堂活动中，在与教师、同伴交互协作完成任务的过程中深入掌握知识。学生角色由"被动接受者"变为"主动探究者"。

第二节　翻转课堂引入体育教学的理论及方法

一、翻转课堂引入体育教学的理论

翻转课堂引入体育教学的理论包括体育教学中实施翻转课堂的理念和指导思想。

理念是人们对教学实践的一种价值取向，不同的教学理念会影响到教学的实践。《中共中央国务院关于深化教育改革，全面推进素质教育的决定》指出，学校教育要树立

"健康第一"的指导思想，实施素质教育要以培养学生的创新精神和实践能力为重点，必须把德育、智育、体育、美育等有机地在教育活动的各个环节中，从而促进学生的全面发展和健康成长，并提出了培养学生竞争意识、合作精神和坚强毅力的基本要求。我们可以看出，素质教育、健康第一、全面发展是中国体育教学的基本理念。教学指导思想是教学理念的重要内容，是任何一种教学模式的构成要素和灵魂，它对教学模式各要素具有导向作用，是教学模式生成的依据和基础，并对教学模式的各个要素之间的组合关系产生深刻的影响。在中国学校体育确立"健康第一"的指导思想之前，中国学校体育的指导思想一直没有定论，在经历了百家争鸣之后，逐渐形成了"健康第一""技术健身""快乐体育""成功体育""终身体育"等体育教学指导思想。在各种体育课程指导思想的影响下，有些体育教师显得无所适从，在教学实际中只能依据个人的理解和价值认同情况选择其一，"重知识、轻能力""重体验、轻结果""重健康、轻技术"等问题不断出现，从而影响了中国体育教学的良性发展。在教育和体育部门的明确指导下，中国学校体育的指导思想及教学理念已经非常明确，造成当前体育教学问题重重的原因在于体育教学的实施。学校体育存在一味追求知识和技术的传授，而忽略了情意目标的发展等弊端，它在一定程度上扼杀了学生的学习兴趣和积极性，结果出现有些学生厌倦上体育课，体育课成了某些学生的负担，学校体育发展学生个性和培养良好思想品质的目标也较难实现。

将翻转课堂实施于中国体育教学，前提是不能偏离当前中国体育教学的指导思想和教学理念。翻转课堂是以问题为导向，引导学生通过课前的自主学习、课中的体育实践和课后反思总结来实现体育课程的学习，以此来提高学生的身心体育水平、培养学生的体育学习兴趣、体育意识、自主学习能力、探究能力、交流能力、团队合作能力以及分析问题和解决问题的能力等，整个教学都是围绕着如何提高学生健康水平、如何促进学生全面发展而实施的。可见，翻转课堂模式下的普通学校体育教学，更好地阐释了如何实施素质教育、如何坚持健康第一、如何促使学生全面发展，成为贯彻学校体育教学思想和教学理念典范。

二、翻转课堂引入体育教学的方法

（一）训练掌握型翻转课堂教学方法

1. 关于训练掌握型翻转课堂的概述

训练掌握型翻转课堂就是以自主学习、练习巩固和达标测试相结合的形式，使学生能够扎实掌握并灵活运用所学知识，并形成与之相关的技能的翻转课堂教学模式。早期的翻转课堂定义，将翻转课堂看作是教师创建视频，学生在家中或课外观看视频中教师的讲解，回到课堂上师生面对面交流和完成作业的这样一种教学形态，说明早期的翻转课堂都是这种以训练促进知识技能掌握的类型。

2. 训练掌握型翻转课堂的理论基础

训练掌握型翻转课堂的理论依据是布卢姆的掌握学习理论。所谓"掌握学习"，就是在所有学生都能学好的思想指导下，以集体教学（班级授课）为基础，辅之以经常、及时的反馈，为学生提供所需的个别化帮助以及所需的额外学习时间，从而使大多数学生达到课程目标所规定的掌握标准。其主旨是提倡教学要面向全体学生，认为只要提供足够的学习时间和适当的帮助，充分发挥学生的学习潜力和学习积极性，95%以上的学生都能掌握所规定的知识和技能，取得优良的学习成绩。

3. 训练掌握型翻转课堂的基本原理

训练掌握型翻转课堂的基本原理，就是将基础知识技能的学习安排在课前课外，保证学生（特别是后进生）能有足够的时间反复学习一个单元的知识技能，在课堂上有更多的时间完成知识技能应用（课堂作业）的操练，并通过堂上测试的形式确定学生是否达到掌握的水平。

4. 训练掌握型翻转课堂关于教学的基本环节

（1）自主学习

教师不再占用课堂的时间来讲授信息，这些信息需要学生在课前完成自主学习，学生可以看视频讲座、听播客等，还能在网络上与别的同学讨论，能在任何时候去查阅需要的材料。

（2）自学检测

自学检测的主要目的是让学生回顾和总结视频学习的收获，以及梳理疑惑、困惑和问题以确定课堂训练学习的重点，提高教师指导的针对性。

（3）突破疑难

翻转后的课堂的重点之一是以小组学习的方式，解决课前学习中暴露的问题。教师根据问题的大小，组织学生进行协作探究、自主探究和成果汇报。

（4）练习巩固

对所学的新知识，必须通过反复的练习才能熟练掌握。因此，学生完成平台上或其他资料上的相关练习，巩固所学知识，是学生学习成绩得以提升的保证。

（5）自助纠错

学生对于不会做或做错的题，通过观看对答案或观看习题详解和教师习题讲解视频，自主纠错。

（6）达标测试

为检验学习的学习成果，一个单元学习结束后，要进行达标测试。对于在达标测试中达到掌握水平的学生，测试可以起到强化的作用，并提示可以进行下一单元的学习。对没有达到掌握水平的学生，则需要找到问题所在，诊断分析原因，给予个性化指导和帮助，让学生再次学习没有学会的内容。

5. 训练掌握型翻转课堂的评价及要求

（1）训练掌握型翻转课堂面向学生的个体差异而展开掌握式学习，有利于实施因材施教。

（2）有利于后进生的转化，有利于教学质量的提高。

（3）掌握学习对班级人数、教学条件和教师素质水平有较高要求。

（4）影响学生学业成绩的因素非常复杂，一些看似不重要但实际上非常重要的因素容易被忽略。

（5）过于强调增加额外学习时间的作用，导致增加学生学习负担，也增加心理压力，从而导致厌学甚至逃学。

（二）问题探究型翻转课堂教学方法

1. 关于问题探究型翻转课堂的概述

问题探究型翻转课堂，是以探究性学习的形式展开的翻转课堂教学模式。

探究性学习是学生在教师的指导下，从各种学科领域或现实生活的问题或任务出发，通过形式多样的探究性活动，以获得知识和技能、培养探究能力和应用能力、获得情感体验为目的的学习方式。

这种学习方式的中心是针对问题的探究活动，当学生面临各种让他们困惑的问题的时候，就要做出各种猜测，要想办法寻找问题的答案，在解决问题的时候，要对问题进行推理、分析，找出解决问题的方法，然后通过观察、实验来收集事实，也可以通过其他方式（如查阅文献资料、检索等）得到第二手的资料，通过对获得的资料进行归纳、比较、统计分析，形成对问题的解释。最后通过讨论和交流，进一步澄清事实、发现新的问题，对问题进行更深入的研究。

问题探究型翻转课堂，要求在教师的启发和帮助下，使学生在具体的情境中自觉、主动地探索，研究事物的性质，发现事物之间的联系和发展规律，从而获得所学的概念和原理。

2. 问题探究型翻转课堂对学生的帮助

（1）能提高学生的智慧，发挥学生的潜力。

（2）能使学生产生学习的内在动机，增强自信心。

（3）有利于学生更好地理解和巩固学习的内容，并能更好地运用它们。

（4）能使学生学会发现问题的方法，培养学生提出问题、解决问题的能力和创造发明的态度。

3. 问题探究型翻转课堂关于教学的基本环节

（1）创设情境

教师在教学视频设计中创设一定的情境，使学生在这个情境中发现矛盾或问题。

（2）提出问题

课前学生在观看视频中掌握基础概念和原理，并发现问题。

（3）确定问题

教师根据学生提出的问题进行梳理选择需要学生探究的问题，或者由教师提出需要学生探究的问题。

（4）提出假设

教师提供一定的材料，引导学生通过分析和研究，提出假设。

（6）检验假设

学生从不同的角度检验提出的假设，包括获取可以帮助他们解释和评价问题的证据；根据证据通过观察、调查、假设、实验等探究活动提出自己的解释；通过比较其他可能的解释来评价他们自己的解释；交流和论证他们的解释。

（7）得出结论

对问题做出结论，获得有关的知识。

4. 问题探究型翻转课堂教学方法的特征

（1）自主性

探究性学习在教学过程中把学生作为活动的主体，立足于学生的学，以学生的主体活动为中心来展开教学过程。探究性学习方式有利于学生主体意识和主体能力的形成和发展；有利于塑造学生独立的人格品质；有利于培养学生的自主性。

（2）实践性

探究性学习是以学生的主体实践活动为主线展开教学过程的。探究性学习强调学生的感知、操作和语言等外部的实践活动，强调学生的直接经验和间接经验的交融、统一，使认知活动建立在实践活动的基础之上，用学习主体的实践活动促进学习者的发展。

（3）过程性

探究性学习追求学习过程和学习结果的和谐统一，接受学习和重视学习的结果，探究性学习更加关注学习的过程。探究性学习非常注重学习过程中潜在的教育因素，它强调尽可能地让学生经历一个完整的知识的发现、形成、应用和发展的过程。

（4）开放性

探究性学习的目标是很灵活的，没有像知识目标那样明确具体的要求和水平。探究性学习在内容上是开放的，在探究结果的要求上是开放的。探究性学习打破了传统教学在统一规定下的教学模式，为学生提供了大胆创新、实现自我超越的学习环境。

5. 运用此教学模式时应注意的方面

（1）不可能所有的科学知识都以探究的方式来教授。这样做是不值得的，是低效的，并且也会使学生感到枯燥。

（2）如果教学的目标是学习知识内容，问题的性质比来源更重要。问题可以由学生提出，也可以由教师提出。提高提问的能力需要经过提问的训练。学生需要发展高级的探究技能，理解如何获得科学知识。

（3）不是学生参与了动手做的学习活动就能保证探究的效果。只有学生的思维能投入到基本的探究过程，才能保证探究的效果。

（4）不可以脱离学习内容来独立培养学生的探究能力。学生对探究的理解不会也不可能脱离科学内容孤立地进行。应基于学生所掌握的知识去探究未知的事物，而探究的事物就是教材中所要学习的内容。如果教师教学的主要成果是让学生学会如何探究，那么学习的内容就是达到这一目的的一种媒介。

（三）研讨建构型翻转课堂教学方法

1. 关于研讨建构型翻转课堂的概述

研讨建构型翻转课堂，是一种以研讨交流的学习形式促进学生知识建构的翻转课堂教学模式。其中，研讨交流学习，又称讨论式教学法，是以解决问题为中心的教学方式。强调在教师的精心准备和指导下，为实现一定的教学目标，通过预先的设计与组织，启发学生就特定问题发表自己的见解，以培养学生的独立思考能力和创新精神。它要求师生围绕一定的问题，经过认真、充分的准备，在课堂上各抒己见，相互启发，共同探讨，取长补短，以求得解决问题，具有独特的教学价值。研讨式教学要求以"导"为主，设置贴近学生生活、富有吸引力的情境，提出有思考价值的问题，要求教师有全面、深刻、独到的见解，了解学生原有知识基础和能力水平，并且有熟练利用现代化手段教学的能力。要求学生通过查阅资料、研究讨论后解决问题。教师要收集足够的资料，便于双方节约时间，变原来组织教学为讨论讲解，引导学生利用资料，表达自己看法，教师应珍视之，并予以鼓励。教师还要参与多方面研讨，使研讨式教学有广度又有深度。

2. 研讨建构型翻转课堂教学方法的优势

（1）师生获得信息比较快

信息源多，信息的交换量、加工量大，师生获得的即时反馈信息快而强。

（2）充分调动学生的学习主动性和积极性

由于讨论式教学法改变了学生在课堂教学中的地位，他们既是信息的接受者，更是信息的发出者，他们的思维不再受教师的限制。为了证明自己的观点，他们主动地、积极地去准备材料，收集论据，进行思考。

（3）有效地培养和提高学生的阅读和思维能力

讨论式教学法要求学生在课前反复阅读教材的基础上，对已有的知识进行分析、加工、推理、论证等一系列思维活动。特别是在讨论和争论中遇到的问题是事先预想不到的，学生要在极短的时间内抓住问题的实质，组织大脑中储存的知识进行分析、推理、论证，从而得出结论，这种高密度的思维活动能有效地培养和提高学生思维的敏捷性、灵活性和独立性。

（4）培养和提高学生独立分析和解决问题的能力

讨论题一般都有难度，学生必须把书本知识和实际问题密切结合，才能解决。这样学生在准备讨论的过程中，运用知识解决问题的能力得到了培养和提高。同时，还能提高学生的即时反馈能力和评价能力。

3. 关于研讨建构型翻转课堂教学方法的建构原则

（1）主体性原则

它要求学生成为学习行为的主人，始终处于稳定的自主地位，发掘创造的潜力，施展才华，让学生占据课堂教学主体地位。

（2）具体性原则

它要求教师设计的问题必须明确具体。学生在进行讨论的时候需要清楚认识到讨论问题的重心，而具体的、有代表性的问题更加有助于学生讨论的方向，所以教师在设计问题的时候需要将教学内容的重点、疑难点进行结合，要设计出明确具体的问题，这样对学生才有意义。

（3）启发性原则

它要求教师设计的问题要有启发性，要有探讨的价值。教师设计的讨论问题一定要具有启发性，能够给学生一定的思维空间，让学生能够自己想象，只有自己想了，记忆才会深刻，而这种类型的问题能够拓展学生的思维，让他们的思维有一定的自由度。不要研讨不是问题的问题。不是问题的问题，课堂讨论得再热烈，也是无效的教学。

4. 研讨建构型翻转课堂关于教学的基本环节

研讨建构型翻转课堂教学本质是教师的启发式教学与学生的自主式学习相结合，有侧重、着眼于突出重点和分析研究问题，在研讨中教学双方通过智慧、经验、直觉、推理的博弈，拓展视野、开启心智、分享经验、学会方法。核心是学生独立思考，各抒己见，相互启发，大致包括如下几个教学环节：设计问题、提供资料、启发研讨、得出结论。

第三节　体育课实施翻转课堂的必要性、可行性及价值

一、体育课实施翻转课堂的必要性

（一）信息技术融入体育教学的必然要求

当前，信息技术的发展可谓日新月异，对信息技术的运用已经在我们生活和学习方面已经发挥了不可替代的作用，生活中众多信息化平台已经与我们的生活息息相关，成为日常生活中必不可少的一部分。比如在日常交流中，微信群的使用已经相当普及。为了适应信息化社会的发展，适应学生行为和习惯上的规律，教学信息化必将成为教育发展的必然趋势。

翻转课堂一改传统的课堂模式，将教学与信息技术有效地结合起来，利用信息技术对课堂进行新的诠释，以满足学生的学习要求，增强学生学习的兴趣，适应社会发展为主要目的，成为新时代课堂教学的领军模式。教师可以利用视频软件制作平台、运用不同素材，例如动画、PPT、小视频等形式。以这样的形式不仅可以让学生更加直观地了解到所学的课程，还可以设置评论区以及互动区，来进行实时的线上互动和交流，进而使得网上教学环境更加完善。① 翻转课堂中网上平台的建立和成熟，标志着师生关系的拉近，可增加知识的吸引力，加强他们的印象和学习的主观能动性。不仅如此，翻转课堂也可提升教师自身知识能力水平和应用能力。

体育相比其他学科更注重学生的实践过程，体育课上不仅要学习体育知识还要求学生学习体育技能，运用技能提高身体素质。充分利用网络媒介和微视频，通过网络媒介将知识讲解和技能示范的微视频推送给学生，学生可以反复、慢放的观看，迎合学生实际需求。这就为学生课中学习争取了最大的时间和空间，为课中学生知识的增长和技能的掌握提供了有利条件。另外，通过网络平台推送的视频具有长久性，学生在学期末甚至毕业以后依然可以观看，为其终身体育提供了资源支撑。

（二）中国教育改革发展的需要

在教育改革中教学内容、教学方法和手段、教学评价体系等是教学改革的主要内容，教学模式则最终成为教育教学改革的集中反映。由此可见，推动教学改革的关键是改革教学模式。翻转课堂教学模式是充分利用信息技术，主张以学生自主学习，主张学生全面发展的教学模式。翻转体育课堂一改传统体育课堂以讲解示范为主的教学方法，优化课堂结构、充分发挥学生自学能力，有利于学生全面发展和社会适应。

随着教育教学理念的变化，中国高等教育在不断的改革。翻转课堂作为最新的教学模

---

① 郭畅. 对翻转课堂的思考 [J]. 科教导刊，2018（5）.

式，符合国家教育改革发展的要求。因此，学校应该大力支持翻转课堂，推动学校教育不断改革。

(三) 传统体育教学模式面临的挑战

1. 教学手段单一，缺乏系统性

对比国外的体育教学，国内体育教学手段的使用相对单一，缺乏系统性。主要表现在以下几个方面：其一，针对某一专项技能，老师的教材以及教学备课的灵活性及动态性缺乏，一个教案能用一个学期甚至几个学期，明显缺乏实用性和适用性。其二，在课堂上教师多采用讲解示范，之后再加以纠错的方式完成一节课。这种教学方法只能让学生初步学会某一个技术动作，缺乏真正的理解。虽然很多教学方法在深化学生学习方面有很好的作用，例如探究学习，互动学习等。但是课堂时间有限，学生在缺乏系统学习的情况下难以实现有深度的探究式学习。统一化的教学只能提高学生知识与技能，在学生情感体验、学生自主性、创造性等方面能力培养、技能感悟、体育情趣方面的培养就显得很单薄。

2. 学生兴趣匮乏，对体育课的重要性认识不到位

兴趣是学习最好的老师，可以说兴趣是开启知识的大门。引导学生"入门"，是每一位体育教师应当关注的重要部分。当学生有了兴趣便有了钥匙，掌握了技能便有了方法，明白了学习的意义便有了可持续学习的动力。长久以来，体育课的成绩在整个教育培养体系中受重视程度不够，学生认为体育分数无关紧要，家长认为体育分数比重不大，因此造成了学生对体育对体育课认识不深刻且缺乏实践接触。体质水平年年呈下降趋势跟体育课质量的好坏以及学生对体育课的兴趣有极大关系。正是由于传统课堂的枯燥无聊的教学形式，学生对上课才缺乏浓厚的兴趣。学生没有兴趣主动性就会下降，从而消极对待知识与技能的学习，学不到东西学生更加失去兴趣，从此形成恶性循环。如果能利用新技术对传统课堂进行颠覆，对体育教学资源的开发将会有极大效用。

3. 教师动作示范不完美

学生是富有朝气和创新意识的群体。同样，对体育活动也不例外，也具有求新求变的强烈意识，无论是活动内容还是活动方式，要求都是多种多样的。根据学生的这一需求，成为一名合格的体育老师，技能与技术是体育教师必备的素质和能力。然而，现实情况并没有那么简单，很多体育老师由于年龄、身体状况、时间等因素的影响，体育知识和技能水平与日益提高的学生要求不能相适应，这时学生多样化的体育学习需求与教师单一的教学技能就产生了矛盾冲突。动作的示范是体育课堂教学中最为关键的环节，可以使学生对该技术动作既有精细了解又有有全面掌握，示范是体育教师职业水平发展的重点也是难点。良好的教学效果与教师技能的展示和发挥有重要关系。所以教师技术动作难示范是导致体育教学出现问题的因素之一。

4. 学校体育教学的内容有待丰富

传统教学模式下学生一直在被动地接受知识，学生基本上没有能动性，只是外部刺激的接收器。这种模式下教师就是教学的主宰者，老师教授什么样的知识，学生就学习什么内容的知识。根据个人的经历来看，中国的教学模式较为重视教学纲要，传统的授课只是教师向学生输送知识和技能的过程，被动、依赖性强。老师课上传授给学生的也仅仅是表层的内容，这些通常都是课本上最基本的内容。所以，学生对体育运动缺乏深入的了解、

体育技能的运用能力较弱、体育情趣的培养与终身体育意识更是无从谈起。因此，新教育的改革就在传统教育的基础上，取其精华，去其糟粕，教会学生怎么学习，将理论与实践结合起来，重视学生的自我思考能力、自我探究能力、重视学生自己对知识进行研究、重视动手能力的提升。只有这样，在将来的学生活中，即使没有体育老师的指导，学生也能很好地完成体育课、课外锻炼以及体育社交，步入社会也能尽快地适应社会。[①]

二、体育课实施翻转课堂的可行性

（一）新技术支持

翻转教学与传统体育课堂教学的主要差别之一就在于对新技术与新媒体的运用，由于翻转体育课堂教学在课堂实践教学练习之前，就必须通过微视频的方式向学生传授体育基本技术技能知识，学生自主学习的过程中，碰到困难可以即时通过新媒体与教师或同学交流。在这一过程中，无论是教学微视频的制作，还是学生的自主学习与相互之间的交流，都离不开对新技术与新媒体的运用。相对于传统体育教学，体育课堂进行翻转教学就必须要有新技术的支持。随着科技的进步电子设备不断更新，智能手机、平板电脑、笔记本电脑更新换代非常快，这也为实施翻转课堂提供了硬件支持。另外网络平台也逐步完善，像QQ、微信等社交平台已经很普及，这为翻转课堂实施提供了软件支撑。学校学生是社会新技术与新媒体的主要接收者和传播者，对科技运用于生活的技术接受较快。此外，随着智能手机乃至个人电脑的普及，学生普遍能使用手机或笔记本电脑等方便易携的媒体终端进行碎片化学习，而不受时间等条件的限制。

从技术要素来看，体育教师要实施翻转课堂，需要的信息技术的支撑与服务。首先，课前的体育微视频作为重要的教学资源，最大的优势是短小精悍，浓缩知识点，便于学生利用零碎时间、移动中观看和模仿。那么在学校教学环境下，体育教师制作较为完美的微视频可以借助本校现有资源，如传媒学院、艺术学院计算机系等设备和师生资源，用较低的成本完成高质量的微视频。其次是学习平台的建设和维护，体育教师一人之力很难实现完美建设，部分学校已拥有自己的教学平台，这就为体育老师翻转课堂的开展提供了便利，另外也可以采用一些简便的方法，如QQ群、微信群等进行微视频发布，学生通过手机和平板电脑即可完成视频的下载和播放。最后，学生反馈信息的渠道可以通过学习平台里的讨论区进行搜集，或者通过QQ群或者微信直接与学生进行一对一交流互动。

（二）学生发展特征的支持

首先，是学生求新求异的心理发展特征的支持。中国普通学校学生的年龄大多在18岁至23岁之间，属于青年初期末和青年中期。在这个时期的学生对于新鲜事物的接受能力是最高的，同时也富有创造意识和探索精神。这个时期的学生喜欢追求新鲜与不同。当有奇特的观点或者新鲜的事物出现在他们的眼前，最容易吸引他们。当然，特别的学习的方式也不例外。在大学期间的学生，由于刚刚摆脱了传统枯燥的学习生涯，在大学中继续那种方式的教学容易引起他们的反感情绪。翻转课堂以全新的教学模式出现在学生面前，

① 张金磊，王颖，张宝辉. 翻转课堂教学模式研究 [J]. 远程教育杂志，2012（14）.

可以吸引学生眼球，把课堂还给学生的教学方式也为学生发挥创造性提供了可能。

其次，是学生的自主学习特征的支持。中小学时期，无论是体育课堂、课余体育训练还是学校组织的课外体育活动，都是在体育教师的参与和指导下完成的。而大学体育则不同，大学之大体现的要义之一就是学生之自主性之大。大学体育不同于中小学体育之根本区别在于，学生的强制性体育活动减少，自主性体育活动的可能性增加。除了大一和大二学生规定的必修公共体育课程之外，其余时间的体育活动的参与完全是本着自愿、自主的原则进行的。另外，由于大学公共体育课程都实行选修制度，学生根据自己的兴趣选择自己喜欢的项目进行学习和锻炼，一个班级中有来自不同院系的学生。不同院系的学生专业课程的学习时间安排又并不一致，除了每周 1 次体育课程之外，很难将他们集中起来进行课外指导，即便是利用课余时间进行个别指导也非常困难。而公共体育课实施翻转课堂教学后，除了每周 1 次的体育课堂实践练习之外，学生可以通过微视频进行课下学习，且针对视频中的不解或自身学习、练习的困惑，可以即时通过 QQ、微信等新媒体与教师进行交流。

最后，是学生碎片化的学习特征的支持。除了学习形式较中学自主之外，学习时间的碎片化也是学生学习的重要特征之一。学习时间的碎片化会导致传统体育教学不能有效帮助学生课余时间的体育学习。相反，翻转课堂的学习就不需学生有集中的时间才能进行课程的学习这一条件，一些体育项目技术动作的学习，学生可以充分地利用零碎的时间跟着手机中相关软件平台的微视频进行动作的模仿和练习。如此，不仅不会影响学生专业课程的学习，还利用了许多零碎时间，并能在多次强化练习的过程中，逐渐领悟相关的技术动作，在有体育教师直接指导的体育实践课程中，能更快地掌握学习到的体育知识。

（三）与大学培养独立思考与解决问题的教育思想的契合

大学教学应该是研究性教学，而研究始于问题，研究性教学就是以"问题"为中心。别敦荣等对斯坦福大学的教育理念进行分析研究时指出：大学的自由是斯坦福大学教育理念的核心之一，这一自由所表现的一个重要方面就是师生之间的自由交流。[①] 交流是大学完成研究、传播知识和文化教育等目标的方式，交流是大学活力的源泉。以独立思考、自由思想为前提，培养负责任的学习者；突破封闭的课程制度，开发与开放高质量的高等教育资源。关于翻转课堂的概念，乔纳森·伯格曼等人认为："翻转课堂是一种手段，它增加了学生和老师之间互动化的和个性化的接触时间，它是一种个性化的教学环境，在此环境下学生可以得到个性化的教育，学生必须对自己的学习负责，学生的课堂积极性很高。"[②] 如此，公共体育课不再是体育教师主导、学生被动练习的传统学习模式，而是以翻转课堂之新的教学形式培养学生独立思考并解决问题的能力。传统的体育教学建立在行为主义的理论基础之上，认为学习是"刺激-反应"的简单模型。在这一过程中，教师只需要观察学习者的外在表现，进行相应的指导和强化，而学习者的动机则被忽略不计。翻转学习则不同，它以学习者为主导，学习者自身通过相关平台访问课程相关资源和信息，进行积极的自我建构与训练。学习者通过有目的地寻找能帮助自己解决学习问题的特定信

---

① 别敦荣，张征．斯坦福大学的教育理念及其启示 [J]．外国教育，2011（4）．
② 陈晓菲．翻转课堂教学模式的研究 [D]．武汉：华中师范大学，2014．

息，与新知识进行联结，通过认知结构的量变与质变，建构起关于认知体育基本知识的心智模型。同时，在整个学习过程中，学习者与教师之间可以不断地交流。从这一特征来看，翻转课堂教学继承了大学教育思想。

三、翻转课堂引入体育教学的价值

（一）有机结合先进信息技术

社会经济的发展推动各个产业的进步，信息技术就是当今时代发展进程中的产物，所以为了顺应时代的发展，各学科教学的改革与创新应有机结合现代信息技术，利用互联网获取较好的教学资源来进行体育知识与技能的信息传递；同时体育教学也可以借助多媒体平台为学生提供学习与交流的新型体育课堂，这是时代发展对教学改革提出的信息化教学要求。对于体育教学来说，翻转课堂的引入不仅仅是结合了信息技术，也是突出学生教学主体地位的教学改变之一，融入信息化的课堂教学，能够在兴趣与习惯上与学生高度吻合，通过视频、图像、画册传输给学生的体育知识与技能，更能加深学生的学习印象，将抽象化的文字形象化，同时学生通过在线虚拟课堂平台上进行沟通与交流，从而激发学生学习的主动性，也会为传统的教学课堂增添一份活力。

（二）有效实现精讲多练

对于体育教学来说，人文性与工具性各自占有一半的比重，所以体育教学应注重二者的合理分配，若是在课堂讲解过程中针对新知识与新技能的讲解与示范占用时间过多，那么势必会对体育练习与训练的实际效果产生影响，就会导致学生对技能掌握的程度不一，对于体育的实用性产生怀疑。利用翻转课堂，学生可以通过多媒体平台了解与学习新的技能和知识，并在线与体育教师进行难点与问题上的沟通，在这一过程中学生通过提问让教师了解到教学的全面性，经过统计学生提出的问题，可以有效地掌握课堂教学的大体方向，做好充足的课前准备工作。在课堂教学过程中，体育教师可以有针对性的讲解难点知识，同时精心设计教学技术环节，在短时间内让学生高效地掌握技能的练习方法，这样会节省出大部分时间给同学用来巩固体育知识与技能，这是实现体育教学精讲多练的直接途径。

（三）优化教学要素组合

引入翻转课堂的体育教学，在教学要素方面并没有产生本质上的改变，也就是说翻转课堂不会对体育教学要素产生偏差，反而是通过对体育教学要素的重组而增强体育教学的效能。之所以翻转课堂被广泛地应用，就是因为它在精准定位与重新构建教学要素提升教学效果的同时，改变了教学过程中教师与学生的地位，使教学目的、教学方法更加明确，给学生提供了与之更加契合的学习环境。于体育教学来说，翻转课堂对于教学要素的重组与构建是动态且非常灵活的，在体育教学过程中，教师掌握这一教学方式之后可以根据教学需要优化教学要素之间的组合关系，以达成更加完美的教学意愿。

（四）实现体育的素质教育

中国教育的主要目标是实现人的全面化的素质教育，在教学过程中素质教育对于学生个性的发展、人格的塑造都具有非常重要的意义。对于学生来说，可以利用翻转课堂来实现学习目的，本身学生的学习目标是一致的，体育教师可以针对学生的个体差异制定出有针对性的学习计划，学生通过多媒体平台进行学习，学习的次数与学习的内容由学生自主决定，这样会让学生在实现统一学习目标的同时满足自身的能力需求；在学习的过程中，遇到难点问题可以随时向在线体育教师进行咨询，学生可以在最短的时间内得到指导；在学习阶段结束时，学习评价应是教师结合学生的能力上升度、学习小组评价、个人评价三方面的内容进行审核，这样的评价机制对于学生来说更容易发现学习过程中自身存在的不足，也能够帮助学生提高自身的学习能力。

那么，不难看出翻转课堂对于学生来说，不仅仅是个性化的教学模式，更是认识自我、探究自我、发展自我的平台，能够帮助学生提高学习兴趣、培养学习的沟通能力、拓展学生的思考能力。

（五）人文性与工具性融合发展

第一，翻转课堂与传统课堂区别之处在于，不再是课前预习、课上学习、课后复习的教学模式，而是将学生与教师联系在整个教学过程中，课前的知识学习、课上的技能实践与课后的知识巩固、技能训练都是在教师的指导下进行。通过翻转课堂教学教师更容易掌握学生的个体性差异，所讲授的知识与技能更加有针对性，在线虚拟课堂的设置能够实现体育人性与工具性的相结合。

第二，教师通过虚拟课堂中的微视频为学生提供体育知识讲解与技能示范，这一过程能够有效释放课上的教学时间，学生和教师能够利用这一时间深化教授与理解体育的人文性与工具性。

第三，翻转课堂的应用是教学整体化转变为教学个体化的方式之一，这种因材施教的教学模式更能激发学生的学习兴趣，也会让教师的教学内容更具有针对性。

第四节　体育课实施翻转课堂面临的问题

一、学生课前学习的自主性有待于进一步提高

翻转课堂的实施有赖于学生课前的自主学习，体育教师在课前将体育课程资源上传到网络教学平台，学生依据学习任务在线学习体育课程资源并达到初步掌握的程度，在学习过程中遇到问题可通过在线交流平台与同学和体育老师进行沟通。由于学生在课前对体育课程内容进行了学习，体育教师只需要在课中依据学生的学习情况进行必要的讲解和示范，这大大减少了体育教师讲解和示范的时间，学生在课中参与体育实践和探究活动的时间容量自然增加，从而学生体育知识、体育技能的内化提供了保证。可见，学生能否按照

要求对在线体育课程资源进行自主学习是影响体育教学效果的关键。在实际的体育教学过程中，总是有学生因为各种原因没有完成课前学习任务，这就给后续的体育教学带来了问题。在中国普通学校体育教学中实施翻转课堂，体育教师要注重培养学生的学习自主性，否则，翻转课堂在中国普通学校的实施就会遇到难以逾越的障碍。

二、翻转课堂的实施要对体育教师的能力与素养提出了挑战

翻转课堂实施的成败，体育教师起着关键性作用。翻转课堂翻转了教与学的过程、翻转了教师与学生的主体地位，这不仅需要体育教师要从教学理念上进行彻底的转变，而且对体育教师的能力与素养提出了较高的要求。学生课前体育知识与技能的学习、课中体育知识与技能的内化、课后体育知识与技能的巩固以及对学习效果和学习过程的总结与反思，无一不是在体育教师精心策划与设计下进行。特别是网络教学平台的选择、建设，对体育教学内容模块的合理切割，对在线教学资源的持续更新与完善，与学生的在线沟通交流与面对面互动，对课中体育教学活动的组织与管理，对学生在线学习情况、课中学习情况的评价等等，这不仅需要体育教师具备较高的计算机水平，又对体育教师的专业素养提出了更高的要求。总体来看，在普通体育教学中实施翻转课堂，对体育教师的综合能力和素养提出了一系列的挑战。

三、网络学习环境成为制约翻转课堂应用于普通体育教学的障碍

实施翻转课堂，师生不仅需要具备电脑或智能手机等网络终端设备，而且需要完善的网络环境，这是实施翻转课堂的前提条件。从硬件条件来看，学校的学生，每人有一个智能手机成为现实，部分学生还有个人电脑，因此，在普通学校实施翻转课堂的硬件条件已经具备。从网络环境来看，高等院校的信息化教学水平还存在一定的差异，虽然大多数学校学生的宿舍配备了有线网络，但并不是每个学生都具备个人电脑，而无线网络并不是每个学校都达到了全校覆盖的水平，在此情形下，学生依靠智能手机下载网络资源就会因流量消耗过多而怨声载道，这就为翻转课堂的实施带来了障碍。①

四、翻转课堂在普通体育教学中缺乏理论研究基础和实践经验

当前，翻转课堂的理论研究和实践研究都还不够深入和系统，翻转课堂的理论体系并没有被完善的构建出来。部分学者提出的翻转课堂实施准则、实施方法、教与学的评价方法等还缺乏让人信服的依据。翻转课堂在体育教学中的理论与实践研究文献非常欠缺，在体育教学中实施翻转课堂还面临着很多亟待解决的问题，翻转课堂在普通体育教学中的实施缺乏可以借鉴的经验和标准。由于实施标准的缺失，体育教师无从知晓学生课前学习自主学习所花费的时间是否合理。翻转课堂在体育教学中该如何实施，教学效果达到什么程度才算成功，所有的这些问题还亟待解决。由于实践经验的缺乏，致使翻转课堂的实施效果无法准确判定，这就使翻转课堂在普通体育教学中的应用和推广困难重重。

① 卢赛佩. 体育翻转课堂的教学设计与实施探索 [J]. 成才之路，2019 (33).

五、翻转课堂的实施增加了普通体育教学的成本

（一）翻转课堂的实施增加普通体育教学的时间成本和经费投入

由于翻转课堂是基于在线网络教学平台和实际课堂来实施的，在线网络教学平台的选择和建设是一个系统的工程，加上体育教师需要及时地给予学生在线指导，这不仅要求具备健全的网络教学条件支持在线体育教学的实施，而且会耗费体育教师较大的时间和精力；从学生的学习来看，学生在课前对于在线网络资源的学习同样要耗费一定的时间和精力，健全的网络教学条件和学习终端也是学生开展学习的必要条件。由此可见，与传统体育教学相比，翻转课堂在普通体育教学的实施直接增加了体育教学的时间成本和经费投入。

（二）翻转课堂在普通体育教学中的实施增加师生的健康成本

翻转课堂的实施大大增加了师生与网络终端之间的接触时间，尤其是体育教师方面，在线体育教学资源的制作和整合、在线体育教学平台的持续建设和管理、对学生课前学习的在线指导与在线沟通，这些工作的开展大大增加了体育教师与电脑、手机的接触时间，因而会对体育教师的生理和心理健康不利。

第五节　翻转课堂在体育教学中的应用研究

一、翻转课堂在体育课前教学的应用

（一）在线体育教学平台的建设方法

《教育信息化十年发展规划（2011—2020 年）》明确提出：优质教育资源和信息化学习环境建设是教育信息化发展的基础。翻转课堂作为教育教学信息化发展的模式之一，自然也要重视优质教学资源和信息化学习环境的建设，这实际上就是翻转课堂的在线虚拟教学平台建设问题。翻转课堂模式学生课前对体育教学内容的学习是通过在线虚拟教学平台实现的，因而在线教学平台的建设就成了实施翻转课堂的前提和基础。建设在线体育教学平台应该做好如下工作。

1. 选好网络教学平台

当前来看，可选的网络教学平台不断增多，像 MOODLE、Canvas 等都是较为常用的网络教学平台。选择网络教学平台，既要考虑该平台的功能，又要考虑现有网络环境是否能够满足教学的需求。

2. 做好体育教学资源的开发与上传

学生课前对体育课程的学习主要依赖于体育教师上传的教学资源，教学资源的质量会

对学生课前的学习效果及学生对体育课程兴趣的培养产生直接影响，因而做好体育教学资源的开发与上传成为建设在线虚拟体育教学平台的关键。体育教学资源的表现形式主要有微视频、动画制作、PPT以及与体育教学内容相关的文字材料等，送些体育教学资源的来源途径有两个。一是体育教师的制作，二是对现有网络教学资源的搜集、整合和加工，无论哪一种方式，都要力求做到短小精悍。学生更喜欢视频类的学习资料，因而微视频的制作则成为体育教学资源开发的关键。

3. 营造良好的在线体育教学环境

为了能够吸引学生，在线体育教学平台还应重视环境的营造。一般情况下，一个在线虚拟教学平台除了教学资源上传模块之外，还应包括在线交流模块、在线测试与评价模块、学习成果展示模块、作业的发布与批改模块、讨论模块以及学生在线学习的跟踪与监控模块等。学习的跟踪与监控主要是从学生对在线体育教学平台的登录次数和时间来显示的，因而无须体育教师进行设计，而对于其他模块的建设，体育教师都要力求做到视觉化、精细化和个性化，各个模块组合后要力求吸引学生。

4. 做好体育教学内容模块的切割

在线体育课程教学资源是依据体育教学内容的模块而确立的，在这些教学资源确立之前，体育教师需要将体育课程教学内容提前进行切割成不同的部分，然后依据这些部分进行教学资源开发、募集、整合和上传。体育教学内容模块的切割需要注意以下几点：第一，依据课程计划（教学计划）和体育教学目标，避免盲目化；第二，全面了解学生体育学习的情况和体育学习需求，避免主观化；第三，注重每个教学内容模块在知识、技能和锻炼方法的全面性和完整性，避免片面化；第四，注重各个体育教学内容模块之间的系统性和连贯性，避免碎片化；第五，充分考虑学生学习进度的差异，注重体育教学内容模块切割的稳定性和灵活性，避免呆板化；第六，切割后的体育教学内容模块，在教学结束后要便于评价。

5. 加强在线体育教学过程的组织管理

翻转课堂模式下的体育教学实际中，体育教师对学生体育课程学习的设计、指导和管理贯穿于课前、课中和课后三个阶段，这是保证体育教学实效的关键。学生在认知水平、体育基础、个性心理特征、学习自主性等方面存在明显的差异，总是有学生因为各种原因而不能如期完成课前学习任务，这就给后续的体育教学带来了障碍。为了使课程计划能够顺利实施，体育教师在课前的组织与管理工作就显得尤为重要。在线体育教学过程的组织管理的主要工作主要包括两个方面，一是在体育学习内容、体育学习时间化及体育学习的方法和水平上，依据实际对全体学生、不同学习小组、相关学生个体提出一定的要求，并在线指导学生的体育学习；第二，对学生在线学习、测试、自我评价等相关情况进行跟踪和监控，及时了解学生学习过程、学习成果以及学习中不足，并为后续的实际课堂教学安排提供依据。

6. 注重在线体育教学效果的评价

从形式上看，翻转课堂具有"先学后教""以学定教"的特点，学生课前的学习情况，决定了教师在课中教什么、如何教，因此，只有对学生课前在线学习的效果进行准确评价，体育教师在后续的课中教学设计才有所依据，可见对学生在线教学效果进行评价是必不可少的。在线评价教学效果的途径主要包括：在线测试结果、作业完成情况、学生个人和小组学习总结、学生之间的互评等；在线评价体育教学效果的目的是：了解学生的学习情况及课前教学目标的达成情况，掌握学生在线学习的效果，为后续的课中教学提供依据；在线体育教学评价的内容主要包括：体育知识、技能和从事体育锻炼的方法；在线评价体育教学效果的主体是体育教师和学生，学生主要对自己的学习效果做出总结和评价，体育教师则依据学生的学习效果对在线教学效果做出评价。学生在课前的学习达到什么程度可以正常进行后续的课中教学，目前还没有公认的标准。依据体育教学的实际情况，当上的学生完成课前学习目标时，体育教师就可以开展后续的体育教学。

（二）对学生在线体育学习效果的评价方法

翻转课堂模式下，学生的课前学习是课中学习的前提和基础，学生只有完成课前的学习目标，后续的课中教学才能顺利实施。如何评价学生的课前学习效果，这是在中国普通体育教学中实施翻转课堂所面临一个难点。对于文化课教学来说，教学内容以知识为主，任课教师可采用在线测试的方式来评价学生对教学内容的掌握情况。但体育教学内容以技能为主，单凭在线测试，体育教师只能了解学生对体育知识的掌握情况，而对学生体育技能的掌握情况却无从判定，这就需要体育教师另辟蹊径。

在信息化社会的今天，智能手机、电脑等网络终端得到了普及，利用各种网络信息平台进行学习和交流已经成为人们的习惯，在此情形下，我们要充分发挥各种信息交流平台的作用，将其应用于翻转课堂的教学之中。通过对翻转课堂应用于中国普通体育教学的经验总结，对学生在线体育学习效果的评价可以从以下三个方面进行。第一，通过学生在线测试的结果评价学生对体育知识的掌握情况；第二，让学生以组为单位将体育技术动作的练习情况排成视频，并传至微信、QQ 群等信息交流平台，体育教师只需在线浏览几个小组的视频便可以全面了解学生的体育技术掌握情况；第三，体育教师通过信息交流平台发起有关体育技术学习的讨论，并通过讨论情况来评价学生对体育知识、技能的掌握情况。[①]

二、翻转课堂在体育课中教学的应用

课中体育教学是在实际课堂中开展的，体育教师与学生所进行的是面对面的教学，为了达到深度内化学生所学体育知识、技能和方法的目的，体育教师要首先明确课中体育教学的任务，并力求实现高效的课堂教学。总体来看，课中的教学任务主要包括以下几个方面：（1）规范学生的体育动作技术；（2）对学生课前自主学习中普遍存在的问题进行统一讲解和示范，针对个别小组或个人课前所存在的问题进行个别指导；（3）针对课前所学的内容，组织学生开展讨论、动作技术练习，体育教师以巡回指导的形式，帮助学生解决问题；（4）组织学生开展体育课程学习成果展示，让学生充分感受到在体育课程学习上的进步，从而运到激发学生学习兴趣的目的。翻转课堂模式下，体育教师在实际课堂中所做的工作也是讲解、示范和组织学生参加体育实践活动，与传统课堂并没有本质区别，只是在讲解、示范和组织课堂体育实践活动的时间比重和方法上有所调整。因此，翻转课堂模式下课中体育教学的方法可以从两个方面进行探讨，即讲解与示范的方法、学生从事

---

① 陈辉. 探析基于翻转课堂的高校体育教学 [J]. 体育风尚，2019（3）.

体育活动的组织管理方法。

（一）课中体育教师讲解和示范的方法

翻转课堂模式下的体育教学，体育教师可通过在线交流、在线测试的情况，对学生在学习过程中所存在的问题进行了解，对于带有普遍性的问题，体育教师需要在课中进行统一的讲解和示范，对于学习小组或个人的问题，体育教师可以通过个别指导的形式进行解决。就讲解来说，体育教师应该找准问题的主要节点进行"精讲"，从而高效的帮助学生理解，不需要再像传统教学模式那样由易到难的进行系统讲解，因为学生在课前已经对体育教学内容进行了自主学习，大多数学生是因为一个或几个点理解不透而导致了问题的出现。如果体育教师再像传统教学模式那样围绕一个问题喋喋不休地进行讲解，不但会过多的占用课堂时间，让学生产生一种厌烦情绪，而且会影响到学生课前在线学习的自主性，如果体育教师在课中依旧过多讲解，学生在课前学习的积极性就会受到影响，与小组成员、体育教师的在线交流也会减少，总是习惯于依赖体育教师的课中讲解，长此以往，翻转课堂就会逐渐回归到传统课堂。

就示范来说，体育教师也应该依据学生体育技术动作学习中的问题，对动作技术的一个或几个关键点进行示范，从而保证示范的针对性和高效性，这样既有助于解决学生的问题，又有助于增加学生体育实践的时间。体育教师课中高效的讲解和示范，让学生有了更多的时间进行探究和参与体育实践活动，这种"精讲多练"的课堂有助于真正落实"健康第一"的教学指导思想，大大增加了学生的体育体验，有助于学生对体育知识、技能和方法的深度内化。

（二）课中体育教师对体育教学活动的组织管理方法

课中，体育教师需要通过组织教学活动来加速学生对所学体育知识、技能和方法的内化，活动的形式主要有师生共练、分组探究和练习、组间比赛、学习成果展示、分享学习感受等。所应提出的是，学生在课前虽然对体育教学内容进行了自主学习，但毕竟没有体育教师的亲身指导，所模仿的体育动作技术并不规范，规范学生的体育动作技术就成为课中教学的重要任务，一个重要的方法就是体育教师带领学生一起进行动作技术练习，这一体育实践活动形式是必不可少的，而且这种师生共练的形式应该放在各种体育实践活动的前面，这有助于及时纠正学生的错误动作。分组探究和练习是加深学生动作技术体验的重要途径，组间比赛是营造体育课堂氛围、加强学生团队协作的重要手段，而学习成果展示、分享学习感受则是为了让学生获得体育课程学习的成就感，进而激发学生体育课程学习的积极性、培养学生体育学习的自主性。各种活动有机结合后，有助于达到提高学生身心健康、培养学生能力的目的。

三、翻转课堂在体育课后教学的应用

学生对体育教学内容进行了学习和实践，特别是在课中对各种活动的参与，有助于将所学知识、技能和方法内化为能力，送与学习金字塔理论所提倡的主动学习、建构主义理论所提倡的学生为中心是一致的。但是，如果我们从认识的形成过程和动作技能形成的基本规律来看，学生在课前、课中的体育学习与实践过程依旧是不完整的。在认识形成的过程中，一般需要主体发挥注意、试探、体验、识别、表达、试用、整合、记忆等智力活动的作用，统观学生在课前、课中学习与实践过程，其本质是学生这一主体发挥注意、试探、体验、识别、表达和试用的过程，所缺少的是对知识、技能和方法的整合以及在整合后的巩固，因而还不是一个完整的认识形成过程。从动作技能形成的基本规律来看，动作技能的形成过程可以分为三个基本阶段，即动作技能的泛化、分化和巩固，学生在课前的在线自主学习过程属于动作技能形成的泛化阶段，在课中参与的各种体育实践活动主要属于动作技能形成的分化阶段，所缺少的是动作技能形成的巩固阶段。依据认识形成的基本规律和动作技能形成的基本规律可知，翻转课堂模式下的体育教学，学生的体育学习还需要一个巩固的过程，如何引导学生在课后及时巩固所学的体育课程内容已经成为主要的教学任务。鉴于学生具备一定的逻辑分析能力，引导学生反思和总结学习过程中的问题提高其日后学习的实效，这也是翻转课堂模式下课后体育教学的主要任务之一。

　　翻转课堂的三个阶段是紧密衔接在一起的，从而形成一个有机的学习系统。课前在于对新知识、新技能和新方法的学习，并达到"过关"，课中的主要任务是让学生通过参与探究和各种实践活动，以实现对所学内容的建构和内化，课后通过完成相关的学习任务来实现对所学内容的巩固和拓展。[①] 在教学实际中，体育教师可以通过以下三个途径引导学生在课后及时巩固所学体育课程内容，并通过反思和总结来改善其日后的学习过程。第一，在讨论区或以在线发布作业的形式，对学生提出问题以达到巩固练习和反思总结的目的。例如，体育教师在讨论区让学生总结自己在课前、课中的体育课程学习与实践中还存在哪些不足和改善的方法，或者通过在线作业发布的形式，让学生依据本周所学的体育课程内容，由各个小组在某一时间在线提交本小组的学习成果展示视频，并由小组长依据本组成员的学习情况写出简短的小组学习总结。第二，依据体育课程内容对各个小组提出课后互相比赛的要求，小组长在线汇报比赛结果，并将结果与评价结果相结合，以此激发学生在课后巩固体育教学内容。第三，体育教师在课中准备一些与教学内容相关的题目，由学生依据个人兴趣在课后进行思考，同样可以达到巩固所学教学内容的目的。

---

① 朱玲燕. 刍议"翻转课堂"融入体育教学的实践 [J]. 当代体育科技，2019，9（1）.

CHAPTER4

第四章　体育慕课教学研究

　　慕课教学已经引起了世界各国基础教育界的广泛关注，成为互联网+教育的主要形式。面对体育教学急需改革的现状，慕课可以也应该为体育教学提供一定的帮助。本章主要论述慕课的相关理论以及慕课在体育教学中的具体应用。

第一节　慕课概述

一、慕课的起源

（一）慕课内涵

1. 慕课定义

　　慕课为体育单词 MOOC 的音译叫法。M 为 Massive 的缩写，译为"大规模"；第一个 O 为 Open 的缩写，译为"开放的"；第二个 O 为单词 Online 的缩写，译为"在线"；C 则是 courses 的缩写，译为"课程"。把每个单词的意思相连，不难得出 MOOC 的中文翻译为"大规模开放在线课程"，国内简称为"慕课"。值得注意的是，国内也有些文章将 MOOC 的中文翻译为"大规模在线开放课程"。虽然有两种不同的翻译，但是本文还是将 MOOC 翻译为被国内教育类核心期刊如教育研究等所使用的"大规模开放在线课程"。

　　2. 慕课与传统网络课堂的差异

　　慕课虽为网络在线课程，但是它与传统的网上课堂有着明显的差异。

　　（1）慕课有着明确的课程计划与教学目标。在网上课堂开课之初，教师会做一个简单的课程概述，如课程要求及进度、课程的重难点、修完课程要达到什么样的程度等；学生在课程开始之前用邮箱注册一个账号并仔细阅读相关条款及课程进程安排，以便能更好地安排自己的学习进度和了解作业要求。

　　（2）教学视频并不是课堂教学或者会议的录制版，而是为慕课专门准备的教学视频。

　　（3）整段的教学视频被划分成若干个时间长度为 10 分钟左右的小视频。这样既能保障视频的精练程度、教学内容的突出，又能保证学生注意力的集中。根据心理学的相关理论，在课程起初的 10 分钟左右的时间内，学生的学习活动是最为高效的，之后学习效率便随着时间的增长而下降。

（4）教学视频内镶嵌了回顾性测试（retrieval practice），只有回答正确才能继续观看视频，如若回答错误则要重新观看出错点的视频内容。这样做的目的在于要学生将注意力一直集中在教学视频上，而不是在开小差。

（5）慕课专门为学生搭载了作业提交区和学习交流区。在教学过程中，学生不仅要观看完所有的教学视频，还要完成数量不等的作业，并在截止日前通过作业提交区来提交作业。同时还要浏览讨论区里的内容并积极地参与到讨论中来，如果有问题还可以在讨论区中和任课教师以及助教进行交流。更让人受到鼓舞的是，慕课还组织了线下见面会。选修同一门课程的学生可以就共同的主题进行线下的讨论学习。

（二）慕课的发展脉络

1. 慕课理念的兴起

慕课虽然只有短暂的兴起史，事实上，却有着较长的孕育与发展过程。根据学者焦建利的研究，慕课理念的兴起，可追溯到 20 世纪 60 年代。1962 年，美国发明家和知识创新者道格拉斯·恩格巴特（Douglas Engelbart）提出来一项研究计划，题目叫《增进人类智慧：斯坦福研究院的一个概念框架》 （*Augmenting Human Intellect: A Conceptual Framework to the Stanford Research Institute*），在这个研究计划中，恩格巴特强调了将计算机作为一种增进智慧的协作工具来加以应用的可能性。也正是在这个研究计划中，恩格巴特提倡个人计算机的广泛传播，并解释了如何将个人计算机与"互联的计算机网络"结合起来，从而形成一种大规模的、世界性的信息分享的效应。

自那时起，许多热衷计算机的人士和教育变革家，比如伊万·伊里奇（IvanIllich），发表了大量的学术文章、白皮书和研究报告，在这些文献中，他极力推进教育过程的开放，号召人们将计算机技术作为一种改革"破碎的教育系统"的手段应用于学习过程之中。在他 1971 年那篇犀利的大作《非学校化社会》（*Deschooling Society*）一书中，伊里奇认为，鉴于非灵活的课程和讲授式的"学习"，眼下的教育格局令人窒息。他提出将先进的技术整合进学校系统之中，从而创造出他所称谓的"去中心的学习网络"。伊里奇断言，这种"学习网络"的建立将会反过来把更多的学生更加紧密地联系到学习过程之中，从而创造出一种更加有效的、参与式的学习。[1]

伊里奇认为，良好的教育制度应该有三重目的：[2]

（1）在任何时候给任何想学习的人提供学习机会；

（2）赋予那些掌握一定技能的人与他人共享技能的权利；

（3）给那些想与公众交流的人提供机会。

与此同时，一大批教育工作者深深地感到，这种关于学习过程的另类主张太过激进，是乌托邦式的和无法实现的；也有不少人认同伊里奇等人的主张，并采纳和支持他们的观

---

[1] 焦建利. 说说慕课的来龙去脉 [EB/OL]. http://www.jiaojianli.com/1092.html, 2012 – 08 – 07.

[2] 徐运玲. 学习网络在非学习化社会中的应用——试析伊里奇学习网络理论 [J]. 中国教育技术装备, 2012 (18).

点。正是这些人不断推动着教育变革向前发展。

2. 慕课的诞生和发展

尽管在慕课背后的理念有着一个不短的历史，但是其实际的主张和成型的结构却是相当新近的。

2007 年，美国犹他州立大学的大卫·威利（David Wiley）教授基于维基百科发起了一门开放课程：《开放教育导论》（*Intro to Open Education*）。世界各地的用户都可以分享课程资源，参与课程创新，初现了慕课的雏形。2008 年 1 月，加拿大里贾纳大学（University of Regina）的阿利克·克劳斯（Alec Couros）教授开设了网络课程：《传媒与开放教育》（*Media and Open Education*），并邀请全球众多专家远程参与教学。这两个项目为慕课模式的诞生奠定了思想基础和技术准备，可说是慕课的前身。①

第一门慕课课程是由加拿大阿萨巴斯卡大学（Athabasca University）学者乔治·西蒙（George Siemens）和斯蒂芬·唐斯（Stephen Downes）设计和领导的《连通主义与连通知识》（*Connectivism and Connective Knowledge*）。该课程于 2008 年 9 月至 12 月向学生开设，来自曼尼托巴大学（University of Manitoba）的 24 位付费学生和来自世界各地的 2200 位免费学生在线参与了这门课程的学习。课程提纲被翻译成六种不同的语言：西班牙语、葡萄牙语、意大利语、匈牙利语、中文和德文。为使该课程顺利实施，加拿大学者戴夫·考密尔（Dave Cormier）和布朗·亚历山大（Bryan Alexander）提出了 MOOC 这个名称。所有的课程内容都可以通过信息共享平台如 Rich Site Summary Feed（RSS Feed）来订阅，学习者可以用他们自己选择的工具来参与学习：比如用 Moodle 参加在线论坛讨论，发表博客文章，以及参加同步在线会议。

从那时开始，一大批教育工作者，包括来自玛丽华盛顿大学的吉姆·格鲁姆（Jim Groom）教授以及纽约城市大学约克学院的米歇尔·斯密斯（Michael Branson Smith）教授都采用了这种传播方式，并且成功地在全球各国大学主办了他们的大规模网络开放课程。

3. 慕课在中国高等教育的强势介入

2013 年 5 月 21 日，edX 发展了亚洲首批成员，包括中国的清华大学、北京大学、香港大学、香港科技大学以及日本的京都大学、韩国的首尔国立大学等高校。

2013 年 7 月 8 日，上海交通大学宣布加盟大学慕课三大平台之一的全球最大在线课程联盟 Coursera，成为加入 Coursera 的第一所中国内地高校，将和美国的耶鲁大学、麻省理工学院、斯坦福大学等世界一流大学一起共建、共享全球最大在线课程网络。当天晚间，复旦大学与 Coursera 达成一致，向 Coursera 网络免费提供中文或英文教学的在线课程。②

2013 年 7 月 9 日，"在线教育发展（MOOCs）国际论坛"在上海交通大学举行。会上，上海交通大学、北京大学、清华大学、复旦大学、浙江大学、南京大学、中国科学技术大学、哈尔滨工业大学、西安交通大学等 C9 高校及同济大学、大连理工大学、重庆大学等宣布：这几所学校将在"在线开放课程"标准与共享机制建设、课程建设、开展高水平大学间在校生跨校选课、探索基于"在线开放课程"共享的跨校联合辅修专业培养

① 李青，王涛. MOOC：一种基于连通主义的巨型开放课程模式 [J]. 中国远程教育，2012（3）.

② 曹继军，颜维琦. "慕课"来了，中国大学怎么办？[N]. 光明日报，2013 - 07 - 16.

模式、实施"在线开放课程"资源向社会开放等方面进一步加强合作，在实现和完善"在线开放课程"共享的基础上，逐步将平台课程资源向国内外开放，扩大享受优质教学资源的群体范围，致力于引领中国慕课发展潮流。①

与此同时，许多地区也在大力建设本地的课程共享平台。比如，上海已成立了专门机构，积极推动30所成员高校的优质课程教学资源开发和共享；重庆大学发起成立了"东西部高校课程共享联盟"，目前已有60余所高校加入。清华大学的学堂在线、上海交通大学的南洋学堂等慕课学习社区已经建立。

4. 慕课在中国中小学的蓬勃兴起

2013年8月12日，由华东师范大学慕课中心牵头，中国20余所知名高中共同发起成立了C20慕课联盟（高中）。此后，9月7日，华东师范大学慕课中心再次牵头，会同全国20余所初中与小学共同发起成立了C20慕课联盟（初中）与C20慕课联盟（小学）。

此后，华东师范大学慕课中心与C20慕课联盟于2013年11月和12月分别在广东省深圳南山实验教育集团、上海市七宝中学、浙江省杭州市学军中学、江苏省镇江外国语学校、江苏省苏州国际外国语学校等地召开了"慕课与翻转课堂现场观摩与研讨会"。另外，同年11月在浙江省杭州育才中学召开了"微视频制作技术"的专题培训班。这些活动受到盟校教师极大的欢迎。中国的慕课元年也已到来！

二、慕课的特征、分类与意义

（一）慕课的特征

随着慕课的日渐成熟与社会影响的逐步增大，它的特征也表现得日益明显。

1. 大规模

"大规模"意味着学习者数量不做限制，与传统课程只有几十个或几百个学习者不同，一门慕课课程动辄有上万人参加。肯·马斯特斯（Ken Masters）对慕课概念的解释如下：大规模主要是指大量的学习者，也可以指大规模的课程活动范围。那么，多大规模才是"大规模"呢？现实表明：慕课的学习者远超常规，可轻易达到几千人。而在未来，随着该模式的普及及其影响力扩大，参与者还会更多，因此慕课是一种巨型课程。②

2. 开放性

开放性是说慕课的学习者可能来自全球各地，信息来源、评价过程、学习者使用的学习环境都是开放的。在美国，慕课是以兴趣为导向的，凡是想学习的，都可以进来学，不分国籍，只需注册一个账号，就可参与学习。为此，人们强调，只有当课程是开放的时候，它才可以称之为"慕课"，只有这些课程是大型的或者叫大规模的，它才是典型的"慕课"。因而，"慕课"学习是一种将分布于世界各地的授课者和学习者通过某一个共同的话题或主题自愿联系起来的方法。

3. 非结构性

从内容上看，慕课大多数的时候提供的只是碎片化的知识点，是一组可扩充的、形式

---

① 姜澎. C9 高校将共享在线开放课程探索跨校联合辅修专业培养模式［N］. 文汇报，2013 - 07 - 10.

② 李青，王涛. MOOC：一种基于连通主义的巨型开放课程模式［J］. 中国远程教育，2012（3）：203-204.

多种多样的内容集合，这些内容由一些相关特定领域专家、教育家、学科教师提供，汇集成一个中央知识库，就像网站一样。这些内容集合的独特之处在于，能够被"再度组合"——所有的学习资料未必堆砌在一起，而是通过"慕课"彼此关联。

一般而言，在西方，慕课并没有一个组织者进行课程的顶层设计。起先，它只是一些热心教育的人士，或者在一些领域顶尖的专家为传播该领域的知识而提供的"志愿者"服务。当然，以后有一些大学出于授予学位或学习证书的需要，试图对慕课设立课程标准，以便为其课程与学位提供质量保障。

在中国基础教育领域，当前已经走出了微视频仅仅在于提供课后辅导的角色，进而试图借助慕课，实现课堂的翻转。由于中小学的课程主要是以教学目标或课程标准为基础的，因而，在提供碎片化知识的同时，让教师与孩子共同理解知识点之间的内在逻辑乃至一门学科的知识，也被作为重要的问题提了出来。因而，这就决定了在中西方之间慕课建设会有相当的不同。把中国未来的中小学慕课学习称为"基于系统设计的碎片化学习"，它在结构形态上会与西方有一定的区别。

4. 自主性

自主性在不同的学者那里有着不同的理解。在关联主义的慕课推崇者看来，"自主性"意味着慕课没有明确的学习预期，学习者可以自设学习目标；其二，虽然有特定的学习主题供参考，但在什么时间、地点学习，阅读多少资料，投入多少精力，进行何种形式和程度的交互等都由学习者自己决定；其三，没有正式的课程考核。当然，需获取学分的在校学生除外，学习者根据自己的学习预期对自己的学习收获进行评判。因此说，关联主义的慕课几乎完全依赖于学习者的自我调控。[①]

然而，在大多数学者尤其是关注中小学慕课建设的学者看来，慕课的自主性主要意味着学生对自己的学习承担责任。根据教师提供的教学内容，学生可以自定学习的方式、步骤、时间，自主地讨论与研究，主动且积极地学习。与翻转课堂相联系则是保证学生自主且高质量学习的必要条件。

（二）慕课的分类

1. c MOOC

c MOOC 教学模式中体现了建构主义的原理思想。建构主义认为学生要从知识的被动灌输者成为知识的主动构建者。客观世界是客观存在的，但是对客观世界的理解会因每个人的不同的认知视角而不同。学习不只是简单地接受，更应该是主动地构建。教师不是教学活动的主导者，而是发起者、引导者和组织者。在学习活动中，学习者需要较高的学习自觉性，才能完成课程的学习。c MOOC 培养的是能在大数据时代以及信息时代的发展背景下能够对数字信息给予恰当处理并形成自己知识网络的人才，所以这种教学模式注重知识的创新，让每个学生都成为信息和知识的生产和加工者，但是是否每个学习者都具有这样的能力，是值得商榷的。学习过程中是否每名学习者都能全神贯注于课程，也是一大问题。

---

① 樊文强. 基于关联主义的大规模网络开放课程（MOOC）及其学习支持 ［J］. 远程教育杂志，2012（3）.

2. x MOOC

在课程开始前，教师把明确的教学大纲和课程进度发布到网站上，学生在注册选修某一门课程之后，要及时地了解课程进度，安排学习时间。开课之前，教师会提前录制好教学视频，这些视频不是课堂教学的录制版，而是特意为慕课课程准备的。为了保持学习者的学习兴趣，一大节的内容由若干个小视频组成，并且视频时间都比较短。为了保证学生学习的专注度，每个学习视频中都设置需要学习者回答的问题，回答正确之后继续学习。回答错误，回看视频，找到错误的原因，重新作答，回答正确，继续学习。在课程学习之中，教师会布置有截止日期的作业，学生需要在规定的时间内完成作业，否则 0 分处理。这些上交的作业由选修这门课的同学进行互评（peer grading）。互评结果随后公布，但是教师拥有最后裁决分数的权利。最后就是期末测试。由于是网络学习，学生需要在虚拟在线的环境下考试，诚信与否是教师面临的又一大问题。为了解决这个问题，edx 和 Udacity 施行"线上学习，线下考试"的原则。学生上网学习课程视频，如果你需要结业证书，就需要参加线下的考试，但是这类考试是需要学生交纳监考费用的。线下的考试由美国的 Pearson 公司负责。他们设想，随着各国考生的增多，他们计划运用托福、雅思的考试模式对非美国本土的学生进行最终测试。而 Coursera 则通过电脑技术对学习者的日常用语习惯进行监测，到了期末考试时，将考试中的语言与平时的语言进行对比；或者要求学生在装有摄像头的电脑上进行作答。但是这种全部依赖于电脑技术的测试还是有缺点的，随后 Coursera 宣布其网站也将会与 Pearson 公司进行合作。

（三）慕课的时代意义

慕课的意义再过 20~30 年，等那时的人们回过头来看时才会发现，其意义怎么估计也不算过高。在今天看来，慕课已经表现出了下述优势：

1. 优质教育资源的全民共享

在今天没人会怀疑，相比较古代的个别教学，产生于近代资本主义的班级授课制是世界教育史上的巨大革命。1485 年的《纽伦堡学校规程》（Schulordnung in NUrunberg）和 1528 年的《萨克森选帝侯国学校规程》（Kursachsische Schulordnung）规定，应将学生划分为三个阶段的班级，各个班级配以不同的古典教科书教授之，这即是班级授课制的雏形。一般说来，此前学校的学生是杂然地集中于一室，教师轮番传唤，施以个别指导。但自从人文主义学校，采用了根据学力把学生分成若干阶段、编成班级一起教学的制度，这就大大地提高了教育的效率，有力地推动了教育的普及。

以后又经过近 150 年的探索，1632 年，捷克教育家夸美纽斯出版《大教学论》，这本伟大的著作为班级授课制提供了理论依据。他在《大教学论》中说："这种教育将不是吃力的，而是非常轻松的。课堂教学每天只有 4 小时，一个先生可以同时教几百个学生。而所受的辛苦则比现在教一个学生少 10 倍。"① 他倡导"节约时间和精力""大量生产"的教学方式——班级教学组织；提出了依据年龄分班，各学年分别设置不同学科的方案。他之所以倡导这种教学方式，除了上述理由外，还有一个理由就是，学生在集体中受教，可以相互激励，提高教学效果。他说"青年人最好还是一同在大的班级里面受到教导，因

---

① ［捷］夸美纽斯. 大教学论［M］. 傅任敢，译. 北京：教育科学出版社，1999：25.

为把一个学生作为另一个学生的榜样与刺激，是可以产生更好的结果与更多的快乐的。"①

班级授课制无疑是对分散的小经济和封建隔绝状态下长期实行的混杂教学组织形式的否定。它顺应了当时社会要求把教育从少数特权阶级的手中解放出来，向国民大众开放的要求。

其实，班级授课制是顺应了时代发展的要求的，但是，它能得以发展还是时代给它提供了包括技术在内的各种支持。在中国，书院这个名称始于唐代。随着纸张的大量使用和雕版印刷术的发展，书籍越来越多，为此，人们必须建造较大的院子来安置藏书，以方便读书人，于是就产生了真正意义上的"书院"。雕版印刷术的推广和后来活字印刷术的发明才使读书不再是少数人的专利，才有可能把教育从少数特权阶级的手中解放出来。

班级授课制使"一个先生可以同时教几百个学生"成为可能。今天借助数字化技术的支持，特别是慕课的诞生，让一个先生同时或不同时教数以万计、数以百万计，乃至数以千万计的学生成为可能。慕课一个最不寻常之处就在于：它以"将世界上最优质的教育资源传播到地球最偏远的角落"为理想，它试图让全球所有的学生都能获得全球顶尖明星教师的免费课程。为此，有人甚至夸张地说，慕课使得全球一门学科只需要一个教师。

由于上述原因，本书著者把小农经济时代的混杂教学转向工业化时代的班级授课称为教育制度的第一次革命，把工业化时代的班级授课向数字化时代慕课的转变称为教育制度的第二场革命。"审视今日，慕课带来的是超时空的变革。不仅在全球各个角落都能学到优质的教育资源，而且还是移动的，可以走到哪学到哪，甚至可以反复学，十年二十年后再学。这就是一个巨大的变革，是'继班级授课制以后最大的一次革命'，它使教育超越了时空的界限，使得优质教育资源全球共享、全民共享。"②

2. 助推教育公平

迄今为止，在美国开设的绝大多数慕课是免费的，这样可以使更多的人能够接受高等教育，特别对那些来自家境贫困的人群更是如此。而且开设慕课的大多数是美国乃至世界著名高校，或企业与名校进行合作开设的，这就保证了慕课的教育质量。所以，慕课的兴起使更多的人能够接受优质高等教育。"传统高等教育的做法是从学生中收取大量的钱，而慕课对成千上万的学生不收取钱或只收取最低的费用，斯坦福大学计算机学家达夫妮·科勒称它为'高等教育的真正民主'。"③

在中国基础教育领域，再也没有什么比公平更让政府犯难，更受老百姓关注了。教育公平，无疑最困难的在于教师资源的公平。实践表明，优秀教师在区域小范围内流动尚且十分困难，要在全国流动更是要付出十分高昂的代价，几乎是不可能完成的任务。慕课的出现将使这一"不可能"成为"可能"。华东师范大学慕课中心和 C20 慕课联盟，正在组织联盟学校优秀教师，录制覆盖基础教育各学科知识点的慕课资源库，供全体学生共享。这对推动中国基础教育公平，提升中西部地区的教育质量，将会有重要的推动作用。

---

① ［捷］夸美纽斯. 大教学论［M］. 傅任敢，译. 北京：教育科学出版社，1999：30.
② 陈玉琨. 慕课：一场正在到来的教育变革［J］. 上海教育，2013（10）.
③ 高远. 慕课［J］. 教育家，2018（31）.

3. 推进学习型社会

慕课，它往往以碎片式的知识呈现方式，出现在人们的移动终端上，它适应了工作在现代城市里白领们生活的节奏。无论在地铁里，还是在大巴上，无论在机场的候机厅，还是在休闲的咖啡吧，有个 10 分钟或 20 分钟，人们就能轻松地看上一段微视频，学习一堂微课程，更新自己的知识，开阔自己的眼界，而不必劳心费神地赶往遥远的大学。

在知识和信息更新速度越来越快的今天，知识甚至一些技术的保质期也都在缩短。传统的幼儿园—中小学—大学—职业的"线性教育模式"已经不能与经济和社会的发展相适应，需要转换为一个更加灵活的模式。慕课就是一个更加灵活的模式，它使人在需要的时候，非常容易地学习任何新主题，在人们的整个职业生涯中使知识和技能保持在最新的状态。

有人质疑，即使在顶尖大学注册的学生，最终修习课程的通过率也只有 34%。因此，他们追问："慕课有用吗，"如果仅从通过率来看，慕课似乎是失败的。[1] 但是，学习的目的就在于获得一份课程证书吗，如果人们都能把零星的时间花费在前沿、高深知识的学习上，追求自身素质与能力的提升，这难道不是人们最想追求的"学习型社会"吗？事实上，慕课学习在一开始就有很多人并没有以获得证书为目的，也有人在注册登记时虽有获取证书的愿望，但由于时间或能力等多种原因未能如愿，可他毕竟经历了这一学习的过程，在一定程度上提升了自己，这不正证明了慕课对学习型社会形成的作用吗？

学习型社会是大多数人有愿望学，并有机会学的社会。没有多少人愿意学或者有愿望但没有机会学的社会（比如社会上的学校都有很高的"门槛"或需收取较高的费用）绝不是学习型社会。学习型社会是尽可能地满足人们的学习愿望，并尽可能地为想学习的人提供机会的社会。它不以多少人获得证书为标准。学习型社会不等于学历社会。慕课推进学习型社会而不是学历社会！

上海交通大学张杰校长也认为："这将是一场学习的革命，其影响绝不限于大学，对推动继续教育发展，打造灵活开放的终身教育体系，构建人人皆学、处处可学、时时能学的学习型社会，也将具有积极意义。""中国大学应以在线教育发展为契机，重新思考自身的使命与责任。"[2]

4. 让学生远离家教

在中国，或许还包括韩国等地，慕课还有着特殊重要的意义：让学生远离家教。网上或者下载下来的视频材料，可以方便地将世界上最优秀的教师、最生动的课程带回家给学生学习。有便捷网络的家庭，学生学习或者做作业遇到困难时，可以随时请教老师或者寻找其他同学的帮助。如此，则可以免去家教带来的高昂成本和由各种原因（比如遥远的路途、滥竽充数的教师，甚至还有商业欺诈）产生的低效学习。切实减轻学生的学业负担，促进学生身心的健康发展。

---

① 巩博，沙建定. 慕课教学发展分析 [J]. 中国科技博览，2017（28）.
② 曹继军，颜维琦整理. "慕课"来了中国大学怎么办 [N]. 光明日报，2013-07-16.

第二节　慕课对体育教学的影响

一、有助于高效利用体育课堂教学时间

体育教学是以身体练习为主要手段，无论是运动技能的掌握还是体质的改善都离不开身体活动的参与。只有通过反复身体练习，才能使运动技能由泛化到分化最终实现自动化，也必须经过一定量和强度的刺激才能使体质得到改善。学生反复练习是需要时间作为保障的，由于运动技能本身的复杂性，学生接受能力参差不齐等客观原因，体育教师的讲解与示范往往占据相当多的课堂时间。加之体育课堂常规、课堂组织与管理等活动和运动项目发展史、竞赛规则、裁判法等理论讲授，学生的练习密度受到限制，势必影响到学生运动技能的掌握和体质改善。而慕课使原来在课堂上形成运动技能概念、掌握运动技能原理等内容可以通过微视频在课前完成，这样就大大减少了体育教师在课堂上讲解的时间，因此学生有更多的时间用于练习，不仅增加了其运动体验，也有助于运动技能的掌握与体质改善。

二、有助于高校体育学习过程更个性化

体育慕课（MOOC）的主要优势在于其具有庞大的课程资源以及方便快捷的获取途径，一门优秀的体育慕课课程有可能会被成千上万的学生在线学习，从而使学生在体育自主学习中更好地体现主体性。与此同时，体育慕课教学中倡导的是更具创新性和个性化的教学思维，因此每一个体育教师对于同一个教学内容的理解差异，都会使体育教学过程和教学手段更具个性化，有助于学生根据自己的兴趣爱好和接受程度自主选择适合于自己的体育课程，除此以外，学生还可以自己的时间和需要自主选择学校教程以外的体育学习内容，从而扩展自身的体育活动体验，进而实现完全个性化的体育发展路径。

三、有助于高校体育教学课程更加鲜活

高校体育教学中的理论知识和其他学科理论知识相同，同样存在着教学形式枯燥乏味的问题，难以激发学生的学习兴趣，而体育慕课则利用其先进的计算机技术和信息技术将原本枯燥乏味的体育理论知识转以生动活泼的形式展现给学生，从而使体育教学更加鲜活。体育慕课教学视频可以在一个十分钟左右的课程中集中讲解某一体育技术问题或者体育理论知识，还可以在教学中设置一些生动有趣的互动环节，从而在交流互动中提高学生的主动性和积极性。学生通过慕课学习不仅可以将碰到的问题或困难在互动交流平台上向教师提出而教师则可以及时给予相应的解答，此外，学生还可以随时了解和调整学习进度，这样的新型学习方式有助于使得原本相对枯燥乏味的体育理论知识变得更加生动有趣，从而极大地提升学生的学习欲望和主动性。

四、有助于高校体育教学资源的共享

高校体育教学和其他学科教学活动的区别之处在于：体育教师在进行和组织体育教学活动时，必须创设出一种不同于其他学科教学活动的独特环境，进而使学生可以在这种为体育教学而专门创设的教学环境中学习和发展体育技能。然而，在现实中，由于各种主客观因式使得体育教学环境相对严肃且存在时间地点限制，难以有效激发广大学生参与体育课堂学习的主动性。而慕课（MOOC）引入高校体育教学则可以有效解决这一问题，学生只要借助互联网开展在线学习，就可以不受任何外部因素的影响，学习到不同高校体育教学名师开设的体育特色课程。可以说，体育慕课以其独特的技术优势突破了传统体育教学在师资、器材、场地等方面的限制，从而使高校体育教学资源得到更加广泛的共享。

五、有助于培养学生自主体育学习意识与能力

授之以鱼，不如授之以渔。培养学生自主体育学习意识与能力是体育课程重要目标。学界也一直在探究培养学生自主体育学习意识与能力的途径，如新课程改革中强调自主学习、合作学习与探究学习等学习方式，但是由于体育学科特殊性，并不是每节课每项内容都要自主、合作与探究学习的，毕竟体育课堂教学离不开讲解、示范等教学方式。而且自主、合作与探究学习又是基于学生先前运动的经验与知识。因此仅从教学方式转变对学生自主体育学习意识与能力培养是极其有限的。而以慕课为平台的翻转课堂彻底颠覆了传统"先教后学"的教学模式，实施"先学后教"，学生每次上课前通过慕课平台学习新的体育与健康知识点，这样使学生在慕课学习过程中不断思考，产生困惑，通过即时询问家长、网络咨询同学或教师解决疑惑。学生经历了发现问题、解决问题的过程，自学意识与能力逐渐得到提升。另外，慕课为新型学习方式实施提供先决条件，由于有了先学的经历，学生对新的知识点有了一定的了解，才使课堂上自主、合作与探究学习得以顺利实施。可见，无论是在"先学"还是"后教"的两个过程中，学生主观能动性都得到充分发挥，学生的自主学习意识与能力得到提高。而这种学习方式与学生毕业进入社会的体育学习完全吻合，既是终身体育学习的一部分，也为终身体育学习奠定基础，这是传统体育课堂教学无法企及的。

六、有助于提升体育教学质量与教学效率

传统体育教学中一些外在的客观因素制约了体育教学质量与教学效率提高。一方面，由于体育教学中许多运动技能是连贯的、复杂的，人为的无法分解或停顿，不可避免导致一些学生不能建立清晰动作概念，学生在似懂非懂的情况下，只能跟着感觉模仿，容易产生错误概念或动作。另一方面，大班授课是当前我国基础教育一时难以解决的症结，也是影响体育教学质量与效率提升的重要因素。我国目前基础教育体育课堂中50人以上的班级比比皆是，这增加了体育课堂管理与组织难度，降低了体育课堂中教师对学生的关照度。加上体育教学"教室"是室外的操场，光线、风向等外在条件必然对体育教学产生一定影响。因此无论教师采取何种队列队形，采取何种示范面都会有学生看不清、听不明，学生学习效果必定受到影响。利用慕课则可以很好地解决这些问题：一方面，无论多

么复杂的技术，微视频都可以通过图、文、声、像直观、形象的展示出来，学生可以根据自己的基础控制和调整学习进度，也可以通过暂停、回放反复观看，全方位、多维度了解动作技能，形成正确、清晰的动作概念；另一方面，慕课虽然具有大规模的特征，远远超过几十人的班级人数，但慕课的大规模属于在线学习，一定程度上是一对一学习，这样就有效回避了传统大班额教学的弊端。^① 另外，在线学习可以在任何地方进行，这样就有效规避了室外学习受光线、风向等客观因素影响。总之，慕课教学模式可以解决外在环境对体育教学效果产生的负面影响，提高体育教学质量和效率。

第三节 慕课视角下体育教学模式和方法的创新

一、慕课视角下的体育教学模式

（一）cMOOC 课程模式

1. cMOOC 的理论基础

cMOOC 的理论基础是连通主义学习理论，即知识是网络化连接的，学习是连接专门节点和信息源的过程。西蒙斯指出，cMOOC 的核心包括连通主义、知识建构、师生协同、分布式多空间交互、注重创新、同步与共鸣、学习者自我调节等。^② cMOOC 将分布于世界各地的授课者和学习者通过某一个共同的话题或主题联系起来，学习者通过交流、协作、构建学习网络以学习知识。

2. cMOOC 课程模式中学习者的基本学习活动

（1）浏览课程内容与安排，注册课程。

（2）获取教师在学习网站上提供的各种类型学习材料。

（3）参加讨论组、在线讲座等活动，参与讨论学习内容，分享个人观点。

（4）制作个人学习资源，如音频、视频等，并进行分享。

（5）充分利用社会化网络各种工具、如微博、博客、社交网络等，进行学习活动，建立学习网络。

3. cMOOC 课程模式的特征

（1）在 cMOOC 中，教师提供的资源是知识探究的出发点，教师的地位和作用与传统课堂教学不同，更多的是扮演课程发起人和协调人的角色，而非课程的主导者。课程组织者设定学习主题，安排专家互动，推荐学习资源，促进分享和协作。

（2）学习者在 cMOOC 中具有较高的自主性，学习依赖于其自我调控。学习者自发地交流、协作、建立连接、构建学习网络。

（3）学习者进行基于多种社交媒体（如讨论组、微博、社会化标签、社交网络等）

① 周永华，董春峰. 慕课环境下的大学体育教学探究 [J]. 体育世界（学术版），2019（1）.
② 连秋菊. 基于 CMOOC 课程模式的网络学习环境设计探讨 [J]. 科技视界，2014（30）.

的互动式学习，通过资源共享与多角度交互，拓展知识的范围。

（4）学习者通过交流、协作、构建学习网络，通过社区内不同认知的交互，学习新的知识。

4. 研究者关于 cMOOC 学习的方法与策略

（1）柯米尔的策略

柯米尔提出了成功学习慕课的五个步骤：确定学习目标；在博客、微博等社交网络上介绍和展示自己；构建个人学习网络；参加学习小组和学习社区；关注个人学习进程和内容。[①]

（2）西蒙斯的策略[②]

①确定学习目标。

②在社交网络上展示自己。

③交互。

④构建学习网络。

⑤管理课程资源。

⑥创作与分析。

⑦发现和解决问题。

⑧合理期望。

⑨坚持参与。

（3）克措普洛斯与豪格的策略

克措普洛斯与豪格认为，成功进行慕课的学习要从课前、课中、课后三个阶段入手。[③] 在课前，要通过浏览网站了解课程内容，考虑个人时间安排，熟悉课程中将用到的学习工具；在课中，要及时进行自我介绍，积极参与课程讨论与交流，学会提出问题，从大规模的信息中过滤有用知识等；在课后，课程结束后仍然继续保持学习者之间的交流。

（二）xMOOC 课程模式

1. 对 xMOOC 课程模式进行分析

（1）需提前了解课程以及课程安排

一门 xMOOC 一般会在预定的时间开始，为了及时参加课程，学习者需要提前了解课程介绍与课程安排，并进行注册。在学习过程中，也可以根据个人学习情况，退出某门课程的选课。每门课程相对传统教学的学期较短，一般为 10 周左右。

（2）慕课平台提供多种课程组件

慕课平台为课程实施提供了多种课程组件，包括课程视频、讨论区、电子教材、测试等。

（3）教师应定期发布课件以及视频

课程开始后，教师定期发布课件、作业、授课视频，这些视频不是校内课堂的录像，

---

① 吴斓，陈丽. 基于扎根理论的 cMOOC 学习者学习过程的研究 [J]. 中国远程教育，2019（12）.

② 连秋菊. 基于 CMOOC 课程模式的网络学习环境设计探讨 [J]. 科技视界，2014（30）.

③ 张勤. 慕课时代高等院校教学改革模式研究 [M]. 北京/西安：世界图书出版公司，2017：24.

而是专门为了该 xMOOC 录制的。很多视频会提供多语言字幕（如中文），以方便全球学习者学习，延伸课程的开放程度。

在 xMOOC 中，学习视频一般比较短小，而且在视频中会安排及时的问题与测试。这是为了更好地保证学习效果。由于视频学习是一种单向传递，学习者需要在没有他人监督的条件下，保持对学习内容有足够的关注与交互。通过短片段的视频并辅以及时的问题测试，可以保持学习者注意力的有效集中和对学习内容的理解。同时，这种短视频方式也有助于学习者对学习步调的把握，能够比较方便地定位到自己的学习位置。

（4）课后作业应有截止日期

课后一般有需要完成的阅读和作业，作业通常有截止日期，学习者应自觉、按时完成课程作业。作业成绩可以通过在线自动评分、自我评判打分、学习者同伴互评（Peer Assessment）等方式获得评估。

（5）应适当安排考试

课程会安排小测试和期中、期末考试。学习者应在规定的时间内参加考试，获得考试成绩。学习者被要求遵守诚信守则，诚实而独立地完成学习、作业与考试。edX、Udacity 等主要的 xMOOC 项目也与培生等公司合作，使学习者能在全球分布的培生考试中心参加考试。

（6）开设讨论组以便交流

课程网站开设有讨论组，学习者可以进行在线学习交流。课程还会组织线下见面会，使学习者进行面对面的交流活动。例如，Coursera 已经在全球 3000 多个城市组织了课程线下见面会，学习者可以根据自己的地域选择加入邻近的线下见面会，进行面对面的学习交流，形成地区学习小组。

2. xMOOC 课程模式的教学原理

（1）对检索性学习与测验的分析

在进行慕课学习，观看视频的过程中，学习者经常会有这样的体验：看着视频就难以持续集中注意力，逐渐开始走神，有时候甚至会停下课程去做其他事情。这样的体验无疑会浪费学习时间，降低学习效果。如何从课程设计上提高学生在线学习的注意力呢？一种有效的方法是检索性学习与检索性测验。因此，慕课教学设计的关键要素之一是广泛使用交互式练习，在视频、测试中提供丰富的互动练习，使学习者可以及时检测学习效果。这是一种检索性练习方式。

检索性练习是一种从短期记忆中回溯信息，以增强长期记忆的行为。研究证明，这有助于增强学习。卡尔 K. 斯帕纳等人研究发现，频繁互动可以避免注意力分散，这是确保学习者持续专注的一种有效手段。[①] 例如，在视频中插入暂停，要求学习者回答简单的问题后才得以继续，以确定学习者是否在认真学习，是否已充分理解所学内容。卡尔皮克和罗杰的研究也证明了学习者的"知识检索"和"知识重构"等学习活动的结果能够显著地增进学习成效，这两种简单学习行为的效果甚至优于许多复杂的学习策略。[②]

（2）对精熟学习的分析

①精熟学习提出的背景。20 世纪 70 年代，美国心理学家布鲁姆针对美国教育制度中

---

① 张蕾. 信息化环境下移动课堂教学模式研究 [M]. 长春：东北师范大学出版社，2017：23.
② 聂凯. 移动网络课堂与信息化教学资源的传播分析 [M]. 成都：四川大学出版社，2018：14.

只注意培养少数尖子学生，而忽视牺牲大多数学生发展的弊端，提出了"精熟学习"的新学习观。他指出，现代教育不能只面对少数学生，而应该面对全体学生，让绝大多数学生都能学好。[①]

②精熟学习建立的基础 A. 几乎所有的学生都能掌握某一学科的学习内容。B. 一些学生比另一些学生需要多花一些时间达到掌握水平。C. 一些学生比另一些学生需要更多的帮助（例如，个别指导或额外的练习等）。

③精熟学习的组成成分。A. 教学内容被划分成一系列较小的独立单元，每一单元包含有较小量的学习材料。B. 各单元按一定逻辑序列排序，为后面学习奠定基础的基本概念首先得到学习，较复杂的概念随后进行学习。C. 在每一单元结束时，通过考试检验掌握水平。在学习者学完一个单元，进入下一个单元前，必须参加有关这个单元内容的考试，以检验是否掌握了该单元的学习内容。D. 每一单元要有一个具体的、可观察、可测量的单元测验掌握标准。E. 为需要额外帮助或练习的学习者提供"补救"措施，以使他们掌握知识。有些学习者并非总是能够一次通过测验，对这些需要帮助的学习者，教师要提供更有针对性的教学方法，如不同的学习材料、参考书，学习小组，以及个别指导等。

二、慕课视角下的体育教学方法

（一）加大宣传力度，促进优质资源共享

由于我国 MOOC 起步较晚，因此我国体育教育 MOOC 团队并不是我们理想中模样。当前，我国应从多方面加强对 MOOC 的宣传力度。各大电商为了增加用户数量，不惜亏本做生意，对于 MOOC 来讲，用户人数的增加也尤为重要，基本等同于市场份额。MOOC 平台只有拥有了自己的用户，才会慢慢发展起来，各个 MOOC 平台通过各种方式来扩大用户群体。MOOC 平台可通过互联网信息网站进行宣传，更要利用学校、教师向学生推广 MOOC。MOOC 平台还要进行自我营销，比如利用邀请好友注册即可获得课程兑换券等等。现今，各个平台都在争抢用户，拥有用户就等于拥有了市场。加大对 MOOC 的宣传从而能更好地利用 MOOC 的优质资源，让越来越多的人得到更好的教育，促进优质资源共享，达到资源合理配置。在传统教育当中无法满足学习者需求的，可以根据自己的学历层次，兴趣爱好，时间安排等在 MOOC 平台选择适合自己的课程，这样既节约了时间，又充分利用了 MOOC 的课程安排，达到优质资源的合理利用，使全世界的学习者都可以得到最好的教育资源，充分体现教育的公平性。

（二）培养顶尖团队，制作 MOOC 特色课程

培养我国体育教育顶尖的教学队伍，对体育教育的核心课程进行重点打造，突出体育教育的特色。一个学科没有特色课程，核心价值不凸显，很快就会被人遗忘或被其他课程所替代。体育教育更要根植于自身的核心专业，培育体育教育遗留的教学团队，建立体育界一流的特色课程，并通过 MOOC 平台分享给世界各地的学生。我国体育教育凭借特色课程和优质课程可以吸引更多的学生，可以提高我国体育的社会知名度，在世界同类课程

① 张蕾. 信息化环境下移动课堂教学模式研究［M］. 长春：东北师范大学出版社，2017：28.

中的竞争中处于优势地位，并可以确保体育教育处于世界同类课程的领先水平。我国体育教育除了要制作一流的专业核心课程，对于非核心课程的建设也不能忽略。现如今社会发展需要一专多能的人才，学生除了学习自己的专业课，多于一般的通识课，基础公共课也要有一定的认识，了解。而由于我国体育教育对专业课较为重视，对于理论课比较放松，因此对于理论课的教学质量参差不齐，理论课的授课教师存在一定的局限性。甚至一些学校缺乏理论课授课教师，无法开设足够的理论课提供给学生们，因此，我国体育教育可以利用 MOOC 的优势，引进世界顶尖级的相关课程资源，弥补本校师资不足的缺陷，让学生不仅可以更好地学习理论课，还可以学习世界顶尖的理论课，加大学生学习的积极性和自主学习的能力，进而更多地为社会培养一专多能的人才。

（三）加强质量监控，丰富 MOOC 课程资源

首先，MOOC 质量的好坏关系到 MOOC 的长久发展。国内虽然在大范围开展 MOOC，但并没有制定 MOOC 课程的相关质量标准，这在 MOOC 未来的发展上是必定会影响我国体育教育 MOOC 课程的质量。高校、政府和企业都可以共同制定 MOOC 课程质量标准。在定义 MOOC 时一定要明确 MOOC 是把整个学习过程都呈现在网络上的：教师的授课情况、学生通过互联网学习情况、网上参与互动讨论情况、网上作业的提交情况，同时还有期中、期末考试，最后通过考核还有认定学分和证书等等诸多事宜。MOOC 的基本特点是大规模、对任何人免费开放、有明确的学习目标、线上学习、课堂及线下作业、测试、社区讨论、评价考试、学习结果认定。除此之外还要建立课程审核机制，这样才能保证线上的教学资源是高质量，规范的资源。从课程的申报、评审、课程管理、考核要求和课程质量评估形成一系列完整的实施方案。而评价机制也是 MOOC 课程非常重要的一个环节。有效的课堂评价是 MOOC 课程不断完善的基础。课程质量评价可以从学生对课程的满意度，对学习过程的评价（学生的作业情况、出勤率、考试情况等），还可以组织专家对课程进行评价。这些评价机制的建立为学生选择学习课程提供参考，也对教师的课程制作进行监督。当然，评价机制不仅仅针对教师，对学生的学习情况也要进行综合评价，因此，加强课程的质量监控，可以有效地提高 MOOC 的教学质量及摆正 MOOC 发展方向。

其次，学生的个性化也限制了 MOOC 课程资源的制作，要充分考虑学生的学习兴趣，打造多层次的 MOOC 课程。由于学习者在认知方面和文化方面可能存在着较大的差异性，对课程的理解是不同的。一流高校的课程可能并不适合普通高校的学生，因此，对于同一门课程可能要设计不同的版本，为学习者和教师提供选择。可以通过学校分类自建特色课程，也可以引进国内外知名高校的优秀 MOOC 课程，当然体育教育不仅需要体育院校去自建特色课程，一些综合性院校也要发掘自身的特点，制作特色课程，这样才能够让体育教育课程多样化，丰富我国体育教育 MOOC 优质课程资源。因为我国的民族多样化，民族地区教育资源相对匮乏，还要多开设一些能够满足少数民族地区的 MOOC 课程，如利用少数民族语言、文化等，这对丰富教育资源也是难能可贵的。

（四）借鉴 MOOC 方式，改革教学方法手段

由于 MOOC 课程的开放性特点，使得学生在 MOOC 教学内容以及教学方法的选择上存在着极大的多元性，MOOC 平台是在互联网背景下，不受任何国界限制，所以在 MOOC

平台上有着数以万计甚至几百万的课程，这些课程是通过不同国家不同地区的教师讲授，改变了现在教学内容的单一性。其不足之处在于教学内容多样化之后，由于学生来自不同国家，有着不同的文化背景，知识结构而导致对统一理论产生不同认知。但是总体来讲，MOOC 课程的特点带来的结果利大于弊，是可以促进我国体育教育改革的。教学方法，通俗地讲就是我们平常说的"教的好不好"，是教师教学效果的直接反馈，是在教学过程中与其他要素相连接的组织方式，也是实现教学目标的重要环节。教师如何运用教学方法，运用合适的教学方法，使教学内容真正触动到学生的内心，是教师最为重要的。对于体育教育教学方法的改革，不仅仅可以加强体育理论知识与专业技术的联系，对于提高教学效果实践更为重要。MOOC 由美国兴起到现如今在全世界流传，其成效在不同国家和地区都得到了大众的认可。由此看来，人们都顺应着社会的发展需要，教学方法的改革也是必不可少的。很多学者都说教育的本质在于分享，而 MOOC 正是遵循了教育的本质，改变了传统教育。教学方法需要去调和课程的发展与学员的需求，如何将理论知识与专业技能用平实的教学方法讲明白，说清楚，把形象的专业知识形象地展现在学生面前，都需要教师选择最优的教学方法以达到教学目标。其次，对于教学方法的改革，应摆脱传统教育的被动学习法，让学生爱上学习，主动学习。教师要思考在教学过程中采用什么形式方法引导学生主动探索，而非采用满堂灌的教学模式。因此，我国体育教育运用 MOOC，提高学生学习能动性，激发学生学习积极性。积极吸取 MOOC 的优秀经验，大力发展我国体育教育的教学改革，使体育课程更上一个新的台阶。

（五）探索盈利模式，实现 MOOC 可持续发展

MOOC 平台的建立以及运营都会消耗很多的财力、物力，仅靠政府部门资助以及高校出资都不能够保证 MOOC 的长远发展，想要让 MOOC 教学持续发展下去，必须建立合理的运营机制，至少达到收支平衡。首先，各高校间可建立学分互认的模式，这将会对各个体育教育之间的专业技术课，理论课带来更大的发展前景，不仅可以达到合理的资源配置，还可以让学生享受更加优质的教学课程。其次在线有偿学习其他体育专业技术科也有一多半学习者表示赞同。加大 MOOC 市场化，对在职人员的体育教育也从不放松，MOOC 不仅为学校体育教育提供资源，也可以利用在职人员的学习兴趣对其提供新的培训模式，这也是 MOOC 潜在的盈利方式。MOOC 可以解决我国体育教育资源相对匮乏的问题，不仅节约成本，能有效达到资源的合理配置。MOOC 的市场化不仅要提高平台的效益，更要加强对 MOOC 课程的质量提升。只有市场化才会使得 MOOC 有持续的发展动力，让教育机构（如学校、政府等）与企业单位建立积极的合作关系，通过各种渠道满足 MOOC 建设的经费需求。市场化的发展也意味着要提升 MOOC 的服务意识，要从无偿奉献型变为有偿服务型，如此这样，MOOC 才能成功的转型，达到持续发展，为体育教育的改革开辟出一条新道路。

（六）开发体育精品课程

1. 学校、教师、学生等要多方宣传与推广运用体育类国家精品开放课程

针对体育类国家精品开放课程中体育类国家精品资源共享课的学习人数较少，部分体育类国家精品视频公开课的播放量并不突出的问题，可通过学校、教师和学生等多方面进

行宣传及推广。校方可对任课教师进行学习与运用体育类国家精品开放课程的要求，以突出体育类国家精品开放课程的示范及共享作用。教师方面可要求学生在学习教师授课内容的同时，在体育类国家精品开放课程中学习同样的课程。一方面进行对教师授课内容的巩固，另一方面可对教师授课内容进行进一步的补充。而且在一些体育类国家精品开放课程中拥有实验课程的视频，教师可利用这些实验视频对学生进行教学，充分利用体育类国家精品开放课程对学生进行教学实践。学生方面可通过与其他同学交流学习的过程中充分利用社交工具进行体育类国家精品开放课程的宣传及推广。通过学校、教师、学生等多方宣传与推广运用体育类国家精品开放课程，扩大其在学校、教师与学生中的影响力，以达到体育类国家精品开放课程的示范与共享作用。

2. 完善体育类国家精品资源共享课中体育专业课程的建设

体育类国家精品资源共享课缺少对"武术与民族传统体育"与"社会体育指导与管理"专业课程的建设，如"民族传统体育概论""武术史""体育社会学""体育管理学""体育市场营销""体育经济学"等专业性课程尚未建设，针对"武术与民族传统体育"与"社会体育指导与管理"专业性课程建设不足。倡导各类院校和教师加强"武术与民族传统体育"和"社会体育指导与管理"专业课程的申报工作，同时也要增加体育类国家精品资源共享课中对"公共体育"课程的建设，以鼓励非体育专业学生对体育类国家精品资源共享课公共体育课程的学习与应用。完善体育类国家精品开放课程中专业课程的建设，不仅仅是增加社会体育指导与管理专业课程，提高体育类国家精品开放课程的全面性。

3. 改善体育类国家精品开放课的视频内容，加强课程视频的后期制作

应改善体育类国家精品开放课的课程视频内容，增加课程知识点的展示，对技术动作的知识点增加动画或视频的呈现，在教学视频录像的基础上，加强对视频后期的制作。在教师讲解到课程学习的重点和难点时，及时通过资料、图片、动画或视频生动形象地呈现出来，方便学习者的理解、掌握。

4. 开发体育类国家精品开放课程平台的多元化功能

体育类国家精品开放课程的网络平台的课程评论和课程答疑系统并没有突出其反映学生学习情况以及教师对问题的解答功能。对此可充分利用网络的社交软件等，进一步开发和完善交流与评价的功能，及时让教师和学生通过课程平台及时交流和讨论学习。可以通过开发和完善相关平台功能，提升体育类国家精品开放课程的网络平台用户体验，增加用户对体育类国家精品开放课程网络平台的运用。

第四节　慕课视角下体育教师的能力发展

一、慕课背景下体育教师角色认知现状

（一）教师职业认同感低

"所谓职业认同，是指个体对所从事职业的社会价值、目标及其他因素的看法，与社会对该职业的评价及期望的一致，即个人对他人或群体的有关职业方面的看法、认识完全赞同或认可"。[①] 职业认同感直接影响体育教师对自身角色的认知，只有职业认同感高，才会从心底认同所从事的职业，才能爱岗敬业。反之，很难有工作热情。

体育教师职业认同感低主要变现为：首先，现代青年大学生追求个性、体现自我价值，慕课的出现为他们提供了获取更多知识的机会，这一方面与教师处于同一平台，甚至可能站得更高，教师强烈的自尊心未能得到满足。

（二）角色意识不明确

"所谓角色意识，是指角色主体对社会存在的能动反映，是角色扮演者对自己的地位、身份、形象、作用理解和掌握的自觉性、准确性和倾向性的总体反映"。[②] 角色意识水平高低与否直接影响体育教师角色实践，只有角色意识明确，才能扮演好角色，完成角色职责。

体育教师角色意识不明确主要体现为：首先，缺乏个性化意识。慕课使得学生凭据自身知识水平、兴趣爱好和进度方式等安排课程学习，实现了个性化学习。实际上，体育教师的教育教学模式还是墨守成规、照本宣科，有甚者教案内容多年不变，为了教学而教学，缺乏灵活性和多样性。其次，缺乏创新意识。慕课的翻转课堂将教师的授课视频压缩在十分钟左右，学生大量时间是在论坛上与他人交流，互相提出问题、探讨问题、解决问题，大大提高了每个人的创新能力，很多新课题就是在此背景下提出的。然而很多体育教师认为培养创新型人才是其他人的事，与自己无关。面对慕课的新形势，没能把握机遇研究体育教育教学的新手段、新内容、新途径。

二、慕课背景对体育教师的新要求

当传统专业体育教师角色不再适应当前社会需求时，尤其是慕课飓风骤然刮来，重新定位体育教师角色迫在眉睫，只有清楚了解在慕课背景下扮演着哪些角色，方能确定这些角色应具备的能力和素质以及角色重塑的相应途径。

---

① 李悦. 初探教师职业认同的形成 [J]. 科教导刊, 2019（35）.

② 刘珊珊. 浅析体育教师角色意识 [J]. 文体用品与科技, 2019, 13（13）.

（一）体育教师要当慕课模式的先行者

随着慕课风涌云起的态势席卷教育界，体育教师不能闭门造车、故步自封，而要与时俱进，做慕课的先行者。

然而现实情况是，慕课虽然颠覆了原来的课堂授课模式，但是中国的慕课建设目前还处于初始阶段，许多细节还在摸索探讨当中，对于大多数教师而言，对慕课并不是很熟悉。2013 年——中国的慕课元年的到来，对依然有职业追求的教师而言，是一个契机，尤其在基础教育"慕课+翻转课堂"模式的试验取得初步成功后，更是激励着教师或多或少的尝试着运用此种模式。但由于慕课是崭新的教学模式，对教师的专业素养提出了更高的要求，教师要以积极的态度接受新事物、吸收新观点，教师更多是以学习者的身份，积累经验。

首先，要学习基础理论，掌握好什么是"慕课"、包含哪些基本要素、慕课的大概历史等等，熟悉在教学过程中应该进行哪些行为才能落实新理念的慕课教学。

其次，体育教师以一个学生的身份，借助"慕课"平台，加入到国际慕课名师的视频学习中，观摩他们的课堂语言风格、逻辑思维能力，教学组织能力；学习他们是如何做到对教学内容的整体把握、对各知识点的分解以及教学目标的设计和在每一段小视频中如何突出知识点的重点、难点；对比自己与他们之间的差距，找出自己的知识缺陷，补充和更新自己的知识结构；并且能参与到对慕课课程的评价，与慕课教师交流互动，掌握如何将现有的知识整理成为学习者最需要掌握或了解的学习资源，切切实实地站在学生的角度换位思考，亲身感受学生的学习需求和学习状态，并且对课程提出意见与反馈。加入他们的课堂，熟悉慕课在教学中的应用，明确自己开设慕课课程，将慕课的理念实践到课堂教学中去应该注意哪些问题，避免慕课教学的一些失误。

最后，作为慕课的先行者，开发一门慕课课程，难免会遇到各种各样的问题，如果实在不能自行解决，可以通过慕课平台，请教慕课教师或者专业的技术人员等，毕竟他们尝试的早，有丰富的经验，通过与他们在论坛上交流互动，从中获得宝贵的专业知识与经验，为自身的专业发展提供实质性的帮助。

（二）体育教师的教学性角色

"教学性角色是在线教师围绕增进学生理解核心概念、原理与技能而展开的教学过程"。[①] 教学性角色的重要性被日益关注，许多学者认为该角色在教学方面有着广泛的职责，有助于了解课程内容以及受教育者的批判性思维和技能的发展。

1. 课程设计者

从传统课堂转向慕课在线课程，课程设计者找个角色对于体育教师来说显得尤为重要。课程设计者的主要任务包括利用网络课程系统功能创建一个活跃的、舒适的在线学习环境；设计详细而又全面的具有指导性和方向性的教学大纲；提供论坛的商议题目和分组计划；选择恰当的课程框架以及在线互动的工具。教学大纲影响教与学的效果，主要包括教育目的、总体方向、工作日志、学习材料、参考资料、相关链接、以及对作业、考试、

---

① 蒋倩倩，程岭. 西方探究性教学中的教师角色 [J]. 教学与管理（理论版），2019（3）.

论文等交付的详细说明和截止日期。教与学的效果是否有效，取决于教学大纲编设的详细程度。体育教师扮演课程设计者时，要充分考虑课程实效性和学生特点。

2. 信息反馈者

体育并不是何时都能产生立竿见影的效果，而是通过长时间的学习，由量变发展到质变的结果。慕课背景下，体育师既提供即时且高质量信息反馈，也提供可持续性教学反馈。比起传统体育课中师生之间反馈联系，从"一对多"变成"一对一"，而且时间更短。信息反馈者角色实现了教师与学生的实时互动，并且通过多样性的信息反馈掌握学生的学习进程。

3. 学习促进者

罗杰斯对教师提出了新的要求："教师并非仅仅关注教学，主要目标要培养学生自主学习意识"。[①] 大数据时代，学生通过搜索引擎和数据库即可获得大量的学习资源，使教师的角色从知识权威转向一名指导学生学习的促进者。在慕课课堂上，教师指导学生运用信息技术工具实现学习目标，营建友好的慕课环境，组织学术活动，分享课堂经验，倡导自主学习。作为一名促进者，体育教师应改变"教为中心"这个观念，为学生提供各方面学习指导，协助他们参加各种与课程相关的社会实践，实时给予鼓励和支持，培养积极主动学习的良好习惯。

（三）体育教师要做开发团队的合作者

慕课模式是在课前教师制作讲授知识的微视频，上传到网上，学生先观看视频然后完成进阶作业，课堂上更多的是讨论交流、解决疑难，是以云计算、大数据、人机交互的现代化元素为基础的，这就对教师现代信息技术的处理能力和网络互动平台的开发能力有了进一步的要求。如果每个体育教师分头行动，很可能由于能力的缺乏而无法完成慕课课程的开发，或者即使开发出来而采取自制自用的方式，这样也会造成教育资源的浪费。由于慕课是通过网络等信息手段直接面对学习者的，而其开发过程是一个庞大的工程，慕课课程是合作的结晶，教师只是其中一员，教师只有与技术员、传媒顾问、视觉专家等一起合作，发挥各自优势，集思广益，才能制作出一期不仅赏心悦目而且知识易懂的慕课课程。

既然是合作，就是建立在平等、自愿的基础上，当不同的观点发生碰撞时，需要尊重他人，这就要求教师扮演好合作者的角色，树立与人合作的观念，提升自己团队合作能力，营造和谐的人际关系，使得教学工作有效地开展。教师在慕课开发过程中的主要职责是规划教学微视频的制作时对教学内容、教学过程的把控，遵循教育发展的规律，了解学习者对学习内容的需求，清楚在一节慕课中，短短的 10 分钟左右的时间，如何讲解知识点，如何理清课程知识点之间的联系，把握学科知识结构，设计出易于学生看懂的最优、最有效的视频方案，这个过程离不开每一位教师的付出，是教师依据自己的贵的教学经验提出意见与建议，最终得到整合的结果，只有这样才能确保制作的微视频真正的用在实处，服务于教学。而技术人员需要为搭建慕课平台提供技术支持，后台的运作、特定的软件分析系统的开发、考试评价机制的设计等等，如果教师与技术人员没有很好的合作，也很难制作出优质适用的课程材料。所以在慕课课程开发中，需要教师扮演一个有比较强的

---

① 周琴. 罗杰斯的学习理论述评 [J]. 淮南职业技术学院学报，2017，17（1）.

团队合作能力的合作者的角色，大家众志成城、齐心协力、各司其职。

（四）体育教师管理性角色

"管理性角色是指与学习环境相关，包括组织、过程与管理性职责"。① 这些职责主要包含协调分配，管理在线论坛，制定网络会议议程，监督学习效果等。

1. 论坛组织者

在传统体育的课堂上，可供师生之间讨论的时间非常有限，而慕课学习过程中，各种基于课程内容的讨论成了学习的主要形式。论坛是学生参与讨论的主要空间，在此发表话题，或者就已有的话题展开讨论。作为论坛组织者，体育教师的任务是设定讨论主题，归纳和筛选学生在讨论中形成的各种意见，形成新的课程内容。论坛讨论主题应把书本知识和现实问题关联起来，使体育课堂更具有吸引力。

2. 课程管理者

慕课学习过程中离不开管理，课程组织管理能力是体育教师必备条件之一。教师提供慕课课程，还须妥善管理教学资源及工具；虚心接受学生的反馈和建议，提高课程质量；掌控教学进度，优秀的时间管理和组织能力可大大促进学生的学习效果；监督论坛学习氛围，管理在线学术活动；对学员考试、作业、学习心得等做出客观评价；建立平等关系，了解学员报名动机，使其正确认识思想政治理论课作用。

（五）体育教师的技术性

"技术问题成为学员在线学习遇到的绊脚石之一"。② 在线教师的技术性角色的最终目的就是提供系统与软件支持，帮助受教育者解决困难，使他们可以在课程学习上投入更多的精力。

1. 技术协调员

体育慕课中的教与学都是基于网络环境，对参与者的计算机应用能力和信息素养提出了较高的要求。虽然慕课的参与人数众多，但是在大数据时代，慕课对大量数据进行采集和分析，学生参与的每一次论坛讨论、提交的每一次作业、回答的每一道问题、什么时间注册，什么时间上线学习、什么时间结业等，都可以通过技术手段及时地呈现给教师。体育教师首先须掌握相应技术，为实现慕课个性学习提供可靠支撑。慕课平台上，学生的水平参差不齐，面对计算机初学者，体育教师须提供技术支持，帮助其完成整个学习过程。

2. 媒体设计师

"过来人 TopU"创始人张有明指出："以创作角度看来，慕课与电影的创作手法相似，比起一般电大课程是质的飞跃。目的只有一个，即利用电影、电视之表现方式，完美地呈现一门课程"。③ 慕课技术呈现了短视频、音频、图片、Flash 等多种形式，这些形式弥补了传统体育教学方式枯燥的局限。体育教师根据自身教学习惯，选择各种多媒体元素植入课程教学中，还可以尝试视频剪辑，开发高效的反馈和评估工具，制作出别具一格的

---

① 胡勇. 网络教学中的教师角色实证研究 [J]. 开放教育研究, 2009 (2).

② 同上。

③ 熊竹青. 过来人（北京）教育科技有限公司联合创始人张有明：MOOC 让教育回归善的本质 [J]. 中国远程教育, 2014 (16).

慕课课程。

第五节　慕课在24式太极拳教学中的应用研究

本书以"左右揽雀尾"为个案对慕课在二十四式太极拳教学中的应用进行了研究。

一、"揽雀尾"慕课教学设计

（一）"揽雀尾"教学设计前期分析

首先，分析学习者特征在设计慕课教学视频时，是对武术和民族传统体育专业的学生为参考的，一般来说，他们的学习特征主要体现在以下两个方面：武术与民族传统体育专业的学生掌握了较好的武术技能；武术与民族传统体育专业的学生对武术具有浓厚的兴趣。因此，在设计慕课程时，主要采用的是碎片化的学习方式，因此，设计慕课课程时，要确保学习的有效性。第二，明确教学目标。再次，培养学生的认知目标、技能目标和情感目标，通过太极拳学习培养学生的求知欲，增强自主学习的主动性和积极性。最后，对教学内容进行分析。二十四式太极拳套路中，"揽雀尾"是非常重要的技术动作，设计慕课课程时要重点分析和解析技术动作、对于容易出现错误的动作应做好示范和讲解、明确具体的练习方式、讲解动作在攻受方面的概念等，通过对教学内容设计提高学生学习效果。

（二）"揽雀尾"慕课课程设计与分析

"揽雀尾"技术动作是24式太极拳里面非常典型的一组动作。揽雀尾慕课课程设计要保证课程设计的科学性、专业性与创新性。"揽雀尾"在设计慕课课程时要确保其合理性，要将高等院校武术和民族传统体育专业的教学特征体现出来，此外，还要考虑专业的交流性，并进行专家在线解答和学生提问，形成较为完整的慕课教学内容结构，"揽雀尾"慕课结构设计流程图如下图4-1所示。

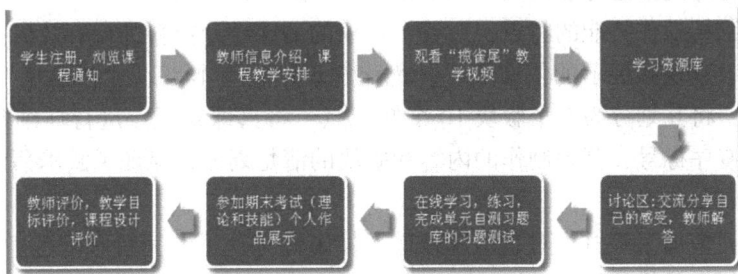

图4-1　"揽雀尾"慕课结构设计流程

本书将"揽雀尾"慕课的结构设计可以将教学内容划分为5个版块10个知识点，并始终坚持以学生为核心、以人为本的教学理念。"揽雀尾"慕课设计结构体现太极拳教学思想，教学理论。"揽雀尾"慕课制作内容的总体架构设计，应包括片头、核心内容和片尾三部分。在设计太极拳慕课片头时，课程的展现时间一般是几十秒，所以需要提前告知学习者有关慕课设计的基本内容和基本信息，例如，对慕课主题、设计人员、版权和联系信息等的预告；设计的核心教学内容主要包括模块知识点的划分，动作的讲解、示范以及各教学环节的展现等；在片尾，要将设计者的姓名，制作时间和版权所属等内容呈现出来。在进行"揽雀尾"慕课的设计时，具体的"揽雀尾"慕课课程设计分析见下图4-2所示。

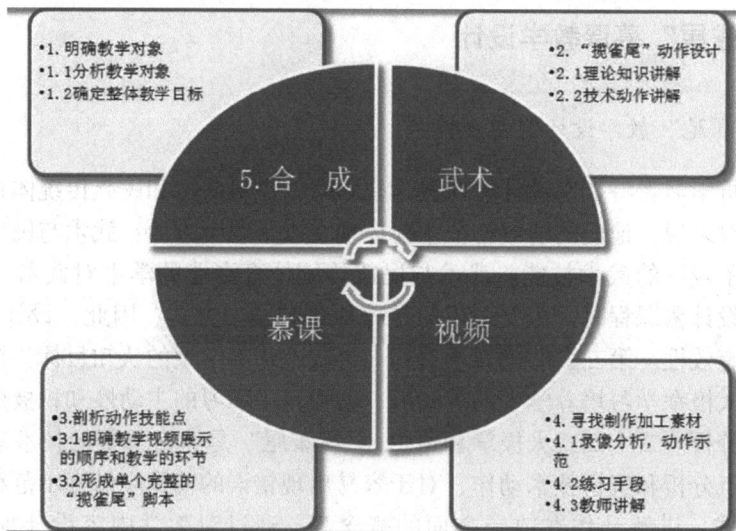

图4-2　"揽雀尾"慕课课程的设计分析

下面就"揽雀尾"慕课课程设计局部框架结构图进行分析：

首先，将慕课的设计风格和确定下来，慕课的开始部分背景要明亮，具有较好的视觉刺激效果，同时明确慕课的整体设计基调，这是慕课设计的最基本部分，同时要明确教学对象，对教学对象的情况要了解，以便确定整体教学目标。

第二步，"揽雀尾"动作设计，搜集设计慕课时所需的各种素材，对揽雀尾教学动作的素材选取，继而达到设计慕课时所需的教学目的，根据掌握的资源筛选出对慕课设计有价值的素材，更好的搭建专业的理论知识框架，形成知识体系。

第三步，剖析动作技能的特点，对符合要求的慕课设计资料进行有效概括和提取及分类整理，明确教学视频展示的依次顺序，优化知识结构。本书以"揽雀尾"慕课课程设计为个案研究，将其划分为5个版块10个知识点，将慕课知识点进行详细归类划分，并对知识点进行有序标号，慕课制作的内容和版块的清楚划分，保证了武术慕课内容之间的有效衔接。

第四步，搜集加工素材，对录制视频进行加工处理，不断完善和规范教学示范动作，并加入字幕，技术动作要领要讲解清晰。

最后一步，完成了慕课基本架构的流程设计后，最后的设计可以通过背景音乐等进行辅助设计，因部分慕课一般都是通过文字讲解实现的，所以，需要配备相应的背景音乐，以及编辑好的文字解析字幕和配音等。本书慕课课程架构图，只是为设计人员和研究人员提供一定的借鉴方式和借鉴和参考，在设计慕课时，依然要坚持遵循科学性、实用性、直观性、创新性、艺术性相统一的原则。

二、教学准备工作

教学准备的内容，主要包括教学过程中所需的各种教学工具，如教学参考资料、单元自测题，在教学中教学用具的精心准备等，会对课堂教学产生巨大的作用，主要是模型、道具、使用器材等。慕课课程简单地说来就是将一节课的精华部分全部压缩，最后展现在学生面前。因此，教学前的准备工作一定要好充足的准备。

（一）慕课课程素材采集

慕课课程的照采集方法，它的硬件要求主要包括高清摄像机一部、灯光等设备，使用索尼（SONY）FDR-AX40 高清数码摄像机//DV 摄像机进行拍照和视频录制，在拍照的过程中，根据不同的拍摄角度、光的强弱及拍摄背景等及时地调整摄像机的位置。在拍照之前对二十四式太极拳第七、八两式动作进行强化练习，并请太极拳专业国家队的同学修正指导，在拍摄的前向专业拍摄制作教学视频的专家请教你，拍照角度的选择，距离的选择，位置的选择，保证拍摄视频的质量。值得注意的是，由于教师要完成视频拍摄，因此被拍摄者要服装得体，仪表端庄，教态自然，谈吐得当，值得注意的是在拍摄视频中服装和拍摄背景的选择要有视觉上的差异，更有利于学生的学习。

（二）慕课后期编辑处理

后期在处理慕课视频时，片头显示的信息一般是标题、使用对象、作者、学科和教材等，片尾主要显示的是人员、制作方、日期、鸣谢和版权等。但是这里是作为武术慕课的一个模板，根据研究的实际情况，将片头显示信息设计为标题、论文题目、作者、指导教师、专业、学院等，片尾信息主要设计为动作易犯错误解析和课后作业两个部分。一般来说，在视频中，提示性画面是为了提升学习的关注力，在使用慕课时，可能会受到来自外界环境的干扰，影响注意力。所以在进行编辑处理时，要加入提示性的语言或者图片，重要的内容要区别于别的内容，这样可以有效提高学生的注意力，提升学生对学习内容的关注度，进而提升学生的学习效率。

（三）完善的评价体系确保慕课的实用价值

设计和运用了慕课之后，还需要依据慕课课程进行视频教学的设计和评价，通过评价体系的设计，可以有效检测"揽雀尾"慕课的使用成效，确保慕课课程的科学性、实用性和客观性。本书慕课的评价指标主要是对慕课的教学目的和整体设计的评价，从教学目的的评价上来看，通过对单元知识水平检测，教师可以更加了解学生的学习情况，并将其与问题中出现的错误结合起来，综合评价和分析慕课知识点的设计情况；从慕课的设计评价上来看：通过慕课画面的艺术效果，知识点设计等方面评价，可以清楚地掌握学生在慕课课程学习过程中的具体表现及慕课课程设计方面存在的不足等，继而对下一步调整工作提供参考。

CHAPTER5

第五章　　体育微课教学研究

近年来微课教学模式在我国教育界发展迅速，但在高校体育课堂教学中，微课教学模式却没有得到广泛的运用。本章首先针对微课的相关知识作概括性论述，然后分析微课在高校体育教学中应用的可行性、应用价值、课程设计、应用策略等方面进行分析与论证，旨在为推动高校体育课堂微课教学模式发展，为高校体育课堂教学质量的提升提供理论依据。

第一节　　微课的基本概念

一、微课的定义

2013 年以来，微课的概念和实践迅速升温，教育技术学界的众多专家学者对微课给出了各种定义。

黎加厚教授在文章《微课的含义与发展》里给出了"微课"的简明的定义："微课"是指时间在 10 分钟以内，有明确的教学目标，内容短小，集中说明一个问题的小课程。[①]

郑小军在新浪博文《我对微课的界定》里给出了这样的定义：微课是为支持翻转学习、混合学习、移动学习、碎片化学习等多种新型学习方式，以短小精悍的微型流媒体教学视频为主要载体，针对某个学科知识点或教学环节而精心设计开发的一种情景化、趣味性、可视化的数字化学习资源包。[②]

张一春教授在文章《微课建设研究与思考》中认为：微课是指为使学习者自主学习获得最佳效果，经过精心的信息化教学设计，以流媒体形式展示的围绕某个知识点或教学环节开展的简短、完整的教学活动。[③]

通过这些定义，我们对微课有了一个相对直观而又概况的理解。微不仅在于时间上短

---

① 黎加厚. 微课的含义与发展 [J]. 中小学信息技术教育，2013（4）.

② http: //blog. sina. com. cn/s/blog_ 4711a0210102e6ge. html

③ 张一春. 微课建设研究与思考 [J]. 中国教育网络，2013（10）.

暂，更在于其内容上的微观和简明；而课程，不仅是面向学生学习为宗旨的最好诠释，更是脱离创造者而独立存在的统一体。明确了这点，我们对于微课便有了比较准确的定位。总结各位专家的意见，本书赋予微课这样的定义：微课是指针对微小内容，在短时间内讲解，有明确的教学目标，以流媒体的形式面向学生学习的独立小课程。

二、微课的特点

（一）教学时间较短

教学视频是微课的核心组成内容。微课的时长一般为 5~8 分钟，最长不宜超过 10 分钟。因此，相对于传统的 40 或 45 分钟一节课的教学课例来说，微课可以称之为"课例片段"或"微课例"。

（二）教学内容较少

相对于较宽泛的传统课堂，微课的问题集中，主题突出，更适合教师的需要。微课主要是为了突出课堂教学中某个学科知识点（如教学中重点、难点、疑点内容）的教学，或是反映课堂中某个教学环节、教学主题的教与学活动，相对于传统一节课要完成的复杂众多的教学内容，微课的内容更加精简，因此又可以称之为"微课堂"。

（三）资源容量较小

从大小上来说，微课视频及配套辅助资源的总容量一般在几十兆，视频格式必须是支持网络在线播放的流媒体格式（如 rm、wmv、flv 等），师生可以流畅地在线观摩课例，查看教案、课件等辅助资源；也可灵活方便地将其下载保存到终端设备（如笔记本电脑、手机、MP4 等）上实现移动学习，非常适合于教师的观摩、评课、反思和研究。

（四）资源组成"情境化"

微课选取的教学内容一般要求主题突出、指向明确、相对完整。它以教学视频片段为主线"统整"教学设计（包括教案或学案）、课堂教学时使用到的多媒体素材和课件、教师课后的教学反思、学生的反馈意见及学科专家的文字点评等相关教学资源，构成了一个主题鲜明、类型多样、结构紧凑的"主题单元资源包"，营造了一个真实的"微教学资源环境"。这使微课资源具有视频教学案例的特征。广大教师和学生在这种真实的、具体的、典型案例化的教与学情境中可易于实现"隐性知识""默会知识"等高阶思维能力的学习并实现教学观念、技能、风格的模仿、迁移和提升，从而迅速提升教师的课堂教学水平，促进教师的专业成长，提高学生学业水平。就学校教育而言，微课不仅成为教师和学生的重要教育资源，而且也构成了学校教育教学模式改革的基础。

（五）主题突出，内容具体

一个课程就一个主题，或者说一个课程一个事；研究的问题来源于教育教学具体实践中的具体问题：或是生活思考，或是教学反思，或是难点突破，或是重点强调，或是学习策略、教学方法、教育教学观点等具体的、真实的、自己或与同行可以解决的问题。

（六）草根研究，趣味创作

正因为课程内容的微小，所以人人都可以成为课程的研发者；正因为课程的使用对象是教师和学生，课程研发的目的是将教学内容、教学目标、教学手段紧密地联系起来，所以研发内容一定是教师自己熟悉的、感兴趣的、有能力解决的问题。

（七）成果简化，多样传播

因为内容具体，主题突出，所以，研究内容容易表达，研究成果容易转化；因为课程容量微小，用时短，所以传播形式多样（如网上视频、手机传播、微博讨论）。

（八）反馈及时，针对性强

由于在较短的时间内集中开展"无生上课"活动，参加者能及时听到他人对自己教学行为的评价，获得反馈信息。较之常态的听课、评课活动，"现炒现卖"具有即时性。由于是课前的组内"预演"，人人参与，互相学习，互相帮助，共同提高，这在一定程度上减轻了教师的心理压力，不会担心教学的失败，不会顾虑评价会得罪人，较之常态的评课就会更加客观。

四、微课的价值

（一）微课促进着学校教育教学模式改革

就学校教育而言，微课不仅成为教师和学生的重要教育资源，而且也构成了学校教育教学模式改革的基础。它对学生的学习、教师的教学实践以及教师的专业发展，都具有重要的现实意义。不仅如此，微课的发展也必定引发新一轮的基础教育数字化教学改革。

最近一二十年，越来越多的中小学开始尝试在线教育，学生在课外以及寒暑假借助网络开展学习已经成为一种普遍现象。而在在线学习实践中，以"短小精悍"为特色的在线视频——微课，便成为极为重要的学习资源。[①] 同时，对于教师的课堂教学实践来说，常常需要一些短小精悍的教学视频用于课堂教学过程中的讲解和演示。而以往的在线视频往往冗长，经常需要加工之后才能为教师所用。这不仅增加了教师的使用难度，而且浪费了教师的宝贵时间。微课视频因其本身就是围绕某一个知识点，或者一个案例来展开的，因此，它为教师的课堂教学应用天然地创造了便捷条件。

（二）微课影响着教师的专业发展

一般认为，教师的学习更重要的是向同行学习，在实践中学习，在反思中学习，在与同行的交流中学习。在教师实践社群中，通过与来自全国乃至世界各地的教师交流切磋，分享彼此的经验，把隐性知识转化为教师自己的显性知识，并运用于自己的教学实践与专业发展过程之中。教师制作的微课，其中包含了教师的教学思想和教学设计，是教师教学经验和教学智慧的结晶。在教师实践社群中，教师之间通过微课分享的不仅是彼此的教学

① 马亮亮. 微课教学浅见 [J]. 魅力中国, 2019 (6).

资源，同时也是各自的教学智慧。这对于教师的专业发展而言也是极为宝贵的财富。

（三）微课改变着校外教育的形式

随着微课的兴起，不少在线教育企业也开始尝试微课的商业应用，尤其是在中小学生在线课外辅导、面向特定人群的在线继续教育以及面向公众的技能分享等方面。

针对学生在线课外辅导的企业，有很多是以线下一对一辅导为背景和基础的，也有一些企业从一开始就从事在线辅导。面向特定人群的在线基础教育往往有着刚性需求，或涉及自学考试、职称考试、岗位培训等，这些在线课程多以技能训练为主。而面向公众的技能分享，因更多地涉及日常生活技能，因此课程资源更方便以微型视频的形式表现。这些在线教育企业，试图通过线上、线下的结合，或单纯借助在线的模式，把相关的知识与技能以微型教学视频的形式呈现出来，营造一个在线的知识、技能分享与学习的环境，开展形式多样的在线教学活动。

第二节　基于微课的高校体育教学的优势与功能

一、基于微课的高校体育教学的优势

（一）支持多种移动设备

微课内容短小精悍，资源容量小，能通过独特的视频形式呈现课堂学习内容，且容易存储和传播，既支持多种移动设备上的在线播放，还可以下载储存至移动设备，随时进行移动学习。如今大学生普遍拥有智能手机，通过在线播放或者下载储存，就可以在体育课堂内外自由进行碎片化学习。

（二）便于体育教学重难点的掌握

微课的学习内容精简，重难点突出，学习者可以在短时间内了解所学内容的重难点，有利于学生对练习内容要领的掌握。把教学内容划分成零碎知识点，做成通俗易懂、重点突出的微课视频，有利于学生对所学内容的重难点的把握，尤其是对于很多技巧性强、重难点多、掌握难度大的内容。学生通过选择符合个人基础和实际情况的微课视频课件进行学习，能有效弥补体育课堂教学"一刀切"模式所带来的弊端。此外，教师将学习内容的重难点制作成微课提供学生观看学习，可以有效解决体育课堂教学过程中教师示范讲解"一遍过"的问题，能够对所学内容的重难点进行反复观看，方便学生在课外根据自身实际情况选择性自学，同时能有效减轻体育教师重复示范讲解的工作量。

（三）有利于提高学生的自主学习能力

微课学习具有极大的自由性，且内容精短，重点突出，具有强烈的吸引力，加上不受学习时间和学习地点的限制，学生普遍愿意去接受这种学习方式。在一周两个课时之外，

学生可以根据自己的实际情况和具体需求随时随地进行自主学习。由此可知，微课是一种非常适用于高校体育课程的教学方式和教学资源，适合在广泛开展。

二、微课在体育教学中的功能

（一）可以更好地满足学生的学习兴趣

为了更好地提高学生的综合素质水平，学校体育教学应针对不同年级的学生制定出不同的教学大纲，教学大纲的制定标准应考虑到教学内容的综合性和平衡性。例如，男生更偏爱篮球、足球之类的大球类运动，而女生则偏爱健美操、体育舞蹈之类的健身健美类运动，而对于田径类运动项目，学生的兴趣都不高，但是在制订教学大纲的时候，仍然需要考虑到教学的综合性开展田径类运动项目教学，不能只开设一些学生感兴趣的运动项目。在这种情况下所制定的教学大纲，会让学生感觉自己的愿望没有得到满足，从而影响了他们参加体育运动的兴趣。笔者认为在体育教学大纲的制定上，必须要突出学生的主体性地位，做到"以人为本"，应该尽可能地去满足学生的要求，促进学生的学习积极性。

运用微课教学模式进行教学，体育教师能够针对学生感兴趣的教学内容，制作相应的微课视频，这样便能够在不影响教学大纲的情况下，满足不同学生的不同要求。微课学习不但能够有效提高学生学习的自主性，满足学生的学习兴趣，而且还能够帮助学生将其兴趣转化为特长。

（二）更好地了解学生，做到因材施教

在依照教学大纲进行体育教学时，教学进度既需要跟上每个班的平均水平，又必须兼顾到运动能力较差的学生，让这些运动能力较差的学生也可以跟上教学大纲的进度。这样便会挫伤素质能力较好、接受能力较强学生的积极性，他们或者已经掌握了教师所安排的教学内容，但是为了照顾基础较差的学生，他们还得继续练习那些基础技术。有了微课教学模式之后，体育教师就能够有效地运用微课来满足不同基础学生的需求。教师利用已经录制好的微课视频，让已经掌握了基本知识技能的学生自主地学习进阶的知识技能。例如，在网球技术教学当中，针对基础较差的学生，教师可让学生观看基本技术的教学视频，而对于基础较好的学生可让他们观看进阶技术视频，教师则可分别对不同水平的学生进行针对性的指导，这样就能够有效地避免时间上的浪费，提高教学质量。

（三）可以改变传统的教学模式，给学生新鲜感

虽然当前体育教学改革已经大刀阔斧地开展起来，但是因为传统教学模式根深蒂固的影响，现在许多学校的体育教学仍然使用传统的教学模式，形式僵化，难以激发学生的学习热情。将微课教学模式运用到体育教学当中，便会给学生带来一种全新的感受。在传统的教学模式之下，学生在体育课正式开始之前，即使提前到了体育教学场地，也只是聚在一起闲聊。有了微课，教师便可以充分利用这段学生闲聊的时间为学生播放一些具有表演性质的微课视频，将本节课当中的精彩环节展示给学生，以激发学生的学习兴趣。例如，在武术课程教学当中，在武术课正式开展之前，可截取一些有关武术的电影片断进行播放。教学实践充分证明，这样能够较好地激发学生对学习武术的兴趣。这样做还能够让一

些平时经常迟到的学生因为想看课前视频而提前去体育课的教学场地。

(四)有助于学生的预习以及复习

一个称职的体育教师,都应该了解自己班上学生的基本状况。为了减少课堂上语言讲解的时间,让学生能够有更多时间进行实践练习,教师可以将课堂教学中的重点与难点录制成微课视频,特别要求基础较差的学生提前观看视频进行预习。

根据教学大纲的要求,每个学期都有一定的教学目标,每节课都有教学重点,就容易出现学习了新知识而忘记旧知识的现象。假如教师将每节体育课的教学重点都整理好,做成一个微课视频,在学期末期,学生便可以通过观看这一视频进行复习,也有助于学生知识点的整理。由于在整个学期不同知识点的教学当中都有微课视频,因而在学期末,学生就能够根据自己的需求来有针对性地观看相应的视频,做到查漏补缺。实践也充分证明,这种教学方法对提高学生的复习效果具有积极意义。

(五)可以降低教学难度,便于学生理解

在传统的教学模式中,对于技术动作的教学,教师通常是采用示范讲解法,但是有些体育动作教师示范起来很难放慢速度进行分解展示。通过微课教学模式,便能够轻松地进行慢动作以及分解动作的播放,这对于学生技术动作细节的掌握具有重要作用。同时,教师还可以将一些常见的错误技术动作、一些危险技术动作通过视频展示出来,让学生能够避免这些常见错误,既可以提高学生的学习效率,也能够减少运动损伤的产生,提高学生学习的安全性。例如,我校就有许多年龄稍大的体育教师,他们身体的灵活性以及协调性相对减弱,动作示范显得吃力且没有那么标准,但是通过微课视频,就可以解决这一难题。同时,由于他们经验丰富,更能够提升教学效果。

(六)有助于师生之间的交流学习

子曰:"三人行,必有我师焉。"因此,身为一名体育教师,也需要有谦逊的心态,要积极好学。教师之间应该多进行交流学习以不断促进自身教学水平的提高。过去,教师之间的交流多是通过一些学术交流活动,或者教研室活动进行,教师之间交流学习的机会较少。传统的教学课例录制起来也较麻烦,录制时间长、录制成本高,也不利于传播。现在,微课教学模式为教师之间的交流学习提供了便利,通过微课,教师随时随地都能进行教学经验以及教学成果的交流。调查发现,当前许多体育教师都会利用手机来录制一些微视频,并且通过微信群、QQ 群等随时与学生进行交流,有助于师生关系的融洽。[①]

三、微课在高校体育教学中的应用策略

(一)精心解读文本,科学整合教学内容

高校体育教学内容涉及理论、德育、心理健康、职业素养、田径、体操、球类、棋牌等众多内容,教学任务重、课时紧,但并不是所有学习内容都适合微课教学。因此,教师

---

① 王英英.微课在体育教学中的应用研究 [J].当代体育科技,2019,9 (18).

要认真、全面研读教材，把教材真正读透，在此基础上对教材进行合理整合，将教材内容转化为一个个有机联系的项目。

以足球基本技术教学为例，教学内容可以整合为基本特点、基本技术、基本战术、基本规则四个项目。而每个项目模块包含三个层次：基础内容、提高内容、拓展内容。基础篇：运球（脚内侧、正脚背、外脚背）；运球过人；踢球（脚内侧、正脚背）；脚内侧接球；掷界外球；守门员接球。提高篇：无球技术；大腿接球和胸部接球；头顶球；抢球技术的综合运用；守门员发球。拓展应用篇：组织以阳光健身、快乐足球为主题的班级五人制足球对抗赛。显然，这种知识的整合为微课的制作厘清了方向，确保了微课制作的质量和使用。而学生在学习中也可以根据自身学习情况进行选择，从而满足了差异性教学需求。

（二）准确把握微课设计要点，确保微课质量

1. 凸显课程属性

对许多体育教师来说，微课是一个全新的领域。许多体育教师在制作微课时往往机械照搬其他课程模式，缺乏体育课程特质，从而影响微课教育教学质量。因此，体育教师在制作微课时要遵循"健康第一"的指导思想，把传授知识、技能与促进学生养成终身体育意识和习惯、形成健康人格相结合起来，凸显体育课程属性，提升学生未来的生活、生命品质。

2. 简短有趣

微课时长标准不一，但对于体育学科来说能短则短，尽量不要超过5分钟，这样才不会让学生觉得视频冗长，给学生课余时间造成压力。学习兴趣是触发学习动机的主因，所以体育教师在制作微课时还要注意设计的趣味性，吸引学生点击并反复观看学习。

3. 创新性

学生往往思想活跃，喜欢接触、学习新颖时尚的事物。因此，体育教师在制作微课时，一方面要注意内容素材的时代性、生活性，贴近学生并时时更新，切忌一个微课用几年；一方面画面、呈现形式等力求创新，如采用故事形式讲述动作分解。

4. 系统性

体育课程教学内容多且繁杂，制作的微课容易碎片化，不利于学生知识网络构建和知识内化。因此，体育教师在制作微课时要注意教材主线的勾勒，按照一定的内在联系进行排列和组合，形成某一类知识点的微课"单元"。

5. 实用性

体育课程以技能教学内容为主，因此课程教学微课要实用易学、通俗易懂，同时能抓住技能的核心要素，重点突出，学生容易做到自我检测。

（三）团队紧密协作，推进微课制作

微课不等同于简单的微视频，本质上是一种浓缩的微课堂教学。麻雀虽小，五脏俱全，再加上体育课程知识点多，可供借鉴的资源、经验少。为此，学校体育教研组全体教师要分工协作、群策群力，充分利用手机、摄像机等摄制工具，针对基础、提高、拓展中的知识点制作微课视频。为确保规范和质量，在制作之前，教研组应采用集体备课方式，对每个知识点进行精细剖析和解构，明晰微课制作教学思想、课程设计思路和教学特色，确保内容的制作符合学生心理发展的特点。视频格式以 MP4 为主，确保图像稳定、构图合理、镜头运用恰当、录制声音清晰。

（四）充分整合信息资源，做好网络平台建设

微课是信息技术的产物，主要供学生课后自主学习之用，因此其信息网络平台建设至关重要。具体可从以下几方面入手：一是充分利用物质条件优势，积极建设班级学生微信群、QQ 群、微信公众平台、班级博客；二是充分利用学校信息化建设成果，如覆盖校园的无线网络信号，功能强大的网络教学平台；三是积极实施基于信息技术的教学改革。这些网络信息平台为体育微课学习奠定了良好的基础，学生在课余时间或者琐碎时间利用手机或电脑进行自主学习，而教师则通过参与学生学习讨论等途径了解、指导学生新知识的学习。

（五）精准定位，实践应用

微课不仅能供学生课前学习，实现翻转课堂教学，也能用于课堂教学中的导入环节、知识理解环节、活动体验环节及课堂小结环节。例如，在教学"人的生长与体育锻炼"理论知识内容时，在导入环节制作、播放《体育之魂》的微课。微课以学校机械专业一个坚持体育锻炼、创业成功的学生为主线，介绍体育锻炼的重要性。在学生看完微课后，教师及时提出问题："这名同学成功的原因是什么？我们应该学习他的什么精神？"导入环节的微课为学生创设了形象、直观的教学情境，使学生深深感悟到体育锻炼的重要性。

第三节　高校篮球微课教学的设计与应用

一、篮球教学概述

（一）篮球教学的概念

篮球教学是实现体育教育目的的基本途径之一。它是在明确教育目的的情况下，教师的教与学生的学共同组成的一种教育活动；是学生在教师指导下，掌握篮球运动知识、运动技术和技能，增强体质、培养品德、促进身心全面发展的教育过程。篮球教学是整个体育教学活动系统的一个组成部分。

1. 篮球教学是实现教育目的的基本途径之一

我国教育的目的在于培养德、智、体全面发展的、具有独立个性的社会主义现代化的建设者。教学活动是一种有确定的方向性和目的性的活动，通过教学，使学生在教师的有计划、有步骤的积极引导下，主动地掌握系统的科学文化知识、技术和技能，发展体力和智力，培养高尚的品德，陶冶情操，形成全面发展的个性，使之成为四化建设的有用人才。

在篮球教学中，必须把德育放在工作的首位，以育人为中心，加强对学生的思想品德教育。教师要为人师表，用高度的事业心和责任感去关心、爱护学生，充分利用篮球教学的集体性和多向性的特点，在师生的交往中建立融洽的师生关系，创造良好的育人环境，把思想政治教育、品德教育专业思想教育贯穿于教学过程之中。

篮球教学应强调学生身心的全面发展和能力的培养，教学过程既是认识过程，也是促进学生身心发展的过程。教学中要注意启发性教学，善于启发诱导学生进行积极思维，从学生的生理和心理的实际出发，注意生理机能和心理活动变化的规律、运动知识的学习和动作技能形成的规律。运用教学中反馈与控制的原理，着眼于发展学生的个性，把知、情、意融为一体的教育性教学和看、听学、练、想、做相结合的智力开发的启发性教学，贯穿于篮球教学过程之中，注意创设教学情境和安排创造性的作业，培养他们创造才能，实现篮球教学的根本任务。

2. 篮球教学是教与学共同组成的教育活动

教学是由教与学两个方面组成的，离开了教师的教和学生的学，就不存在教学活动。学既包括学生在教师的直接教授下的学习，也包括学生为配合教师上课而进行的预习、复习与独立作业等自学的活动。在篮球教学中，必须充分调动教与学的两个积极性，发挥教师的主导作用和学生主体的学习积极性。[①]

发挥教师的主导作用是学生简捷有效地学习知识、技能、发展身心的必要条件。教学的质量主要是通过教师的教学效果决定的。在篮球教学中，衡量教师主导作用发挥的主要标志是从学生的主动性和学习的效果上体现的，因而，要提倡尊师爱生，教学相长，充分发挥教师的主导作用。学生是教学的对象，即学习的客体。与此同时，他们又是学习的主体，应当具有主观能动性。发挥学生的主体作用，就是要把教师的主导作用（对学生来说是外因），通过调动学生的主动性、积极性（即内因），才能起作用。学生的学习主动性、积极性发挥得怎样，直接影响并最终决定他个人的学习效果和身心发展水平，因此，要求学生要发挥主观能动性，自动地学、主动地学习和锻炼在篮球教学系统中的教师要素、学生要素是相互依存、互相制约的。那种在教学中以教师为主宰或片面强调学生的主体地位，把教师的主导作用与学生的主体作用对立起来，都将导致削弱或破坏只有师生双方积极合作才能具有教学整体功能的作用，它将不利于正确处理师生关系和教学质量的提高。

3. 篮球教学是体育教学活动系统的一个组成部分

所谓系统就是相互作用着的若干要素的复合体，体育教学是一个具有多层次结构的系统。篮球教学是体育教学系统的组成部分，它从属于体育教学系统，同时也从属于学校体育、学校教育等高一级的系统。体育是全面发展教育的重要组成部分，而学校体育又是我国体育发展的战略重点。我国体育的全民健身战略和奥运战略，都离不开学校体育，而学校体育的主要环节则是体育教学。作为体育教学组成部分之一的篮球教学，与培养德、智、体、美全面发展的现代化建设人才和实现我国体育的战略目标是互相联系着的，它既要为提高全民族的身体素质奠定基础，又要为培养体育后备人才服务，因而，从系统的整体统一的观点出发，认识和明确篮球教学在学校体育中所处的地位及其与各个系统上下左

---

① 乐玉忠，张伟.校园篮球文化建设与教学创新探索［M］.北京：中国商业出版社，2018：99.

右的关系和联系，对于理解篮球教学目标的属性和功能作用，具有理论和实际意义。

按照系统论的观点，不同等级的系统有着自己的构成要素、结构和功能。体育教育专业的篮球教学作为体育专业教学系统的组成部分，它自身也成为一个系统。根据篮球教学在体育教育专业教学系统所处的层次，也有它的系统结构和功能作用。

在系统中，整体的功能大于各组成部分之和，是任何一个系统最基本的特征，这是系统论的整体性原则。在篮球教学系统中，通过各种方式和途径，使各子系统之间相互沟通，实现整体功能联系，这样，它所表现出来的总功能必然大于系统的各个局部功能简单相加的总和。因而，在篮球教学中，既要注意实践课的教学，还要注意理论课的教学；既要重视课内教学，还要重视课外教学和课前准备与课后小结。要注意各种教学内容、程序、教法手段、运动负荷安排之间的纵向和横向的联系，将篮球教学与其他专业课程的教学以及体育教育专业总系统的其他层次系统联系起来，运用多学科的理论知识和方法于篮球教学之中，使学生更好地掌握篮球的基本理论、基本技术和技能，将知识和技能转化为能力，以适应未来教学和工作的需要，实现体育教育专业的培养目标。

（二）篮球教学的原则

教学原则是进行教学必须遵循的准则。篮球教学原则反映了篮球教学的一般规律，反映了篮球运动教学的特点，是人们从长期的篮球教学实践中总结出来的。它既指导教师的教学活动，也指导学生的学习活动。这些原则应贯彻于篮球教学活动的始终。

1. 自觉积极性原则

在篮球教学中贯彻自觉积极性原则，是指教师启发学生的学习自觉性，充分调动学生的学习积极性，使学习效果达到最佳。教学中贯彻自觉积极性原则，是由教与学的双边活动中学生是学习的主体这一因素决定的。要充分调动学生的学习主动性，引导他们积极思考，勇于探索，刻苦练习，自觉地掌握篮球理论和篮球技术、战术方法，提高他们观察问题、分析问题和解决问题的能力学习效果与学习的动机是紧密相连的。如果学生的学习目的不明确，学习动机不正确，就不可能去自觉积极地学习，也不可能把这种自觉积极的学习状态长期保持下去。因此，明确学习目的是调动学生学习主动性的关键问题。

教师是教学的主导，启发和引导学生生动活泼地学习是教师的重要职责。在篮球教学中，教师要运用设疑、联想、比较、形象等方法，启发学生积极思维。篮球运动是一项对动作操作思维、战术思维和快速反应能力要求很高的运动，因此在教学中要以提高学生的运动能力和思维能力为核心。

教师通过对技术动作的生物力学和运动学分析，使学生掌握正确技术动作的概念和动作方法；根据篮球攻守对抗规律，使学生掌握技术运用和战术方法；通过比赛、裁判工作和组织竞赛等实践活动，调动学生的学习积极性，从而最大限度地发展他们的能力。兴趣是形成学习动机的重要因素，它可能是暂时的，也可能转化为长期的。篮球运动是一项趣味性较高的运动，我们要保护和进一步培养学生对篮球运动的兴趣，在教学中采取丰富多样的教学方法，使学生获得正确的篮球理论知识和运动方法，提高他们的运动水平，使学生对篮球运动的兴趣转化为执着的热爱，从而使学习的积极性更高更持久。

在篮球教学中，建立民主平等的师生关系，创造一个生动和谐的教学环境也是很重要的。教师要成为班级教学活动中具有主导作用的一分子，平等对待学生，坚持正面教育和以表扬为主，发扬教学民主，宽严适度，尤其对基础较差的学生要倍加爱护和帮助，使每一个学生的学习潜力都得到发挥。

2. 循序渐进原则

循序渐进原则是指教学要按照学科的逻辑系统和学生的认知规律进行，由简单到复杂，由低级到高级，由单一向综合发展，使学生循序渐进地掌握基本知识、基本技术战术和基本技能，形成严密的逻辑思维体系。

从认识论的角度看，学习体育专业是一个特殊的认识过程。在这个过程中，学生的智力、能力和全面素养不断得到发展，这是一个渐进的过程，教学中必须遵循教育的规律、人体运动机能变化的规律、运动技能形成的规律和人体运动适应性的规律。因此，在安排教学内容、选择教学方法、确定运动负荷时，必须考虑学生的身心发展水平，教学进度由浅入深，运动负荷由小到大，要大、中、小相结合。

篮球教学中贯彻循序渐进原则，要注意教学内容的系统性。根据教学大纲的要求，安排好教学进度和课时计划，使教学进度符合篮球运动教学的规律，使课时计划既系统又综合，由易到难、由简到繁、从无对抗到有对抗，运动量逐渐增加。例如，移动是篮球运动的技术基础。在安排基本技术教学时，要先学习进攻移动，后学习防守移动。在此基础上再学习运球、传接球、投篮、持球突破、抢篮板球、防守等基本技术。只有全面地掌握了基本技术，才能学习战术基础配合和全队战术。

篮球教学中贯彻循序渐进原则，要注意教学方法的系统性，根据动作技能形成的规律，从认知定向阶段（泛化阶段）、巩固提高阶段（分化阶段）到熟练阶段（自动化阶段），都要依据动作技能形成的阶段性特点来组织教学。如在技术的初学阶段，要通过讲解、示范和试做，使学生建立动作概念、视觉表象和初步的运动感觉，通过不断练习使正确技术动作巩固下来，然后加大练习难度，使动作达到熟练并能在实战中运用。因此，教学中必须注意教学的阶段性特点，并针对不同阶段采取不同的教学方法。

篮球教学中贯彻循序渐进原则，还要注意合理安排运动负荷。疲劳是运动过程中必然要出现的。疲劳在技术教学和训练中有其积极的意义，没有疲劳就没有超量恢复。没有超量恢复就不能提高健康水平和身体素质水平，也难以提高技术水平。但是，过度疲劳也同样不能达到促进健康、提高身体素质和技术水平的目的。因此，根据学生的身体状况、教学内容、场地、气候等综合因素来合理安排运动负荷，是完成篮球教学任务所必须注意的。

3. 实效性原则

在篮球教学中贯彻实效性原则，就是要从实际出发，根据学生的实际情况，紧紧抓住教学中的主要矛盾和矛盾的主要方面，解决教学中的重点和难点问题；提高教学的艺术性，教法要简单易行，讲求实际效果，在有限的教学时间内，达到既能使学生掌握知识技能，又能增强体质和提高能力的效果。

贯彻实效性原则，就是要用唯物辩证法指导教学工作。一切从实际出发，而注重实际效果，不追求表面效应，力求全面准确地把握教材内容，深入地分析技术战术内涵，把握事物的本质，抓住关键，解决好难点和重点问题，带动一般性问题的解决。如在移动技术教学中，抓住了身体重心的控制和转移、维持身体在移动中平衡的这个关键技术，其他移动方面的问题就不难解决。在投篮技术教学中，抓住投篮手法这个关键技术，可以带动投篮技术的学习教学中贯彻实效性原则，就要不断研究改进教学方法。教学方法是实现教学目的、完成教学任务的手段。教学方法的优劣直接影响教学任务的完成和教学质量的高低。教师要深入研究教材和教法，充分利用现代化的教学手段。在技战术教学中，要精讲多练。"精讲"是在深入分析教材和学生实际的基础上实现的，"多练"就要设计符合篮球运动特点和学生实际水平的练习方法，给学生更多的实践机会。

教学中贯彻实效性原则，就要经常调查研究，不断发现新问题，分析这些问题产生的原因，找出解决问题的方法。在课堂教学过程中，为适应学生的实际情况而临时改变教学方法和练习形式也是允许的。

4. 直观性原则

直观性原则是指在篮球教学中利用学生的感官和已有经验，通过视觉、听觉和肌肉本体感觉，获得对篮球技术战术的生动表象和感觉，并使之与积极的思维相结合，从而掌握篮球技术、战术和技能，发展思维能力。

直观性原则是根据学生对事物认识的一般规律提出来的。感觉是认识的基础。在篮球教学中正确运用直观性原则，对于提高教学效果有重要的意义。[①]

篮球教学中经常使用的直观教学方式有动作示范、沙盘演示、电影、录像、技战术图片等。和在篮球教学中贯彻直观性原则，首先要有明确的目的和要求。教师要根据教学的任务和教材的特点以及学生的情况，有目的地使用直观教学方法。如对低年级学生进行技术教学时，宜多使用动作示范、技术图片等。可以把学生的动作录像重放，与正确技术进行比较，以纠正学生的错误动作。对高年级学生进行战术教学时，宜用沙盘演示，或用生动形象的语言进行讲解。教学中贯彻直观性原则还要充分利用学生的视觉、听觉和肌肉本体感觉，通过示范、电影、录像、图片等，使学生产生明晰的技术战术表象，激发学生的学习积极性直观有助于使学生形成正确的表象。这种表象只有与积极的思维相结合，与实践相结合，才能得到好的教学效果。因此，直观性教学要善于启发学生思维，并与技战术练习活动紧密结合起来。

（三）篮球教学的任务

1. 增强学生的身体素质

良好的身体素质是个体从事体育运动必要的基础。篮球运动要求学生必须具备较多的运动技能，如跑、跳、投等。因此，通过篮球运动的教学，不仅能够促进学生身体正常发育，全面提高其身体素质，增强其体质，而且还能使学生的身心都得到很好的发展。要想很好地学习和掌握篮球技术和战术，增强学生的运动能力，就必须打好身体素质这一基础。[②]

2. 提高学生的篮球知识与技能

在篮球教学中，其内容主要包括三个方面，即篮球理论知识，篮球技术和战术这就要求在篮球教学中要使学生对篮球的基本知识、篮球技战术知识与理论很好的掌握，提高运动技能。其中，篮球理论知识是掌握技术和战术的依据，而篮球技术则是篮球战术的基

① 张海利，张海军现代高校篮球教学理论与方法研究［M］.北京：新华出版社，2015：18.
② 刘洋，齐亮菲，张可. 现代高效篮球课程新发展与学训指导［M］.北京：中国商务出版社，2016：25.

础。篮球教学三个方面的内容之间的关系是相互作用、相互统一的，是一个必可分割的整体，在教学过程中都要应该受到重视。

3. 激发学生的创新意识和能力

学生的创新意识和创造能力是篮球的教学过程中非常重要的教学任务之一。篮球运动是一项创造性活动，在运用篮球的技战术时，学生的运动能力具有明显的复杂性、多变性及灵活性。因此，篮球教学必须具有促进学生创新能力的作用。

4. 培养学生的集体精神和意志品质

篮球运动是集体型对抗性项目，首先，通过篮球教学和竞赛过程能够较好地培养学生坚强的意志品质，使学生形成自己的世界观、人生观以及价值观。其次，篮球课程教学的教育过程，也就是说，篮球的教学过程是一个能够较好地完成人才的培养的教育过程。因此，在篮球教学过程中，要重视对学生集体主义精神和勇敢拼搏的良好的意志品质的培养。

二、微课应用于篮球教学的意义

（一）教师角色的转变

与传统课堂教学相比，微课的应用，体现了新课程的目标"以学生为本"。教师的角色不再是体育课堂上单纯地讲述内容，而是在为学生讲述内容的同时，课前为学生提供优秀的学习资源，通过学生的反馈，教师在教学中给予相应的引导。

（二）学生角色的转变

微课教学体现了学生的自主性。微课教学是由学生自己通过视频材料自主学习，使课堂时间得到了有效地利用，将课堂还给学生。微课教学提高了学生的参与度。因为学生需要通过自主学习来获得知识，这就要求学生必须积极参与、协作探究、解惑答疑。微课的教学更能增强学生的兴趣与爱好。特别是篮球运动技能的培养，学生通过自主的学习探究，领悟篮球技能的特点，从而培养学生自己的兴趣与爱好①。

（三）篮球教学课堂时间安排合理

（1）学生利用课堂前进行自主学习，对教师提供的篮球教学资料进行学习，不仅能够激发学生学习的个性，还培养了学生自学的能力，使学生在自己的学习空间内注意力集中，努力学习。

（2）教师设计好微课视频，并有效地利用课堂时间，使学生在团结协作中共同探究，节省时间，提高学习效率。

（3）教学资源的开放使微课将更多的教学资源整合在一起，达成篮球教学资源的共享。这样对教师的教学能力提出了更高的要求。教师利用自己所学制作优秀的微课视频，这些优秀的微课视频在网络上广泛传播，供更多的学习者学习。

（4）学习评价的灵活性运用微课进行篮球教学，可以使学生依据网络平台进行自我

---

① 陈烨. 微课在高校篮球教学中应用的可行性探析 [J]. 运动, 2015 (22).

评价。在课堂上，学生通过与同学、教师之间的互动，进行客观评价，充分体现了学生的学习探究精神，培养合作意识，使评价变得更合理、更全面。

三、高校篮球微课的设计流程

（一）确定微课程选题

篮球教学微课程在选题过程中要注意教学内容、教学效果是否突出。一个好的篮球教学微课程都有一个突出的主题和明确的目标，所以在教学内容的选择上要符合实际情况。在内容选择上要与授课对象相结合，分析他们篮球技术的水平特点和上课情况，去选择适合他们的动作技术，在选择授课内容时要考虑所选的技术动作是否是篮球教学内容的基础；篮球微观课程在选择技术动作内容时应尽可能准确，符合学生特点和教学大纲。

（二）脚本设计

确定篮球微课程选题过后，接下来就是对于脚本的设计，在设计脚本之前要根据所选的教学内容，把一整堂课的教学流程、教学方案、教学步骤给设计好，并从教学内容、讲稿内容、时间分布等方面组织剧本的编写。实际上，脚本设计就是以文字的形式记录制作微课程的思想、内容和过程，以便于后期的制作和发展。

要制作微课程之前首先要把脚本给设计好，首先根据要授课的教学内容制作出教案和整个教学环节。整合以上内容在脚本编写过程中要注意各个环节要素之间的联系，注意在每个要素编写时所需要的时间。脚本设计实际上一堂微课程的整个教学流程、教学计划、教学过程用文字的形式记录到微课程视频里。脚本编辑之前要把所需要的素材准备好，注意各个素材之间的关联性，这样安排就能够很好完成一堂课的授课进程。

（三）选择制作方式

微课程的制作可以四种类型：分录屏型、拍摄型、电脑软件制作型、上述三种的混合型。制作者可以根据不同的授课内容来选择合适的制作方式。

制作录制视频型微课程时要利用一些摄像录屏软件，制作原理是在教师的讲解相应的课件演示过程时进行同步录制所得。例如我们经常都会用到的 PPT，这就是录屏型微课的一种。

拍摄型微课程对录像拍摄功能的设备硬件要求较高，主要运用摄像机、无线的麦克风、不同类型的视频编辑剪辑软件。在此基础上需要先选择拍摄的类型，课堂拍摄还是专业的教室拍摄，室内还是室外的场地拍摄都要依据事先准备好的脚本，按着脚本要求根据所要拍摄的教学内容来进行的。拍摄制作时所选择的场地、器材、设备都要符合学生学习的特点需求，在制作拍摄类微课程的时候，重点强调突出拍摄微课程的场景的真实性，让学生体会到身临其境的感觉，把学生带入场景之中便于学生观看和学习。拍摄类微课程运用较为广泛但在实际制作过程中有很多因素的干扰，如场地问题、噪音光线问题、拍摄大型课程所需要的资金问题等；同时在后期运用编辑剪辑软件时所需要的技术方面的问题还需要借助一些专业技术人员、团队、设备进行辅助完成。

运用电脑软件制作型微课程主要利用计算机、Flash 等软件把事先准备好的素材应用相关专业知识根据教学内容把一些教学相关的图片、文字、声音进行合成制作专业技术手段合成制作好的教学视频。电脑软件制作微课程相对较复杂，过程较为烦琐，同时对一些计算机相关专业知识和操作水平要求较高。如一些动画设计类微课程需要运用二维或者三维的动画制作软件来完成，在例如一些抽象的数字模型、一些宏观微观的知识点等也需要运用该技术。

混合型微课程是将上诉三种制作方式进行融合而制作出来的微课程。

（四）准备素材

微课程制作素材的准备是关键，一节完整的微课程由许许多多的素材给链接起来的。一节微课程包括相关的文字叙述、讲解声音输入、相对应的技术动作图片、整个过程中的录像等等。篮球微课程对于上述的一些素材准备就相对应的有较高的要求，如录像素材画面是否清晰、录入的动作讲解是否到位、文字图片是否简洁，包括图画清晰度，内容选择是否恰当，不应有内重复；声音上要铿锵有力、声音洪亮、吐字清晰并避免杂音干扰。[①]

（五）微课程的制作

制作环节是微课程至关重要的部分。在制作时根据前期选择好的授课内容，把准备好的相关素材根据脚本所设计的授课步骤，最后结合篮球教学授课的方法，根据授课对象、授课内容、授课方法的要求利用相关的制作视频的剪辑编辑软件选择合理的制作手段来完成的。另外还要注意，在制作过程中要把握好各个教学部分所占用的时间，注意一节课的重难点的突出等。制作中，把一节课的重难点做标记，同时对一些文字、语言或者图片描述时避免一些错误、不精准、口语化的内容；注意细微技术点的选择，一般在 5~6 分钟内包含一整节课的内容。

（六）后期处理

后期处理是对已经制作好的微课程做进一步修饰，主要是对微课程出现的一些问题进行改错把不到位的地方进行重新编辑。后期的加工处理主要是根据微课程设计过程中所需要的一些配图、标注、和字幕的添加等，对微课程的片头进行引入，在片尾部分进行总结。最后把修饰过的微课程视频按着相对应的格式进行导出直至成为完整的微课程视频。

四、微课在篮球教学中的实践应用

众所周知，随着新媒体技术水平的大幅度提升，微课逐渐成为我国教育界的一个热点问题之一。与此同时，新课程改革工作的不断推进，越来越多的教师开始试图调整现有的教学模式，主动将微课这一新型的教学方式与教学工作融合在一起，如华南师范大学首创推出的"凤凰微课"移动在线学习客户端。然而，与之相对应，微课的触角尚未全面覆盖至学校篮球教学，现阶段篮球教学仍然以传统的直接讲授为主，同时辅以相应的篮球实践。实际上，这种单一化的教学模式已然无法满足学生们对于篮球学习的实际需要。

---

① 张磊，吴延丰. 微课在篮球教学中的应用研究［M］. 体育时空，2017（11）.

（一）微课应用于篮球教学的理论分析

微课教学指的是将知识转化为微型脉冲，引导学生借助于这种高度凝练化的知识进行教学的探讨，从而达到与传统教学模式一样的教学效果。目前较为成功的微课教学模式主要以可汗学院经验为主，可汗学院借助于电子黑板系统从而使教学直观地呈现到学生的目前，与此同时，可汗学院还将教学内容、字幕以及交互式讨论体系完整的融合在一起，从而充分发挥出学生的个人自主研习的能力。微课教学在篮球教学中的实践应用最为突出的一点就在于借助于事先制作的课程内容，可以鼓励学生主动掌握篮球教学活动的学习目标，并且完整地反映篮球教学内容的背景以及需要学生主动去解决的问题，从而引导他们共同组建学习小组共同解决学习问题。不仅如此，将微课教学与篮球教学融合在一起，能够实现差异化学习的成效，由于个体对于知识的吸收是具有差异性的，特别是对于篮球这种即涉及运动理论又涉及运动实际的教学内容来说，个体之间的差异性将会变得更为突出，然而，我国现有的篮球教学模式却无法兼顾到学生之间的差异性，不仅严重阻碍了学生的篮球水平的提升，还导致了篮球教学成效大打折扣。为此，微课教学能够引导学生在现有的知识水平的基础上主动地开展篮球学习工作，满足不同学习对于篮球教学的需求，从而形成同济互助的学习氛围。

（二）微课应用于篮球教学存在的问题分析

1. 教师缺乏必要的微课制作技巧培训

众所周知，微课制作离不开相应的微课制作技巧，然而由于我国现有的篮球教师信息化水平的参差不齐，导致了教师们所完成的微课内容大部分呈现出理论知识的描述，缺乏必要的篮球实践示范。我们应当意识到篮球教学不仅需要篮球运动理论知识的学习，还需要篮球实践的示范。以"三步上篮"微课这种投篮技术动作微课为例，投篮技术动作是非常典型的篮球实践示范，在传统的篮球教学模式当中，学生只能在课堂上亲眼观察教师的投篮动作示范，但是由于自身记忆的时限性，如果学生没有掌握好动作的熟练度，那么将会由于错误的动作而导致身体受到损伤。为了防止学生的身体受到损伤，教师应当在教学实践前借助于本章节的微课资源给学生进行示范演练。然而，由于教师缺乏必要的微课制作技巧培训，这就使得他们所拍摄的投篮技术动作微视频缺乏必要的后期效果处理，这种简洁单一的微视频难以唤起学生的学习兴趣，与此同时，还不利于微课教学在篮球教学中的应用实践。

2. 微课教学在篮球教学中的应用呈现出过程固化的状态

实际上，越来越多的教师均不约而同地意识到以微课以及慕课为代表的新型教学模式改变了我国现有的教学工作的开展方式，特别是对于体育教师而言，微课在篮球教学模式的创新过程中承担着不可替代的作用，这就使得教师愿意也更乐意参与到篮球微课的制作工作当中，也会主动将教学内容与微课融合在一起从而辅助教学工作。但是，遗憾的是微课教学在篮球教学中的应用呈现出过程固化的状态，无法达到预期的效果，这是因为教师在进行微课教学时更多的是将教学重点放在篮球理论知识点讲解、投篮技术动作等实践动作展示以及课后的微作业安排这三个层面，但是这种教学模式却与传统的篮球教学模式相差无几，仅仅只是将教学场景由教室转移到任意一个可以连接网络的地方而已。如果没有将篮球微课延伸至反馈分析层面，那么不仅无法使得微课对于篮球教学的辅助功能得到有效的延伸，还导致微课教学的设计思维呈现出僵化的局面。

（三）提升微课应用于我国篮球教学的具体措施

1. 持续推进微课制作技巧培训工作的开展

篮球教师的微课制作技巧的提升将直接影响到篮球教学中微课教学应用成效。首先，学校应当承担着微课制作技巧培训工作的主体责任，不定期的选派优秀的篮球教师加入微课制作技巧培训活动当中。在开展微课制作技巧培训工作时，不仅仅需要设计到微课制作技巧，还应当需要涉及篮球教学相关的理论知识。这是因为篮球教学不仅需要篮球运动理论知识的学习，还需要篮球实践的展示，为此，学校在进行课程设计时应当将篮球微课资源构成理论等专业的理论知识纳入培训工作当中，从而为教师后期的篮球教学科研工作提供帮助。[①] 其次，为了持续的增强教师的微课制作水平，学校之间应当联合在一起定期组织关于篮球教学微课资源制作的交流大研讨活动，确保篮球教师能够在交流大研讨活动及时的解决在篮球教学微课资源制作过程中所遇到的技术问题、教学疑点。最后，学校应当在校内开展篮球微课制作大赛活动，学生可以在这个活动中选择自己觉得最心仪的篮球微课，借助于这种竞赛方式从而使篮球教师正视自己的教学盲点，不断增强自身的篮球微课制作水平。

2. 创新微课教学在篮球教学中的应用状态

为了改变微课教学在篮球教学中的应用过程的固化状态，教师应当积极主动的调整篮球微课教学模式。一方面，调整篮球微课教学的主角，以篮球展示实践教学环节为例，在过去篮球展示实践教学环节的主角是教师，教师虽然能够展现出正确的动作，但是却无法引起学生的学习共鸣。为此，教师可以借助于智能手机来拍摄学生练习篮球或者比赛时的细节，并经过系统性的加入从而制作成篮球微课。并且在课堂教学的过程中进行展现，一一对应分析学生练习篮球或者比赛时的不规范动作以及规范性动作，从而引导学生有意识的调整自己在篮球练习时或者是比赛时的不规范动作。另一方面，篮球微课教学内容不仅仅涉及大纲中的教学内容，教师还可以将篮球明星动作技巧纳入篮球微课的教学工作当中，从而有效激活学生对于篮球学习的参与度，主动、积极地去专研篮球相关理论知识。

3. 利用微课来激发学生的训练兴趣

在篮球教学的过程中，对于微课教学技术的应有，教师应该抱有正确的教学认识，不能将其当作是一种"猎奇"的教学手段，而是要将其看作是一种具有相应辅助性的教学方法，使之成为课堂教学不可分割的存在。在教学中，为了改善学生对篮球训练的传统认识，教师在教学中，不妨利用微课来提升大家的篮球训练兴趣，帮助其用更为积极的态度参与到篮球训练活动中来。

例如，在篮球训练教学中，可能有些学生在中学阶段比较喜欢篮球，所以其训练基础相对较高，但是也有可能一些学生之前并未参与篮球训练，所以其运动基础相对薄弱，针对这种情况，教师可以利用微课教学技术，为学生设计一些针对性较强的训练课件。首先，在微课的制作上，教师可以引入分层教学的思想，制定甲、乙、丙三个不同训练层级

---

① 方媛. 篮球教学的新模式探索——"微课"[J]. 新课程（下），2016（1）.

的微课视频，同时在微课视频中，为学生设计不同的篮球训练目标，满足各个层级学生的训练需求；其次，在微课教学的过程中，教师还可以利用微课视频，对"健康第一"的训练原则进行强调，确保学生在篮球训练的过程总，身心都能够得到健康的发展；最后，在应用微课来激发学生训练兴趣的时候，教师要对篮球这项运动展开正确性的分析，尤其是针对一些学生的盲目模仿训练，教师也要在微课视频中展开相应的讲解与分析，端正学生的训练态度。

综上所述，微课教学在篮球教学中的实践应用是一项极为漫长的应用工作，为此，教师应当正视当前我国篮球教学中微课教学应用存在的问题，从创新微课教学在篮球教学中的应用状态等方面入手，切实有效地提升教学水平。

五、高校篮球教学《原地跳起单手肩上投篮》微课程的制作案例

(一) 制作的前期构思

通过对授课内容原地跳起单手肩上投篮课程的主要特点进行分析，结合篮球的教学流程，根据本次课的授课对象、教学目标、教学内容重难点、采用具体的授课方式等来对本次制作进行前期构思，具体内容如表 5-1 所示。①

表 5-1 《原地跳起单手肩上投篮》前期构思

微课程名称	《原地跳起单手肩上投篮》
内容来源	篮球运动中应用最普遍采用最广泛的主要得分手段和投篮方法
适用对象	篮球普专修学生
教学目标	1. 使大多数学生在距离篮筐 3~4 米情况下能较好做出动作 2. 掌握起跳同时举球至肩上，身体达最高点时伸臂、屈腕、指拨球的动作要领
教学重点	投篮出手时间、手指的发力和压腕动作要做的充分
教学难点	跳起时双脚、持球手、手臂、手腕、手指及全身协调用力
教学方法	分解教学法、示范讲解法、完整练习法、动作纠正法
知识类型	技能训练型
教学应用	课前
制作方式	拍摄型
时间控制	5 分钟

(二) 制作的流程

1. 录制脚本设计

根据前期分析，结合微课程制作结构和篮球教学原则，从原地跳起单手肩上投篮的具

---

① 赵会朋. 高职院校篮球教学微课的开发与应用模式探讨 [J]. 体育时空，2018 (7).

体教学内容、教学过程、具体时间等进行了脚本设计，如表 5-2 所示。①

表 5-2 《原地跳起单手肩上投篮》录制脚本设计

微课程结构	教学过程	教学内容
片头 （约 30 秒）	教学内容介绍	本次课的教学内容是篮球运动中的跳起单手投篮动作的教学。介绍该动作的重要性和实用价值，引入以前学习原地单手投篮动作进行结合，让学生对该动作有解。
导入 （约 2 分）	介绍本节 课重难点	难点：投篮出手时间、手指的发力和压腕动作要做的充分。 重点：正确的持球方法，合理的瞄篮点，身体的协调用力保持合理的出手速度出手时间及投篮弧线和入篮角。
正文讲解 （约 3 分钟）	讲解原地跳 起单手投篮动作	1. 动作讲解法：以右手投篮为例，各个部位动作的分解（双手持球的动作，双脚如何站立，膝盖，身体重心，眼睛方向，脚掌蹬地，腰腹部用力，跳起时的手臂、手指、手腕，动作结束的缓冲动作等）。 2. 动作示范法：正面示范法、背面示范法进行教学。 3. 分解练习法：学生进行动作分解练习，教师对出现的错误动作进行纠正。 4. 完整练习法：分组进行完整动作的练习。
小结 （约 30 秒）	提出问题	原地跳起单手肩上投篮动作练习方法有哪些？

2. 确定制作方式

本次课采用实践教学方式来授课，首先教师先对原地跳起单手肩上投篮动作进行讲解和示范，教师讲解动作要领重难点，然后学生分解练习，教师一旁观察指导纠正一些学生的错误动作，最后教师进行总结。根据原地跳起单手肩上投篮的教学流程，结合教师授课的方式和学生上课的特点选择采用制作方法为拍摄型。② 篮球技术术科主要是学生通过学生的大量练习来完成的，教师起辅佐纠错作用，通过拍摄相关动作视频制作微课程，学生能够直观的理解动作，把握动作的重难点，学生学起来也较轻松。

3. 素材的准备

作为实践技术教学课，根据教学流程教师首先要讲解示范原地跳起单手肩上投篮动作，然后根据该动作重难点、易错点、发力点等做好标注，以讲解示范为主的技术动作，不需要前期准备的太多的相关素材，把动作要求、完整的动作重难点讲解清楚，场地器材要求也相对应的比较简单。最后在对微课程的进行后期处理过程中，为了能达到较好的理想效果时，还可以在微课程视频中插入 NBA 球星的技术动作发力点的分解图片、GIF、微小动画等，使得本次教学视频的内容更加形象生动、视频画面更新颖。

---

① 黄华，陈海鸥. 微课在高职院校篮球教学中应用的可行性 [J]. 长春教育学院学报，2017，33（12）.
② 陈海平. 篮球教学方法问题研究 [J]. 魅力中国，2019（17）.

4. 制作微课程

在确定制作方式时采取的是拍摄型来制作微课程，所以在实际拍摄制作的过程中以下问题尤其要注意：第一，教学场地的选择。如果在室外篮球场要注意选择环境安静的篮球场，场地空旷人车都少，减少或避免外界因素的干扰。[①] 若在室内场地，注意管内的光线、场地的大小、讲述过程中回声等问题。本节微课程选择在光线充足，影响因素较少的室内场馆进行制作。第二，制作所需硬件设备。本次微课程的制作需要有拍摄功能的内存充足手机像素较高的手机，拍摄完的视频存储在电脑硬盘里。此外拍摄类的微课程在条件允许的情况下还可以用数码相机、平板电脑、摄影机等具有拍摄功能的数码产品。在经费充足情况下数码相机拍摄及后期处理更简单质量也很好，本次选择内存充足的手机进行拍摄。

5. 后期处理

首先微课程对于授课各个环节时间把控有要求，本次微课程的主要内容是对原地跳起单手肩上投篮动作的讲解示范和重难点介绍，所以在后期剪辑处理过程中把时间控制在 5 ~6 分钟，然后继续利用视频的编辑软件编辑星对视频进行处理加工，主要是针对视频里面出现的一些问题。微课程拍摄后主要的问题是在视频拍摄时出现的一些卡顿和语言不通等问题，需要把这些部分给编辑剪掉；然后是在内容的讲解上，根据不同的内容环节按着教学流程插入需要的图片并且配上相应的文字进行标注；然后在讲解动作的时候需要用加入慢动作讲解；最后，重难点的讲解这是最关键的部分，选择网上图片对原地跳起单手肩上投篮动作分解，这样能够让学生更好地理解动作重难点，帮助学生体会动作为接下来的课堂练习做好铺垫；在课程的结束部分，以教师的集合提问作为在结束，并且制作相对的问题通过文字的形式出现。一节微课程完整结束，教学过程流畅完整。

第四节　基于微课的 24 式太极拳教学设计研究

这里以"搂膝拗步"为教学对象对太极拳微课教学设计进行研究。

一、24 式太极拳微课的设计原则

（一）以体育学科特性为设计依据

太极拳是我国传统体育项目之一，太极拳运动以其独特的健身性与技击性，深受高校学生的欢迎，24 式太极拳具有简单易学等特点而被设为高校体育课程的主要选修课之一。"搂膝拗步"微教学视频的设计和开发须依托体育学科特性，促使"搂膝拗步"微教学视频在设计是具有明确的指向性和定向性。本研究依据体育学科的特性对 24 式太极拳进行微课设计与实践研究，本着以贯彻体育学科精神，根据体育学科的实际教学内容，以学生为中心的观念，设计并开发符合学生需求的优秀课程出来，以供学习者和研究者学习

---

① 丁维健. 略论篮球教学创新 [J]. 灌篮, 2019 (15).

参考。

（二）合理、适当的选取和分解微课知识

对 24 式太极拳微课设计内容选取的合理性与适度性是以新课程标准为参照标准，以 24 式太极拳教学过程中学生对知识学习的实际需求所研发具有指向性和特色主题的 24 式太极拳"搂膝拗步"相关知识点的实际教学资源。首先，需要经过大量的调查分析微课设计内容的确定，是否是学生和教师教学急需解决的重点、难点问题，24 式太极拳微课设计是否能够成系列等等，不然会出现 24 式太极拳微教学视频设计的内容、知识点之间出现碎片化的现象，这就违背体育学科课程的系统性、完整性。由此看出，在设计微教学视频课的内容时必须掌握适度的标准，这样才能发挥出微教学视频教学运用最大效益，不然就是耗时耗力，由此看出，微课设计过程中对设计内容的选取要求对知识点进行恰当的、合理地拆分和选择。

（三）提倡微课设计的创新性，提倡创造性的教学理念

体育学科教学以培养终身体育意识为主旨，可为学习者终身健身意识的建立打下良好的基石。同时在对 24 式太极拳微教学视频的设计过程中也必须贯彻体育学科终身体育练习的体育指导思想，充分调动学生锻炼身体的主动性，在学习微教学视频过程中突出培养学生在发现问题、提出问题、分析问题、解决问题的能力，开发出具有独特创新性的新型教学资源。[①] 进一步激发学习者的创造能力和终身健身意识的过程，体育学科微课的设计和实践对体育教师提出了更高的要求，也是一次全新的挑战和机遇。

二、24 式太极拳微课设计的流程

（一）24 式太极拳微课设计内容选取解析

恰当的选取微课设计内容是微课开发与制作的第一步，也是非常关键的一步。针对不同的教学微视频受众、运用目的、传播途径不同选取不同的内容进行微课设计。主要分为两个方面：

1. 体育学科需用活动图像呈现教学环节

体育学科微教学视频课程特点之一是动作性，24 式太极拳"搂膝拗步"微教学视频的设计，主要是对搂膝拗步进行分解教学，包括后坐跷脚、收脚摆手、迈步屈肘三个动作进行视频拍摄讲解教学，其他学科一般不具备这种特性，因此，体育学科在这些领域选取内容进行设计能够充分表象体育独特的运动性。

2. 微教学视频设计内容教学的重点、难点进行分类

在体育微课上，通过对微课内容某一动作的难点、疑点进行多角度的镜头分析，使学生对动作具有更强的三维立体记忆感，例如"搂膝拗步"第四动弓步搂推，分别从正面、侧面、背面对动作的要领、动作的重点、难点进行讲解，学生记忆更深刻。

---

① 陈先荣. 创新型人才培养必须从基础教育抓起——对课程目标新增"发现和提出问题的能力"的认识 [J]. 中小学教师培训，2012（8）.

（二）24 式太极拳"楼膝拗步"微课设计

设计是微教学视频制作过程中最关键的一环，它是形成整个微课作品总体思路的过程，是微课开发的具体蓝图。

1. "搂膝拗步"教学设计前期分析

教学设计就是运用系统科学的观点和方法，分析教学内容和教学对象，确定教学目标，建立教学内容结构知识，选择和设计恰当的策略和媒体，设计形成性练习和学习评价的过程。[①] 通常包括教学目标的确定、教学内容分析、教学媒体的选择 4 个主要环节。

（1）教学目标的确定

①认知目标

初步了解所学动作的路线。

②技能目标

第一，学生基本掌握动作要点。上体始终保持中正；两脚跟的横向距离保持约 30 cm；身体重心平稳移动。第二，尽量提高学生的协调性（推掌、松腰、弓腿协调一致）。第三，基本掌握动作的攻防含义。

③情感态度价值观

通过学习搂膝拗步基本动作和动画主题表达培养学生的好奇心和求知欲，增强学习数学的自信心；增强学生自主学习的兴趣。

（2）教学内容分析

"搂膝拗步"选至 24 式太极拳套路中的一个动作，其微课教案设计主要包括搂膝拗步在 24 式太极拳中的重要性讲解、搂膝拗步完整动作示范、分解动作重点难点解析、易错动作示范讲解、练习方法讲解、动作的攻防含义讲解等步骤。视频信息量大，结构完整。[②] 还需后续补充辅助材料，以提高学生学习效果。

2. "搂膝拗步"微课制作内容的结构设计

"搂膝拗步"微课的结构设计是对整个微课教学设计的延续和具体反映。把"搂膝拗步"教学内容划分为 5 大模块 10 个知识点进行解析，依照以学生为中心的教学思想组织"搂膝拗步"教学内容顺序以及教学控制策略，就是"搂膝拗步"微教学视频的结构设计，最终以表格的形式呈现。

"搂膝拗步"微课结构体现体育学科教学思想、学习理论、教学内容。不同的教学内容，依据教学思想、学习理论的不同，往往微课程的结构也不同。我们可以从总体结构、微课的设计局部框架结构图 2 个角度进行微课的结构设计。

（1）"搂膝拗步"微课制作内容总体结构设计

"搂膝拗步"微课程的基本构成包括片头、主要内容分析、片尾总结 3 个部分。微课设计片头的呈现是在微课最开始的几秒，告知学习者关于搂膝拗步微课设计的基本信息，例如，微课设计主题、设计者与开发者及联系信息、版权信息等；主要内容就是进行知识点进行模块划分的讲解或者教学环节的呈现；片尾主要说明制作者的姓名，版权所属，制

① 王行，吴昭燕. 基于微课高职太极拳教学设计实践 [J]. 文体用品与科技，2018（3）.
② 白杨. 基于微课的高校二十四式太极拳智慧课堂构建 [J]. 青少年体育，2018（6）.

作日期等。

（2）微课的设计局部框架结构图分析

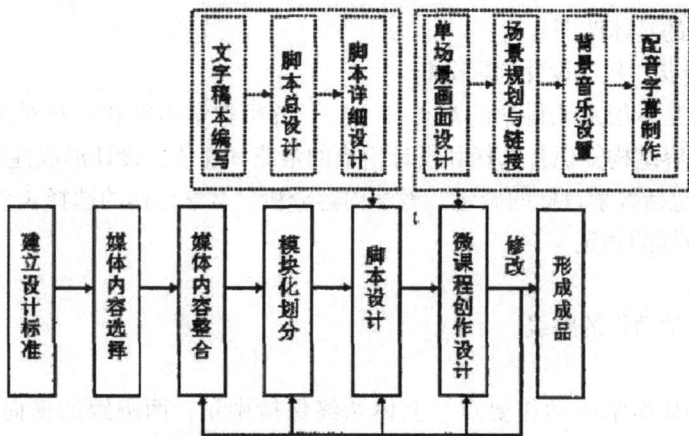

图 5-1　微课的设计局部框架结构图

下面就微课设计局部框架结构图进行分析

①建立体育微课设计标准

建立微课教学设计标准是非常重要的，第一要确定微课设计画面的设计风格，如山水画或水墨画等，只有确立了整体的微课设计基调，才容易创作。

②媒体内容的选择

对多媒体内容的选取也是特别重要的，讲的是微课设计内容所要准备设计材料。充足的设计材料是微教学视频设计关键一步，拥有了足够多的设计材料，对于微教学视频的设计会变得简单有条理，是微课作品设计科学化和逻辑化的表现。①

③媒体内容整合

多媒体软件内容的整合，指的是对符合要求的微课设计材料进行概括和提取。

④模块化划分

将微视频的内容模块化划分是脚本创造的基础。虽然微课只有短短的几分钟，但是可谓"麻雀虽小五脏俱全"，即便几分钟微课只反映一个教学知识点和教学内容，但是对于知识点的引入、深入和升华这几个环节的设计还是需要仔细斟酌的，因此根据微课制作的内容行若干模块划分来进行能够为微课内容的衔接性和系统化提供保障。在这一环节要对微课程内容所要呈现的知识点进行细分，并对相运的知识点进行编号，对微课的设计提供便利。

⑤脚本设计

脚本是按照具体教学过程和教学内容的先后顺序，来表示出每个知识点的顺序的一种呈现方式，它是微课作品制作的直接依据。本书脚本设计流程包含了三个步骤，分别为文字稿本的编写、脚本的总体设计以及详细脚本的设计，通过这几个环节，对微课内容的系统化提供了依据。本书中的微课是依据具体体育学科而产生的，所以脚本设计必须遵循一定

---

① 朱刚. 微课开发技术在高职体育教学中的应用［J］. 农村经济与科技，2016，27（24）.

的原则，秉着以新课程标准和具体学科要求为理念，创作符合学生的认知规律，即脚本文字和图片要符合学生的学习兴趣，能激发其学习热情，微课程每个页面或动画的整体布局要便于学生抓住重点，从而便于学生理解和体验等的实用性微课。[①]

⑥微课创作设计

通过微课设计的基本框架流程逐步地进行后，微课的最后设计主要就是针对音乐的选取等辅助方面，由于有些微课主要通过文字讲解，因此不需要配备背景音乐，教师和微课程设计者需根据实际情况进行选取，本书的框架图仅给予设计者和研究者借鉴一些方法和工具。

3. 教学准备

教学准备主要是准备教学所用的资源包，包括导学案、测验题、课件在讲课需要的情况下，还包括教学用具的准备，主要是模型、道具、实验器材等。微课是一节完整课程的浓缩。因此，这些准备工作是十分必要的。

4. 视频录制

微课程的录制主要有两种方法，一种是录屏，还有一种是拍摄。录屏就是用录屏软件对教学过程进行录制。它的软硬件要求非常简单，只要一部装有录屏软件的电脑就可以了。录制时教师只需要将精心准备的课件在屏幕上演示出来，选择好录制的视音频格式，软件就会全程录制教师的屏幕操作和讲解，整个过程操作简单，方便易行。[②] 拍摄就是用摄像机对教学过程进行录制。它的硬件要求主要包括摄像机、灯光等设备。教师运该提前试讲，摄像师运注意调整摄像机的机位、高度和仰俯，多采用中景、近景和特写等小景别画面，多使用固定镜头，以保证视频质量。另外，由于教师的形象要出现在屏幕上，因此教师要仪表端庄，衣着整洁得体，教态自然，举止得当。

5. 完善教学评价体系

微课设计运用结束以后，并不意味着结束，还要根据搂膝拗步设计教学视频进行系统化的评价，通过完善的评价体系能够对"搂膝拗步微课"作品的运用效果进行检测，促使微课的不断完善，保障微课设计的客观性、综合性、运用性、科学性。本书微课的评价指标从两方面进行综合考虑，分别是微课的教学目标评价以及微课的整体设计评价，通过这两方面的评价清楚的了解学习者在微教学视频学习中的表现和收获，以及微课设计的不足之处等各方面，以便做出及时的相应调整。[③]

（1）教学目标评价

学生通过知识水平后测进行检测评价，教师通过对学生的测试和问题错误的地方结合微课作品的知识点布局进行综合分析评价，从两个方面使得教师或微课程的设计者及时的、直观的了解学生的掌握程度，并通过获取的反馈信息，对微课教学目标进行修改，以达到教学效果。

（2）微课的设计评价

通过评价量规了解微课画面艺术效果、知识点布局展示效果等相关评价，从而对微课设计布局进行修改，以达到理想的效果。

---

① 夏肖林. 大学体育微课建设方法浅论 ［J］. 科技展望，2017，27（9）.

② 吴延丰，刘欣. 高校太极拳教学中微课程应用效果的研究 ［J］. 体育风尚，2019（8）.

③ 周文源. 基于微课视域的高校公体太极拳教学问题成因及对策分析 ［J］. 当代体育科技，2018（29）.

第六章　体育移动课堂教学研究

3G 网络的快速发展和智能化移动终端的普及使得移动互联网成为移动网发展的主流，方便人们随时随地接入网络并获取资源。随着大学生对学习便捷性要求的不断提高，教育行业需要抓住移动互联创造的机会，将移动终端运用到体育教学中，为学生提供智能化的学习环境。

第一节　移动课堂产生的时代背景

一、信息技术发展的需求

第三次科技革命带来了信息技术的飞速发展，掀起了信息革命。信息革命以互联网的全球化普及为重要标志。信息技术的巨大变革引发新的技术变革，对社会发展产生了深远的影响。

当今社会处于数字化、信息化时代的转型时期，新技术的快速发展和广泛普及对人的发展提出了更高的要求。在这个时代的转折点和关键点上，我们需要重新审视教育制度和教学模式，思考如何在教育教学中充分利用现代技术并最大限度地发挥技术的有效性。处于信息化潮流之中，我们的教育目的之一必然包含——我们能够积极主动地处理信息，提高信息处理能力，包括信息的获取、分析、加工等方面的能力，具备信息素养。

信息技术对教育的各个方面、各个环节都会产生颠覆性的变革，它正在改变我们的学习习惯和学习方式，也在改变学校的教学模式。我们没有理由不转变教育观念，重新审视教育技术，从不同的视角积极主动地探索信息革命下如何进行教育变革，如何在教育中充分利用现代信息技术以促进教育的发展。

二、教育变革的需求

在工业革命之前，学徒制一直是最主要的教育形式。学徒制强调的是现场教学、个别化教学和代际间口传手授，教学发生在真实的工作场所中，徒弟在师傅的指导下学习和实作。学徒制培养出了具有高超技术水平的技艺人员。

工业革命的兴起使得工厂的规模扩大，这样就急需大量的具有一定知识和技能的劳动力。也就是说，近代资本主义的兴起要求广泛普及教育，扩大教育规模，提高教学质量和效率，迫切要求在短时间内培养出大批量受过良好教育的劳动者。然而，传统的学徒制难以满足这一需求，班级授课制这一新型教学组织形式也就应运而生了。

班级授课制是以班级为单位，由教师按照固定的课时表安排，向固定的学生教授统一内容的一种教学组织形式。捷克著名教育家夸美纽斯（J. A. Comenius）在其著作《大教学论》中首次对班级授课制从理论上加以系统论证，使班级授课制确定下来。① 后来，德国教育家赫尔巴特（Johann Friedrich Herbart）进行了补充说明，使其进一步完善。②

班级授课制的基本特点可以解释班级授课制为什么能够顺应工业革命之需，自其创立以来，一直持续至今，依然发挥着非常重要的作用。

第一，班级授课制有利于学生在有限的时间里掌握大量系统化的知识。第二，教师可以进行"一对多"教学，可以大规模地向全体学生进行授课，提高了教学效率。第三，班级授课制按照"课"来确定统一的教学进度和学习要求，在教学中管理学生按照统一的步调执行即可，教学管理更为高效。因此，班级授课制能够高效地培养大量的人才，这正好迎合了工业革命对大量劳动力的迫切需求。

随着计算机和网络信息技术的发展与广泛应用，当今社会已经步入了信息化时代。信息革命不仅仅要求我们具备一定的专业知识和技能，还提出了更高层次的发展要求，比如：熟练掌握信息技术，学会及时处理应急事件，拥有不同于他人的独特想法，能够自主学习新鲜事物，敢于探索求知，等等。因此，信息革命对教育提出了更高层次的目标要求。然而，传统的班级授课制教学组织形式已经难以充分满足这一要求。

信息革命带来的新型理念冲击着人们的思维，提出的新要求促使人们适时做出改变，终身学习和自主学习在当下备受关注。人人都应该接受终身教育，进行终身学习；人人都需要积极自主地有选择性地进行学习，以适应时代的发展和满足自身的发展需要，从而更好地实现自我价值和获得完满丰盈的生活。第一次教育革命发生在从农业社会到工业社会的转型时期，在工业革命的助推之下，教学组织形式由学徒制过渡为班级授课制。第二次教育革命初见端倪，在信息革命浪潮的助推下，教学组织形式由班级授课制向终身学习、自主学习发展。通过简要梳理教育发展的历程，我们可以看出教学组织形式由手工学徒制到班级授课制再到现时代的终身学习、自主选择学习的变迁和发展趋势。因此，我们需要审视教育教学的现状，以找到教育教学的出路。

首先，教学内容与社会实践脱节。学校教育与社会实践存在着脱节的现象。虽然学生在学习知识的过程中也会锻炼逻辑思维等能力，但是传统教学必须做出改变。我们需要关注学校课程体系与学生发展的结合，构建适合并促进学生发展的课程体系，实现课程的生活化和实践化。

其次，传统教学往往在教学内容、教学进度等方面"一刀切"。那些"学得慢"的学生常抱怨教师讲得过快，自己还没有完全理解某一知识内容，但是为了跟上教师的进度，

---

① 黄林. 夸美纽斯的教育思想 [J]. 成功, 2018 (11).
② 严权. 重温赫尔巴特道德教育思想 [J]. 教育评论, 2019 (4).

只能接着学习后面的知识，而前面那些没有掌握、没有彻底弄明白的知识点就成了疑难点。长此以往，这样的疑难点越积累越多，以至于这类学生慢慢成为所谓的"差生"。与此形成鲜明对比的是，那些"学得快"的学生，他们能够较快地理解知识内容，厌烦教师一遍又一遍地讲解，希望得到较高层次的拓展提升，或者希望进行下一阶段的新知识学习，但是传统教学往往限制了他们的这些需求，当然，也就剥夺了他们发掘自己潜能的机会，也许还会慢慢降低他们的学习兴趣和积极性。因此，我们需要思考如何才能使得每一名学生都能够按照自己的学习进度和学习特点进行学习，以使得每一名学生都能够最大限度地发挥自己的潜能。

再次，传统教学重视结果，轻视过程；重视知识的知晓，忽视智慧的培养；重视知识的获得，忽视情感的感悟和生活的体验。在教学中，我们更多关注学生掌握了多少知识，忽视学生切实感悟到什么、体验到什么；关注学生"学会"，忽视学生"会学"；关注学生的学习成绩，忽视学生的潜能；关注学生的学习结果，忽视学生的思维过程。现实中不论是教师还是家长，都非常关注学生的考试成绩，较少关注学生在学习上的其他表现——学生是否具有良好的学习习惯，学习方法是否有效，学习积极性是否有待提高，学生的问题意识、交流表达能力、独立思考和探索能力的发展情况如何等——甚至忽视学生完满性格的发展、道德品行的完善等等。

最后，传统教学强调教师的主导作用，尚未深入发挥学生的主动性。传统教学中，教师往往按照自己的教学设计按部就班地进行教学，学生在课堂上被动地听讲、忙于记笔记，课后又忙于完成作业，以应付各种考试。学生面对更多的是"听课、做笔记、做练习、考试"，属于学生自己思考的时间较少，这样会导致学生缺少学习的热情和好奇心，缺少个性化创想。教师虽然发挥自己的主导作用来顺利、高效地完成自己的教学任务，但对于发挥学生的主动性、积极性与创造性还有待加强，还需要进一步探索，怎样使学生成为有智慧、有个性的完整的人，而非仅仅是具备知识但缺少灵性的人。

综观以上可以看出，一方面，传统教学自身存在着种种弊端和缺陷；另一方面，现时代又有"终身学习、主动学习"的新教育要求。因此教育正处于关键的转折点上，必须抓住时机适时做出变革。

第二节　移动课堂的基本理论

一、移动学习的定义

目前，移动学习还没有一个明确的定义。通常，对移动学习的理解应该从以下几个方面进行把握：

首先，Sun 公司的电子学习专家 Michael Winger 对移动学习发表了他的见解。他认为，移动学习是新东西，因为传统的学习中印刷课本也能良好的支持学习者在任何时候，任何地方学习，可以说教科书不久前已成为支持移动学习一个工具，移动学习已经在我们身边①。显然，移动学习作为一个新的概念，新的东西，现在它必须区别于传统的学习，否则就会失去其意义。

其次，除了具有数字化学习的所有特征，移动学习也有独特的特点，学习者不再是局限于电脑桌前，你可以自由地在任何地方，以不同目的，进行不同方式的学习，学习环境是移动的，教师和学生都是移动的。

最后，它的实现，移动计算和互联网技术为移动学习的实施奠定了技术基础，即移动互联技术和工具，实现了小型化的移动计算设备。沙里奥拉（Sariola）等人在讨论移动学习概念的过程中，对移动学习设备实现这样的功能进行了分析：移动性（mobility），用户在移动的情况下还可以将很好的利用；无线性（wireless），设备无线连接：便携性（portability），外形小、重量轻、便于携带②。依据沙里奥拉等人的分析，我们认为支持移动学习的 IA 设备，主要是指 WAP 蜂窝电话，PDA 和混合装置（混合了移动电话的语音功能和 PDA 的数据处理功能的设备）。但是，随着技术的不断发展，我们相信，在不久的将来将会有更多类型的设备支持移动学习。

二、移动课堂教学的主要内容

近几年关于泛在学习的研究不断推进，在各院校也逐步引入 MOOC 平台，加强泛在学习的推广，为学习提供了更加便利的途径，但不可否认，传统教学目前还仍然是不可替代的有效培养人才方式。基于移动互联产生的泛在学习与传统教学之间本身是相互促进的，泛在学习主要提供碎片化学习、通识教育、人文教育类快速便捷的学习环境，无需第三方管理，有选择性地自主学习所需内容，而传统教学则更加注重于通过组织设计较完整的专业体系培养专业化的人才，主要针对引导、促进、建构学习者的知识体系形成，需要有效组织课堂、设计学习场景、调节学习者心理等。将泛在学习有机融合到传统教学中，将为传统教学提供更多教学手段，同时也为泛在学习的深入开展提供有效的资源，也是当前"互联网+教育"的发展趋势。

移动课堂教学理念要求教育资源从封闭到开放、教育机构从单一到多元、学习从被动到自主、教学从灌输到互动。要实现这一理念就需要将传统教学中所设计的相关资源开放出来，学习者可以通过移动互联方式完成学习，从而让学习者有机会更从容地获取所需资源，以完成自主学习的过程，加强学习能力的培养；利用传统教学对人才的考核理念融合进来，让学习者除了可以学习，也有途径了解学习的情况，授教者也可以了解到学习者的进展；通过移动互联的特性，加强学习者与授教者之沟通与联系，帮忙授教者了解学习者心理，有效引导、促进和建构学习者的知识体系。移动课堂教学将教学各环节有机结合起来方便学习者和授教者的使用，主要包括四个方面：课堂学习、课堂测试、交流互动和资源共享③。

---

① 刘豫钧，高淑芳．M-Learning 让课堂随时在身边［J］．信息技术教育，2003（6）.

② Sariola J. What are the limits of academic teaching? In search of the opportunities of mobile learning［EB/OL］，http：//ok. helsinkihelsinki. fi/tekstit/article. rtf

③ 张蕾．信息化环境下移动课堂教学模式研究［M］．长春：东北师范大学出版社，2017：46.

1. 课堂学习

课堂学习内容在泛在学习与传统教学之间是有明显的区别，作为对传统教学模式的扩展，不应该失去本身的优势，即在实现时需要体现出对专业培养的系统性。

首先，需要将原有成熟的知识体系结构导入，作为支撑系统基本环节。传统教学对专业培养积累了大量的实践经验，通过专业建设形成了专业标准、课程标准、专业知识结构体系，对课程的学习有严格要求先导与后续课程的衔接，对学习者有良好的指导作用，使之能够循序渐进地完成相关课程的学习。同时在学习过程中对部分学习者需要完成跳跃式学习的，可以在通过相关测试后打开权限，而不应该开放所有权限，从而影响到知识的建构过程。特别是要针对原有课程的性质不同，采取不同的形成策略，如基础课程、核心课程、拓展课程、公选课程等。

其次，课堂学习过程需要形成详细的记录，方便授教者可以从容掌握学习的进度。学习进度的掌控主要需要知识学习者在专业学习走向、某门课程的学习进度。专业学习有多个专业方向的选择，学习者在学习过程中，通过对知识路线图的了解，完成相应的先导课程后，授教者可以根据专业方向的区别进行有重点的讲解，如同一门可能分为 A 类、B 类课程，根据走向不同进入不同的类别学习。另外，课程学习过程中，分单元或任务完成相应的知识积累，学习者的学习进度有助于授教者了解学习者的兴趣程度、可接受的强度等等。同时，学习进度的保存也是课堂学习模式在架构中必要存储的数据，方便学习定位，优化用户交互。

根据上述分析，系统架构时，可以在系统服务端将学习的资源按照不同属性进行分类，课程在客户端界面进行显示，学生可添加感兴趣的课程。登录系统后，都可以直接选择课程开始学习。在服务端将课程相关信息录入到相关的数据库中，最后显示在客户端的列表中。该功能的实现是通过和服务器的通信来存取数据库中的相关数据。

2. 课堂测试

在完成课堂学习后，测试是不可缺少的环节。通过测试，帮助学习者了解自身学习程度，帮助授教者了解教学的效果。这一部分，在泛在学习中较为缺乏，而在传统教学中，相关课程都已经积累了大量的题库资源，并经过多次测试，完全可以支撑起测试部分所需内容。

要实现该模块，结合传统教学的内容，需要在测试环节导入必要的资源。测试资源一般分为平时练习、单元测试、课程考核等。平时练习一般是随堂，在知识积累的过程中，通过提供的必要练习，以帮助学习者巩固和提高认知水平，这类资源需要提供必要的分析过程讲解，由学习者自觉完成相关练习；单元测试一般是课程进行到某个里程碑时，通过测试了解先期学习的成果，以方便对后续学习打好基础，这类资源的提供主要是考察学习者的学习效果，需要根据测试结果的分析判断，明确地通知学习者需要加强和改进的地方；课程考核是在一门课程学习结束后用于考核学习者是否达到该课程学习的知识建构要求，是完成后续课程的先决条件。

根据以上分析，平时练习部分关联的是课程中相关知识点，除了题库导入外，还需要针对练习提供相关的文字或视频讲解；单元测试部分根据所设置的章节或里程碑，生成测试内容，并需要生成分析结果以文字或图形的方式显示；课程考核部分在学习者声明学习完毕并申请考核后生成相应的试题，考核结果需要留存用于后续课程开课时的参考数据，以文字或图形的方式显示通过或未通过该课程。

系统架构时，可以做如下考虑：教师在课前将题目和选项添加到系统中，按照课程、章节录入，然后发布到题库中，学生在课堂登录并答题；学生答题提交的时间会记录到系统中，学生在答题中可以将感兴趣或者是需要不断练习强化的题目收藏，针对有疑问的题目也可以在运行软件的过程当中提问等。

3. 交流互动

互动环节是移动互联体系中最具特色的部分，但在现有的泛在学习的系统中仍然利用不足。传统教学较为注重互动环节，通过互动了解学习者的心理、思维状态；通过互动完成答疑解惑；通过互动改进教学设计。利用移动互联技术中互动性强的特点，将原有的互动过程，通过线上系统完成，方便学习者之间交流、学习者与授教者之间沟通。互动模块应该为学生和老师提供一个广阔的交流平台，方便教师与学生之间进行沟通，减少课堂上学生问题的滞留。可以充分地将学习的想法、学习心得、学习经验通过互动平台明确地展现出来。

交流互动需要实现以下几个部分：

（1）互动方式的选择

目前在线课堂后采用的方式有三种，一种是设置评论的方式，允许学习者在相应课程发表自己的观点，提出问题或给出评价；第二种是通过提供第三方联系的渠道，如 QQ、微信等方式，使用即时聊天的形式完成互动；第三种是通过提供论坛，针对某门课程给出大家进行讨论的空间。在这三种方式中，论坛方式能够较为明确地展现并保留下交流内容及各种交流形式。

（2）互动内容的选择

互动行为一方面加强了学习者之间的沟通和交流，促进了学生之间的相互学习，另一方面提供了可咨询、答疑、解惑的互动平台，方便授教者了解学习动态，对改进教学设计有帮助作用。因此在设计互动内容时可根据某门课程的学习心得、互动意见与建议等选择课堂互动的内容。

4. 资源共享

传统教学中针对每门课程的准备过程中会积累大量的参考文献资料，也包括制作的教材、演示、视频、素材等一系列课程资源，而学习者在学习过程中，通过网络也可以查找到相关的资源，如果可以将资源共享，那么学习者将会更快速地获取到所需的资料。

在设计资源共享模块考虑到可能的资源来源，需要提供给授教者和学习者上传的权限，也需要对资源进行更好的分类处理。由于届时资源的体量较大，为方便查找可采用关键搜索以及相关资源链接的方式提供给学习者使用。

移动课堂只是在互联网+教育理念下的实践，期望通过资源分享、师生互动、在线考核测试的方式建立在移动平台上加强传统教学。在移动互联技术的推动下，传统教学与泛在学习将会不断进行融合促进，主要在资源的整合、教学互动、智能问答、知识体系数据挖掘等，利用移动互联技术和大数据的操作完善移动课堂的内容。

三、移动学习理论基础

移动学习是移动通信多媒体技术和移动计算技术在学习中的具体应用，移动学习必须有新型学习理论做指导。移动学习和一些新的学习理论密切相关，如非正式学习、情境学习、境脉学习、行动学习、经验学习等。一方面，这些新的学习理论在实践中为移动学习提供了理论基础；另一方面，移动学习在实践中为这些学习理论的应用提供技术基础与支持。

（一）非正式学习

非正式学习是一种来源于直接交互或者从合作伙伴和教师得来的暗示信息的隐式学习。斯坦福大学校长指出，学生在大学期间超过一半以上的知识是从同学那里学到的，而不是从课堂或教授那里学习到的。[①] 从同学那里学习就是一种非正式的学习，从这个意义上说，现代大学制度的成功不仅仅是教师的课堂讲解，而是把同年龄的一群人聚集起来并为其提供沟通彼此与学习的机会。

（二）情境学习

情境学习自身有深刻广泛的理论基础和超越传统的概念。它从心理学出发，并从人类学、批判理论、生态、政治和其他相关学科的研究中反思，最终发展成为主流的研究学习理论。其中，维果斯基的建构主义思想是情境学习理论的关键思想。教育心理学的情境学习理论和人类学的情境学习理论在术语上虽然表达不同，但他们都认为，学习是学习者在一定的社会文化背景下，在与周边学习环境的互动中体现自我建构意义和价值的一项活动。移动通信技术使得学生可以随时随地获取任何知识，这将极大地提高学习活动的质量。因此，移动学习为情境学习理论提供了技术支持。

（三）境脉学习

境脉学习理论认为，学习者自身的记忆、经验、动机和反应形成了一个完整的内部世界，学习者在处理新信息或知识时，与学习者的内部世界发生交互，这便是学习。境脉学习理论强调学习者本身的内部世界对于学习的重要性，重视分析学习者现有的知识结构、学习动机、学习兴趣。境脉学习理论所强调的学习者自己的原始记忆、经验、动机和反应就是一种内部学习环境。境脉学习理论为移动学习提供了理论基础，移动学习则为境脉学习理论在教学中的应用提供了技术基础．

（四）行动学习

行动学习即在实践中学习，学习者组成学习团队，针对问题，教师与学生之间进行互相交流、帮助，实现学习中主动提出问题、解决问题、交流经验的学习过程。行动学习的主要思想来源于行动理论，行动理论中指出，学习和活动室相互作用、相互依存的。我们不可能不经思考就行动，也不可能只思考而没有行动。学习并不是传输的过程，也不是接受的过程。学习需要有意图的、积极的、有意识的实践，包括互动的意图、行动、反思活动。

---

① 高原，吴长城 . 透视非正式学习——基于非正式学习与正式学习对比的视角 [J]. 当代继续教育，2018（2）.

第三节　腾讯微校在体育教学中的应用研究

一、腾讯微校功能模块在体育教学中具体应用研究

（一）基本功能类模块在体育教学中的应用

1. 群发功能模块

由于其具有即时性、主动性、瞩目性和限缩性等特点，使其成为最宝贵的功能领地，也是阅览度最高的板块，是提醒用户群继续使用该公众号服务活动的敲门砖，因此，在内容的设置上要有针对性和即时性，投用户之所好，用最快的速度抓住用户群的关注。[①] 根据体育教学公众号受用群体喜爱关注"体育资讯"和"体育技能指导"的需求特点，体育教学公众号的群发功能模块内容设置为"体育资讯"或者"体育技能指导"最能引起用户关注。

2. 自动回复模块

自动回复模块，可以编辑大量的信息，甚至可以组建数据库，具有"无限"的储存量，适用于将体育教学的教材内容以图文方式、声像链接方式汇聚于这一模块，但其处于隐没状态，需要用输入关键词的方式来检索出用户所需求的部分。这就需要在公众号合适显著的位置设置"自动回复模块使用说明"将关键词列举给用户。可以将说明放于公众号的"简介栏""关注欢迎词"或作为自定义菜单模块中的一小级来列出。

3. 投票管理模块

投票管理模块，在体育教学中可以适用于多种情形，如具有校园体育文化宣传属性的"校园体育明星投票""明星体育教师投票"，具有体育教学属性的"我最爱体育项目投票"，具有体育科研属性的"常体育锻炼时间投票"；数据分析模块，对体育教学公众号的关注量、退订量、阅读量等信息进行数理统计，形成大数据并自动生成统计图，供公众号运营参考或科学研究使用，高效、直观、精准。

（二）教学教务科研类模块在体育教学中的应用

教学教务科研类功能类模块是腾讯微校平台中平均使用量最高的模块种群，其在体育教学、体育教务管理和体育教学科研中的应用也极为广泛。

1. 教学类功能模块

（1）学生可以在腾讯微校平台中运用"体测成绩计算器"模块依据 2014 年《国家学生体质健康标准》提供单项指标评分表及加分指标评分表来进行体测评估；可以在"图灵机器人""图书馆""查资料"模块中查询体育教学方面所需资料进行自主学习。

（2）教师可发布"早起打卡"模块功能，帮助、鼓励学生养成早起体育锻炼的好习

---

① 孙雨，郝彩娟，罗征．基于腾讯微校的移动智慧校园建设研究［J］．中国管理信息化，2019，22（14）.

惯；可将日常体育测试、体育考试和体育比赛成绩通过"查成绩"模块公布，便于学生即时查询。

（3）传统纸质教材承载力弱，表现形式拘泥于文字、静态图片，而体育教学属于动态教学，纸质教材显然不能满足体育教学日常需求。这也导致体育教学常常采用教师现场教授的形式来进行，不利于学生课后自主学习。

2. 教务管理类功能模块，

在日常体育教学中，课前签到答到为重要的课程环节，关系到考勤成绩评比。但师生列队站立点名答到的传统方式，将占用大量的体育训练时间。"请答到智能签到"模块通过动态二维码方式，可将扫码签到动作设计在体育锻炼活动中，如在热身跑中进行，达到签到即热身的效果，规避了站立答到浪费训练时间的弊端，或者采用手机 GPS 定位功能，在学生列队时通过定位来完成签到过程，并能够自动生成考勤统计表，实现现场智能签到、考勤考评等功能；体育教学比赛活动是学校体育教学的重要组成部分，往往需要张贴海报宣传、设立报名处等待参赛者报名、印发活动门票等前置程序。在互联网+背景下，体育教学比赛活动在体育教学腾讯微校平台中作宣传比张贴宣传海报的传统方式更为便捷高效，"微报名"模块可提供在线报名审核功能，改进了设立报名处等待参赛者报名的低效局面，"超级门票"模块可编辑体育比赛专属二维码门票，通过腾讯微校平台派发，入场扫码，便捷高效、节省资源。

（三）商用功能类模块在体育教学中的应用

体育教学公众号的持续运营需要物质基础支持，可以从腾讯微校"红包悬赏"模块中获得赞助资金支持；也可在"要吃啥""圈子集市"模块中进行体育商品销售、体育技能指导有偿服务、承接体育商业广告等盈利形式获得资金，也为体育教师学术著作提供宣传、销售平台。

二、腾讯微校体育教学公众号建设模式研究

（一）腾讯微校体育教学公众号建设模式内涵

腾讯微校体育教学公众号建设模式指的是，为改善体育教学公众号生态环境，指引体育教学公众号持续性发展，更好实现体育教学公众号体育教学功能，不断满足体育教学公众号用户需求，从校园公众号构建模式理念出发，结合体育教学公众号分类、腾讯微校功能模块属性及其在体育教学中的具体应用，针对用户需求与现有体育教学公众号发展现状，对其内容设置、运营机制搭建具有"模板"功能的理论框架。

（二）腾讯微校体育教学公众号建设模式理念

1. 体育教学属性原则

腾讯微校体育教学公众号是专用于学校体育教学服务领域的公众号，其功能属性及运营目的始终不能脱离体育教学属性。包括在体育教学属性内的细化分支，都应本着体育教学属性原则出发。也可以推送其他领域信息来吸引用户持续关注，但要与体育教学属性具有关联性，并且把握好比重，时刻为体育教学核心内容作"药引"。

2. 功能性突出原则

从 3.1 腾讯微校体育教学公众号分类部分可以看出，根据学校体育教学公众号设立主体的不同与服务对象群体的不同，选择便于实现其功能性的公众号性质类型，在订阅号、服务号还是企业号之间进行抉择。并且在内容设置上应充分突出其功能属性特点，例如学校体育教学官方类公众号应突出其体育教学文化宣传功能性，学校体育教学组织类公众号应突出其体育教学管理功能性，学校体育教学自媒体类公众号应突出其具体体育教学功能性。

3. 内容多米诺原则

在遵循体育教学属性的基础上，注重各模块内容信息的连锁性，在日常推送模块中，应利用与体育教学相关联甚至无关联但能吸引用户视线的信息来诱发用户阅读体育教学信息行为，从而实现体育教学目的。[①]

4. 运营内外联通原则

媒体形式丰富是校园之特色，且依据前述研究可知，校园公众号种类多，数量大。那么，"三大类"腾讯微校体育教学公众号之间、学校体育教学公众号与其他种类学校公众号之间、校园公众号与校园其他媒体形式之间，要在运营中形成互惠互利的内外联通生态。

三、腾讯微校体育教学公众号内容设置模式

体育教学腾讯微校平台公众号内容设置模式，根据模块呈现属性不同，分别从显性模块设置和隐形模块设置来分析。

（一）显性模块设置

显性模块指公众号直接呈现在用户眼前的核心框架设置，由群发模块和自定义模块构成，显性模块基本运作模式为"自定义模块"进行内容分类，分成最多 3 个一级标题，每个一级标题再细化分出 5 个二级标题，通过"群发模块"发送相关网页图文、声像资讯，主动吸引和提醒用户关注、点击"自定义模块"中的体育教学内容分类。群发模块的内容设置决定了是否能引起用户关注，从而引发对自定义模块的使用，自定义模块的内容设置直接决定了用户是否能找到自己需求的信息，那么显性模块内容设置至关重要。这里分别从三大分类公众号内容构建模式来进行分析：

1. "体育院校体育教学"公众号

根据体育院校体育教学公众号用户的需求，群发功能模块应发布体育文化宣传、体育文化生活、体育资讯及体育教务管理等信息，自定义模块一级应设置为文化宣传、校园资讯及校园管理相关的标题，在二级标题中分别从腾讯微校模块类群中选择使用文化宣传类模块、文化生活类模块及教务管理类模块进行内容设置。

2. "校园体育组织体育教学"公众号

根据校园体育组织体育教学公众号用户的需求，群发功能模块应发布体育教学管理信息、校园体育文化宣传信息、校园体育文化生活信息，自定义模块一级应设置为校园资

---

① 付丽梅，邓继禹，贾跃. 基于腾讯微校平台的易学习 APP 设计与实现 [J]. 考试周刊，2017（7）.

讯、教务管理、综合管理相关标题，在二级标题中分别从腾讯微校模块类群中选择使用文化生活类、教务管理类及教学、社区交流类模块。

3. "校园自媒体体育教学"公众号

根据校园自媒体体育教学公众号用户需求，群发功能模块应发布具体体育教学信息、校园体育文化生活信息、校园体育文化宣传信息，自定义模块一级应设置为体育教学、教务管理、综合类相关标题，在二级标题中分别从腾讯微校模块类群中选择使用体育教学类、教务管理类、生活、社区交流、商用类模块。

（二）隐性模块设置

隐性模块指需通过显性模块被动激活的信息内容，通过用户对"显性模块"输入的指令，激发"隐性模块"中的教学内容，主要操作方式有：（1）通过点击管理员群发信息来阅览网页图文、声像内容或各类功能模块；（2）通过用户点击自定义菜单分类来激发网页图文、声像信息或各类功能模块；（3）通过用户直接输入关键词，或者通过点击自定义模块二级标题中的"关键词说明"，查看关键词信息后再输入关键词，从而激发网页图文、声像信息或各类功能模块；（4）用户主动向管理员提问索取，管理员回复其所需图文、声像信息或各类功能模块。由于显性模块推送量有限，隐性模块却有近似无限量的内容承载力，在体育教学腾讯微校公众号中，应将具有体育教材属性和具体教学属性的图文、声像设置于隐性模块当中，通过公众号用户的主动索取来实现体育教学目的。

因此，在体育教学公众号内容布置中，通过显性模块推送即时体育教学资讯来提醒用户关注公众号和引起阅读行为，使得用户主动激活隐性模块内容，来学习更为具体详细的体育教学信息和体育教材信息。

第四节　微信公众平台在高校武术选修课教学中的应用

一、微信公众平台概述

（一）相关概念分析

1. 微信公众平台简介

微信公众平台于 2012 年 08 月 23 日正式上线，曾命名为"官号平台"和"媒体平台"，创造更好的用户体验，形成一个不一样的生态循环。微信在 2013 年 8 月 5 日从 4.5 版本升级到了 5.0 版，同时微信公众平台也做了大幅调整，微信公众账号被分成订阅号和服务号，运营主要是组织（比如企业、媒体、公益组织）可以申请服务号，同时运营主体是组织和个人，都可以申请订阅号，但是个人不能申请服务号。

2. 服务号

服务号，是微信公众平台的一种账号类型，只有组织可以申请，个人无法申请，是商家在微信社交平台上的站点，带有微型官网的意味，同时服务号规定机构可申请自定义菜单。服务号的宗旨是为用户提供服务。借助于自定义菜单以及后端的 Mobile Web Site，使机构实现天然跨平台服务，和机构现有的系统对接起来。

3. 订阅号

也是公众平台的一种账号类型，为受众提供信息和资讯。组织与个人都可申请。其实信息订阅并不是什么新鲜事，十几年前邮件订阅就已很流行，五六年前各种 RSS 订阅更盛极一时。不过这些都是 PC 时代的武器，在移动互联网兴起的今天，邮件订阅和 RSS 阅读器已经沦为鸡肋，人们更需要的是能随时随地便捷获取自己需要信息的工具。

（二）微信公众平台的传播方式

微信公众平台的传播方式具有在融合大众传播（单向）和人际传播（双向）的信息传播特征。从宏观上呈现一种散布型网状传播结构，但不同于微博任何一个网节都能够生产、发布信息，公众平台所有网节的信息（主要指分享）都能够以非线性方式流入总的信息流之中。微信公众平台中人际传播的交互性被发挥到极致，受众可以迅速及时的反馈信息。从微观上则强调一对多的点对点传播结构，推动信息流进入传播系统，并通过受众的反馈，最终构成一个或闭合或开放的传播系统。从时间维度观察，在受众关注公众号之后，推送者与受众的互动发生的概率在在消息到达个人微信终端后达到一个峰值，区别于传统媒体的是，除峰值之外的其他时间仍然有发生互动的几率性。从传播内容的形式上则是多种媒介（如书面媒介、声音媒介、视频媒介、触摸媒介）的杂交或融合协同而释放出的传播形式。

1. 宏观传播流程

从推送者到受众产生信息流，从受众到推送者产生反馈的信息流。但两者之间并不是等同的，内容、形式往往不同。信息流量有大有小，对于推送者而言，收到的反馈信息流越多，则表示收到的反馈信息越多，与受众互动的越多，通常也可以判断，此公众账号的受众多，而且活跃度高。对于受众而言，收到来自推送者的信息较多，则表示受众关注的微信公众账号较多。

微信公众账号的使用与相应的受众，数量大，类型多。且从宏观的角度讲，在公众传播平台中，推送者也可以充当其他公众账号的受众，即推送者与受众是一组相对概念，但在微观流程示意图中，两者的角色不可互换。由于"分享"功能的设置，受众变成了关键节点。受众分享，则从推送者到消息被分享，构成开放的传播系统；受众不分享，则从推送者到受众变为闭合的传播系统。

事实的操作中，推送者与推送者之间，没有联系，彼此都是独立的机构或个人；受众与受众之间，即使属于关注同一公众账号的受众之间，也是彼此独立的个体。在微博中是可以实现的，即同一账号下的粉丝是可以相互看见的，包括粉丝数量，粉丝的昵称，主页等，都可以通过超链接进行了解。在公众平台中暂时不具有此功能。如果两个受众以朋友的关系，进行相关内容的沟通，则属于线下的人际关系传播，而非微信 APP 中两个人以虚拟的身份在微信公众平台传播内部进行沟通。

2. 宏观传播中各个要素概述

公众账号用户，是政府、媒体、企业以及明星等具体的机构或个人。根据腾讯的统计，目前的使用人数较多，大概有 200 万人左右。数量大，类型多。

公众账号网页端，消息推送者处理信息的最后一个环节。它的属性为工具。这一网页终端有助于使得海量的消息按照既定的规则进行排列，通过这一工具，将推送的信息以文字、图片、语音、视频等类别的内容表现出来。传播者不同，选择推动的内容存在差异。①

微信 APP，是微信公众平台传播系统存在的根基。只有双方都是微信使用者，公众平台的传播系统才得以实现。微信 APP 在前，微信公众平台在后。微信是机构与受众构成传播系统的中转站，属于硬件传播渠道，在整个传播系统中是不可或缺的关键要素。

个人微信终端，是内容的接收器，即智能手机上的微信服务号及订阅号的页面，是推送消息与受众接触的第一场景。推送消息的表现方式经过微信 APP 的中转作用，已经还原为人可以识别的文字、图片、音频和视频等格式。② 但体验场景即用户阅读内容过程的用户体验，是机构推送者无法控制者，是第三方微信团队控制的。这一环节中的用户体验是自智能手机使用群体壮大后出现的热词。用户体验是一种纯主观在用户使用产品过程中建立起来的感受，是以用户为中心，以人为本的具体体现。

受众，即公众账号的关注者，数量大，零散。很多受众对于接收到的内容，没有阅读，或者阅读后没有互动，也可以看作另外一种形式的反馈，尤其是在后台对受众进行数据统计分析时可以得出这样的判断。

3. 微观传播流程

因为是从微观的角度对微信公众平台的过程进行解读，相对比宏观的流程而言，消息推送者只有一个，通常会有多个受众。受众与受众之间依旧是独立的个体。推送者向受众传递产生信息流，受众反馈产生信息流。尽管同样是信息流，但两者并不一样，存在性质上的差异。对于没有与推送者直接互动的受众，表示没有正面进行反馈。在受众的关节点，有的选择分享，使整个系统变为开放的传播过程，尤其使得代表大众传播的公众平台和代表人际传播的朋友圈实现完美结合；有的受众选择不分享，则受众成为闭合节点，公众平台的传播则变为闭合传播系统。在微观结构中，机构成为传播者就不能再充当此系统中的受众，同样，受众充当受众的角色，也不能上升为内容推送者。两者不可互换。

（三）微信公众平台的特征

1. 受众成为关注、订阅环节最大的变量要素

在受众认知事物的各个环节中，感觉登记环节是最先开始的环节，之后才是选择性过滤器环节。微信公众平台的关注、订阅与传统媒体的关注和订阅的本质区别在于公众平台具备强大的聚合特性，聚合众多的信息内容提供者，受众接受信息的过程变为"受众—公众平台—新闻"，区别过去"受众—新闻"的模式。关注订阅的环节省略了去报亭买报的环节，倘若需要获得不同领域不同角度的信息，也省略了接触不同媒体的环节，因为杂志、广播、TV 视频等都开通了官方账号。同时关注环节也自动屏蔽掉没有开设公众账号的媒体，传播系统变为媒体只有先入驻公众平台，才能接触到受众。

① 韦贤帅，鲁菲菲. 论传统媒体微信公众账号的发展现状与策略 [J]. 电视指南，2017（24）.
② 靖鸣，周燕，马丹晨. 微信传播方式、特征及其反思 [J]. 新闻与写作，2014（7）.

（1）受众选择的不对等性

认知心理学的研究表明：注意具有高度的选择性，我们对注意的信息是有意识的，而且注意聚焦被认为是受意识导向的，以至几乎没有无注意的信息能进入我们的意识。有些研究者指出，个人一般不选择或拒绝全部消息（即选择性接触），因为我们无法在事先就知道消息的内容。比较典型的情况是人们会注意到不违背他们强烈坚持的态度、信念和行为的那部分消息，而不会注意违背自己强烈坚持的立场且会导致心理上不舒服和不和谐感觉的那部分消息。

而事实上，微信公众账号正处于发展期，未到达广泛普及的阶段。对于普通受众而言，不确定哪些传播者开通公众账号，它们的微信号具体是什么。事实上，受众处于被动的选择性关注和理解，只能在有限的数量之中进行比较选择。相比较平面媒体和电波媒体的传播系统，传播者与受众的知情权对等，受众只需在诸多信息间主动进行选择性关注。

（2）受众地位的增强

现在的账号管理者知道被受众注意是相当艰难的事情。微信公共平台的加友方法是被动的，组织机构无法主动添加好友，只能被受众添加为好友。这一特征使得诸多经典的大众传播效果理论，再也不能弱化受众地位，直接探讨传播效果。受众被看重，同时也因为信息量呈爆炸式增长，受众变成了一个零散的，隐蔽的群体。

在微信公众平台传播系统中，每一个账号传播者的第一意识变为受众的聚集。传播新媒介中传播者的多元化特性大大地分散了受众的注意力，受众分散，难以锁定。微信公众传播系统中，必须要考虑受众的累积问题，这是在大众传媒时代经常被弱化的问题。在传统大众传媒时代，传播者知道受众在哪里，受众知道如何获得信息；在微信公众平台发展现阶段，传播者只知道存在一批符合账号定位的受众，但不知道既定的受众在哪里，群体规模，受众也不熟悉如何发现传播者。

通常一个公共账号受众的前期积累不是在微信系统内完成的，而是在微信系统外完成的，属于微信公众账号运营的重要部分。但此环节是传播系统运作的前提条件，如果受众没有被成功聚集，会导致整个传播过程的消失，故在此环节进行重点叙述。

2. 公众账号管理者

传播过程的基本要素之一，信息的搜集、加工、制作和传递者。传播者对整个传播系统进行把关和控制。他们是公众平台上的对互联网使用最敏感的一部分机构和个人，多分布于互联网行业、媒体行业、客户服务行业等。

（1）专业性不再是传播者的重要特质

研究者怀特海德曾用四个因素评价传播者：值得信赖，专业性或能力，活力（是指进取的—驯服的和主动的—被动的）和客观性（根据头脑是开放的—头脑封闭的和客观的—主观的）。

但事实上，公众平台上的传播者相对于传统媒体单个行业的知晓能力来说，背景更加多样化。其中一部分传播者，他们对于信息的把握客观，专业，将在其他传播系统中累积的信誉和权威性携带到微信公众平台中，顺理成章受到许多受众的关注；但还有一部分自媒体人群，他们坐拥千人、甚至万人受众，但用怀特海德的标准衡量，是不达标准的，尤其是"专业性或能力"和"客观性"两个标准，比如《逻辑思维》中的罗振宇，《槽边网事》的和菜头，在他们身上除了自媒体人的标签，有很多传统标准无法解释的特征。

比如他们不再专精于某一行业，即怀特海德提到的"专业性"，而是懂很多行业的琐碎知识，却深谙受众的心理需求，故而受到很多受众的欢迎。他们每天推送的信息都是自己的观点和认知。这里发现很多账号热衷于推送一些评论性的观点，这些观点在筛选时又是否真的客观？不得不提及评价传播者在传播系统中的衡量标准也需要更新、补充。如将"专业性或能力""客观性"的指代范围缩小，"值得信赖"的标准依旧成立，正如当初实验刚结束时，"值得信赖"是最主要的标准。

（2）"皇亲国戚"同为"平民百姓"

另外一方面，依格兰西媒介霸权论的观点：大众媒介被视为受社会统治阶级控制、帮助那个阶级控制社会其他人的工具。在我国，电视新闻媒体和平面媒体同样符合媒介霸权论。

微信公众平台的出现，使得占据舆论引导地位的传统大众媒体在微信公众平台传播系统中并没有找回"皇室尊严"，同样沦为"平民百姓"，与其他同类媒体或同质媒体展开受众争夺战。在中国新闻体系中，在纸质媒体、电波媒体的话语权争夺过程中，行政力量发挥很大的作用。微信公众平台刚刚诞生，以后也许会出现微博的衰落趋势，但此阶段的微信公众平台正处于市场规则起主导作用的阶段。传统行政力量宠儿的新闻媒体落户微信，要按照市场规则同其他媒介平等竞争。微信公众平台从传播者的角度观察使权力最大程度下移和分散，对不同级别的传播者也划出了相同的起跑线。由微信公众平台这一自身传播特性，可以总结出，不同的传播媒介具有不同的特性，在其他传播系统的成绩无法完全移植到另外一套传播系统内。

3. 编辑完成的内容

消息，是人类的一种语言符号，是客观事物被人工编码后的临时状态。美国哲学家、符号学先驱皮尔士对符号进行概括，认为构成符号的要素有三：一是代表事物的符号（形式），二是被符号指涉的对象（指称），三是对符号的解释（意义）。按照传统的传播领域划分，"指称"部分属于信源，即传播者环节，"意义"部分属于编码环节，"形式"则是本环节重点探讨的消息环节，即文字、图片、音频与视频。

现在绝大公众账号推送的消息都是图文链接，每一篇文章都带有图片，且单图文占绝大多数。但是图像仅仅是在文章的开头作为整篇文章的一部分，剩余的部分则是最原始最简单的文字排列，也许是由于手持设备的屏幕面积有限。但是此种传播形式仍然是通过抽象的，一行一行的显现在电子屏幕上的语言符号，表现复杂的现实社会的。此类内容方式仍迫使受众用一种线性的、因果关系的理性思维方式，组织视觉行为，抽象化的思维由此继续发展，易造成受众不能立体的、复合地认识和思考。

（1）呈现方式集报纸、广播、电视优势于一身

和传统纸质媒体相比，微信公众平台传播系统，没有改变受众的线性思维方式，甚至没有弱化原有的思维习惯，转而用图片的方式辅助线性思维的进行；这一新的媒介改变的是媒介的外在形态，从原始的印刷版面改为电子显示屏；在同一载体下，实现多样形式融合，即可以向受众推送文字、图片、音频、视频，而不像之前，报纸、杂志只可以放置图片和文字；广播只可以放置音频；电视也只是可以放置转瞬即逝的视频。

（2）形式精简，查看、储存成本低

微信公众平台众多账号中的既有原生账号，又有附属账号。此处的附属账号，指已有

传统成熟媒体在平台上开辟的新领地，比如环球网，南方周末。附属账号的内容相比较传统媒介方式上呈现的内容即多版报纸、多屏内容，内容更精简。这种占领较少空间，不用纸张，形式上对人更友好。每天只会推送 4 次，往往包含 3 至 5 条信息。不得不提的是通过"查看历史消息"与下载和存储功能，使得受众翻看过去信息成为可能，成本降低。

推送的语音摆脱了声音稍纵即逝的缺陷，增强了受众对音频信息的控制力听觉符号体现的时间维度得到释放。只要受众不删除，就可以无限次收听；而且可以在播放过程中暂停，增强受众对信息占有的感觉。道理很简单，阅读文本时，读者能用眼睛盯着文本，思考其含义，然后才往下读。而听文本时，往往不具有同等程度的控制力。推送的音频信息，在时间、空间、成本上占有很大优势；推送的视频同样克服电视画面稍纵即逝的特征，将新闻、事件以时间段的方式保留，推送到受众手中。视频是声像的结合，在娱乐以及现场的临场感上占有优势，也是其他传播形式无法企及的。

此外，音频和视频的内容形式降低了受众的理解成本，因为相对于文字而言，音频、视频对线性思维能力，逻辑性要求降低。

二、武术教育在学校体育中的功能探究

(一) 武术不同属性对其教育功能的影响

1. 武术技击属性对其教育功能的影响

武术技击属性是指武术作为一种社会文化形态，它是一种具有民族文化特色的技击术。这是武术的最根本的属性，也就是武术的本质属性，它对武术教育功能的影响也最大。

(1) 武术技击属性要求武术教育重视道德礼仪教育

由于武术技击的暴力性特点要求武术教育必须重视对仁爱、诚信、正义、责任等外来道德的提升，以对这些暴力持有者使用暴力的行为加以规范；由于武术技击的强对抗性的特点要求武术教育必须培养勇敢、自信等道德，因为要想在实战对抗中战胜对手就必须保持高傲的斗志，在气势上压倒对手，这就要求教师在平时的武术教育中要着重培养学生的勇敢、自信等品质；由于武术技击技术难修性的特点要求武术教育必须对恒心、坚韧、忍耐等道德进行提升，因为没有这些意志品质学生就很难在武技方面获得提高，所以在武术教育中，就是要严格培养学生的这些品质。

(2) 武术技击属性要求武术教育必须发展学生智力

武术技击对抗的制胜因素具有多样性特征，要想战胜对手不仅需要精湛的技术、巧妙的战术，也需要高超的智慧，武术对抗一直是斗智斗勇的活动，所以在平时的武术教育中，教师必须重视发展学生的智力。

2. 武术文化属性对其教育功能的影响

武术文化属性是指武术承载着丰富的中华民族文化内涵，这也是武术的一个重要属性，甚至有些学者把武术文化属性作为武术的本质属性。

武术文化属性决定了武术教育具有传授民族文化的教育功能。一方面武术本身就是一种文化，学习武术就是学习一种特色的民族身体文化；另一方面武术中承载着丰富的民族

文化内涵，接受武术教育有助于丰富自身的民族传统知识。①

3. 武术体育属性对其教育功能的影响

武术体育属性是指武术具有较好的养生健身、强身健体的作用，它决定了武术教育具有较好的强身健体的功能。一方面武术的许多技术动作符合医学科学的要求，通过武术教育学会这些技术动作，学生的体质将会进一步增强；另一方面武术教育的过程就是一个提高身体机能、发展体力、增强体质的过程，经常性的练习有利于学生养成良好的体育习惯。

（二）武术教育对智力的发展

智力是指生物一般性的精神能力，指人认识、理解客观事物并运用知识、经验等解决问题的能力，它是一种综合认识能力，包括对事物的注意力、记忆力、想象力、观察力、思维力及创造力等六个心理因素。② 影响智力发展的因素主要有遗传和环境、早期经验、教育和教学、社会实践、主观努力等。

所谓发展智力就是有计划地、系统地、科学地给人的大脑以各种刺激，训练提高各部位的功能，并逐步使其臻于完善。大脑的基本功能是指人对信息的接受选择、分析判断、储存传递等，这种整体的功能活动就是智力的表现，人的智力发展的实质就是脑功能的完善和增强，它的根源就是有指导的智力刺激。

武术运动是一个对各种制胜因素都要求较高的项目，要求技术、战术、体能、智力、心理等因素全面发展。智力也是影响武术实战水平的一个重要因素，在武术的教学和训练中都比较重视智力的发展，另外，学习的过程也有利于智力的提高，所以通过武术教育也能提高学生的智力水平，能对学生注意力、记忆力、想象力、观察力、思维力及创造力等智力因素的发展产生积极影响。

1. 武术教育与注意力的提高

注意力是指人的心理活动指向和集中于某种事物的能力。注意力有四个维度，即注意的稳定性、注意的广度、注意的分配性、注意的转移性。

良好的注意力对武术比赛的结果有重要的影响，无论是武术套路的演练还是武术散打的对抗，都需要运动员把精力集中在比赛中。武术套路运动员的注意力重点集中在技术的演练上，由于要在高节奏、高强度的运动中把一连串动作按照固定的程式"复制"出来，而且还有注意许多细节，如眼神，气势等，这就要求运动员高度集中注意力；武术散打实战中也要求运动员高度集中注意力，注意比赛的动态变化，时刻根据对手的变化做出应对，丝毫都不能放松。所以武术这种演练或对抗的过程就有利于练习者注意力的提高。

由于注意力在比赛中很重要，所以在武术教育训练中教师也很注重学生注意力的训练，采用许多方法去提高学生的注意力。有些项目对提高注意力很有帮助，如太极拳练习时要求心静意注，思想上摒除其他杂念干扰，要求练习者要处于无思无意的状态，用意念来引导动作，经常习练便能提高注意力。少林拳中的"冥想"方法也能提高注意力。

① 刘彩平. 当代学校武术教育价值刍论［M］. 北京：北京体育大学出版社，2011：96.

② 李秀，刘新民. 普通心理学［M］. 北京：中国科学技术大学出版社，2017：252.

2. 武术教育与观察力的提高

观察力是指人脑对事物的观察能力，也就是人通过视觉通道获得外界事物信息的能力。由于人大量信息的获得是通过视觉的，所以观察力是其很重要的一个能力，是智力的一个重要方面。

讲解法和示范法是武术教学中很重要的两个教学方法。在武术教学过程中，学生有大量的观察活动，为了更好地传递教学信息，教师会指导学生观察的方法和要领，所以武术教学有利于提高学生的观察力。另外，武术对抗中对抗的双方时刻得观察对手的状态，双方都有可能会从观察到的一个很小的细节中捕捉到战机，所以这个过程也能提高其观察力。

3. 武术教育与记忆力的提高

记忆力是识记、保持、再认识和重现客观事物所反映的内容和经验。根据不同的分类方法，记忆力有不同的种类。智力发展的实质就是有指导的智力刺激，也就是要发展智力的哪一方面功能，就得进行相应的训练。

武术教学训练中是有大量的信息需要学生记忆，只有这样，信息才能在比赛中重现出来。武术套路就是将一大组的技术动作按照程式方式表现出来，所以学生需要先把这些动作非常牢固地记下来，而且还得记住大量其他细节信息，如眼神、身体姿势、脚步落地的角度等，所以这些信息的记忆不但量大而且精细；武术散打记忆的技术动作相对较少，但是需要学生记住很多战术以及比赛的经验等，记忆量也是很大的。通过分析，武术教育中是伴随很多记忆活动的，这些多样的记忆活动有利于学生记忆力的提高。另外，武术教育中还有一些专门的记忆力训练活动，也能提高学生的记忆力。

4. 武术教育与思维力的发展

思维力是人脑对客观事物间接的、概括的反映能力。思维力包括理解力、分析力、综合力、比较力、概括力、抽象力、推理力、论证力、判断力等，它是整个智慧的核心，参与、支配着一切智力活动。[①]

为了提高思维力，教师一般会创设一些"问题情境"以引导学生进行思维活动，在这个思维过程中，教师通常还会给予学生一些思维方法的指导，这有利于学生思维力的提高。武术教育中存在许多可供学生积极思考的"问题情境"，教师可以利用这些问题引导学生进行思维活动，这可以帮助学生提高其思维力。战术训练是提高武术实战能力的重要途径，提高战术能力需要学生积累战术知识、培养战术意识。军事学、谋略学是战术知识的重要来源，掌握军事学、谋略学知识可以增加逻辑思维的理论知识。战术意识是一种思维过程，培养战术意识的过程就是提高思维能力的过程。[②]

武术教育发展智力的途径大致归结为以下几方面。一方面是在提高某项技术技能的过程中顺便发展项智力，如要学会技术就得先观察，教师也会教会学生一些观察的方法，同时观察还得认真，学生注意力需要集中，这些做法从一定程度上提高了学生的观察力和注意力。另一方面，武术教育会专门发展学生的某些智力，例如，为了提高学生的战术能

① 谢秋，谢英彪. 小儿智力发育270问 [M]. 北京：人民军医出版社，2016：332.

② 时保平. 健康、传承、弘扬大学体育武术教育教学模式多元化构建研究 [M]. 成都：四川大学出版社，2019：115.

力，通常教师会要求学生需要掌握一定的战术知识，可以经常思考问题。

（三）武术教育对道德素养的提升

1. 武术教育对仁爱品格的培养

在中国传统道德中，关于处理个人与个人之间关系的道德原则和行为规范，处于核心地位的是"仁"，在"仁、义、礼、智、信"五常之中，"仁"据五常之首。仁的基本含义是"爱"，故"仁爱"并称，在《论语·颜渊》中记载，"樊迟问仁。子曰：'爱人'"。仁的主要含义是对人爱，也就是对人的关心、爱护、同情等。仁爱是中国古代人道主义最集中的体现。

仁爱也是中国传统武德的重要内容，就武德来说，仁爱属于外源性的道德规范。[①]一般来说，对于社会上的一般道德，不管是习武之人还是非习武之人都得遵守，所以习武之人也得遵守"仁爱"的道德要求。由于武术的特殊性，即武术暴力性的本质，所以我们对这些"暴力持有者"即习武之人，在"仁爱"道德方面的要求更高，因为一旦武术暴力用于非"仁爱"的事情，会带来更大的"仁爱"道德灾难。

武术教育体系中涵盖一些有利于习武之人"仁爱"道德培育的因素。第一，武术教育普遍重视"仁爱"道德的培育，并且建立了相应的道德要求规范，并要求学生严格执行。

第二，武术教育中这种重视"仁爱"道德传统具有一定的教育意义。从古至今，武术教育都很重视"仁爱"道德规范的教育和实践，这种传统无形之中会对后来的习武之人产生影响。

第三，武术教育崇尚"仁爱"道德环境对习武之人的教育作用。武术教育环境中营造出了一种"仁爱"教育的氛围，先前仁爱之士的光荣事迹熏陶、眼前武术教师"仁爱"道德的表率作用以及习练者之中具有仁爱之心的模仿作用，这种充满仁爱道德的教育环境能给习武之人很好的道德感染。

第四，武术教育提倡仁爱之心，惩罚不仁爱行为。武术具有高强对抗的特征，学生在提高武术实战技能的过程中特别容易受伤，因此，教师一定要告诫学生要像爱护自己一样爱护同学。对于那些在训练中注意保护对手的做法，教师要给予适当的表扬，对于那些伤人的行为，教师要予以提醒。

古往今来的武术教育都重视仁爱道德的培养，我国武术教育界便形成了重视仁爱道德教育的传统，同时也积淀了许多教育经验。所以在武术教育中，我们必须要加强仁爱道德的培养。

2. 武术对宽恕品格的培养

宽恕，是处理个人与个人之间关系的道德规范之一。其中"宽"指的是一个人应该具有一个宽大的胸怀，对待别人要宽宏大量，该宽容的尽量宽容，不求全责备，不跟别人斤斤计较；其中"恕"指的是能够设身处地地为别人着想，自己不能接受或不愿意做的事情、自己所厌恶的事情，就不要强加到别人身上，是一种将心比心、宽以待人的

---

① 关博. 武术教育文化论 [M]. 北京：人民体育出版社，2015：124.

精神。①

宽恕是中国传统道德规范之一，它对习武之人也有约束作用，习武之人也必须遵守宽恕之道。同时在武术教育过程中，教师也需要注意培养学生的宽恕道德。武术对抗类项目是两两配对进行训练，而且大多数的训练方法手段是有身体接触的，在训练过程中，配对的双方很难避免不给对方造成一些无意的小损伤，如踢青了对手的皮肤、打肿了对方的额头等，有时甚至是流血、破皮、关节脱臼。尽管时常会有这些运动损伤的发生，但为了提高实战技能，教师又不得不使用这些双人对抗的训练方法，因为对于这些格斗对抗性项目，双人对抗训练最符合该项目实战的特征，最有利于提高学生的实战技能，所以这要求习武之人必须具有宽大的胸怀，当对方无意伤害了你时，不要去计较别人的无意伤害，原谅别人的过错，也就是具有宽容之心。只有这样，才能保证这些对抗训练的经常进行。

在武术教育过程中，培养学生的宽恕道德是武术教育中的重要内容，教师在课上必须经常强调，同时，教师也需要时刻为学生营造一种"宽恕"的分为，让学生在良好的环境中成长，这也有利于其优良道德品格的形成。

三、微信公众平台在武术教学中应用的优势

（一）有助于加强师生之间的互动

体育类课程是学生与老师交流最多的一个学科，而武术课程教学中因武术动作变化多样，需要教师不断地示范动作让学生模仿学习。在学生练习过程中，教师还要不停地巡视、示范动作、指导动作，几乎是手把手教学的形式，学生和老师之间就会有更多的沟通。师生之间的积极互动有助于教学效果的提高，通过教师的鼓励表扬、悉心指导，学生变得有自信、热爱学习，对教师的教学工作也有促进作用。

李瑞杰在研究中说明在上体育课时师生之间的互动较少，微信公众平台为教生、生之间提供了较为良好的互动平台，教师与学生接受新事物的能力较快，有利于微信公众平台在体育教学中开展应用，通过搭建微班级等形式加强学生和教师之间形成良好的互动。②

微信公众平台的留言模块，可以实现学生与教师之间的互动，教师可根据学生个人的状况进行针对性指导、教育。微信公众平台的应用也为"课内外一体化"途径提供了一种新的形式，形成良好的互动氛围，达到提升教学效果的目的。

（二）有助于培养学生自主学习能力

学校教育目的是传授学生知识与技能，使学生掌握必要的专业知识，能运用科学的专业知识参与实践中，并培养学生德智体美等方面全面发展。学生是一个有思想的生命个体，这就要求教育者时刻注意不能对学生进行灌输式教育，否则学生的学习就会较为被动。因此在教学中教师应当采取一些有效措施培养学生的自主性，使学生养成热爱学习并能自我探索知识的习惯，达到终身学习的目的。

武术教学存在动作多、路线变化多、突出攻防的特点，教师在课上需要不断进行讲解

①　胡平清．武术教育的当代价值研究［M］．北京：北京体育大学出版社，2016：42.

②　李瑞杰．微信促进高校体育课堂良性互动的可行性分析与路径探索研究［J］．体育文化导刊，2016（3）.

示范，学生跟随模仿练习，但是课堂时间较为有限，知识的教授较少，不能达到学生知识与技能的较好掌握。因此设计微信公众平台并应用于武术课程教学，学生通过微信公众平台可以在课下自主学习推送的武术相关内容，对课上学习内容的掌握起到促进作用，还可以扩展武术课外知识，学生可以根据自己喜爱或需求进行自觉地学习，对提高学生自主学习能力有一定的帮助。

（三）有助于打破学生学习的时空限制

随着微信用户的越来越多，人们几乎时时在用微信进行交流，学生群体也大都在使用微信与朋友进行沟通交流。基于微信的使用人群较多是学生，因此可以利用微信公众平台进行辅助教学，这样学生学习武术技能与知识就不只是局限于课上，也可以延伸到课余的日常生活中，为学生了解学习武术文化提供新途径。在微信公众平台学习武术理论知识，扩展学生的知识面，是课堂教学有效的延伸，巩固强化学生课上所学的内容，一定程度上减轻教师的压力，为课堂教学提高效率，进而可以提高武术课教学效果。

（四）有助于传统武术文化的传播

微信是仅次于 QQ 的即时沟通软件，作为新时代人才，大学生接受新鲜事物的能力较强，更多的学生使用微信软件进行交流，能较为熟练地使用微信。教师作为传道授业解惑者适应新鲜事物能力较快，教师可以通过这种时尚的软件进行辅助教学。无论是学生还是教师新颖的传授方式有助于提高学习的积极性、兴趣性。学生积极参与整个武术教学过程，这将使相对乏味的课堂变得非常丰富多彩。

微信用户的庞大有助于武术文化、动作技能的传播，微信用户的使用规模为武术文化的传播提供了较好的基础。学生和教师可以将自己浏览的较为感兴趣、有价值的内容分享给身边的朋友，这样一传十，十传百，使得武术文化得到很好的传播，对传承我国优秀传统文化具有较高的价值。

（五）有助于教师教学水平的提高

高校武术课旨在完成教授学生专业的武术技能与武术知识，培养学生武德精神、爱国情怀，传承中华民族优秀文化，使学生能运用武术专业知识与技能进行健身指导、从事教学的任务。

在武术教学中应用微信公众平台以音视频、图文等形式进行推送武术相关资源，提供给学生在课下学习，给予学生听视觉上的冲击，弥补了学生在课下因为得不到指导、复习而遗忘的弊端；学生在课下进行武术知识与技能的巩固学习，有助于提升学生的知识、技能掌握程度，会使得学生的自我成就感得到满足，课上学习武术的积极性得到较好提高，学生上课更加激情，并能较好的配合教师教学工作的实施与完成，进而提高武术课程教学质量。

四、微信公众平台在武术教学中的应用策略

(一) 做好微信平台的监督及建设工作

微信平台应用到武术选修课教学中，尽管是很新颖的事情，教师可以利用平台对视频、图文、上课注意事项等进行编辑和推送，统计学生学习武术的情况，但是在课后监督学生学习的机制方面依然还存在许多问题，需要进一步完善。[1] 教师要想很好地发挥微信平台的监督作用，需要根据学生自身情况去优化和调整教学方案，指导学生有选择地学习，端正态度。否则，在课后、课前的学习过程中，对个人自控能力比较差、不热爱学习的学生而言是徒劳的，直接影响了学生进步的空间。另外，对微信平台的建设工作也不能忽视。教师要做好武术选修课教学内容的上传工作，对知识性较强的武术理论资料通过个人制作的 PPT、音频、文字等形式展示给学生，而对于实践性较强的武术技能资料可以剪辑成短小精悍的视频和动画推送给学生，让学生的学习方式变得灵活，易于模仿和领会武术动作要领；在师生交流与答疑方面，可以充分利用班级群和公众平台的留言模块，教师对学生学习反映的问题集中处理，为了避免教师的休息，师生最好统一在规定时间集中学习与讨论；教师在线测评与评价方面，可以运用一些简单的褒义词或聊天表情，根据学生情况点评，激发学习热情，培养良好的武术兴趣，让学生对课堂知识的学习充满渴望与信心。因此，武术选修课程学习的监督是为了更好地了解学生课前、课后学习武术的动态，引导学生积极主动地学习，培养生学习的自觉性。而建设好微信平台，是确保学生实现武术学习成效的重要途径，也是保障教师达到良好的武术教学效果的主要条件。

(二) 从多元化形式评价武术选修课

武术选修课评价的目的在于检验学生学习武术的实际情况以及身体健康发展状况，也为学生提供了展示自我学习能力、水平、个性等提供平台，进一步鼓励和促进学生学习武术的积极性。因此，在进行武术选修课的教学评价时应将教师评价与学生自评、互评及小班评价、小组评价等充分结合起来，既要强调教师对学生的外部评价，也要强调学生的评价主体，对自己的学习情况作出客观评价，例如通过自我评价、生生之间相互评价，邀请家长参与评价等形式形成一个综合性的学习评价结果。评价武术技能水平时，不能过度强调打分"评价标准"，应该根据学生学习进度适当价低标准，结合学生学习武术的课堂表现、在线学习与交流情况、小组学习成果展示等对武术选修课评价作出最终的综合结果。这样的评价可以减少教师单方面评价的片面性，确保了教学评价结果的公正性，从而实现武术选修课评价的多元化。

(三) 提高武术教师的综合素养与能力

武术教师作为履行学校教育教学职责的专业技术人员，不仅承担着教书育人、培养武术人才、传递武术文化的任务，还是学校一切体育活动的组织者与指挥者。换句话说，武术教师教学的积极性、个人素养的高低，对全体习武学生的教育和健康产生重要作用，关

① 曾庆国. 微信公众号对武术传播的影响研究 [J]. 中华武术 (研究), 2019 (1).

系到学生的全面发展和学校在社会上的形象。与此同时，"互联网+教育"对武术教师提出了更高的要求，由于人类知识、信息传播和教育理念的更新速度加快，21世纪的教师就更应该积极主动顺应全球化、信息化教育时代的号召和需求，与时俱进，更新教育理念，并且通过自学、在职培训、提高学历、加强教学科学研究等途径提升个人专业化发展，保证武术教师能够适应当前教育和社会发展的需求。充分利用手机微信平台辅助武术选修课教学的特点，并不是"放羊式"的组织学生学习，而是注重武术教学的"以学为中心"的理念，重在武术课堂学习过程的内化、课后的总结与反思及微信平台线上的答疑，这与武术教师的教学设计、计算机应用能力及专业素养密切相关，武术教师必须深入认识和理解新媒体教学的重难点，完善自身以获取的知识结构，不断提高自身的专业化水平。① 可见，提高武术教师的综合素养与能力，不仅是实现武术教师教育创新的战略选择，还有利于武术教师队伍整体素质的提升，为落实微信平台辅助武术选修课教学提供了可行性。

（四）不能过度强调学生的主体而忽视教师的主导作用

我国自20世纪90年代起，就强调"学生的主体地位，教师的全部教育行为，都是为学生的学习和发展服务的。但是，主体与主导不是对立的关系，不能片面强调某一个作用，因为它们之间是相互统一的"②。微信平台辅助武术选修课教学中，武术教师把课堂部分时间分配给学生，让学生自主完成部分教学任务，不是要削弱教师的主导作用，教师放弃了自己的职责，对学生放任自流，让武术课变成自由的"放羊课"。恰恰相反，微信平台辅助武术选修课教学中，教师对教学的设计、微信平台的建设与监督、教学内容的选择、教学资料与视频的筛选、编辑和上传等都需要武术教师去完成额定工作，离不开武术教师的主导作用。学生尽管是学习和发展的主体，但由于他们各方面还在生长发育，尚未成熟，需要教师不断地指导其成长。因此，微信平台辅助武术选修课教学也注重教师的主导作用，学生主体能否充分发挥，关键还有赖于发挥武术教师的主导作用，主体与主导相互依存，充分发挥主体和主导的积极性，有利于获得最佳的教学效果。

---

① 杨惠燕. 学校武术教师核心素养的构成与培育 [J]. 产业与科技论坛, 2019, 18 (24).
② 王冬保. 数学教学中如何实现学生地位的转变 [J]. 考试周刊, 2013 (9).

第七章　体育混合式教学研究

　　迅猛发展的信息技术不断推动教育教学改革实践模式的创新，混合式教学为当前课堂教学改革提供了一种延续性创新的新思路。本章就阐述了混合式教学的基本概念，以及在体育教学中的具体应用。

第一节　混合式教学的主要概念

一、混合式课堂教学模式内涵

　　混合式课堂教学模式是面对面的线下学习与在线学习两种方式的有机整合。混合式课堂教学模式结合传统面授课堂的优势和在线学习的优势，教师和学生能够根据自身的特点和偏好灵活地调整教学的进度，实现更为人性化、个性化的教学，从而达到更好的教学效果。

二、混合式课堂教学模式解构

　　混合式课堂教学模式主要由教师、学生、课程和学习环境组成，这四个要素彼此联系、相互作用，形成了混合式学习系统这一有机整体，如图 7-1 所示。

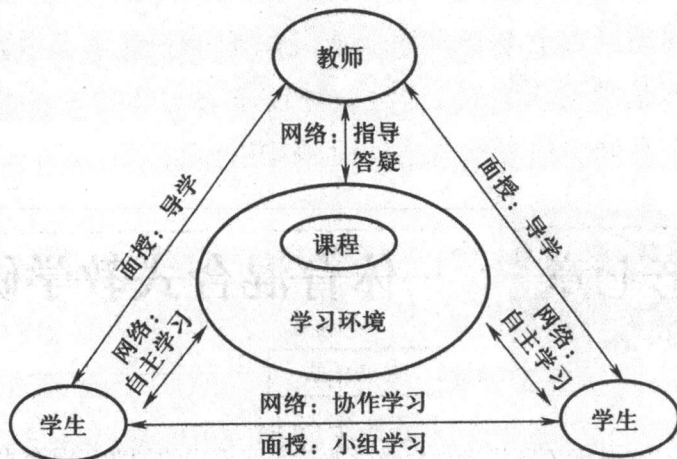

图 7-1　混合式学习系统①

　　教师：混合式学习系统中的教师是教学过程的组织者、学生意义建构的促进者、学生良好情操的培育者。教师要根据学生的特点为其选择、设计特定的教学内容、教学媒体和交流方式等。

　　学生：混合式学习系统中的学生是学习活动的主体，是信息加工与情感体验的主体，是知识意义的主动建构者，拥有经教师选择、设计并控制的学习资源。相比基于传统课堂的教学，网络环境下的学生学习具有更多的自由空间以及更大的自主性。

　　课程：混合式学习采用的是基于建构主义教学策略的网络课程，它关注为学习者提供一种个性化的、便利的学习氛围。

　　学习环境：学习环境是学习活动开展过程中赖以持续的情况与条件。学习环境中的"条件"包括物质条件和非物质条件，物质条件主要指学习资源，非物质条件包括我们常说的学习氛围、学习者的动机状态、人际关系，还包括系统常用的教学模式和教学策略。混合学习环境既包括真实的物理环境，也包括虚拟环境。

二、混合式课堂教学模式的理论基础

（一）面向全体学生的掌握学习理论

　　起源于工厂标准化、流水线式生产思想的教育教学人才培养模式，是一个要求在规定的时间内，采用标准化的教材、统一的教学方式、统一的教学媒体以及标准化的考核评价方式等实现标准化的教学过程。在教学设计的过程中，教师被迫选择以中等水平的学生群体作为参照，开展教学设计、教学进程安排和教学评价等活动，其结果必然会导致学生之间出现学习差异和成绩分化的现象。学生成绩分化的正态分布曲线反过来继续强化教师的教学设计，并最终形成一种教学设计与学习成效的恶性循环。然而，如果教学是一种有目的、有意识的活动而且富有成效，那么学生的学习成绩就应该是一种偏态分布，即绝大多

---

　　① 柯清超．现代教育技术应用［M］．北京：高等教育出版社，2016：9．

数智力正常的学生的学习成绩能达到优良甚至优秀。基于上述认识，布鲁姆提出的掌握学习理论认为，只要给予足够的时间和适当的教学，几乎所有的学生对几乎所有的内容都可以达到掌握的程度①。

掌握学习理论提出后，世界各国教育界进行了大规模的掌握学习实验，但由于受当时条件的限制，还不能彻底解决统一教学与学生个别学习需求之间的矛盾，尤其是优秀学生的学习需求无法得到满足，而使该理论的发展处于停滞状态。时隔半个多世纪后的今天，信息技术对于满足学生学习需求的天然优势得以彰显，掌握学习理论为混合式教学尤其是课前知识传递阶段的学习提供了坚实的理论基础。

（二）以问题为中心的首要教学原理

美国犹他州立大学教授 Merrill② 的研究表明：只讲究信息设计精致化的多媒体教学和远程教学产品，虽然这些产品的质量是上乘的、外观也颇吸引人，但由于其并非按照学生学习的要求加以设计，因此只会强化教师讲授式的教学。在结合社会认知主义、建构主义学习理论等多种代表性理论的基础上，Merrill 提出了以问题为中心的"首要教学原理"，认为当学生解决真实世界中的问题时，其学习会得到促进。

围绕面向真实问题的解决，Merrill 提出了有效教学的四个阶段：激活、展示、运用和整合。其核心思想是，只有当教师的问题设计是面向真实世界并且给学生提供相应的问题解决指导的时候，学生的有效学习才会发生，教师的教学效能才会得到提升。这一理论的提出，将教学推向了更加复杂广阔的真实世界，不仅强调教学设计要关注学生真实世界劣构问题的设计及问题解决方面的指导，而且要求教师转变讲授式教学理念，从知识的传递者转变为学生学习过程中的指导者、协助者、促进者。

（三）关注高阶思维养成的深度学习理论

布鲁姆将认知过程的维度分为六个层次：记忆、理解、应用、分析、评价和创造③。观察当前的课堂教学可以发现，教师的大部分教学时间仍然停留在如何帮助学生实现对知识的记忆、复述或是简单描述，即浅层学习活动。而关注知识的综合应用和问题的创造性解决的"应用、分析、评价和创造"等高阶思维活动，并没有在当前的课堂教学中得到足够重视。深度学习理论研究者正是基于对孤立记忆与机械式问题解决方式进行批判的基础上，提出教师应该将高阶思维能力的发展作为教学目标的一条暗线并伴随课堂教学的始终。

在当今的大部分课堂教学中，学生需要较少帮助的浅层学习活动，发生在教师存在的教室之中；而当学生试图进行知识迁移、做出决策和解决问题等深度学习时，却发现自己孤立无援。因此，以翻转课堂为代表的混合式教学，将原有的教学结构实现颠倒，即浅层的知识学习发生在课前，知识的内化则在有教师指导和帮助的课堂中实现，以促进学生高阶思维能力的提升。

---

① 郑建．浅谈布鲁姆掌握学习理论［J］．外国教育研究，1990（1）．

② Merrill M D. First principles of instruction［J］．*Educational Technology：Research and Development*，2002（3）．

③ ［美］安德森．布卢姆教育目标分类学：分类学视野下的学与教及其测评（修订版）（完整版）［M］．蒋小平，译．北京：外语教学与研究出版社，2009：25．

（四）促进记忆保留的主动学习理论

依据信息加工理论，所有的学习过程都是通过一系列的内在心理动作对外在信息进行加工的过程。近年来，认知科学家的研究表明，主动学习是促进知识由短期记忆转化为长期记忆的最佳方式。可以发现被动地接受教师教学中传递的抽象经验和观察经验，学生的记忆保留时间较短，学习效率低下；由于做的经验能以生动具体的形象直观地反映外部世界，所以主动参与性的学习活动能够促使记忆长期保留，这与中国近代教育家陈鹤琴先生"做中教，做中学，做中求进步"[①] 的教学方法论不谋而合。

为促进学生的记忆保留，在混合式教学中通过教师的协助和指导，学生以自主学习和合作探究的学习方式参与到真实问题解决的实践活动中，并与同伴协同完成实践活动。在此过程中，学生通过观察与内省获得知识和技能，掌握问题解决的思路与方法，并不断丰富和完善自我的情感、态度和价值观，实现自我超越。

三、混合式课堂教学模式实施过程中存在的问题及解决对策

（一）混合式课堂教学模式实施过程中存在的问题

1. 高校混合式课堂教学自身存在的问题

（1）混合式教学忽略教师的指导，减少师生交流时间

新时代课堂教学要求既要发挥教师的指导性，又要发挥学生的主体性，提倡师生关系应当如朋友般轻松。混合式教学模式侧重于利用现代化科技手段来给学生授课，侧重于学生使用电脑及网络自主学习，一节课中超过70%的时间是学生跟随网络学习，而教师只用了不到30%的时间和学生交流。它弱化了教师的指导性，过度强调学生的主体性。师生之间缺少交流，也就降低了师生之间的情感关联。另一方面，学生去学校上学除了获取知识，更重要的是为了学到做人的道理。混合式教学模式下，学生上课天天面对电脑，而电脑本身只是没有感情思维的工具，不能和学生进行情感的交流，也不能传授学生做人的道理。在混合式教学模式下，学生更多的是依靠自己，更多时候要面对学习的孤独感和乏味感。学生和教师缺少交流沟通，学生和教师之间产生距离感；教师不再是学生信任的对象，也不能及时获知学生的心理发展情况。在这样的混合式教学模式下，学生大部分时间都在面对电脑，缺少情感交流，不利于学生心理发展。

（2）混合式教学侧重于学生的主动，降低教师督促能力

在传统课堂中，教师是知识的梳理者，是学习课堂的指导者和学习过程的管理者，教师除了起着指导学生学习的作用，更起着督促学生学习的作用。比如在自习课堂上，教师安排学生自主学习，如果教师不在教室内，学生可能就会吵闹起哄；而如果教师在课堂中，学生因为对教师的敬畏，而不得不安静下来学习。此外，教师课后留下任务，让学生预习下一节课的内容，也是一种督促学生自主学习的表现。而在混合式教学模式下，侧重于学生使用电脑自主学习，更加要求学生能够严于律己，主动学习，面对网络中各种诱惑信息，需要学生自主建立屏障隔绝。在这样的情况下，电脑虽然取代了教师的位置，却没

---

① 张毅龙. 陈鹤琴教学法 [M]. 北京：教育科学出版社，2007：63.

能发挥教师的作用。混合式教学模式下，学生没有了教师的督促，学习散漫，不仅没有提高学习主动性，反而更会降低学习积极性。同时，学生使用电脑自主学习，缺少教师的督促，不能合理安排时间，长时间面对电脑，无论是对身体还是心理，都将产生不良影响。

（3）混合式教学降低教学针对性，降低学生的学习效果

新课改下要求注重学生的差异化、个性化发展，而混合式教学显然没有做到这两样。它提倡学生利用电脑自主学习，虽然电脑给学生提供了十几种学习方法，但学生的性格多样，学习水平也高低不同，不可能每一种学习方法都适合学生。另外值得指出的是，当局者迷，旁观者清，教师经常接触学生，站在旁观者的位置教育每一位学生，更了解学生的性格特点和学习情况；学生应该选择什么样的学习方法，教师更有发言权。如果学生选择了一套不适合自己学习水平的学习方法，只会适得其反。

混合式教学虽然提供了丰富的网络资源，减轻了教师准备教案的负担，打破了学习的时空限制，但混合式教学模式没有做到按照学生的差异化授课，因而也不能促进学生的个性化发展。反观传统教学模式，教师会根据学生的差异化在课前制作教案，系统地将书本中的知识梳理罗列出来，针对书籍的重点难点，教师会重点整理；针对学生的学习性格，教师也会在课堂中增加一些有趣的活动，以引起学生的学习兴趣。显然，在针对性方面，传统的教学方法比混合式教学，对学生更加具有效果。

2. 高校混合式课堂教学实施中外部存在的问题

（1）习惯了传统教学模式的学生，难于接受新的教学方式

人都有固定思维，习惯某一件事或某一个方法后就很难改变。特别是对高校学生来说，他们不是思维想法未定型的少年期，而是逐渐趋于成熟的成年期。对高校学生来说，一旦一个理念在他们脑海中形成，就很难撼动。混合式教学模式忽然替换传统的教学方法，这也就意味着学生需要抛弃自己过去的学习方法，按照新的方法学习。这无疑会让学生产生抵触心理，从而难以接受混合式教学模式。而如果采用混合式教学，让学生使用电脑自己学习，没有教师的引导，学生无疑会产生困惑，不知怎么入手。因此，混合式教学忽然代替传统教学，无疑是让学生反对的。学生产生抵触心理，课堂质量当然难以提高。

（2）教师积累了大量的传统教学经验，更改教学方式需要重新学习

对于高校教师来说，大多数教师是从事了几年甚至几十年的资深教师。他们在教学的过程中形成了自己的一套理念与方法，并按照这套理念与方法给学生授课。当混合式教学忽然代替传统教学，教师应该抛弃自己过去所总结的经验，运用混合式教学理念，重新进行学习，从零开始摸索；并且要经过长久的实践教育，教师才能形成自己的一套新的教学思路。而在形成新的教学思路之前，教师显然需要投入更多的时间去探索、去适应，耗费精力不说，因为对混合式教学模式不熟悉，在给学生授课时，也不能很好地发挥混合式教学的优势，更甚至，反而拖累学生的学习进度，影响学生学习。

例如，在传统教学中，教师课前往往会按照自己的教学方式准备教案，罗列知识点，以待上课时落实教学目标。而当传统教学转变为混合式教学，学生不再依赖教师的教案，而是通过网络学习，这个时候，教师的作用就显得没那么重要了，教师处在不尴不尬的位置。为了适应新的教学方法，教师需要从零开始学习，心理也受到了消极影响。

（3）学校领导对构建完善的混合式教学模式重视不够

解决一个问题，我们提倡溯本追源，从问题的根本进行探讨。而混合式教学推行的根

本问题就是大家共同努力、全面推进。首先要得到院校领导的重视，继而是教师，最后才执行到学生身上。校领导作为混合式教学的推行者，发挥着非常重要的作用。没有构建一套完善的混合式教学模式，没有起到带头作用，混合式教学质量当然无法提高。混合式教学是针对成人教育提出的一个教学方法，它推广时间不长，研究文献较少，没有前人总结的实践经验。所以大多数高校在本校推行混合式教学模式时只是将这套方法不加变动地直接投入使用，并没有结合本校的具体情况和学生反映进行更改完善。在这种情况下，混合式教学就好比将一个孩子放养，不加理会，长成什么样就什么样。显然，"放养式"的做法不仅没能起到期待的效果，反而会适得其反，降低了教学质量。

(二) 混合式课堂教学模式问题的解决对策

1. 坚持学生主体地位和教师指导地位相结合

学生永远是课堂的主体，教师永远是课堂的指导者，要坚持主体和指导地位的结合，才能提高课堂质量。在推行混合式教学模式时，虽然提倡采用科技信息化教学，但依然不能忘记教师的指导地位。教师在混合式教学模式下要制定一套授课教案，合理分配学生使用电脑的时间和听自己授课讲述的时间，坚持教师为主，电脑为辅，时刻谨记引导学生思考讨论，指导学生解决问题。比如课堂教学时间，教师要分配三分之二的时间用来讲述课本知识，引导学生思考讨论，指导学生解决问题；剩下的三分之一时间可以让学生利用电脑自行复习，拓宽知识面，丰富知识量。除了要发挥教师的指导性，更要发挥学生的主体性。学生要认清自己才是课堂的主人，自己是学习知识者，要主动询问不懂的问题，要积极讨论疑惑的问题，借助教师的指导，自主思考、学习。比如在课堂中，教师要调动全体学生的积极性，让全体学生都能参与到学习中来；给学生分小组，让学生讨论、思考，鼓励学生大胆发言。教师要让学生感受到他们自己才是课堂的主人。

2. 建立多样化的师生沟通渠道，保证师生关系融洽

混合式教学模式下，学生经常接触的是电脑，而不是教师，提倡学生自主学习，师生见面次数少，师生缺少交流，师生关系变得冷淡，学生有问题也不愿询问教师。在这种情况下，混合式教学就要建立多样化的师生交流渠道，以保证师生能实时联系、实时沟通，促进师生关系融洽。[①] 学生在混合式教学时遇到问题，也要敢于询问教师，有渠道询问教师。比如在已经采用混合式教学模式的前提下，班级可以建立 QQ 群、微信群等，教师要在这些聊天群中主动讲话，随时了解学生学习情况，多和学生互动，保持和学生的融洽交往。学生在混合式教学中因为没有教师的指导，遇到问题不能马上解决，可以记下来，事后在聊天群中询问教师，寻求解决方法。

建立多样化的师生沟通渠道，除了能增加师生之间的交流，更是思想碰撞分享知识的一个重要渠道。比如学生在遇到不懂的问题时，可以在聊天群中询问，其他学生发表自己的看法，人人交流意见。询问问题的学生除了可以拓宽自己的解题思路，更能增加知识面。

3. 结合院校学生情况，构建完善的混合式教学模式

混合式教学质量难以提高，最根本的问题就在于这套模式使用不得当，因此，要解决

---

① 石永芳. 互联网+混合式教学探讨 [J]. 山西青年, 2020 (8).

混合式教学质量问题，应当从更改这套模式开始。各高校在推行混合式教学模式之前，应先考虑本校的设施设备情况、教学资源情况和学生学习特点，制定一套符合本校的混合式教学模式。比如在设施设备资源不足的情况下，可以将某个教室设置为混合式教学模式课堂，每个班级每周都有一次机会采用混合式教学模式授课。这样的设置，不仅保留了优秀的传统教学方法，每周一次的混合式教学，更让学生保持新鲜感，维持混合式教学对学生的吸引力。而针对设施设备资源充足的高校，即使可以利用每一间教室采用混合式教学模式授课，教师也应当明白自己才是课堂的指导者，应当合理安排教学和学生自学的时间。教师更要清楚学生开始接触混合式教学，还不能完全适应这种模式，不可完全代替原有的教学方法，要让学生有个过渡时间。[①] 同时还必须考虑学生的学习实际情况，正确引导学生进行混合式教学模式下的学习。学校管理过程中的各种针对性的举措需要内化为大学生的一种生活习惯，让学生适应混合式教学模式。合式教学的学习中来，从而达到提升教学质量的目的。

除了要考虑高校的设施设备资源，更要考虑学生的学习特点。在对学生进行混合式教学之后，让学生反馈意见，发表自己对混合式教学模式的看法。学校收集学生意见，根据意见调整混合式教学模式，直到逐渐完善、被学生接受为止。

作为21世纪伴随信息技术发展而产生的一种教学方式，混合式教学顺应了时代潮流，比之传统教学方法，它更加灵活和自由，打破了学习时空限制，让学生可以随时随地学习，网络教学资源也得到更加充分的使用。但是，值得一提的是，混合式教学还处于摸索阶段，我国各地高校也并没有普遍推广使用，它在推广的过程中必然会产生这样或那样的问题。面对这些问题，各高校应当结合本校设备设施和学生学习特点等情况，因地制宜，因材施教，不断更改完善混合式教学模式。只有这样，混合式教学质量才能提高。

第二节 基于微信的大学体育混合式教学

一、微信应用于大学体育教学的可行性分析

微信是腾讯公司于2011年推出的为智能终端提供即时通信服务的应用程序，是一款跨平台的通信工具，支持单人、多人参与。通过手机网络发送语音、图片、视频和文字，是目前国内使用人数最多的即时通信平台。微信软件具有免费、实时通信效率高、沟通成本低、传播内容多样、多媒体兼容等众多优势，在学生的普及度与使用频率极高。

微信提供公众号、朋友圈、群、好友等不同形式的信息发送渠道，可以实现丰富多彩的交互互动与资源共享，不同渠道具有不同的特点，表现出对教学各种不同的支持功能。

① 黄月. 浅谈混合式教学的实践与探索［J］. 科学咨询（教育科研），2020（1）.

二、基于微信的大学体育混合式教学特点

（一）线下教学为主，线上教学为辅

目前的大学体育课，学生手中的参考资料很少或者没有，全凭课上一时记忆与身体感受为复习材料，极大地限制了学生对技能和知识的掌握。移动信息技术的发展已经让学生线上信息查阅成为普遍存在，而且对已会的知识可以跳过，对有难度的知识可以多花时间，具有很好的针对性，可以大大节约时间，并能满足学生个性化需求。但是，体育课毕竟是需要身体的运动，重在精讲多练，线上教学应定位于辅助手段，线下教学仍是体育课的主体。

（二）线上线下教学内容应高度相关

混合式教学的线上部分是为线下教学服务的，其内容与线下教学应有高度的相关。依据教学进度，可以将教学要点与教学提纲提前在线上平台上公布，方便学生课前预习与课后总结。线下课堂上没有讲清楚、没有讲深入或来不及讲的内容，可以在线上进行补充。教师还可以将所教授的理论及技能知识以 PPT 和视频或图片的形式在线上再次展现，方便学生课后及考前复习。[①]

（三）线上线下教学优势互补

采用混合式教学，需要厘清线上线下各自的优点与不足，以便将优点发挥到极致，把缺点尽可能规避，实现优势互补，让混合式教学效果最优化。线下教学具有即时互动性、纠错性、高效沟通性、学生行为约束性等优点，教师可以手把手地辅助学生，根据学生实际表现适时调整教学策略，及时发现并制止不良学习行为，充分因材施教，当场检测学生技能掌握情况。线下教学的缺点是有严格的时空限制，而线上教学受时空限制小，信息量大，能够做到信息传达的高效全覆盖，拥有线下教学无法具备的优点，但线上教学却无法为学生提供集体学习的氛围、学习过程的被监督性、教师技术示范时的三维性。因此，需要将线上线下有机集合，充分发挥各自优势，以便教学质量的提高。

三、基于微信的大学体育混合式教学线上教学设计

（一）线上教学平台设计应简单易用

微信具有普及率高、免费、易于操作等特点，非常适合搭建线上教学平台。教师需要针对微信的功能稍加研究与开发，明确各部分的职能。可以建立微信班级群作为线上课堂，举办小型讲座，发布通知，与学生互动。可以申请微信公众号，编撰线上教材。另外，可以与学生互加微信作为"辅助教具"。

---

① 黄月 . 浅谈混合式教学的实践与探索 [J]. 科学咨询，2020（2）.

（二）线上教学内容选择应仔细甄选

线上线下的教学内容设计以互补为原则，线上内容应侧重为课前预习、课中辅助（例如，大学体育理论课的教学）、课后复习。教师可根据所教的运动项目，为学生提供更广泛、深入的专业技能信息。例如，国内外各种级别的竞赛信息、基础技术及高难技术、全民健身政策、国民体质测试政策等。教师还可以筛选正能量的励志故事启发学生心智，弥补线下教学内容的单一、枯燥，选取激发学生兴趣的内容来引导学生正确的生活作息和课外锻炼。

（三）线上教学应有组织性、纪律性

学生日常使用手机的频率较高，在约束力弱的线上教学中，除了通过激发学生自律意识之外，还应建立必要的课堂纪律这一外因来帮助学生提高自律能力。如果没有正确的引导与纪律要求，线上教学的效果可能适得其反。除了对学生主动做出要求之外，教师应在可控的情况下让信息发布的时机规律化，这样可以避免学生长沉迷网络。

（四）线上教学交互通道畅通无阻

理论上，线上教学能够为大学体育提供足够多的交互通道，不仅可以一对一、一对多、多对一、多对多，还可以打破时空限制，实现实时交互与错时交互，拓展师生关系、生生关系，让学生对线上教学更有亲近感。实践中，教师应用心维护这些交互通道畅通无阻。如及时回复学生信息，及时发布教学信息或通知公告，及时更新公众平台信息，开通多种渠道，鼓励学生留言，鼓励学生参与平台建设，布置任务促进学生技能掌握与相互间的非正式学习。良好的交互通道加上深刻的教学反思，有助于教学质量的提高。

微信是最为普及的手机软件之一。针对大学生使用手机频率高、自我形体满意度低、渴求复习材料与专业指导、自主学习能力不足等特点，采用微信辅助教学可以极大地提高教学效果，将课堂从线下延伸到线上，并通过线上的微信平台，解除师生交互的时空限制，进而进一步提高课堂效率。

基于微信的混合式教学设计时需注意主辅应分明，内容应高度相关，明确线上线下优势，实现充分互补。线上教学在搭建平台时应简单易用，在内容选择上应仔细甄选，强化组织性、纪律性，保证交互通道畅通无阻。

基于微信的线上教学，可以为我们提供很多可能，实现翻转课堂，激发学生的自主学习意识、培养学生自主学习、终身学习与锻炼能力，还可以进行慕课，但想获得更好的教学效果，建议教师在备课与教学素材准备上多下功夫。

第三节　混合式教学在《体育心理学》中的应用

一、基于混合式教学的《体育心理学》课程目标设置

（一）认知学习领域目标

通过体育心理学的教学，使学生在掌握心理学的基础上，能全面掌握体育心理学的理论知识；理解体育心理学的研究内容、研究对象及研究方法，了解学习性质，形成完整的专业学科框架。

（二）动作技能学习领域目标

了解体育与心理学的密切关系，体育运动与心理健康的相互作用，培养学生自主学习－互助合作研习探究的学习能力，培养学生运用心理学知识解决实际问题的能力。

（三）情感学习领域目标

在掌握运动技能、心理技能训练的基础上，形成良好的学习兴趣，巩固专业思想，加强师德教育和促进个性的全面发展；通过研究性教学方法、混合式学习模式等，发展学生的自主学习、自主探究能力，培养学生的团队合作意识。

二、基于混合式学习的课程内容设计

在混合式学习模式下，可以将体育心理学课程总学时数划分为：在线学习 30 学时、实验课程 6 学时和面授辅导 12 学时。

（一）在线课程学习内容设计

根据 StarC V3.0 系统结构，在线学习结构被分为主题学习和专题学习两个模块。任课教师根据教学大纲设置学习主题的单元课程，每一个单元课程分别由"主题—单元—课件—拓展资源"组成。[①] 一般教学中的"章"教学内容，在云课堂软件中被定义为"主题"，通过在每一个主题下面添加"学习单元"设置每一节学习内容。

1. 主题课件和拓展资源

主题课件被设计为教学视频、教学课件、文本资料、学习指导四部分内容。教学视频放置不超过 15 分钟的教学微视频，供学生进行在线学习。文本资料是电子教材和重点案例分析，使学生能够随时随地通过移动媒体或网络终端实现跨地域、跨时段地学习。同时在线学习单提供了章节学习指导，包括本章重难点梳理等，方便学生理解在线学习内容。

---

① 陈利萍. 浅谈混合式教学 [J]. 中国多媒体与网络教学学报（中旬刊），2019（12）.

拓展资源包括案例分析和其他资源。保证每一单元至少包含一个导入案例分析和一个运动案例分析；同时在其他资源中上传了与单元学习相关的视频、音频和文献等，供学有余力的学生进行强化学习。

2. 专题课件和拓展资源

根据体育心理学课程教学需要，在线学习内容利用专题模块设计了 4 个在线专题课程和 3 个网络实验专题课程。专题课程根据体育心理学核心内容设定：个体特征与运动行为、运动态度、运动中社会因素、动机与运动四个专题教学。利用"课件"和"拓展资源"向学生提供专题学习所需的学习资源和参考资料。

（二）面授专题课程内容设计

体育心理学混合式教学课程的面授并非是传统课堂中的面对面讲授，在内容上面授教学被划分为 2 个课时的混合式课程介绍、4 个课时的讨论和答疑、4 个课时的团队汇报、2 个课时的优秀作业汇报。每三个在线主题教学设置 1 次面授讨论或答疑。与传统教学相比，面授课程的内容重在师生研讨交流和辅导性学习而非课堂讲授，通过面对面交互行为检验在线学习期间的学习效果。

（三）实验课程内容设计

传统教学中的实验课程教学效果并不理想，常规教学内容较多使得实验课时不足、学生人数较多使得动手操作和互动讨论的人均时间有限、实验室开放时间和器材设备限制等等因素，致使实验教学像走过场一样，学生往往只是完成一份实验报告。混合式课堂同时为实验课程设计提供了思路：将实验原理讲解性教学内容放置于在线学习中，实验操作归还于课堂环节，从而分化教学过程，利用有限的课堂教学时间开展针对性的实验操作与学习。

体育心理学混合式实验课程分为两个部分：在线实验原理学习和实验室操作。教师利用云课堂软件向学生发布实验操作视频、实验原理介绍等资源，要求学生利用网络平台在线学习实验课程；通过测验模块要求学生提前预习并完成测试题，掌握实验原理及操作步骤，从而减少实验室教学，将更多的时间交还给学生用于实践动手操作；最后要求学生根据实验内容网上提交实验报告、撰写实验课程作业。①

三、课程实施

（一）在线自主学习

1. 在线自主学习课堂模块与设计

在线自主学习将 PBL 教学方法和协作性教学方法相结合，以问题导入专题，辅助在线学习，强化知识内吸收。PBL 教学法（Problem Based Learning）又被称为"问题导向学习"，将学习者与任务或问题相联结，以真实情景为背景，以问题为核心，以"提出问题

---

① 蒋峰.高职体育混合式教学的创设分析［J］.长江丛刊，2018（25）.

—分析问题—解决问题"为主线，通过学习着的自主探究和合作来解决问题。① 陈丽虹研究发现，PBL 应用于信息化环境下，通过网络媒体发放问题并实施交流，为学习者提供了一个便捷的交流学习渠道，能够提高学生自主学习、分析加工和解决问题的综合能力②。因此，在体育心理学混合式教学课程中，每一教学主题和教学专题都利用 StarC 平台发布问题性导学任务，引导学生在小组互助的基础上完成探究内容。

（1）自主性学习

体育心理学混合式教学课堂要求学习者根据"云端课程通知"和"每周学习任务"在规定时间内完成单元计划的自主学习。学习者可以根据自身的学习计划安排，选择合适的时间、地点，按照教师的要求，通过在线观看微视频掌握单元学习内容，并通过教学PPT，案例分析、学习指导、拓展资源等对相关内容反复进行自主学习。

（2）在线测试

每一单元的在线学习后，学习者需要完成云课堂平台的在线测试题．测试题分为单项选择题、多项选择题和判断题，一般设置 10～15 道，题型内容以核心基础知识为主，用于检验学习者的在线自主学习效果。教师提前设置在线测试操作要求，学习者必须在规定时间内完成在线测试，测试一结束学习者能够马上获取成绩并在答案分析中了解自己的错误原因，同时系统将自动记录并上传学习者测验题成绩，为教师提供参考。

（3）在线作业

在线课程每一主题学习结束，教师将会在线发布一道作业题。教师根据主题学习内容提供一道学校体育教学或运动中案例问题，要求根据所学内容对案例中的心理现象进行分析，并结合体育心理学专业知识提出问题解决方案。例如，在体育心理学第一主题第三单元"体育心理学研究方法"中，在线作业要求学生以"混合式课堂学习满意度"为研究对象，通过查阅文献资料和自学本单元内容，完成一份研究设计并提交。

体育实践案例分析作为应用型作业，与传统的简答题、论述题相比没有固定的答案、没有绝对的正误，而是检验学习者的分析、思考和研究能力，目的在于将学生的理论性知识转化为应用性知识，提高自主探究能力。

（4）在线小组讨论

"体育心理学"论坛被划定为若干个小组讨论区，如优秀作业展示区、小组讨论区、教师答疑区等。以 PBL 教学模式为主导，教师每周在线发布一个讨论话题，每组学生在论坛发帖讨论或互相回复交流，教师对学生讨论内容进行评价和指导，以此实现"师—生""生—生"交互性协作学习。在线讨论并非强制性交流活动，但是在论坛里发帖数多、讨论积极的同学将会获得额外的平时加分，记录在总评考核里，依次激励学生积极参与到问题讨论中。

在线讨论话题通常贴近真实生活和运动实际，例如第六章"体育教学中的人格与能力差异"中，教师设置在论坛中发布辩论赛话题：大一技术普修课应不应该进行男女生分班教学。学生可以在线提出支持或反对观点，或充当辩手发表观点参与辩论话题中，同时也可以为支持的一方投票。辩论话题一经发布，立刻组成了正方 12 个辩手、反方 7 个

① 陈丽虹，邓安富．网络环境下 PBL 教学模式的研究与应用［J］．中国远程教育，2010（11）.
② 陈丽虹，周莉，吴清泉等．PBL 教学模式效果评价与思考［J］．中国远程教育，2013（01）.

辩手的阵营进行网上辩论赛。

2. 在线学习课程实施案例

在体育心理学混合式学习课程中的在线活动人员主要包括任课教师、课程助理、学习者。在线学习活动以学生自主学习为主要内容，辅助性教学以讨论、课程测验、作业反馈为主。在线自主学习活动中教师可以及时了解学生的学习状况，并根据学生的课程测验、平时作业给予学习反馈。在此以体育心理学混合式课程中的一个网络在线学习活动的实施过程进行简要的案例介绍：

案例一

表 7-1　体育心理学在线网络课程教学实施案例

学习主题	第二章　体育学习的动力培养	教学类型	在线自主学习
学习单元	体育学习兴趣	教学日历	2019. 3. 12—2019. 3. 19
学习重难点	重点：体育学习兴趣的定义和分类		
	难点：掌握体育学习兴趣的分类；理解成就动机的概念及其培养。		
在线资源	课件	课件一：教学视频、教学课件	
		课件二：单元学习指导、电子书稿	
	拓展资源	视频案例：巴西学校从小培养学生的兴趣爱好。	
		阅读材料《体育课运用激励策略鼓励学生另类方式调动学习兴趣》	
		辅助学习材料：单元教案	
学习活动	结合教学视频、教学课件学习单元课程		
	同步辅导答疑：3 月 12 日 14：00—15：00　教师、课程助理在线答疑 异步辅导答疑：论坛"答疑区"		
	完成在线单元测验，云端自动反馈答案并记录测验成绩		
	论坛讨论：请观看云端拓展资源"巴西学校从小培养学生的兴趣爱好"，以小组为单位在论坛中进行小组讨论 （1）巴西的中小学是如何培养学生的体育爱好？为什么要从小培养学生们的体育兴趣？ （2）设计一个体育游戏，说一说这个游戏是如何激发学生的学习兴趣的？		
教学工具	云课堂软件、QQ 群、体育心理学课程论坛		
课程检验	单元测验：选择题、填空题		
	每章材料分析题		

（二）面授专题课程

1. 面授专题教学活动与设计

面授课程分为专题性教学、辅导答疑、优秀作业汇报和团队汇报四个部分，以研究性教学为思路开展专题教学。

（1）面授专题讨论

体育心理学面授课程第一堂课要求向学生进行学期课程说明，使学生了解混合式学习模式、体育心理学混合式课程实施环节和课程要求，帮助学生认识教师、明确学习方法、提供课程学习思路。

后期面授专题课程分为三个模块，分别为个体特征与运动行为、体育活动中的心理过程和体育运动中的社会因素。三大模块对应在线学习中的 9 个学习主题，专题主题连成一条主线进行周期性面授教学。专题模块在面授中，以案例分析作为教学内容，结合情境案例分析。例如在专题模块二中，选用 2014 年游泳世锦赛事例"叶诗文世锦赛失利，心理压力是主要原因"为教学案例，在课堂中结合体育比赛心理、心理技能训练等进行情景分析与讨论，使学生在教师的引导下学会分析与思考，强化知识点的应用能力。在此对面授专题课程实施过程进行案例介绍：

案例二：

表 7-2 体育心理学面授专题课程教学实施案例

学习专题	专题一：个体特征与运动行为 Personality characteristics and sporting behavior			教学形式	专题面授
讲授时长	45min	讨论交流时长	45min	教学日历	2019. 3. 19—2019. 3. 19
组织形式	课前在线学习、面授、课堂交流				
学习目标	1. 掌握人格的定义 2. 了解人格特质理论 3. 了解人格特征与运动参与、运动表现和运动项目选择之间的关系 4. 理解情境与行为的关系，解释不同情绪状态下的人格表现				
课前学习	学习内容	云课堂专题模板上的教学 PPT			
	学习任务	1. 阅读专题学习指导，了解专题一学习的重难点 2. 了解国外目前关于人格的研究现状 3. 了解人格与运动参与、运动表现和运动项目之间的关系 4. 提出问题或疑惑			
	学习资源	1. 专题教学 ppt 2. 专题学习指导 3. 阅读材料：《卡塔尔人格特质论》《成功运动员应该有的健全人格》《7 种心理缺陷运动治疗法培养健全人格》			

面授内容	1. 专题引入：我们为什么不同？ 2. 什么是"人格"？ 3. 特质理论、Eysenck 四种人格类型、卡特尔理论、五因素模型 4. 运动行为中有关人格的研究 5. 国外研究：成功运动员与非成功运动员的区别 6. 人格与运动项目的选择
讨论话题	"篮球—冰壶"不同运动项目中的人格特质
参考材料	Matt Jarvis. Sports psychology–a student´s handbook 2006.

（2）辅导答疑

定期开展在线与面授相结合的辅导答疑，教师根据每三个专题的在线学习中学习者在测验、论坛、作业和实验中反馈出的共性问题，进行集中性的辅导和针对性的解答。

（3）优秀作业汇报

课程中期将利用面授课程举行一次优秀作业展示，从每一章在线作业中挑选 1~2 名作业完成质量较好的学生上台汇报，教师与学生对其汇报内容进行现场点评。优秀作业汇报交流目的在于改善学习者在课程中期可能产生的倦怠状态，激发学习者动力，同时加强师生—生生间的互动交流。

（4）团队汇报

协作式学习是课堂教学中的重要教学组织形式，是将学习者划分为若干学习小组，由组长带头完成组内或组间的学习活动，以此培养学生的协作能力、团队凝聚力，增进团队成员之间的互助感、互信感和荣誉感。教师在面授课程中要求各小组利用四周时间内完成指定主题的协作学习，组长根据组员的能力和特点进行分工，在最后一次面授课程中进行集中性汇报展示。[①] 在此对体育心理学面授课程的团队汇报实施过程进行案例介绍：

案例三：

表 7-3 体育心理学研究型教学团队汇报实施案例

活动主题	如何激发体育后进生的体育学习兴趣？		教学形式	课堂面授
活动时间	2019. 5. 20— 2019. 5. 20	活动时长	90min	分组数量	6组
组织形式	汇报 6min+讨论 6min+总结指导 15min			

① 李永良. 高校体育混合式教学体系构建概述［J］. 体育风尚, 2019（11）.

活动流程	1. 学期第一节课课程说明时向学生发布团队汇报任务，讲述团队汇报作为课程检验在学期课程考察时的比重。 2. 各组组长在制定时间内进行小组内分工协作，并完成汇报 ppt 和团队报告。 3. 要求：结合面授课程三个专题中的任意一个角度开展讨论；要求查阅 CNKI 或其他数据库文献资料；有教学案例，并能够结合案例进行分析、提出对策；无抄袭、剽窃。
汇报得分	每组代表、任课教师、课程助理进行打分。
教师指导	1. 活动实施期间通过论坛、QQ 群等形式对各组讨论观点进行指导。 2. 课堂上对每组汇报展示进行点评、提出疑问。 3. 与学生进行讨论交流。 4. 总结汇报成果、公布各组得分，对优秀小组进行奖励。

（三）实验课程

体育心理学混合式实验课程以翻转课堂理念为基础设计，将实验课教学分为双课堂：线上学习课堂和实体操作课堂。

实验课程中实验原理和实验操作通过云课堂在线学习，教师上传实验教学大纲、实验介绍和实验操作视频，要求学生在线学习，并完成测验题。[①] 学生在线学习后以小组为单位进入实验室进行实践操作。

第四节　基于 QQ 群的体育混合式教学研究

一、QQ 群概述

（一）QQ 群定义

QQ 群是腾讯公司推出的多人聊天交流服务，群主在创建群以后，可以邀请朋友或者有共同兴趣爱好的人到一个群里聊天。还可以设置管理员，帮助群主管理管理 QQ 群。QQ 群除了可以沟通交流外，还有群空间服务，在群空间中，用户可以使用共享文件、视频、图片等多种交流方式。

（二）QQ 群交流方式

我们在学习和生活中都会用到 QQ 群，它是某互联网公司开发的网聊组件。人们可以利用该组件与其他软件使用者聊天。每一个软件使用者都可以创建基数不等的群，等级较

---

① 任加慧. 基于混合式教学的高职体育教学探索研究 ［J］. 当代体育科技，2019，9（28）.

低的使用者创建的群有人数限制，而等级较高的使用者可创建人数较多的群。QQ 群功能包括实时交流、发布文件、分享图片以及多媒体传输等。此外，群内的聊天记录信息能够保存一定时间，可通过密码进行设置。群相册、群共享中记录的信息能够长期保存，群成员可任意浏览。

QQ 群的交流方式主要有以下几种：

1. 群聊模式

群体聊天模式是 QQ 本身具有的最基本的聊天功能，群成员在一定的虚拟空间内对感兴趣的话题发起讨论，他们可利用多种形式发表看法，例如发文字信息、语音交流、视频交流等。QQ 群就像现实世界中的聊天场所，但是它与普通的线上交流社区又有不同之处，群内必须有管理员，有相同目的的群成员所组成，并且加入 QQ 群也有一定的限制。[①]此外，群成员的可以自由加群或者退群，比较自由。

2. 语音交流模式

语音沟通形式与普通生活中的电话功能相似，都是借助话筒进行语言沟通。但是，它又不同于传统电话功能，用户在利用语音与对方聊天的时候，能够同时使用 QQ 提供的其他交互工具和材料，这将使沟通手段更为丰富。

3. 视频交流模式

视频沟通形式跟早前的即视电话有一定的相似之处，它的功能可以简单被认为是看得见的电话。当需要交互的双方想要进行面对面的谈话时，这种方式非常适合，它只需要双方的计算机都拥有话筒和摄像头并且能够使用，那么人与人之间就既能够听得见对方的声音又看得见对方的形象。

QQ 群还有一个非常与众不同的功能——视频秀。用户可以使用它展示自己，使他人全面地了解自己，并且，它的使用过程并不繁杂，用户可快速学会使用方法。它的出现打破了语音、视频的一些限制，为群成员的互相沟通提供了新颖的方式。

视频秀的功能很丰富，它为群成员开发了多个拍摄方位，所有人员按先后顺序安排视频权。腾讯公司在技术中集成了许多先进的手段和设施，所有用户可根据自身所处的环境选择适合沟通的方式，有了这些功能，软件使用者不再是刻板地使用某些有局限性的功能，而可以实现多样化。

大部分 QQ 用户都能在较短时间内学会使用视频秀功能，它的操作方法比较简单，用户只需要选择相关功能项并进行加载即可。用户增加名为"视频秀"的可点击按钮之后，便可用它来与他人视频聊天。在窗口的工具栏中将会出现可直接选择它的图标，用户只需点击对应人员的图标，软件会自动生成与此人的聊天窗口。

4. 远程协助

远程协助功能是集成在 QQ 中的一个用于异地控制的工具，通过远程协助功能，用户可以和好友实现远端共享桌面，远端的好友也可以操作用户自己的电脑，帮助别人解决一些计算机问题。这种方式优于语音沟通，能够手把手教对方解决实际问题，解除困扰。

5. 群留言板

大家都知道，网络论坛上的信息一般都是公开的，不管是会员还是游客，都可以任意

---

① 吴国天，王庆博. 利用 QQ 群辅助大学体育教学的实践研究［J］. 体育文化导刊，2017（7）.

查看，这样的话，对于用户来说是根本没有隐私可言的。在 QQ 群中，针对这个问题有一个很好的解决方案，那就是留言板功能，所有的群成员都可以在这里发表自己的言论，由于留言板有访问权限，所以人们不用担心自己的信息外泄。

从以上的分析来看，QQ 这个软件具有很好的利用价值，虽然它刚开始是作为娱乐软件问世的，但如今它的使用率远远超过了其他一般软件，人们利用它作为生活、学习中必不可少的工具已是很平常的事。所以，我们要善于假物，将便捷的工具运用到日常事务中。

（三）体育类 QQ 群

QQ 群是腾讯公司为用户推出的多人聊天交流服务平台，每名会员均可创建不同类别群，例如客户端网游类"长春市同城魔兽世界群"、法律类"长春企业法律顾问群"、旅行类"长春结伴旅行群"等等，因此，在创建 QQ 群以后，你可以邀请朋友或有共同兴趣的人在一起聊天，由于群友兴趣共同性，很容易相互之间建立起人际关系及群体关系。通过体育类 QQ 群，用户除了可以聊天；还可以"附近群搜索"功能，可以轻松地找到附近相同性质群；群空间中用户更是可以使用群 BBS、相册、共享文件等多种功能。这里提到的体育类 QQ 群是指 QQ 会员通过 QQ 工具，以开展健身活动、娱乐交友、心理减压、运动经验交流等为目的，以地域和体育项目为关键词创建或搜索到的非正式网络体育群体。

二、基于 QQ 群的大学体育课混合式教学模式构成

教学模式是依据以基础思想与基础理论的认知从而设计的多种教育活动集合的基本体系与大纲。本书依据教学模式设计了混合式教学模式的流程图。

设计依据 ▶ 设计目标 ▶ 实施过程 ▶ 反馈与完善

图 7-2　混合式教学模式流程图

（一）基于 QQ 群的大学体育课混合式教学模式的设计依据

学校体育指导思想是"以素质课教育为基础，在终身体育指引下，以课程改革为主线，三类课程相结合，多种教学模式并存，取得精、气、神的实效"。学校体育课必须把健康第一、健身育人、以学生发展为本作为教学指导思想。在此教学指导思想的基础上，学生占主体地位，而对学习者特征的分析是教学模式设计过程中分析教学基本矛盾的重要因素之一。其目的是为了了解学生的学习初始能力和学生特点两个方面（如表 7-4），对学生的分析是为了了解其学习的准备情况及学习风格，为后续的体育混合式教学模式设计步骤提供有利的依据。①

---

① 诸海明，沈初效．谈 QQ 群在学校体育工作中的开发与利用 [J]．运动，2010 (5)．

表7-4　学生特征分析

学习初始能力	学习风格特点	人际交往能力
对体育知识了解程度	年龄	兴趣爱好
对体育技能掌握程度	性别	性格
身体特征（生理、心理）	学习态度	
对 QQ 平台的掌握情况	社会文化背景	

（二）基于 QQ 群的大学体育课混合式教学模式的教学目标设计

1. 混合式教学模式整体的教学目标设计

教学目标是关于教学将使学生发生何种变化的明确表述，是指在教学活动中所期待得到的学生的学习结果。在教学过程中，教学目标起着十分重要的作用。教学活动以教学目标为导向，且始终围绕实现教学目标而进行。在新课标倡导的教学目标中有三个维度，分别为知识与技能目标、过程与方法目标、情感态度与价值观目标，从这三个维度出发去探索应该让学生做什么，在什么环境下做，将要达到什么要的要求。体育课程领域教学目标如图7-3。

图7-3　体育课程领域教学目标

本书是基于 QQ 群的混合式教学模式，在教学目标的设计过程中与 QQ 群平台相结合。QQ 群简单易用且具有普及率高、免费、易于操作等特点，非常适合搭建线上教学平台。教师需要针对 QQ 群的功能研究与开发，明确各部分的职能。可以建立 QQ 群班级群作为线上课堂，举办小型讲座，发布通知，与学生互动。可以申请 QQ 群公众号，编撰线上教材。另外，可以与学生互加 QQ 群作为"辅助教具"。基于此，设计了混合式教学中过程与方法目标如表7-5。

表7-5　基于 QQ 群混合式教学过程与方法目标设计

教学方法	教学目标
课堂面对面讲授法	老师用实地讲授理论基础文化
QQ 群内讨论法	教师给出特定课题，让学生自由讨论，最终得到讨论结果。
课堂示范教学法	教师将标准动作进行动作示范，或有能力学生进行示范。
练习法	学生对动作不断模仿和练习。
QQ 群内任务驱动法	教师给出特定主题，使学生分组完成不同课题研究，最终以小组成果展示。

项目教学法	教师给出特定项目，使学生分组体验准备、策划、制定、操作、检查、评价等过程，使学生在实际体验中理解理论知识并应用到实践。
自主学习法	教师给出学习课件与目标，学生以自学的方式理解课件并提交作业。
QQ 群基于任务的学习	教师给出特定问题，使学生小组完成探讨后续行动、活动策划、成果和思考。在完成进程中老师和学生分组共同完成问题。
QQ 群互动式教学法	教师与学生通过线上对知识理论和实践操作深入的交流沟通最终达到师生间的共同进步。

2. 混合式教学模式的实现条件分析

（1）网络工具的支持及物理环境

上网工具是实现混合式教学模式的必备条件之一，QQ 群平台也需要借助网络工具才可以实现，而且除了上网工具以外具有上网环境也是必备条件之一，缺一不可。21 世纪是网络迅速发展的时代，在高等院校中，教师、学生都具有上网工具——智能手机，且都支持使用 QQ 群。网络环境更不用说了，只要有手机流量套餐就可以在学校使用 5G/4G 网络，甚至有的高校已设置了本校专属的 Wifi，使用网络更方便。

（2）场地器材分析

现高等院校都有标准的 400 米塑胶田径场，有足够的运动空间且场地平坦，适合跑跳运动。关于体育器材问题，最基本的篮球、排球、足球、体操垫、跳箱等基本都具有。球类器材不只是在上球类课程中可以使用，也可在其他体能课上运用练习协调性及团队合作能力，这取决于教师的课程安排中。

（三）基于 QQ 群混合式教学模式的实施过程

1. 课前实施

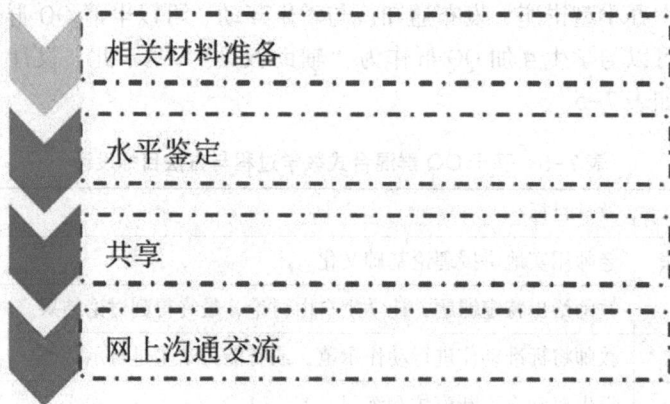

相关材料准备

水平鉴定

共享

网上沟通交流

图 7-4 课前流程实施图

如图 7-4，通过各种素质练习的书籍、报刊查阅每节课教学内容，并上网搜寻国家认可的相关技术动作视频一并发送到 QQ 群内供学生预习上课内容，并将任务分配给各小组长。将教学内容与视频发送至 QQ 群内后，若学生有任何疑问均可线上交流解答，节省上课练习时间，这是混合式教学模式最大优势之一。

2. 课中实施

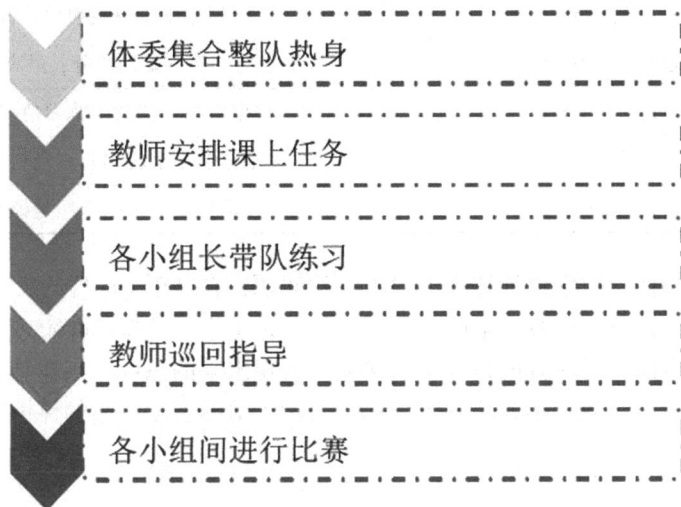

图 7-5　课中实施流程图

如图 7-5，体育委员先带同班学生进行热身，各小组长负责摆放课上所需道具，待全班同学热身完毕后，以小组为单位老师进行课程内容简单提问，并进行动作示范演练，最后由教师对教学内容重点进行讲解，然后分组练习，教师巡回指导。练习结束后，以小组为单位进行各小组间的 PK 赛，输的一组进行定量的体能加练。

3. 课后实施

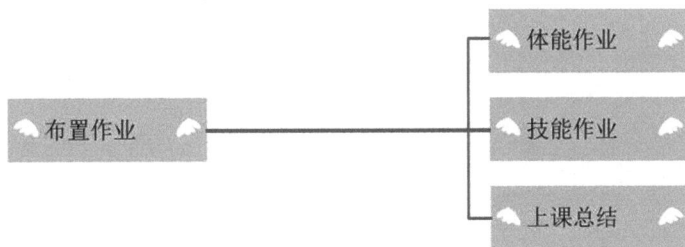

图 7-6　课后实施流程图

如图 7-6，每节课结束后将布置相应作业：在这一周内练习本节课内容（包括体能、技能方面）2 至 3 次，每次锻炼时间不低于 20 分钟，并写一份上课总结发送给任课教师，课下有任何技术问题可以随时在 QQ 群内讨论。

（四）基于 QQ 群混合式教学模式的评价

借助 QQ 群建立混合式教学评价表（如表 7-6），客观公正的对混合式教学质量进行

信息技术时代体育教学理论解读与体系建构研究

跟踪、监测和考核，对每个学生的学习质量给予正确的评价。

表 7-6　混合式体育教学评价表

指标（比重）	说明
出勤率（10%）	由教师在期末结束时进行录入
课前预习情况（10%）	根据学生下载次数计分
线上答题情况（10%）	参与一次答疑计 2 分，最高 10 分
课中练习情况（10%）	根据学生在课堂中练习情况计分
课后作业完成情况（10%）	根据学生上传的有用资料计分
技能考核（10%）	动作技能考核依然是核心

目前针对高校体育教学设计评价形式单一的问题，在基于 QQ 群的大学体育课混合式教学设计中，首先评价的内容包括两方面：一方面是学生所掌握的体育理论知识、技术技能及体能素质等方面；另一方面是学生在课上所表现出来的态度、兴趣等方面。目前对学习效果的评价一般只重视学生各项身体指标，而对于情感态度方面的评价则很少。

CHAPTER8

第八章 信息化环境下体育教学环境研究

任何体育教学活动都是在一定的教学环境中进行的，现代教学论认为教学环境作为教学活动的主要要素之一，对教学活动有着增效和减效的作用，教学环境对教师的教和学生的学产生影响，并从外部特征上把教学活动导向不同的境界。本章就对信息环境下的体育教学环境进行了研究。

第一节 体育教学环境基本理论

一、环境的概念

环境是指周围事物的境况。周围事物是同某项中心事物相对而言的。例如，以地球为中心，就是指地球周围的宇宙环境；以人类为中心，就是对人类生命活动有影响的各种外界因素，也就是指以人为中心的，作用于人的外界影响与力量及其范围或境界，即人类生存的环境。人类生存环境包括自然环境和社会环境两大部分。

自然环境是由日光、大气、水、岩石、矿物、土壤、生物等自然要素共同组成的。社会环境是人类在自然环境的基础上，通过长期有意识的社会劳动所创造的人工环境。例如，人们将荒地改造为良田，丘陵缓坡改造为梯田，天然草地改造为人工牧场，滩涂改造为水产养殖场；或是选择符合自己要求的地点，创建村落、城市、工矿区、疗养区、风景游览区，等等。现在人类赖以生存和从事各种活动的环境，是自然环境和社会环境共同组成的。《中华人民共和国环境保护法》明确指出，"本法所称环境是指：大气、水、土地、矿藏、森林、草原、野生动物、野生植物、水生生物、名胜古迹、风景游览区、温泉、疗养区、自然保护区、生活居住区等"。这些是由法律条文确定，加以保护的环境。上述法律条文中，包括了自然环境和社会环境两大部分。

二、体育环境的概念

(一) 体育环境的定义

体育环境是从"人本主义"的角度出发，指环绕在体育这一组织活动的外部条件，是体育赖以存在和发展的自然条件和社会条件，以及它们之间的相互关系。[①] 其中：自然条件如山川、河流、大气、土地、生物、噪声等；社会条件，是指人类的物质生活条件、政治生活条件和文化生活条件的统一体，如政治制度、法规体系、经济状况、生产力水平、学习条件、社会风气等。

(二) 体育与环境的关系

1. 体育与自然环境的关系

体育运动是一个开放系统，经常不断地和自然环境进行物质、能量和信息的交换，从而维持自身的存在与发展，同时又在这种交换中表现出其功能，即表现出一定的适应环境、利用和改造环境的作用。体育运动离不开自然环境，它在大自然中直接促进人体物质与能量代谢，即通过新陈代谢，保持人和自然环境的动态平衡。体育从其内涵而言：是人自身的身体练习，人是体育运动主体，而人赖以生存的外界环境则是体育的客体，人和环境是体育运动的有机统一体，是体育运动的两大基本要素。体育运动离不开环境，特别是自然环境，受自然环境诸多因素的干预和制约，但体育运动又反过来影响、改造自然环境，这就说明了体育运动与自然环境是对立统一的关系。[②]

2. 体育与人工环境的关系

体育运动训练和比赛是在不同地域中进行的，所以必然要受到一定地域环境的支配，而这种支配并不是被动的，人类可以充分发挥其主观能动性作用，按照需要选择与各类项目相适宜的训练基地，以及修建一系列的训练比赛场馆等人工环境为体育运动服务。同时由于人类的活动，一方面促进了体育运动的发展，另一方面却由于人的活动而使人工环境不同程度受到各种因素的影响和污染。从而使体育运动的主体人的生理和心理产生损害，直接影响运动员的身体健康和运动能力的实现。不利于体育运动的发展，因此，体育运动与人工环境又是对立的统一。

3. 体育与社会人文环境的关系

体育运动是人与大自然互相交融、互相作用所表现出来的一种文化活动，依赖一定的社会条件和文化氛围，从而构成了体育运动的社会人文环境。人离不开社会人文环境，并且要按照自己的需要来改造环境。人和社会人文环境是相互联系、相互依存、相互影响的，它们的关系是对立统一的关系，体育运动也一样。所有体育运动都是在一定社会环境中进行的，体育运动产生于社会，又服务于社会，因而，体育运动和社会人文环境也是对立的统一。

---

① 马尚奎，李俊勇. 体育教学导论 [M]. 长春：吉林人民出版社，2016：17.
② 宋效琦. 论高校体育教学环境的优化 [J]. 才智，2018 (14).

（三）体育环境的分类

1. 据环境对体育影响方式的不同分为内环境与外环境

（1）内环境

内环境是指对体育这一主体产生直接作用的环境因素，这些因素是影响制约体育发展的内在因素。如：体育运动项目、体育运动参加者（运动员）等。

（2）外环境

外环境是指对体育这一主体产生间接影响的各种因素。这些因素是体育发展的外部条件。外环境涉及的范围非常广泛，包括各种自然因素和社会因素。外因是变化的条件，内因是变化的依据，外因通过内因而起作用，因此，外环境因素往往通过内环境因素对体育这一社会文化现象发生作用。

2. 据涉及范围大小的不同分为宏观环境与微观环境

（1）宏观环境

宏观体育环境是指在体育运作过程中主、客体所处范围广大的空间对体育运动产生影响的环境因素。一般情况下，宏观体育环境多指国家体育环境或社会体育环境。对于一个国家而言，宏观体育环境包括国家的基本制度、生产力发展水平、经济状况、文化教育状况、国民素质等；对一个城市而言宏观体育环境是指这个城市的经济发展水平、城市基本建设、传统文化、市民素质等。

（2）微观环境

微观体育环境是指体育运作过程中主、客体范围相对较小的空间内对体育产生影响的各种环境因素之和。微观体育环境相对于宏观体育环境和中观体育环境而言，有时又称之为小环境。一般情况下，人们所指的微观体育环境多为一个集体环境，最常见的是运动队、家庭、健身群体。对一个运动队而言，微观体育环境包括队内客观环境和队内文化环境；而对一个家庭而言，微观体育环境包括家庭客观环境和家庭内的文化环境。

3. 据表现方式的不同分为群众体育环境与学校体育环境

（1）群众体育环境

群众体育，是指以社会全体成员为对象，以增强体质、丰富余暇生活、调节社会情感为目的，不要求按严格的训练与比赛形式，灵活多样地开展体育活动。群众体育十分广泛，就其参加对象而言包括妇女体育、老年人体育、伤残人体育、少数民族体育等。那么，群众体育环境是指对社会大众体育活动产生影响的一切环境因素的总和。

（2）学校体育环境

学校是专门进行教育活动的机构，也是对学生施加系统、全面、有效的体育知识、技术、技能，培养学生体育意识和习惯的最有效场所。学校体育环境，是指围绕着学校体育顺利开展的一切环境因素的总和。包括国家的教育方针政策、教育体制；政府部门执行国家教育方针政策的决心和力度；学校的客观环境以及校园文化环境等。[①]

---

① 李严. 体育教学环境的构成要素、功能与设计［J］. 科教导刊（电子版），2018（20）.

三、体育教学环境的概念

（一）学者关于体育教学环境定义的不同观点

1. 毛振明的观点

毛振明教授是这样定义体育教学环境的，他认为，体育教学环境是在体育教学过程中影响"教"和"学"的条件的总和，主要包括制度、集体、氛围、物质等方面的条件。[①]

2. 张小龙的观点

张小龙认为，体育教学环境是一种特殊的人类生存环境，是作为按照发展人的身心教育要求组织的体育教育的活动空间领域，是为了人们更好地进行体育教学、体育锻炼、体育竞赛而主动利用环境，适应环境，改造环境的产物。[②]

（二）本书关于体育教学环境的定义

体育教学环境是学校实现体育教学活动所必需的多种客观条件的综合，它是按照体育教学活动中人的身心发展特殊要求而组织起来的硬环境和软环境的总和。从体育教学活动的角度来看，体育教学环境是指体育教学活动的场所、各种教学设施、校风班风、师生人际关系、相关图书资料等，这些都是构成体育教学环境的要件。

四、体育教学环境的特殊性

（一）矢量性

体育教学环境或者指向体育教学目标，对学生活动产生正面影响；或者背离教学目标，对学生的活动产生负面影响。因此，教学环境能影响学生的认知和学习情绪，影响学生的学习动机和行为，影响学生的学习效率和效果，具有巨大的教育价值。

（二）可控性

与其他一些自发形成的环境或自然环境相比，体育教学环境具有容易调节和控制的特点。人们可以根据体育教学活动的目的和需要不断对体育教学环境进行适当的调节和控制，弘扬乃至创造其中有利于人的身心发展的积极因素，抑制和消除不利于人的身心发展的消极因素，优化体育教学环境，保证体育教学活动的顺利进行。

（三）纯化性

学校是专门的育人场所，有训练有素的师资队伍，有国家教育政策和方针的规范指导以及比较稳定的课程体系，各种外部环境因素并不能随意进入教学活动，全部环境因素在某种程度上都经过了一定的选择、净化和加工处理等纯化过程。因而，相对于其他环境来

---

① 毛振明. 体育课程改革新论——兼论何为好的体育课 [M]. 北京：教育科学出版社，2012：14.
② 张小龙. 高中体育教学的几点思考 [J]. 未来英才，2016（24）.

说，体育教学环境比较纯洁。

五、体育教学环境的构成要素

(一) 物理环境

1. 物理环境的定义

体育教学的物理环境是体育教学环境的一个重要组成部分，是学校进行体育教学活动的物质载体或物质基础，没有这个物质基础，体育教学活动只能是空中楼阁，根本无法进行。体育教学的物理环境是体育教学中各种有形的、静态的硬环境部分，主要包括体育教学场所、体育教学设备、体育教学自然环境、体育教学信息、班级规模、队列与队形。

2. 物理环境的主要内容

(1) 体育教学自然环境

由于体育教学大都在室外进行，且学生要从事一定的身体活动，因此自然环境对体育教学的质量和效果影响较大。体育教学的自然环境主要包括校园内和学校周边的地形、森林、湖泊、草地、沙漠以及阳光、空气、雨雪、温度、声音等。体育教学的自然环境具有复杂多变，且难以改变的特点，因此在体育教学中，应因地制宜，从实际出发来充分利用、合理开发自然环境。①

(2) 体育教学场所

教学场所是学校的自然地理位置，也是学校建筑物所在位置，它从整体上规定了学校宏观的环境面貌，是能否进行教学的前提条件，包括校址的选择，占地面积的大小等。体育教学场所除了包括各种不同功能的教室外，还包括体育馆和各种体育场地如田径场、篮球场、排球场以及这些场地的周围环境如树木、草坪等。体育场、体育馆的布置与建设除要考虑学校整体的布局外，其位置、方向、采光、通风、颜色、声音、温度以及建筑材料等都必须符合运动和学生身心的特点以及安全、卫生与审美的要求。

(3) 体育教学信息

体育教学过程是一个由各种信息相互传递、接受的过程，体育教师和学生都可以成为信息的输出源和接受源。体育教师输出的信息是一定的体育教学内容，对学生体育知识和技能的掌握及情感的培养有着重要作用。同时，学生在学习过程中的各种信息也会通过一定的途径反馈给体育教师和其他学生，使教师能根据学生反馈的信息及时地调整自己的教学安排。

体育教学过程中的信息是多种多样的。从信息的内容来看，主要包括体育学科知识的信息和管理维持体育教学秩序的信息；从信息的传递过程来看，可分为本体信息和反馈信息。本体信息是指体育教师通过教学要传递给学生的有关体育教学内容的信息，反馈信息则是调控本体信息有效传递的控制性信息；从信息的性质来看，又可分为有效信息和干扰信息。前者主要是指对完成体育教学任务具有积极意义的信息，后者则是指对完成体育教学活动起消极和干扰作用的信息。

体育教学信息多样性和丰富性的特点，客观上加大了教师筛选、过滤信息的难度。教

---

① 杨君. 浅析高校体育教学环境的优化发展 [J]. 青少年体育, 2018 (2).

师应根据具体的教学目标和教学内容对各种体育教学信息进行科学处理，努力克服其对学生发展的消极影响。

（4）体育教学设备

教学设备是构成学校物质环境的主要因素，是体育教学活动顺利进行的重要基础。教学设备是否完善、良好，直接关系到体育教学质量的好坏。体育教学设备主要有两类：一类是常规性设施，如课桌椅、实验仪器、图书馆、多媒体教室等；另一类是体育器材设备，如体操垫、篮球、足球、羽毛球、健身器材等。这些都是体育教学活动必须的基本设备，是开展体育教学活动的必备条件，对完成体育教学活动的任务起着重要的作用。

（5）班级规模

班级规模是指一个班学生人数的多寡，它对教学活动、学生的学业成绩和学习动机与情感的培养都起着重要作用。班级规模一般不宜过大，否则会降低教学的效果。特别是体育教学，如果班级人数太多，不仅会加大教师教学组织工作的难度，而且还会影响学生学习的效率，也不利于教师因材施教，满足学生的不同需要。体育课的学生人数一般应控制在 20~40 人为宜，但目前中国只有少数经济比较发达地区达到了这个水平，大多数中小学的班级人数一般都在 60~80 人左右。

（6）队列与队形

体育课堂教学中队列与队形的安排，反映了体育教师与学生的空间位置关系，它直接影响着体育教师与学生的交流与互动，并对学生的学习动机、课堂学习行为甚至体育课成绩都会造成一定程度的影响。体育课堂教学中队列队形的编排方式是多种多样的，主要有：长方形编排方式，圆形编排方式，双圆形编排方式，半圆形编排方式，双半圆形编排方式，马蹄形编排方式，双马蹄形编排方式以及散点形编排方式等。采用何种队列队形的编排方式主要取决于具体的教学任务和内容，但前提是其必须有利于体育教师和学生的交流与互动。

（二）心理环境

1. 心理环境的定义

体育教学的心理环境是由学校内部许多社会、心理因素构成的，它是体育教学中无形的、动态的软环境部分，对师生的心理活动和社会行为乃至整个学校的教育、教学活动都有着不容忽视的潜在影响力。体育教学的心理环境和物质环境共同构成了学校体育教学环境的整体。体育教学的心理环境一般包括校风与班风、学校体育传统与风气、体育教学中的人际关系、体育课堂常规、体育课堂心理气氛。

2. 心理环境的主要内容

（1）校风与班风

校风是指一个学校内部所形成的社会气氛，它是学校的一种集体行为风尚，与学校的教风、学风、班风及领导作风等有密切关系。班风是指一个班级所有成员在交往中形成的一种共同心理倾向，其一旦形成，便会成为一种约束力，直接影响班级的每个成员。

校风和班风都是一种无形的环境因素，其依靠群体规范、舆论、内聚力这样一些无形的因素来影响学生的态度、价值观和课堂上的学习表现，有着巨大的教育力量，因而对体育教学活动有非常大的影响。

（2）学校体育的传统与风气

学校体育的传统与风气是指一个学校在体育方面养成并流行的带有普遍性、重复出现和相对稳定的一种集体行为风尚，它是校风的有机组成部分。良好的学校体育传统与风气对学生起着非常积极的作用，对学生产生潜移默化的影响，使学生形成正确的体育态度、兴趣、爱好并养成锻炼身体的良好习惯对提高学生的体育文化修养等方面都起着非常重要的作用。要建设好一个学校的体育传统与风气，这是一项长期并艰巨的任务，不仅需要学校的正确指导方针和方法，还需要教师精心的设计和管理。

要形成良好的学校体育传统与风气，一般要经过下面几个阶段：孕育、整合、内化和成熟。整个过程的形成是师生共同努力的结果。刚开始时，多数师生是被动或者半被动接受体育的行为规范，后来逐渐变成学校全体师生自觉的体育意识和行为规范，这样学校的体育传统与风气就慢慢形成了。学校传统与风气一旦形成，便会成为约束师生体育行为规范的无形力量，在体育教学活动中起着积极的心理控制作用。

（3）体育课堂常规

体育课堂常规是在体育教学中为了完成课的任务对体育教师和学生所提出的共同要求。如上课时体育教师和学生都应该穿运动服和运动鞋；课开始时师生之间相互问好，课结束时师生间相互道别等。这些表面上看起来微不足道的小节，其实隐含着巨大的教育作用，对师生的课堂行为具有极强的规范和约束作用。

（4）体育教学中的人际关系

人际关系是指人们在社会交往中所形成的人与人之间的心理关系。体育教学中的人际关系就是学校师生之间为了达成各种预定的体育教学目标，在体育教学活动中通过语言、思想、感情和行为而形成的各种心理关系。这种人际关系包括两方面：一是体育教师与学生之间的关系；二是学生与学生之间的关系。这些人际关系从不同方面影响着体育教学活动的开展，因此，人际关系可以说是体育教学中的人际环境。

与一般教学不同的是，体育教学中的人际关系显得更复杂、更直接、实践性也更强。由于体育教学的特殊性，师生之间的交往更加自由、更加无拘无束，体育教学更注重团队精神，强调师生之间的互助和合作，这使得体育教学中的人际关系更加融洽，使得学生能更好地提高自己的社交能力。

（5）体育课堂心理气氛

体育课堂心理气氛是指班集体在体育课堂教学过程中所形成的一种占优势的态度与情感的综合状态，它包括师生的心境、态度、情绪波动、师生间的相互关系等。体育课堂心理气氛可以分为积极的、消极的和对抗的三种类型，它是逐步形成的，而一旦形成其又具有相对的稳定性。体育课堂心理气氛的好坏主要取决于多数学生对教学目标和任务是否认同，对教师的要求与作风是否心悦诚服、对工作现状是否满意，师生之间、学生之间是否友好等。① 积极的体育课堂心理气氛有利于体育教师和学生之间的信息和情感交流，最大限度地引发和调动学生学习的积极性和自觉性，并且有利于帮助学生树立克服困难的勇气和信心。

---

① 卢绍刚. 论体育教学环境的调控与优化［J］. 当代体育科技，2018（6）.

六、体育教学环境的特点

（一）规范性

学校的体育教学环境是育人的专门场所，是根据全面促进人的身心发展这一需要和国家的教育方针、学校的培养目标而设计、建设和组织起来的。体育教学环境肩负着育人的重任，因此，环境建设的各个方面都必须符合育人的规范和要求。

（二）可变性

体育教学环境可以及时加以调节控制。教师在体育教学活动中可以根据教学活动的需要以及教学环境的变化，不断能动地对教学环境加以必要的调节控制，撷取其中对学生身心发展具有积极影响的因素，消除消极影响因素，使体育教学环境朝着有利于教学活动顺利进行的方向发展。

（三）调控性

与其他一些自发形成的环境或自然环境相比，体育教学环境具有易于调节控制的特点。人们可以根据体育教学活动的目的和需要，不断对体育教学环境进行必要的调节和控制，发挥其对学生身心发展具有积极影响的因素，消除消极影响因素，使体育教学环境朝着有利于教学活动顺利进行的方向发展。

（四）净化性

学校是培养人才的地方，有高素质的师资队伍，有国家教育政策和方针的规范指导以及比较稳定的课程体系，而且教学环境的主客体因素是在追求真理、掌握知识、发展身心这样一些共同的高尚的目标下组织在一起的，各种环境因素并不能随意进入教学活动，都要经过一定的选择、净化、提炼和加工等纯化处理。相对其他的社会环境来说，教学环境没有外界的喧嚣繁杂，所以比较纯净。可以说学校是社会的一方净土。

（五）复合性

与一般文化课教学相比，体育教学活动是相对复杂的，这不仅表现在体育教学目标的多样性和体育教学内容的丰富性，而且还表现在整个教学活动的组织工作是复杂、多变的。体育教学的这些特点决定了体育教学环境的复合性：一方面，体育教学环境所需要的物理环境是复合的，体育教学不仅需要一般的教学设施如教室、图书馆、桌椅等，它还需要运动设施和器材，如体育馆、体育场篮球、足球……这些设施与阳光、空气、水、树木、草地等自然环境紧密交织在一起，共同对学生的身心发展起着积极作用；另一方面，体育教学的心理环境也是复合的，体育教学一般是在比教室更大的空间里——体育馆或者体育场进行的，这种空间的变化，使得体育教学中教师与学生之间、学生与学生之间的人际关系更加复杂。

（六）教育性

体育教学环境是进行体育学习的平台，它是体育教学活动赖以进行的物质依托和舞台，同时，构成体育教学环境的各种环境因素本身也具有教育意义。正因为体育教学环境是一个培养人才的场所，所以人们在构建体育教学环境时，对它的教育功能的需要已远远超越对物质功能的需要，这也是体育教学环境相异于其他环境的一个主要特征。

（七）双重性与双向性

体育教学环境中蕴涵的信息具有矢量性，或者指向体育教学目标，对学生的学习活动产生积极、正面的影响；或者背离体育教学目标，对学生的学习活动产生消极、负面的影响。另一方面，学生又不是单纯地、被动地接受着体育教学环境的影响，而是同时自身作为重要影响因素反作用于体育教学环境，对体育教学环境发生积极或消极作用。

（八）快乐性与成功性

只有给学生的成长创造一个更具内涵的心理环境，才能更好地激发学生各种兴趣爱好，发展其特长。而在运动中产生的愉快感，具有直接的健康效应，会使活动者更易获得积极的心理健康效应，学生对成功的体验，不仅应体现在其追求成功的道路上所充满的友谊和快乐，而且更应体现在挫折与失败中所付出的艰辛与苦涩，从而真正领略和体验体育的全部乐趣，实现身心健康。

七、体育教学环境的功能

（一）指导功能

方向和目标是人们行动的指南，也是行动的动力。体育教学环境的指导功能是指体育教学环境可以通过自身各种环境因素集中一致的作用，引导学生主动接受一定的价值观和行为准则，使他们向着社会所期望的方向发展。体育教学环境是按照人的身心发展的特殊需要和国家教育方针、学校培养目标的具体要求组织起来的育人场所，它集中体现了社会主流文化的精神和价值取向，体现了国家和社会对年青一代成长发展的期望。这些要求和期望渗透在学校的各种环境因素中，形成一种具有教育和启示意义的教育资源，引导着学生的思想，规范着学生的行为，塑造着学生的人格。体育教学环境可以通过自身各种因素的综合作用，对学生起到引导的作用，帮助学生培养体育学习的兴趣，养成锻炼身体的习惯，并自觉抵制不良行为，形成文明健康、积极向上的生活方式。

（二）陶冶功能

文明、和谐、活泼向上的体育教学环境，对陶冶学生的情操，净化他们的心灵，培养他们的审美情趣以及养成他们高尚的道德品质和行为习惯有着重要的意义。通过各种体育教学心理环境因素的积极作用，学生能够在耳濡目染、潜移默化中受到熏陶和感化，从而产生一种春风化雨、润物无声的教育效果。体育教学环境的这种陶冶功能如果运用恰当，对实现体育教学的目标乃至学校体育的目标都具有重要意义。

（三）激励功能

体育教学环境的激励功能，是指良好的体育教学环境可以有效激发师生的工作热情和工作动机，提高他们工作的积极性，从而推进学校教育、教学工作的顺利开展，提高学校教学工作的质量。在良好的体育教学环境中，各种环境因素都能激发教师和学生的积极性。如宽敞明亮的教室、整洁的场地、功能齐全的器材、充满活力的运动场以及良好的学习氛围等都会给师生带来极大的振奋和鼓舞，成为他们工作、学习的极大动力。特别是良好的班风学风，对师生来说，是一种强大的精神力量，时刻激发着师生振奋精神、团结向上。[①]

（四）健康功能

体育教学环境是师生长期生活、学习、工作的环境，环境的优劣直接关系到教师和学生的身心健康。实践证明，科学、卫生、安全和没有空气、水源以及噪音污染的体育教学环境，能够有效促进学生正常的身体发育和健康成长。而积极的心理环境如宽松的学习气氛、和谐的人际关系等，可以使学生能长期保持乐观、稳定、愉快的积极情绪，对学生心理健康有积极的促进作用。

（五）美育功能

良好的体育课堂气氛可成为一种较强的教育力量，自觉地培养人和塑造人。体育场、馆的布置与建设符合运动和学生身心的特点以及安全、卫生与审美的要求。如田径场跑道的方向一般要与子午线相一致；再如体育馆的墙面和有些体育场地的地面颜色一般采用比较温暖的颜色，诸如柔和的黄色、珊瑚色和桃红色等。器材的摆放井然有序，符合美学的原则。因此良好的体育教学环境可以激发学生的美感，培养学生正确的审美观和高尚的审美情趣，有助于学生塑造美的人格。丰富它们的审美想象，提高他们感知美、体验美、鉴赏美和创造美的能力。

第二节　体育教学环境的设计与优化

一、体育教学环境的设计原则

（一）协调性原则

这一原则要求人们在创设体育教学环境时，要从整体上对体育教学环境的各个方面进行调整和规划，以便把各种环境因素有机地协调起来，发挥最佳效能。

构成体育教学环境的要素是十分复杂多样的，既有物质的、又有精神的，既有有形

---

① 杨剑云. 论体育教学环境的调控与优化 [J]. 体育世界（学术版），2018（3）.

的，又有无形的。人们只有把各种要素加以合理地组织安排，使之协调一致，处于优化状态，才能发挥最佳功能。系统论告诉人们，只有系统处于有序的动态平衡状态时，它才能有效地发挥作用。体育教学环境作为一个子系统，同样不能违背系统论的基本原理。所以，在创设体育教学环境时，创设者应周详计划，统筹安排，既要重视校园体育传统和风气的设计，又要积极创设良好的体育教学心理气氛，既要改进教师的工作作风，又要建立融洽的师生关系。不能顾此失彼，要树立全局思想。

（二）教育性原则

学校是一种特殊的环境，其特殊就在于它是一个简化、净化、平衡化、精神化、以人为中心的环境。诚如苏联著名教育家苏霍姆林斯基所说的："孩子在他周围——在走廊的墙壁上、在教室里，在活动室里——经常看到的一切，对他精神面貌的形成具有重大的意义。"正因为如此，对体育教学环境的设计，无论是大型的体育场馆，还是一个小小的体育宣传橱窗，都必须要慎重，都必须要充分挖掘其对学生身心全面发展的教育意义，都必须有利于启迪学生的思维、有利于激发学生的体育学习动机和兴趣、有利于陶冶学生道德情操，以营造出一种"连墙壁都在说话"的体育教学环境，使置身于其中的学生无时无刻不受到熏陶和教化。

（三）针对性原则

这一原则要求人们在设计体育教学环境时，要针对特定的教学目的有意通过或突出体育教学环境的某些特性，形成特定的环境条件来影响学生，促进学生的身心发展。

人在改变环境的同时，环境也在改变着人。为了达成特定的教学目的，根据具体的情况，可以适当突出或增强环境的某些特性或要素，有针对性地教育学生。如，有些学生因体育素质差，不喜欢上体育课，那么教师就需要特别注意同这些学生建立民主平等和谐的关系，使学生首先喜欢老师，然后再喜欢老师所从事的事业。再如，在刮风的天气里上体育课时，器械的摆放方向应逆风。当然，在运用这一原则时，教师必须周密安排、确定相关的教学目的，不能随意行事；同时，还要认真分析面临的具体情况，不能生搬硬套，否则就可能事与愿违，达不到预期的教学目的。

（四）因地制宜原则

这一原则要求人们在设计体育教学环境时不能脱离本校和不同班级的实际情况，在充分了解学校和班级的基础上，搞好体育教学环境的创设。

中国幅员辽阔，各地区经济文化的发展也极不平衡，各个学校在环境条件上是有差别的。但是，任何学校在环境方面又都有自己的环境优势，就有可能推动整个学校体育教学环境的改善。例如，校园无论大小，里面都有各自不同的地形地物，利用本校的地形、地物、地貌，学校房前屋后的空地、小山包、树木、废弃物品，改造成学校体育理想的场地和设施。利用古榕树建成有爬竿、爬绳、软梯、爬网的快乐树；在树木间装上横绳、斜绳、沙袋、攀网、吊竿、吊绳等；还可以利用校内的小山包建成集攀岩、滑板、独木桥等为一体的快乐山；在水泥地板画上各种各样进行跑、跳等活动的图形；围墙设置攀爬墙。因此，在体育教学环境的创设上，要做到因校制宜，因班制宜，充分挖掘和利用自己的优势条件，推动体育教学环境的创设。

（五）人文性原则

所谓人文性原则，就是体育教学环境的设计与优化，必须始终以学生为本，其又包括两个方面的含义：一是各种体育教学物理环境的设置要体现出对学生的人文关怀，如体育教学周围活动环境设置首先应考虑是否卫生、安全，体育场馆的颜色、光线是否符合学生用眼卫生和视觉的要求，器材、服装和设施是否更加符合学生的生理特征等；二是要通过体育教学环境的设计和优化，努力营造出和谐的、充满人性的、民主平等的氛围。① 体育教学过程中，体育教师面对的是充满朝气和灵性的学生，因此他应该既是学生的师长，又是学生的朋友和长辈，对学生他应该倾注满腔的热情、爱和信任。

（六）真善美统一原则

这一原则要求人们在设计体育教学环境时，必须做到求真求善和求美的统一，使学生获得真善美统一的教育，促进其个性的全面发展。

在设计体育教学环境时，首先要有科学性，严格按照有关的规律、原理来设计。其次，体育教学环境的创设必须以马列主义毛泽东思想和社会主义的道德规范为准则，培养学生正确的人生观、道德观和世界观。最后，体育教学的设计必须符合社会主义的审美标准，用体育教学环境自身的美去陶冶感染学生。总之，体育教学环境的创设必须是真善美的统一。

（七）主体性原则

这一原则要求人们在创设体育教学环境的过程中，要充分重视学生主体的作用，培养他们自控自理环境的能力，使学生自己学会控制和管理教学环境。

体育教师是体育教学环境的主人，学生同样是体育教学环境的主人。教学环境的改善和建设离不开学生的主体参与、支持和合作。如，良好体育传统与风气的建设、体育场馆环境卫生的打扫和保持、良好人际关系的建立都与学生紧密联系在一起。正因如此，在创设体育教学环境的过程中，体育教师应充分调动学生的主动性和积极性，培养他们对体育教学环境的责任感，提高他们控制和管理环境的能力。唯其如此，良好的体育教学环境的创建才能得到最广泛的支持。已经形成的良好体育教学环境才能得到持久的维持，体育教学环境将会在学生自觉自愿的不懈努力中更加和谐美好。

二、体育教学环境优化的要求

（一）物质方面的要求

体育教学场所包括体育馆和各种体育场地，以及这些场地周围的环境，如阳光、空气、树木、草坪等。体育场馆的布置与建设不仅要考虑学校的整体布局，还要考虑场馆的位置、方向、通风、颜色、温度及建筑材料等必须符合运动条件和学生身心的特点及安

---

① 朱薇. 探析高中体育教学中体育教学环境的作用 [J]. 体育世界（学术版），2019（5）.

全、卫生与审美的要求。体育教学场所还是整个学校校园环境的重要组成部分，是整个学校最显眼最有吸引力的地方，因此，对体育教学场所的调控意义重大，不仅可以使体育教学更加人性化，还能提高整个学校环境的文化内涵。体育教学设施是开展体育活动的必备条件，对完成体育教学任务起着重要的作用。学校要重视体育教学自然环境的调控优化，有计划地建造风雨操场、室内体育馆，以减少风雨、强烈阳光等对体育课及锻炼身体的影响。[①] 要提高自然环境的环保意识，在体育场地旁多种植花草树木，改善空气质量，过滤有害物质，减少大气污染，降低噪音，为师生创造一个良好的锻炼身体的自然环境。

（二）提高教师素养

体育教师是学校体育工作的组织者和实施者，是做好学校体育工作的关键。体育教师经常和学生进行直接的交往，他们的精神面貌和行为方式对学生的影响是持久而深刻的。体育教师的政治素质和业务素质，不仅直接关系到其工作的质量和效果，而且对学生的体育兴趣、爱好以及能否养成锻炼的习惯至关重要。

（三）心理方面的要求

校风班风塑造了学生的态度和价值观，又影响他们在教室里的学习活动。这种心理气氛是影响整个学校群体生活的规范力量，是一种具有心理制约作用的行为风尚。所以，学校对校风班风的调控意义非凡，学校要形成良好的校风班风必须靠全体师生的共同努力，要经过长期的群体规范、内聚力等无形的力量才能养成。要调控优化学校体育传统与风气也是一项长期而艰巨的任务。因为学校体育传统风气与校风班风一样，都是一个学校全体成员的集体规范意识和集体风尚，必须经过长期而系统的工作，依靠群体的共同努力形成的行为规范和体育意识。学校要重视这些风气的培养，因为这些传统与风气一旦形成，便会成为约束学生体育行为风尚的无形力量，在整个学生群体中起到积极的心理控制作用。体育教学课堂气氛对能否顺利完成体育教学任务具有重要的意义，所以必须抓好对体育教学课堂气氛的调控。调控的结果应该是使师生之间形成一种很好的情感交流，彼此和谐融洽、民主平等，这样才能让学生在愉快积极的情感状态中学习。

（四）做好宣传工作

加强舆论宣传，培养学生对体育的自觉意识。由于旧的文化传统的影响，加之现实教育政策上的一些不完善，人们对学校体育的地位、意义、功能等往往认识不足，学生中仍然不同程度地存在"智育第一"等陈旧观念。因此，要培养学生人人爱运动，个个求健康，把锻炼身体作为日常生活的一种习惯，必须加强对体育的正面宣传和引导，营造一种舆论氛围，以培养和强化学生的自我体育意识，使之形成一种自觉的、内在的驱动力，促进学生锻炼习惯的养成。

在创设学校体育环境时，体育场地设施的建设要从培养学生的全面基本活动能力和身体素质出发。学校体育的重要任务之一就是全面发展学生的基本活动能力和身体素质。创设者应知道，走、跑、跳、投、攀登、平衡、悬垂、支撑、负重、搬运等都属于人的基本

---

① 李春晓. 高校体育教学环境现状及评价研究 [J]. 同行, 2016 (15).

活动能力内容，在机体的发展中有着重要的作用。体育器材设施的规格要符合学生身心特点，如果体育器材设施不适宜，就难以发展学生的活动能力，增强学生的体质，有时甚至会由于设施不当或运动强度过大，对学生的机体造成显性和隐性的损伤。

三、体育教学环境优化的策略与举措

（一）和谐美观策略

1. 和谐美观策略的定义

和谐美观策略是指体育教学场所和设施的创设，要注意从整体进行规划，整体上要体现合理、协调、美观的要求。

2. 和谐美观策略的具体含义

（1）体育教学的场所和设施与学校其他建筑和设施之间要协调一致

体育场、体育馆与学校教学楼、行政楼、图书馆、实验室、食堂等建筑设施之间在功能、布局、色彩搭配、连接通道等方面要和谐、美观、方便，能够形成一个有机整体。

（2）体育教学的场所和设施之间要协调一致，美观简练。

排球场、篮球场、田径场之间，单杠和双杠之间，无论是布局，还是相互的间隔距离都要尽量合理协调。在具体的体育课堂教学过程中，场地器材的布置也应尽量避免相互干扰，便于管理，而且要层次分明、整洁有序，在需要标画的地方放置好标志物或用白灰画上标记，使人一目了然。此外，各种体育教学场所和设施的颜色搭配既要美观，也要合理，符合学生心理特征。如幼儿园和小学体育馆的墙面和有些体育场地的地面颜色一般采用比较温暖的颜色，诸如柔和的黄色、珊瑚色和桃红色等，因为暖色调可使人在视觉上和情感上的兴趣趋向外界，可提高中枢神经的兴奋性，因而也特别符合学龄前儿童和小学生的心理特点。

（二）整体协调策略

这一策略是指在体育教学环境的调控过程中，学校的教职工都要从整体出发，要有全局观念，秉着整体利益高于一切的原则，先从整体上对体育教学环境的各个方面进行规划调整，有必要时对局部进行调整，最后把各种环境因素有机地协调为一个整体。这个调整过程可能有点复杂，因为构成体育教学环境的因素很多。

在具体的操作过程中，要考虑到体育教学环境的特点，把各类体育场馆、运动场地、设施与学校的其他教学设施、校园绿化、各类装饰结合起来，建立良好的师生关系、形成积极向上的校风班风以及优良的学校体育传统风气。将各种体育环境因素产生的影响协调统一起来，使它们向着有利于促进学生身心健康和提高体育教学质量的方向发展，最终服务于学生和体育教学。

（三）安全卫生策略

1. 安全卫生策略的定义

安全卫生策略是指在体育教学场所和设施、体育教学的自然环境以及队列队形等物理环境的布置、选择与安排中，要体现安全第一和卫生洁净的要求，最大限度避免体育教学环境对学生身体的伤害和对健康的不利影响。

2. 安全体育教学环境的表现

第一，所有体育教学的场所和设施都不应该存在着安全隐患，使用这些设施前，要对其进行必要的检查和清理。如将运动场地上的砖头、石块拣干净，检查运动器械是否松动等，以避免发生不必要的伤害事故；第二，体育教学中队列队形的设计、编排、变换、调动等，也必须注意安全，如学生在学习推铅球等投掷内容时，就不应该采用面对面站立的队形，而应该采用所有同学面向同一方向站立的队形等。①

3. 建设安全体育教学环境的要求

从保证学生健康的角度出发，在体育教学场所和设施的设计和安排中，必须考虑卫生问题。如体育教学场所和设施应打扫干净、无灰尘；室内体育场所的采光要充足、温度要适宜、保持良好通风；游泳池应经常换水和消毒等。另外，在选择体育教学的自然环境时，应避开风沙，并尽量选择无空气、水和噪音的污染的环境。

（四）利用自身优势的策略

这一策略是指在体育教学环境的调控优化过程中，要充分利用学校已有的有利环境条件，为体育教学活动创造一个良好的环境。不同地区、不同学校在环境条件上是有差异的。每个学校在环境上都有自身的特点和优势，学校应该结合已有的环境，充分发挥自身的优势特点，这不仅会节约建设新环境的成本，还能改善整个学校的教学环境，给体育教学环境的建设带来新的突破。例如，学校可以根据山地优势，在校园内设立越野跑、登高跑；北方学校可以借助下雪的时候建立临时的滑冰场等。每个学校只要充分挖掘，都有自身环境条件的潜力和优势，学校要重视对这一优势条件的开发。

（五）筛选提炼策略

1. 筛选提炼策略的定义

筛选提炼策略是指在调节控制体育教学环境的过程中，要对存在于体育教学环境中的各种信息进行一定的选择、加工和提炼处理，以实现体育教学信息的最优化控制，使体育教学信息成为促进学生健康发展的积极因素。

2. 筛选提炼策略的作用

在现代生活中，广播、电视、书籍、报刊等大众传媒和计算机网络构成了体育教学的重要信息源，特别是电视、报刊和计算机网络中体育方面的信息，对体育教学活动有非常大的影响。如美国 NBA 的球星，往往是学生追捧的对象，无形中影响着学生对体育的态度、兴趣以及情感等。需要注意的是，这些信息本身是良莠混杂的，其中不乏有许多消极的信息，并可能会对体育教学形成负面的影响。而青少年学生往往缺乏正确识别各种信息的能力。因此，体育教师应该正确处理和运用各种信息，保留有利于体育教学、有利于学生健康成长的各种信息，尽量排除各种不良信息，使之能为提高体育教学质量服务。在此基础上，体育教师还应该注意指导学生善于识别和处理各种信息，提高他们自觉抵制不良

① 丁仙子. 高校体育教学环境的影响因素分析［J］. 中国市场，2016（31）.

信息的意识和能力。①

（六）培养学生自控能力的策略

这一策略是指体育教师不仅自己要重视调节控制体育教学环境，而且要重视学生在调节控制体育教学环境方面的作用，培养学生自控自理环境的能力，使学生自己学会控制和管理体育教学环境。在体育教学过程中，学生是被教育者，学生和教师一样都是体育教学环境的主人。学生在体育教学环境的改善和建设中往往发挥着很重要的作用。要创建良好的体育教学环境肯定离不开学生的参与、支持和合作。学生是教学的主要对象，学校各类场馆的建设或是各类教学环境都是为学生的身心发展服务的。比如，良好的学风班风的建设、校园的绿化美化、教室的装饰与布置、各类场馆场地的维护以及学校纪律与秩序的维护等，都与学生紧密联系在一起。为此，体育教师要调动学生参与体育教学环境建设的主动性和积极性，培养他们对体育教学环境的责任感，提高他们控制环境和管理环境的能力。只有把师生联合起来，共同创建良好的体育教学环境，共同维护体育教学各类场馆设施，共同发扬优良的体育传统和风气，这样，体育教学环境才能在师生的共同努力下变得越来越和谐，越来越美好，不仅能发挥学生建设环境的主动作用，还能提高学生的综合素质。

（七）变通调试策略

变通调适策略是指在体育教学过程中，针对那些无法改变的体育教学环境，如体育教学的自然环境和班级规模等，可以采用变通或调适的方法，尽量使这些教学环境能为提高体育教学质量和促进学生健康成长服务。

在体育教学过程中，所处的自然环境是无法改变的。例如，中国大部分学校都没有室内体育场所，在雨雪天里就无法开展正常的体育教学活动。但是，这并不意味着就放弃体育教学，或让学生回到教室去进行其他文化课的学习，而是可以采用一些变通的方法如利用学校的食堂或较大的空教室来进行体育教学活动等。

另外，体育教学中的班级规模也无法改变或暂时无法改变，但为了提高教学的效果和质量，也可以采用变通的方法，如进行分组教学，或采用全年级学生统一编班上体育课的形式等。简言之，在体育教学中，要采用各种方法和手段来优化体育教学环境，使之满足体育教学的要求。

（八）完善规章制度，改善物质条件

一定精神文化的作用也有赖于一定的物质和制度文化的保证，为了建构学校体育传统与风气，首先，必须要建立一套切实可行的学校体育规章制度。尤其是在工作的开始阶段，严格的规章制度和组织纪律性往往对创设一种心理环境能起到促进作用。应根据《学校体育工作条例》的精神和本校实际，发动全校师生共同研制。培养学生体育兴趣、爱好和锻炼习惯，光停留在思想教育和一般号召上是很难奏效的，必须要有一套可操作的

---

① 孙砚. 我国普通高校体育教学环境研究 [J]. 当代体育科技, 2019, 9 (8).

制度性的措施加以巩固，使"软件"变成"硬件"。[①] 使学校一些法规性文件都能落实到实处，促进学校体育传统与风气的形成。其次，确保学校体育经费的投入，设法改善学校体育的物质条件，给形成学校体育传统与风气提供物质环境。例如，在学校内设置一些健身的简易器材设施，学生可以利用空闲时间自行锻炼，对促进学生体育锻炼行为的发生具有一定的诱导和保证作用。

（九）建立正确的舆论与规范

舆论与规范可以形成群体压力，对学生的心理和行为产生极大的影响。在群体的压力下，成员有可能放弃自己的意见而采取与大多数一致的行为，即从众。正确的舆论与规范促使人积极向上并做出有益的行为，而不健康的舆论和规范则诱惑人产生有害的行为。因此，要想形成良好的体育教学的心理环境，体育教师首先必须注意在班级中形成良好的舆论与规范。

一方面，体育教师要考虑舆论与规范对群体成员的适应性，争取班级中大多数成员的意见，尽量使群体舆论和规范与成员的个人价值趋同；另一方面，还要考虑群体舆论和规范与社会规范的一致性，使每个学生都能正确处理自己与群体的关系。在教学中，体育教师还要注意结合体育教学内容的特点，随时对班级舆论与规范进行正面引导和培养。

（十）建立学校、家庭、社会立体化教育网络

在学校体育传统与风气的形成过程中，学校体育教育是主体，社会是学校体育教育的外部环境，家庭则是学校体育教育的基础，许多研究已经证明，学生对体育的爱好，很大程度上受父母的影响。学校体育传统与风气的形成总是在不知不觉中受二者的影响。只有把三者有机地结合起来，相互配合，相互支持，才能发挥最大的整体效益。以社会环境而言，应形成人人崇尚体育的良好风气，兴建全民健身的活动场所，为学校提供体育活动的基地。同时加强学校同社区的联系，经常联合搞一些大众性的体育活动。与此同时，以学校为阵地，在双休日里，邀请家长同学生一起参加学校组织的体育活动，并宣传体育活动的意义，提高家长对体育的认识。使三者形成一股教育的合力，共同为学校体育传统与风气的形成和发展添砖加瓦。

（十一）加强体育课堂教学管理

实践证明，严格的课堂教学管理，可以对学生产生一种潜移默化的影响，对体育教学心理环境的形成有积极的促进作用。特别是如果体育教师能长期坚持不懈地贯彻课堂常规并能以身作则，则对学生的体育态度与行为乃至思想品德将会产生不可估量的影响，甚至，对学生而言，这种影响也许会持续一生。强化课堂教学管理要从最基本的行为规范开始，从这点上来说，贯彻体育课堂常规不失为行之有效的方法。

体育教师要善于从小事入手，通过各种方法如发挥体育骨干的作用等帮助学生进行自我管理，从而提高他们自我约束的能力。

---

① 周遵琴. 高校体育教学改革与发展 [M]. 成都：电子科技大学出版社，2015：126.

第三节　体育教学场所信息化演变的模式

一、体育教学场所的信息化现状

为了详细地了解中国体育教育教学场所信息化的现状，本书查阅了大量的相关调查资料，进行了如下的总结：

（一）用作课堂教学辅助手段

这是信息技术在体育教育专业课程中应用最为普遍的形式，据某项调查显示，其调查的国家级、省市级和院校级精品课程全部都采用了多媒体技术作为教学辅助手段。主要的形式是应用信息技术制作教学内容演示课件：在理论课教学中以提纲为主，结合有图片和声像，大大增加了信息量；在术科教学中主要用于技术动作的示范演示和技战术的实际应用（如比赛场面等）。常用课件制作软件主要有 PowerPoint、Flash、FrontPage 等，其中以 PowerPoint 应用最多，相比之下这个软件相对操作简单，但是功能与 Flash 相比略逊一筹。[①] 后者可以制作动画，而动画在体育教育专业的术科教学中作为动作技术的演示工具，具有很广的用途。在本研究调查的精品课程的教学中，多媒体技术最多的是被用于创设教学情境，用图表展示、动画或音像演示的方式将知识更生动形象地呈现给学生，以便学生用多种感官进行认知活动。

陕西师范大学的体育学院以及首都学院的篮球精品课程都设置了专门的教学课件用以教学。

（二）用于网络教学课件

这类方法是将教材的内容和引用的参考材料用在线播放的方式在网上呈现给学习者。在某项研究调查的精品课程中，许多课程都有这种做法，据调查显示，北京 10 所体育院校中开设网络精品课堂的占 30% 左右，福建、贵州、黑龙江等省内的体育院校有超过一半都设置了网络课堂，河南省的体育院校中有超过 60% 的院校开设了网络课堂。但是，这些课程只是简单地将教学课件挂到了网上，而这些课件也仅是教师教学内容的提纲，还不能起到网络教学的作用。此外，这些课程还是采用了"以教师为中心"的教学模式，没有考虑到学生在网上如何使用这些资源进行学习。这种信息技术的应用形式在教学中能够起到的作用虽然没有达到网络课程的程度，但还是有较好的辅助教学作用。另外，这种形式也具有培养学生信息素质的作用。

（三）用于网络课程

体育网络课程是以网络为平台，把学校体育课的封闭式教学变成了开放式教学，以实

---

① 张福高，张霞霞．现代教育技术［M］．成都：电子科技大学出版社，2017：143.

现学生自主学习的一种新型教学模式。要想使这种教学模式得到广泛的应用并提高教学质量，就必须研究体育类学生的培养目标和网络教育规律，使设计出的网络教育平台更适合体育学生的学习。

网络课程是基于 Web 的课程模式，即在因特网上通过浏览器来学习的课程模式，是一种体现现代教育思想和现代教与学理论的课程模式。网络课程具有交互性、共享性、开放性、协作性和自主性，是一种基于资源的学习、基于情境的学习、基于协作的学习的课程模式。它包括两个组成部分：按一定的教学目标、教学策略组织起来的教学内容和网络教学支撑环境。其中网络教学支撑环境特指支持网络教学的软件工具、教学资源以及在网络教学平台上实施的教学活动。网络课程顺应人们需要终身学习这一趋势，为人们随时获取新知识提供了便利和强有力的支持。从教学的角度，可以将网络课程分为授课型和自主学习型两大类。

授课型课程类似电视教学，不同的是通过网页浏览器播放教学内容，网页的左上方为教师的讲课录像，左下方为章节简介，右边为教师的讲稿内容。这类课件由于视频文件比较大，故适用于宽带上网的学生学习。

自主学习型课程是完全以网络技术为基础，按照一定的教育技术规范来编写的多媒体课件，其学习内容及形式都比较丰富灵活，适合于学生在网上使用网页浏览器自主学习。

网络课程的网站一般包括以下内容：①网络传输系统。包括传输效率、学习材料的传输质量、响应与反馈的延迟。②教学系统。包括一门课程完整的教学内容、激发学习动机的机制、支持不同学习策略的教学活动。③交互系统。包括教师和学生、学生之间各种形式的同步、异步交互。④教师/学生支持系统。包括在线疑难解答、丰富的学习资源、系统使用指南、技术支持等。⑤评价系统。包括对学生在这门课程中的考试与作业的评价、对学习过程参与度的评价、对教师的评价、对课程系统的评价。⑥管理系统。包括学籍管理、成绩与学分管理、财务管理、课程计划管理、答疑管理等。

网络教学平台在网络课程的建设中所起的作用愈来愈重要。在某项调查的 255 所有体育教育专业的院校中，许多院校都应用了网络教学平台。[①] 有了网络教学平台，教师就不必为设计课程网站的结构、页面的布局、导航栏等花费精力和时间，可以将节省下的时间和精力放到教学上。可以说，网络教学平台的应用使得网络课程的实现"平民化"了。在这些方面，一些研究者做出了积极实用的尝试，如佘敏克和舒为平的"排球技术教学图文智能备课系统"为网络教学平台增添了新的功能。该系统应用了计算机科学技术和人工智能原理，设计开发出排球技术教学图文智能备课系统。它能够有效地模拟专家调控教学进程思维，以指导和优化备课过程。

从该项调查中可以看出，2003 年以来被列为国家级和省市级精品课程的课程在网络化、智能化方面做了许多工作，大部分课程都有网上的课程内容，这与教育部的《国家精品课程评估指标》不无关系。《国家精品课程评估指标》对网络教学环境的要求是："网络教学资源建设初具规模，并能经常更新；运行机制良好；在教学中确实发挥了作用。"[②] 按照这个要求，可以说所有的国家级和省市级精品课程没有不达标的。但是，各

① 李宏亮. 网络教学平台设计与应用 [J]. 电子技术与软件工程，2018 (23).

② 李文婷. 网络教学与课堂教学整合策略研究 [J]. 试题与研究，2020 (5).

课程负责人还是超标准地做了许多建设工作，这些工作必将给中国体育教育专业课程的信息化带来积极的影响。

但是，按照网络课程的标准，体育教育专业课程的网络化程度还有待进一步发展。目前，大部分课程，尤其是省市级的精品课程只是将教师的教案、教学的大纲进度、练习和测试题等教学文件上网（这也说明，课程的网络化程度对精品课程的评审是有一定影响的），主要是为了帮助学习者巩固课堂上所学的知识，其性质只是一种学习资源，并不能进行真正的自主学习或自适应学习，不具备真正的以学习者为中心的网上教学管理功能。而教学管理是任何教学活动都不可缺少的，否则教学活动将陷入混乱局面。

从课程网站呈现的内容来看，即使是符合网络课程形式特征标准的课程也并非都能够实现真正的网络教学，尤其是术科课程。例如广西师范大学体育学院借助学校的网络教学平台，建设了"田径""体育心理学""排球""篮球"和"学校体育学"五门网络课程。其中"篮球"课为学生提供的教学资源有"网络课件"和"电子教案"。不难看出，网络课件呈现的是理论课的知识，而电子教案是从教师的角度进行的教学设计，学生仅依据这两个资源还不能够进行有效的学习，因为学生虽然可以从课件中知道技术动作的规格和要求，也可以从教案中找到练习方法，但是他无法得到练习中关于他掌握技术动作情况的反馈，以及纠错的方法。而学生掌握动作情况的及时反馈和为学生提供有针对性的纠错方法是体育教育专业术科课程重要的教学方法。

目前体育网络课程开发主要是由几个体育教师协同几个对计算机应用比较熟悉的工作人员组合在一起，运用三方软件进行开发，基本属于手工作坊式的开发方式。这种开发模式存在很大的弊端，体育网络课程中的体育网络教学设计不够、体育网络课程支撑平台设计理念较欠缺、没有突出体育网络课程的网络特性，这些都限制了网络课程的实用性和适用性。

二、体育教学场所的典型模式

（一）多媒体教室

多媒体教室是指配有投影机、屏幕和由计算机、实物展台、扩音机等构成的主控台的教室。这是多媒体教室的基本配置，教师可以将预制好的各种 CAI 软件（文本、视频、三维动画、Flash 等）投放到屏幕上进行演示；可以利用实物投影仪将实物的影像投放到屏幕上，便于更多的学生观看；更可以通过校园网将网络上的教学资源展现给学生。

目前这种教室在高校校园中十分普遍。近几年来，教育部进行本科教学水平评估，对教学硬件有一系列的基本要求（百名学生配多媒体教室和语音实验室座位数 7 个[①]），各高校也据此增添了新的硬件设施，许多接受过评估的高校，特别是"211"高校，所有教室都配有最基本的多媒体设备，为教学手段的"数字化"提供了必要的条件，所以多媒体教室已经十分普及。

在体育教育专业的教学中，这种教室可以应用于体育人文社会学类课程、运动人体科学课程和术科的理论课教学。教室中的多媒体设备主要是用作教师教的辅助手段，即教师

---

① 教育部.普通高等学校基本办学条件指标（试行）[S/OL]. Http：//moe. edu. cn/

借助多媒体设备将教学内容传递给学生，因此，多媒体教室更适合于"以教师为中心"的教学结构。

（二）网络化计算机教室

这是指具有多台学生机和一台教师机，而且相互连接构成一个局域网的教室（见图8-1），其功能主要包括视听教学功能、实时监控功能、控制功能、分组管理功能、交互辅导功能等。广播教学包括屏幕广播、语音和集体讨论等多种形式，是教师将教师机或某台学生机屏幕显示的画面和语音同步播送给学生，可以全体广播也可以对部分学生广播。实时监控功能是指当学生自由练习或自由讨论时，教师可以不离开自己的座位，通过教师机来查看和控制学生的操作情况，从而采取某种手段（如黑屏、强行重启等）对教学过程加以监控。这类信息化教学系统利用计算机彻底改变了以往教学中黑板加粉笔的状况，大量多媒体教学信息得以方便地展示给学生，可以轻松实现集体授课、协作式学习、个别辅导、探索式学习等多种教学方式，学生在各种教学方式下都可以很方便地同教师进行沟通，利用软件解决方案容易实现与 Web 的无缝连接，可以大大地扩展教育信息的来源。

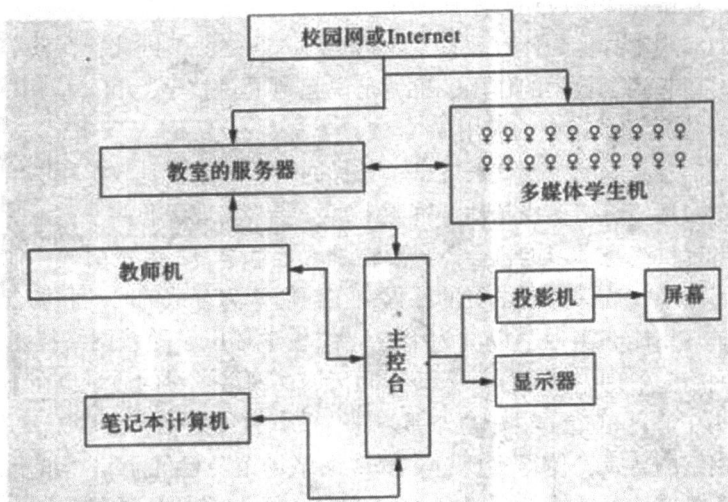

图 8-1 多媒体网络教室结构

这种教室与多媒体教室一样，可以应用于体育人文社会学类课程和术科的理论课的教学，但比多媒体教室的功能更多。教室中的监控功能有利于发挥教师在课堂中的主导作用，让教师实时监控学生的学习行为，及时发现、纠正学生学习过程中的问题，特别适合个别化教学。教师作为引导者，通过对学生机的实时监控，可以掌握每个学生的学习进展情况，可以一对一地指导每个学生；每个学生都可以根据自己的特点进行自主学习，体现主体的主动性。所以说，这种教学环境不仅能够适用于"以教为中心"类的教学模式，而且更能够适用于"学教并重"类的教学模式。

（三）信息化的运动场馆

1. 多媒体教学设备在运动场馆的应用

体育教育专业课程中需要在运动场上进行教学的活动很多，以往由于硬件技术的限制，多媒体设备一般都运用于固定场合，这就使得运动技能教学课中应用多媒体教学设备受到了限制。但是随着信息技术硬件设备的发展，这种限制正在逐渐减小。首先是笔记本电脑的"平民化"为在运动场上实现多媒体设备的应用降低了"门槛"。其次是近年来便携式投影机的普及更为实现体育场馆教学设备多媒体化扫清了障碍。由一台笔记本电脑、一台便携式投影机和一台数码摄像机即可构成的一套"便携式"多媒体教学设备。

2. 各种传感探测技术在运动场馆中的应用

在运动场馆中应用传感技术可以提高器材设备和场地的教学功能，辅助教师和学生更好地完成教学任务。例如，在体操馆的双杠上贴上"应变片"，可以清楚地判断学生在完成练习时双臂的承重情况，而这些数据可以直观地帮助学生掌握技术动作。体育教育专业的各门术科课程的教学有一个突出的特点，即学生在学习过程中要承受一定程度的运动量。虽然教学中的运动量远不及竞技运动训练那么大，但是，教学对象的体能往往是参差不齐的，而且差距相当大。因此，在教学的过程中对学生的生理反应进行实时的监控也是十分重要的。可是，目前常用的监控方法一般都是仅仅凭教师的观察。在竞技体育的运动训练中监测运动员生理指标的手段已经相当普及了，这些手段当然可以应用在运动技能的教学中，例如，在田径课中应用心率遥测仪。

传感技术的应用本身也是体育教育专业的学习内容之一。因此，在教学场馆中的应用传感技术，同时还起到了教学的作用，也就是说起到了"教学"和"应用"双重作用。

3. 网络技术在运动场馆中的应用

网络技术是信息技术的主要代表之一。各种网络学习平台是教学环境信息化的具体表现形式。网络学习环境有诸多优越性，资源丰富，能够实现资源共享，不受时空限制，因此可以为学习者提供终身学习的机会。只要在学习者有学习需要的时候，他们就可以利用相应的网络学习环境，选择需要学习的课程，在他们认为合适的时间和场合进行学习。从理论上来说，是真正能够实现"以学为中心"的教学环境。随着网络技术、多媒体技术的不断进步，网络学习理论的不断深入研究和拓展，网络学习的质量也在不断提高，为真正实现"以学为中心"创造了很好的外部条件。

校园无线网络的普及，使得实现"多媒体网络场馆"已经不是"纸上谈兵"了。例如，在以往最不易应用多媒体教学设备的室外运动场上（如田径场），用上述的"便携式"多媒体教学设备配上无线网卡，即可在场地上播放各种教学素材；利用一台带有无线网卡的笔记本和一架数码摄像机即可将运动场地上的现场实际情况传送到网上，供交流、协作、评价等教学活动使用。

如图 8-2 显示的网络视频监控系统，可以在运动场馆中得到很好的应用。有了这种系统，运动场馆就可以通过网络与校内外的教室、办公室等多种场所联系起来（见图 8-3），实现相互之间的教学资源信息传递。

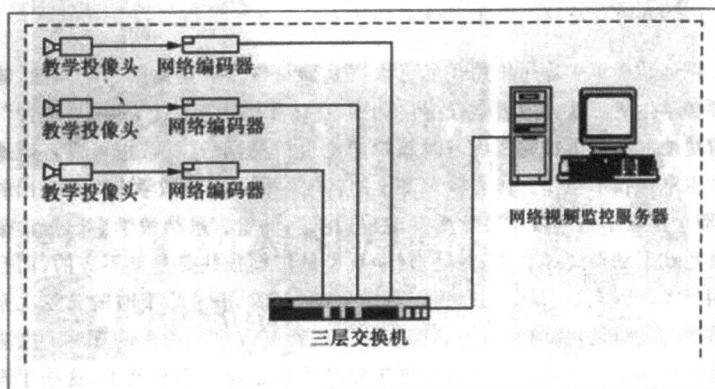

图 8-2　网络视频监控

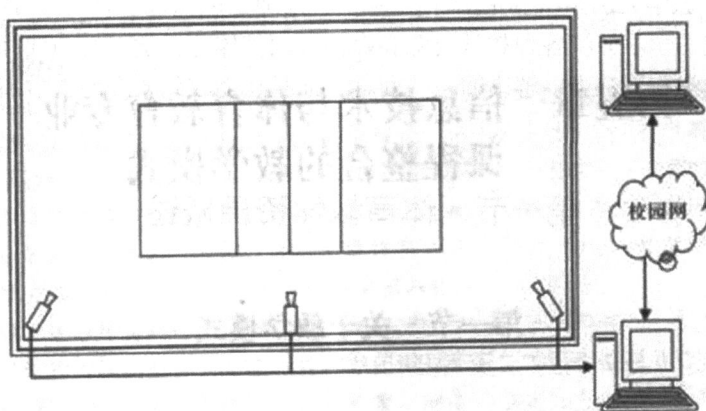

图 8-3　排球馆里的监控设备

CHAPTER9

第九章　信息化环境下体育教学资源研究

随着教育技术学科的迅速发展，越来越多的媒体应用于教学之中，突破了传统教学的"瓶颈"，让课堂教学充满生机和活力，受到了广大师生的欢迎。体育教学和运动训练属于动作技能领域的学习，将各种教学资源和媒体应用到体育教学与运动训练中，不仅可以突破传统体育教学与训练难以解决的一些问题，而且还能收到较好的教学训练效果。

第一节　体育教学资源概述

一、教学资源与体育教学资源的概念

（一）教学资源的概念

教学资源，就是课程与教学信息的来源。或者指一切对课程和教学有用的物质和人力。教学资源的概念有广义与狭义之分：广义的教学资源指有利于实现课程目标的各种因素；狭义的教学资源仅指形成课程的直接因素来源。[①] 这里的教学资源指的是广义的教学资源，即课程实施所需要的资源。

（二）体育教学资源的概念

体育教学资源是指为实现体育课程目标而形成体育课程的因素来源与必要而直接的实施条件。

体育教学资源的因素来源，是指凡是可能成为体育课程来源的知识、体育理论知识、技能、技术（各运动项目的技、战术）、体育教学组织方法、练习方法、体育经验、体育活动方式与方法、各运动队合作知识、凝聚力、团队精神、情感与价值观、培养目标等。条件性体体育教学资源是指为实现体育课程目标而具备的条件，包括直接决定体育课程实施范围和水平的人力、物力和财力、时间、场地、媒介、设备、设施、环境、体育活动，

---

① 满红，余义斌. 学生教学资源开发现状及其挑战［J］. 教学与管理（理论版），2019（10）.

以及对体育课程的认识状况。这些要素有些是自然环境和社会环境本身具有的、可直接加以利用的资源，有些是为达到一定的教育目的而特地设计出来的资源。

二、体育教学资源的分类

（一）校内体育教学资源和校外体育教学资源

校内体育教学资源包括校内人力资源，比如体育教师、学生、班级、学校体育代表队、班级内部、班级之间的体育比赛等。校内各种体育设施、器材，如体育馆、田径场、篮球场、体操房、体操垫、栏架、钉鞋、各种球类等。校外体育教学资源包括学生的家庭体育价值观、锻炼行为等，社区的体育设施、体育比赛，整个社会中各种可用于体育教学活动的设施和条件以及丰富的自然资源。无论是校内体育教学资源还是校外体育教学资源，对于体育课程的实施而言都是非常重要的，但它们在性质上还是有所区别的。校内体育教学资源是实现课程目标，促进学生全面发展的最基本、最便利的资源。因此，校内体育教学资源应该占据重要地位，校外体育教学资源则更多地起到一种辅助作用。正如美国课程理论专家泰勒所说："（1）要最大限度地利用学校的资源；（2）加强校外课程；（3）帮助学生与学校以外的环境打交道。"① 以往人们忽视了校外体育教学资源的这种辅助作用，忽视了对校外课程体育资源的开发。今后人们应该重视建立校内外体育教学资源的转化机制，一方面学校要善于合理挖掘和运用社区及其他兄弟学校的体育教学资源，另一方面，校内体育教学资源也可以向社区和其他学校辐射。

（二）体育教学物资资源和非物资资源

体育教学物资资源包括体育的人力、物力及其一切显性物化资源。如体育课程活动组织所拥有的劳动的总能量，体育人力资源开发系统，体育课程教材，学校的体育场地器材设施等。

体育的非物资资源包括体育思想、体育价值观、体育知识系统。如国家和政府的体育行政管理工作人员、学校体育管理人员的体育思想，体育教师、学生、学生家长、社区人员的体育思想，体育行为，体育价值观，体育政策，体育信息课程设计思想等。

（三）体育自然教学资源和体育社会教学资源

中国地大物博，山川秀美，物产丰富多样，可以开发与利用的体育教学资源极其丰富。可以利用地形地貌设计定向越野跑、长跑、野外生存训练、攀岩训练。可以利用江河、激流、湖泊漂流、探险、游泳、垂钓休闲。可以利用不同季节、不同地域设计适合季节和本地区的体育活动。认识自然，融入自然，与自然界和谐共处，是学生素质养成的重要内容。也是体育课程编制过程应该体现的一个基本理念。

体育的社会教学资源极其丰富。人类发展史上体育在政治活动、经济活动、军事活动、外交活动、宗教活动的地位、作用，奥林匹克运动文化、体育文化影响人类社会生产生活。体育价值观、体育伦理、体育生活方式和体育教育教学活动等都是体育教学资源。

---

① 张晓春．泰勒原理视角下的新一轮课程改革［J］．新课程（下），2019（7）．

自然资源与社会资源有着明显的不同。前者突出特点是天然性，后者具有人为性的特点。而两者的共同特点是都可以经过不同的开发转变为可以利用的教学资源。

（四）显性体育教学资源和隐性体育教学资源

体育显性教学资源是指那些看得见摸得着，可以直接运用于体育教学活动的体育教学资源。如体育教材、运动项目器材、设备、场地、计算机网络、自然和社会中的体育实物、活动等。作为实实在在的实物物质存在，体育显性教学资源可以直接成为体育课程教学的便捷手段或内容，相对易于开发和利用。

体育隐性教学资源是指潜在的方式对体育课程教学活动施加影响的体育教学资源。如：体育民族精神、协作的团队精神、体育活动中表现出来的竞争、拼搏、争胜、凝聚力、同学关系、师生关系以及校园体育文化氛围和社区体育文化氛围等等。与体育显性教学资源不同，体育隐性教学资源的作用具有间接性和隐蔽性的特点，它们不能构成对体育课程教学的直接影响。所以体育隐性资源的开发需要付出更艰辛的努力。

三、体育教学资源开发与利用的意义

（一）充分发挥教学资源的教育优势

教学资源指的是能够为课程学习提供有利条件的一切资源。从狭义的角度讲，教学资源只包括课堂教学的各种有利资源，如学校的操场、健身房、音像设施、体育器材设备等；从广义的角度讲，则教学资源涵盖面要大得多，它可以指为课程学习提供有利条件的一切资源。因此，人们应该对什么是"能提供有利条件的一切资源"进行认真的研究。过去，体育课程内容的设置是以学科中心主义为指导思想，偏重学科的逻辑性，过分强调运动技能自系统性和完整性，未能形成素质教育课程体系，忽视了体育对于培养人的作用。在新的课程理念倡导下，体育课程将充分利用与开发一切有利于学生更好学习和提高的教学资源，并使教学资源在促进学生健康发展方面发挥更重要的作用，以充分体现教学资源的教育优势。

（二）充实与更新体育课程内容

过去由于受竞技体育、体质教育的教学思想影响，体育课程主要以竞技运动项目作为主要内容。教学资源的利用与开发将使新体育课程的内容得到丰富和充实。新体育课程既包括竞技运动项目的内容，也包括对竞技运动项目改造后的内容；既包括民族、民间体育活动的内容，也包括新兴体育运动项目的内容。总之，新体育课程的内容将是丰富多彩的，可加大学生选择学习的内容。

（三）提高体育课程的适应性

充分利用与开发体育教学资源，可以使原有的不属于体育课程教学的场地、器材、设备发挥作用，如校园的林荫大道和便捷小径是适合健身慢跑的好环境，房前、屋后的空旷场地则是有氧健身操活动的好场所，等等。学生的学习方式发生了变化之后，一些自主学习、探究学习和合作学习小组，可以见缝插针地使用各种不规则的场地和其他教学资源，包括图书馆、阅览室、电脑房等。当然，也可以充分利用校外的各种教学资源，这有利于增加学生的活动时间和空间，培养学生坚持体育锻炼的习惯，增进学生的身心健康。一周仅有的两节体育课，是不足以使学生达成体育课程目标的。因此，应鼓励学生积极参加课外和校外的各种体育活动。

总之，这种全方位的利用与开发学校内外教学资源的做法，将在新体育课程中得到充分的体现，从而提高体育课程的适应性。

（四）提高体育课程的教学质量

教学资源的利用与开发对提高体育课程的教学质量具有重要意义：由于教学资源的利用和开发使得学生选择学习的空间增大，学生完全可以根据自己的兴趣、爱好和学习基础选择自己所喜爱的内容和方式进行学习，这一定会大大提高学生的学习积极性和改善学习效果。由于新体育课程为体育教师开展创造性的教学工作提供了很大的空间。教师不必受固定的教材内容、教学方式的束缚，完全可以根据课程目标充分考虑学生的学习需求，在利用和开发教学资源的基础上进行创造性的教学工作，这会大大提高教师的教学质量和改善教学效果。

四、信息技术教育资源

（一）信息技术教育资源的定义

信息技术教育资源与信息资源和教育资源相关联，这里从教育资源出发，根据特定的信息技术教育，基于信息资源概念，给出信息技术教育资源的定义：指在信息技术教育过程中所涉及的软硬件及潜在的一切信息资源。

随着现代信息技术的发展，多媒体、数字化的信息技术教育资源越来越丰富，尤其是计算机网络的发展，给信息技术教育资源的发展提供了极大的空间。也就是说，信息技术教育对信息技术的依赖性高，在很大程度上信息技术教育是基于技术和资源的教育。

随着信息资源发展进程的加快，信息资源网络化成为一大潮流，与传统的零碎资源相比，网络信息资源在数量、结构、分布和传播的范围、载体形态、内涵、传递手段等方面都显示出新的特点。网络信息资源也称虚拟信息资源，它是以数字化形式记录，以多媒体形式表达，存储在网络计算机磁介质、光介质以及各类通信介质上的，并通过计算机网络通信方式进行传递信息内容的集合。目前信息技术教育资源主要以网络信息资源为主，同时也包括一部分其他没有连入网络的信息资源。网络信息资源管理的内容核心，是数据库建设，数据库技术是实现资源共享，节省开支，提供系统的反应能力、工作质量和服务水平的重要手段和技术保证。

（二）信息技术教育资源的类型

信息技术教育资源的类型按照资源的性质可分为硬件资源、软件资源和潜件资源。

1. 硬件资源

信息技术教育硬件资源指信息技术教育中有形的、具体的信息转换的各种工具设备及场所，如黑板、粉笔、课桌、录音机、磁盘、光盘、投影仪、电脑、实验设备、多媒体教室、网络机房、多媒体微格实验室等。

硬件资源在教学活动中本身不会改变学习者的认知结构，但却能促进教学活动的发生，加速或延缓学习者的认知结构的改变，实现促进功能。硬件资源通常是以实物的形态存在。硬件资源是开展信息技术教育的物质基础，没有硬件资源，软件资源上存储的教育信息不能呈现，或不能完整地呈现出来。

2. 软件资源

信息技术教育软件资源指以信息、资料、知识、程序等为主要内容的教育信息及其载体，如计算机辅助教学软件、媒体素材、试卷、文献资料、网络教学资源、网络教学支持系统及管理系统等。其载体有磁带、磁盘、幻灯片、教学录音带、教学投影片等。其中媒体素材包括文本、图形、图像、声音、视频、动画等。计算机辅助教学软件资源主要是指CAI课件资源、积件资源和智能学件资源。

软件资源蕴含着教育的具体内容，是实施信息技术教育的必要条件，没有软件资源，硬件资源的工作就没有意义，就成为无源之水、无本之木，不能传递任何教育信息。

3. 潜件资源

信息技术教育潜件资源指在信息技术教育开展过程中具有潜在影响的因素与条件，如人员、经费、政策、社会环境及时间与空间等。信息技术教育中的人员主要包括学习者、教师、技术员、管理人员、研究员等。这里要指出的是研究员包括信息技术教育专门研究人员，他们专门从事信息技术教育理论与开发研究；也包括教师本身，他们在教育教学中也可以搞信息技术教育的应用研究和行动研究，从而提升自身的教育水平和研究能力。关于时间与空间要素，时间意味着信息技术教育效率的高低，空间使信息技术教育从传统教室可拓展到全球。随着多媒体网络在信息技术教育中的应用，教育形式在时间和空间的维度上得到了拓展，学习者可以通过网络不受时间和地域的限制而进行学习。

潜件资源与硬件资源相似，它也是一种外部性的支持条件，潜件资源是无形的、抽象的、观念形态的东西，是在教师自身学习、师生的教学活动或认知活动的实践过程中，在师生的脑海里逐步形成和积累起来的，可以使部分学习者的学习经验迁移到另一部分学习者身上，减少重复性的摸索活动。因此说潜件资源主要体现了资源的迁移功能。潜件资源是进行信息技术教育的关键，潜件资源决定着硬件资源的选择、软件资源的编制，媒体的优化组合、恰当运用，控制教育的进程、信息的反馈，协调学生的生理活动和心理活动等。

4. 信息技术教育资源的关系

信息技术教育资源由硬件资源、软件资源和潜件资源等构成，它们都是学习资源，是相互联系和相互促进的。硬件资源和软件资源互相依赖，以对方的存在为前提，在教育、教学实践中，硬件资源与软件资源通常是一起运用的。优秀的软件资源，通过优质的硬件资源、正确的操作、适当的环境，科学、清晰、完美地展现在学生眼前。硬件资源和软件资源都有实体形态，潜件资源是抽象的、观念形态的东西。在加快教育现代化的进程中，必须加大力度进行硬件、软件、潜件三件建设，其中最重要的是进行潜件资源建设，使潜件资源建设有一套理论，有一个系统，有一个体系，要使潜件资源建设上水平、正常化、系统化。在潜件资源和软件资源的关系中，潜件资源是占主导地位的矛盾的主要方面，要提高、改善教师和学生的潜件素质。

（三）信息技术教育资源的利用

信息技术教育资源是信息技术教育的重要载体，它在教学中的重要性不言而喻。但由于其具有多样性、开放性、存储数字化、存在形式动态化、传播方式网络化等特点，随着信息技术教育的开展，资源数量和种类不断增加，由此，在教学中是否合理利用将影响教学质量。因此，这里就信息技术教育资源的利用进行探究。

由于信息技术教育资源中的软件资源的电子化、数字化、多媒体化、网络化，使得获取资源多途径多通道，特别是网络资源的丰富、多变、容易被复制和传输等特点，成为信息技术教育的一个重要信息来源。教师可通过网络了解和掌握人类社会最前沿、最先进的东西，并通过交流提高自己的教学科研水平。在制作电子作品时可在网上收集大量的素材资源，这就可能要引用大量别人创作的素材。但网络资源的开放共享性容易出现侵犯版权的行为，如抄袭他人作品，侵犯他人隐私，不经允许进入他人网页或信息库，窥探商业秘密，侵害他人版权等。因此，熟悉相关信息资源的管理、使用政策，培养良好的利用信息技术教育资源的道德和法律意识显得尤为重要。同时在使用网络资源时应合理使用及掌握一定的合理利用方法。

1. 合理使用的原则①

在充分考虑教育界使用版权信息的特殊性后，"合理使用原则"成为目前各国版权法普遍承认的原则和现行的一条非常重要的版权原则，对于教育和学术研究有着特殊的价值。虽然各国对版权有不同的要求，但对"合理使用原则"的解释基本相同，通常是指为了学习、引用、评论、注释、新闻报道、教学、科学研究、执行公务、陈列、保存版本、免费表演等目的，可以不向版权人支付报酬而使用其作品。"合理使用原则"是教育界使用教育资源的基本原则。美国在1976年修订的版权法对"合理使用"有如下定义：使用任何方法复制各种材料，将这些材料用于批评、评论、消息报道、教学、科学（包括用于教室内使用的多本复印件）、学术及科学研究不违背版权法。它允许教师、学生、学者及艺术家使用持有版权法的各种资料，不必取得作者和出版商的许可，也不必付任何使用费，这对促进知识的进步和提高教育质量是至关重要的。

2. 合理利用的方法

一般说来，在教育界，获得知识产权保护信息有以下三条途径：

（1）向信息部门索取有关知识产权和版权法的法律法规及相关文献，以切实了解有关文献的浏览、借阅和复制等版权要求。

（2）利用网络检索有关知识产权保护的信息。当前绝大多数网页在提供信息的同时也会提供关于使用这些网页的版权要求。

（3）向信息咨询服务机构索取知识产权保护信息。

对于合理利用因特网教育资源的方法主要要注意以下几点：

（1）合法进入互联网，即通过正常途径建立计算机与互联网的联系。

（2）建立个人账户，设置密码，以保证自己的网上权益不被侵犯。

（3）不要有意探求、浏览、复制、修改他人的文件或密码。更不能不经他人允许，

---

① 胡小强. 现代教育技术［M］. 北京：北京大学出版社，2007：59.

使用他人账号。

（4）如果遇到某份文件无法确认其是公共信息还是受版权保护的信息，应推断其为受版权保护的信息。

（5）不要试图解除或破译受到版权保护材料的密码或侵入不被允许进入的系统，特别是不能破坏计算机的管理和账户系统。

（6）在共享状态下，不在计算机上展示令他人不安或尴尬的图像、声音、文字或其他材料，不能采用不合理手段干扰他人使用公共信息。

（7）对于不被允许复制、收集、修改和编辑的网上材料，除浏览外，不允许违背要求。如果不能确认是否可以采取浏览之外的行动，应认定为不可以。

第二节 体育教学资源的搜集途径创新

一、文本资源的搜集途径

文本素材的主要来源有直接从键盘输入、扫描印刷品、从网络电子资源中获取。一般情况下文本素材是根据教学的需要编写的。如果文字数量多，也可以在一些电子书籍或者网页中获取。如在《百科全书》《上下五千年》等电子书籍及相关网站的网页中，就可以方便地找出许多文本素材。一般可以通过复制粘贴的方式获得，网页也可以直接用"保存网页"的方法保存下来。

二、图片资源的搜集途径

教学资源中的图片，按照用途可分为背景图片、按钮图片、与教学内容相关的图片。

获取图片的途径一般有几种：一是从素材光盘中寻找；二是从教学资源库中查找，目前学校常用的教学资源库中都能够找到相当一部分与教学内容相关的图片资源；三是在网上查找，网络是一个巨大的资源库，充分利用网络能够查找到大量的图片资源，找到图片后，用鼠标要下载的图片，打开快捷菜单，执行"图片另存为"命令，然后选择相应的文件夹，用合适的文件名保存文件。也可以用"保存网页"的方法保存图片，从保存下来的网页，文件夹中找到相关的图片；四是从电子书籍中获取；五是从画报、画册中扫描；六是从课件中抓取，可以用 HySnapDX 或 Snagit 等软件在现成的课件中抓取相应的图片；七是直接在相应的图片处理软件中创作自己想要的图片。

三、音频资源的搜集途径

音频资源一般为背景音乐或效果音乐，有 WAV、SWA、MIDI、MP3、CD 等格式。

音频的获取途径：一是从专业的音效素材光盘或 MP3 素材光盘中获取背景音乐和效果音乐；二是从资源库查找，很多教学资源库中都可以找到小学、初中、高中语文课本中的大多数课文示范录音；三是网上查找，MP3 中文网（www.nease.net/boxup）、中国音乐网（www. music. cn. net）、亚洲音乐广场（www. asiamp3. com）、MTV 音乐网（www. mtv. com）都能下载音频资料；四是从 CD、VCD 中获取。CD、VCD 可以用超级解霸的音频播放器播放，然后压缩成 MP3 格式，再根据需要决定是否转成其他格式；五是从现有的录音带中获取，方法是用音频线从录音机线路输出，再从声卡的线路输入口（或 MIC）输入，然后设置成线路输入（或 MIC）录音，最后打开附件中的录音机进行录音，再保存在相应的位置；六是从课件中获取，大多数的课件中的声音文件都存放在 WAV 文件夹中，从中可以找到需要的音频资料；七是进行原创，把附件中的录音机设置成麦克风输入，把麦克风插入声卡的 MIC 插孔，然后进行录音。①

四、视频资源的搜集途径

计算机视频可以是来自录像带、摄像机等视频信号源的影像，但由于这些视频信号的输出大多是标准的彩色全电视信号，要将其输入计算机不仅要有视频捕捉设备，实现由模拟信号向数字信号的转换，还要有压缩、快速解压及播放等相应的软硬件处理设备。

视频的获取主要从资源库、电子书籍、课件与录像及 VCD、DVD 光盘中获取，从网上能找到视频文件。资源库、电子书籍中的视频资料可以直接调用，课件中的视频文件一般也放在 . exe 文件之外，不会和 . exe 文件打包在一起，可以直接调用。② 录像片中的资料可用采集卡进行采集。若无此设备，可以去 VCD 制作店进行加工，把录像资料转变为 MPGE 格式或 AVI 格式，刻录后使用。VCD 可直接用超级解霸处理，但要注意，DVD 格式（MPGE-4）在 Authorware 6. 0 中无法直接使用。

视频文件获取，最可靠的方法是用采集卡进行采集，最方便的方法是用超级解霸进行采集。

用采集卡进行采集的方法：安装好采集卡并连接好线路后，启动采集软件，设置好相关参数后，打开录像机或影碟机进行浏览，发现要采集的内容后，单击"记录"按钮开始采集，记录完毕后，把采集到的信息保存为 AVI 格式即可。

用超级解霸采集视频资料：VCD、DVD 均可用超级解霸进行截取，具体是用解霸播放 VCD、DVD，单击工具栏中的"循环/选择录取区域"按钮使之激活，并在适当位置确定开始点和结束点，单击"录像"指定区域为 MPG 或 MPV 文件按钮，打开保存数据流对话框，输入文件名，设置好保存位置、文件类型，单击"保存"按钮开始转换。

用超级解霸中的常用工具，可以把 MPG 文件转换为 AVI 文件，或把 AVI 文件转换为 MPG 文件、IVIPG 文件转换为 GIF 文件，还可以把多个 MPG 文件合并为一个文件。

五、动画资源的搜集途径

如果电脑上已经安装有 FlashGet 软件，可以利用下载工具 FlashGet 软件自动下载 Flash 动画文件（ * . Swf）。要用 FlashGet 下载 * . Swf 文件，需要对其进行一些设置。方法是：打开 FlashGet 软件，选择菜单"工具"→"选项"，在弹出的窗口中选择"监视"标

---

① 张健. 基于云计算的音频资源库的实践研究［J］. 数字技术与应用，2016（11）.
② 雷钢. 教育信息化视野中的视频资源创建与利用［M］. 成都：电子科技大学出版社，2010：25.

签，再在下方的"监视文件类式"列表中添加"＊.Swf"（注意与前面的类式要用"；"隔开）。① 设置完毕后，当你浏览包含 Flash 文件的网页时，FlashGet 就会自动弹出"下载任务栏"窗口。只要单击"确定"按钮，FlashGet 就会帮你把网页上的 Flash 动画下载下来，并保存在已设定的文件夹中。

六、教学资源的网络搜集途径

在这里介绍两种常用的教学资源的搜索方法：利用专业网站（或专题网站）进行检索和利用搜索引擎进行搜索。

（一）利用专业网站进行检索

大部分的综合性教育网站都提供有分类目录，如中国教育科研网、搜狐、雅虎等。通过这些专业网站进行检索，可以方便地检索到需要的教学资源。

（二）利用搜索引擎查找

搜索引擎是能够为用户提供信息检索的工具，它通过自动索引软件来发现、收集、标引网页并建立数据库，以 WEB 形式提供给用户一个检索界面，供用户输入检索关键词进行检索，找到所需资源。

目前，网络上提供搜索引擎的网站有很多，如表 9-1、表 9-2 所示。

表 9-1　常见的中文搜索引擎网站

网站名	网址
谷歌	http：//www. google. com hk
百度	http：//www. baidu. com
雅虎中国	http：//cn. yahoo. com
天网搜索	http：//e. pku. edu. cn
新浪	http：//www. sina. com. cn
搜狐	http：//www. sohu. com

表 9-2　常见的英文搜索引擎网站

网站名	网址
Google	http：//www. google. com
Yahoo!	http：//www. yahoo. com
Alta Vista	http：//www. altavista. com
Excite	http：//www. excite. com
HotBot	http：//www. hotbot. com

① 刘雍潜. 基于信息技术的教学新模式研究［M］. 北京：中央广播电视大学出版社，2006：103.

由于搜索引擎设计目的与技术支持的不同，同一关键字在不同的搜索引擎上检索会出现不同的结果，所以应该根据所要搜索的内容来选择合适的引擎站点。

利用搜索引擎进行搜索的步骤如下：

1. 选择合适的搜索引擎

根据所要检索的内容结合不同的搜索引擎的特征来选择合适的搜索引擎进行检索。

2. 选择恰当的关键词

关键词的选择应遵循以下原则：

准确性原则——所选择的关键词应该能够准确体现所要检索内容的主题内容。

精简性原则——关键词的选择不宜过长，最好不要有冗余词汇出现。

3. 应用正确的语法规则

第一，搜索两个以上的关键字：为了缩小搜索的范围，得到更精确的搜索结果，可以输入多个关键词，每个关键词之间用立刻加号"+"或空格相连。

第二，搜索结果不包含某些特定信息：在这个词前面加上减号"–"（减号之前必须留有一个空格）。

第三，搜索结果至少包含多个关键字中的任意一个：用大写的"OR"来表示逻辑"或"的操作。

第四，搜索整个句子：搜索引擎的关键字可以是词组（中间没有空格），也可以是句子（中间有空格）。但是用句子做关键字，必须加英文引号。

第五，指定文件类型进行搜索：在搜索引擎中输入"关键词 filetype：扩展名"，即可以搜索到符合需要文件类型的教学资源（"："是在英文输入法状态下的）。例如，输入"教育技术学 filetype：ppt"。

第六，指定网站进行搜索：要在某一个指定的网站内搜索感兴趣的内容，可以使用"site"功能来限定搜索的网站。例如，搜索中国教育科研网站（edu. cn）上所有包含"太极拳"的页面，即在搜索引擎中输入"太极拳 site：edu. cn"字样。

第七，其他限定搜索方法：

In title：只搜索网页标题含有关键词的页面。

In url：只搜索网页链接含有关键词的页面。

In text：搜索网页 body 标签中的文本含有关键词的页面。

第三节 体育网络课程的设计与开发

一、体育网络课程开发基本过程

体育教师在了解了教学对象，进行了学习者特征分析的基础上，开发的课程已有成型的教学大纲和知识体系结构。体育网络课程开发基本过程如图 9-1 所示。体育网络课程建设要基于远程教育的特点，能提高学习者学习兴趣与自觉性；必须满足在互联网上运行的基本条件；应有完整的文字与制作脚本；对课程中的重要部分，可适当采用图片、配音或动画来强化学习效果。

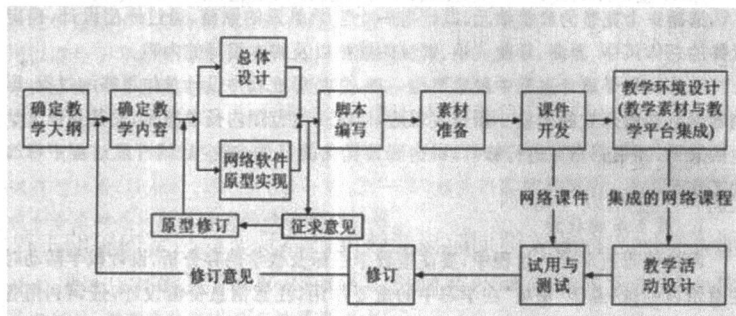

图 9-1　网络课程开发的基本过程

二、体育网络课程教学大纲

体育教学大纲是以纲要的形式规定出学科的内容、体系和范围，它规定体育课程的教学目标和课程的实质性内容，是编写教科书的依据，也是检查教学质量的直接尺度，对教学工作具有直接的指导意义。体育教学大纲一般由以下几个部分构成：

说明：扼要介绍本学科的目的和任务、选材的主要依据，以及教学与学习的原则性建议。

正文：列出按层次结构的知识点条目，知识点的简要说明，知识点的教学要求、教学时数、教学活动及其所用时间说明。

实施要求：列出编写教材的参考书目，教学环境要求，教学仪器设备，辅助教学手段、说明等。

如果开发的体育课程已有教学大纲，应尽可能选用现有大纲，如果没有就需要编写，编写的大纲要经过学科专家审查。

三、体育网络课程的教学内容

根据体育教学大纲编写教材，如果已有优秀教材，尽可能选用。教材的内容应具有科学性、系统性和先进性，表达形式应符合国家的有关规范标准。应当结合"高等教育面向 21 世纪教学内容和课程体系改革计划"的成果，符合体育课程的内在逻辑体系和学生的认知规律。在选定体育教材的基础上，再精选重要教学内容作为重点建设部分。

四、体育网络课程的总体设计与原型实现

选择一个完整的体育教学单元，设计出一个体育教学单元的原型，通过原型设计，确定软件的总体风格、界面、导航风格、素材的规格以及脚本编写的内容。

总体设计是体育网络课程设计过程中最重要的一环，它是形成软件设计总体思路的过程，影响着网络课程开发的质量。原型实现后，应在一定范围内征求意见，尤其是征求学生的意见，并根据意见进行修订，以达到最优化的目的，减少后续开发过程中修改的工

作量。

（一）教学系统设计

体育网络课程教学设计过程中，要注重体育教学目标及教学内容分析，设计教学活动时注意情境创设，强调"情境"在学习中的重要作用，注意信息资源设计，强调利用各种信息资源来支持"学"，强调以学生为中心，注重自主学习设计，强调"协作学习"，要注重协作学习环境设计，注重基于网络教学策略设计。尤其是体育网络课程，在教学设计中更要吸引学生的兴趣与注意力。

（二）教学内容组织

体育课程内容的组织是以有良好导航结构的 WEB 页面为主，链接有特色的网络或单机运行的教学课件，课件以知识点教学单元为单位。课程内容应根据具体的知识要求，采用文本、声音、图像、动画等多种表现形式。每一个体育教学单元的内容都有：学习目标、教学内容、练习题、测试题、参考教学资源。内容的表现形式应采用文字说明、背景资料支持、配音阐述、重点过程动画表现，以及小画面教师讲授录像播放相结合。

（三）教学内容表现

在具体的开发过程中，注意描述性文字要精炼、准确。中文字体尽量用宋体和黑体，字号不宜太小和变化太多，背景颜色应与字体前景颜色协调，以便减少在屏幕上阅读的疲劳。画面应要求构图合理，画面清晰，动画影像播放流畅，图形图像应有足够的清晰度。色彩的选择应明快、简洁，颜色搭配合理，主题与背景在色彩上要有鲜明的对比。构图是指画面的结构布局。构图的基本要求是设计好屏幕的空间关系，使画面新颖简洁、主体突出，具有艺术感染力，使体育教学内容形象地展示在学习者面前。同一网页中不宜同时出现过多动态区域，网页长度不宜太长，一般不要超过三屏，每门课程的网页应保持统一的风格和操作界面。体育课程内容的设计应尽量加入交互方式，激发学生在学习过程中主动参与和积极思考。在疑难的知识点上充分发挥多媒体的功能，展现其内涵，使学生能够深刻体会，从而有利于培养学生获取知识的能力和创新能力。

（四）教学内容导航

由于体育网络课程信息量巨大，内部信息之间的关系可能异常复杂。因此除了要求在信息结构上要合理设计外，对信息的导航策略要求也十分重要。良好的导航可以避免学习者偏离教学目标，引导学习者进行有效学习，提高学习效率，它是决定网络课件质量的关键因素，需要进行精心设计。体育网络课程可以提供的导航方法有：

页面组织：网页间的联系要便于学习者对知识结构的掌握。在网页中应有到课程起始页（Home）、前一页、后一页、上一层、相关内容的超链接，应提供由关键词和目录树查找相关网页的快速跳转功能。

直接导航：对一些重要的导航点，如当前学习单元、当前学习目标、学习单元的结束、前进、后退等，在主界面的导航中心提供直接的导航，只需用鼠标单击导航上的超链接，便可直接进入对应的界面之中。

浏览历史记录：记录学生在超媒体空间所经历的路径，学生可随时快速跳转到以前浏览过的页面。

帮助：对一些学习过程中容易遇到的问题，用帮助页面的方式给出指导，提供解决问题的方法和途径，引导学习者不致迷航。

导航条：以提供到顶级页面、上一级、下一级、同一级页面的导航。

书签：记录学习者标记的学习重点，便于对重点学习内容的快速定位。

框架结构：对结构比较复杂的课件设计可采用框架结构。主框架可以是学习区，副框架则显示当前的学习进度。

五、体育网络课程的脚本编写

脚本描述了学生将要在网络课程中看到的细节。它在课件设计中占有非常重要的地位，它是设计阶段的总结，又是开发和实施阶段的依据。从其内容来看，它是网络课件中教学内容和教学方法的载体，脚本是教学人员与技术开发人员沟通的桥梁，脚本描述了学生将要在计算机上看到的细节，脚本不是课本或教案的简单复制。体育网络课程的脚本可以使用不同的格式，但必须规范，而且便于对脚本各项内容的表达，这些内容包括：

显示信息：指屏幕上将要显示的教学信息、反馈信息和操作信息。

注释信息：说明显示信息呈现的时间、位置和条件以及连接要求。

逻辑编号：显示信息常常是以屏幕为单位来表述的，为了说明它们之间的连接关系，每一个显示单位应有一个逻辑编号，以便说明连接时使用。

媒体、交互信息和"热字"的表示。为了清楚地表示教学信息中使用的不同媒体、教学信息中的"热字"以及交互过程中呈现的各种信息，脚本中常用不同的符号表示它们。

六、体育网络课程整合

根据前面设计与前期准备，利用整合工具进行网络课程整合。体育网络课程整合分为两类，一类是在搭建好的平台上进行制作，这一类相对来说比较简单，按照系统要求将准备的内容添加到系统中即可，这类网络课程相对来说较为单调，不一定完全适合于所开发的课程。第二类需要自主开发平台，这类网络课程制作难度大一些，但是自由度较大，可以完全按照设计去实施。

七、体育网络教学活动设计

体育教学活动是网络课程的核心内容，在一门完整的网络课程中，至少需要设计如下教学活动：实时讲座、实时答疑、分组讨论、布置作业、作业讲评、协作解决问题、探索式解决问题。体育教学活动的安排，根据课程内容确定。

第四节　基于移动学习的体育教学资源设计研究

一、移动学习概述

(一) 移动学习的定义

目前，移动学习还没有一个明确的定义。通常，对移动学习的理解应该从以下几个方面进行把握：

首先，Sun 公司的电子学习专家迈克尔·温格 (Michael Winger) 对移动学习发表了他的见解。他认为，移动学习是新东西，因为传统的学习中印刷课本也能良好的支持学习者在任何时候，任何地方学习，可以说教科书不久前已成为支持移动学习一个工具，移动学习已经在我们身边①。显然，移动学习作为一个新的概念，新的东西，现在它必须区别于传统的学习，否则就会失去其意义。

其次，除了具有数字化学习的所有特征，移动学习也有独特的特点，学习者不再是局限于电脑桌前，你可以自由地在任何地方，以不同目的，进行不同方式的学习，学习环境是移动的，教师和学生都是移动的。

最后，它的实现，移动计算和互联网技术为移动学习的实施奠定了技术基础，即移动互联技术和工具，实现了小型化的移动计算设备。Sariola 等人在讨论移动学习概念的过程中，对移动学习设备实现这样的功能进行了分析：移动性，用户在移动的情况下还可以将很好的利用；无线性，设备无线连接；便携性，外形小、重量轻、便于携带②。依据Sariola 等人的分析，我们认为支持移动学习的 IA 设备，主要是指 WAP 蜂窝电话，PDA和混合装置 (混合了移动电话的语音功能和 PDA 的数据处理功能的设备)。但是，随着技术的不断发展，我们相信，在不久的将来将会有更多类型的设备支持移动学习。

(二) 移动学习的主要内容

近几年关于泛在学习的研究不断推进，在各院校也逐步引入 MOOC 平台，加强泛在学习的推广，为学习提供了更加便利的途径，但不可否认，传统教学目前还仍然是不可替代的有效培养人才方式。基于移动互联产生的泛在学习与传统教学之间本身是相互促进的，泛在学习主要提供碎片化学习、通识教育、人文教育类快速便捷的学习环境，无需第三方管理，有选择性地自主学习所需内容，而传统教学则更加注重于通过组织设计较完整的专业体系培养专业化的人才，主要针对引导、促进、建构学习者的知识体系形成，需要有效组织课堂、设计学习场景、调节学习者心理等。将泛在学习有机融合到传统教学中，

---

① 刘豫钧，鬲淑芳. M-Learning 让课堂随时在身边 [J]. 信息技术教育，2003 (6).

② Sariola J. What are the limits of academic teaching? -In search of the opportunities of mobile learning [EB/OL]，http: //ok. helsinkihelsinki. fi/tekstit/article. rtf

将为传统教学提供更多教学手段，同时也为泛在学习的深入开展提供有效的资源，也是当前"互联网+教育"的发展趋势。

移动课堂教学理念要求教育资源从封闭到开放、教育机构从单一到多元、学习从被动到自主、教学从灌输到互动。要实现这一理念就需要将传统教学中所设计的相关资源开放出来，学习者可以通过移动互联方式完成学习，从而让学习者有机会更从容地获取所需资源，以完成自主学习的过程，加强学习能力的培养；利用传统教学对人才的考核理念融合进来，让学习者除了可以学习，也有途径了解学习的情况，授教者也可以了解到学习者的进展；通过移动互联的特性，加强学习者与授教者之沟通与联系，帮忙授教者了解学习者心理，有效引导、促进和建构学习者的知识体系。移动课堂教学将教学各环节有机结合起来方便学习者和授教者的使用，主要包括四个方面：课堂学习、课堂测试、交流互动和资源共享①。

1. 课堂学习

课堂学习内容在泛在学习与传统教学之间是有明显的区别，作为对传统教学模式的扩展，不应该失去本身的优势，即在实现时需要体现出对专业培养的系统性。

首先，需要将原有成熟的知识体系结构导入，作为支撑系统基本环节。传统教学对专业培养积累了大量的实践经验，通过专业建设形成了专业标准、课程标准、专业知识结构体系，对课程的学习有严格要求先导与后续课程的衔接，对学习者有良好的指导作用，使之能够循序渐进地完成相关课程的学习。同时在学习过程中对部分学习者需要完成跳跃式学习的，可以在通过相关测试后打开权限，而不应该开放所有权限，从而影响到知识的建构过程。特别是要针对原有课程的性质不同，采取不同的形成策略，如基础课程、核心课程、拓展课程、公选课程等。

其次，课堂学习过程需要形成详细的记录，方便授教者可以从容掌握学习的进度。学习进度的掌控主要需要知识学习者在专业学习走向、某门课程的学习进度。专业学习有多个专业方向的选择，学习者在学习过程中，通过对知识路线图的了解，完成相应的先导课程后，授教者可以根据专业方向的区别进行有重点的讲解，如同一门可能分为 A 类、B 类课程，根据走向不同进入不同的类别学习。另外，课程学习过程中，分单元或任务完成相应的知识积累，学习者的学习进度有助于授教者了解学习者的兴趣程度、可接受的强度等等。同时，学习进度的保存也是课堂学习模式在架构中必要存储的数据，方便学习定位，优化用户交互。

根据上述分析，系统架构时，可以在系统服务端将学习的资源按照不同属性进行分类，课程在客户端界面进行显示，学生可添加感兴趣的课程。登录系统后，都可以直接选择课程开始学习。在服务端将课程相关信息录入到相关的数据库中，最后显示在客户端的列表中。该功能的实现是通过和服务器的通信来存取数据库中的相关数据。

2. 课堂测试

在完成课堂学习后，测试是不可缺少的环节。通过测试，帮助学习者了解自身学习程度，帮助授教者了解教学的效果。这一部分，在泛在学习中较为缺乏，而在传统教学中，相关课程都已经积累了大量的题库资源，并经过多次测试，完全可以支撑起测试部分所需

---

① 张蕾. 信息化环境下移动课堂教学模式研究［M］. 长春：东北师范大学出版社，2017：46.

内容。

要实现该模块，结合传统教学的内容，需要在测试环节导入必要的资源。测试资源一般分为平时练习、单元测试、课程考核等。平时练习一般是随堂，在知识积累的过程中，通过提供的必要练习，以帮助学习者巩固和提高认知水平，这类资源需要提供必要的分析过程讲解，由学习者自觉完成相关练习；单元测试一般是课程进行到某个里程碑时，通过测试了解先期学习的成果，以方便对后续学习打好基础，这类资源的提供主要是考察学习者的学习效果，需要根据测试结果的分析判断，明确地通知学习者需要加强和改进的地方；课程考核是在一门课程学习结束后用于考核学习者是否达到该课程学习的知识建构要求，是完成后续课程的先决条件。

根据以上分析，平时练习部分关联的是课程中相关知识点，除了题库导入外，还需要针对练习提供相关的文字或视频讲解；单元测试部分根据所设置的章节或里程碑，生成测试内容，并需要生成分析结果以文字或图形的方式显示；课程考核部分在学习者声明学习完毕并申请考核后生成相应的试题，考核结果需要留存用于后续课程开课时的参考数据，以文字或图形的方式显示通过或未通过该课程。

系统架构时，可以做如下考虑：教师在课前将题目和选项添加到系统中，按照课程、章节录入，然后发布到题库中，学生在课堂登录并答题；学生答题提交的时间会记录到系统中，学生在答题中可以将感兴趣或者是需要不断练习强化的题目收藏，针对有疑问的题目也可以在运行软件的过程当中提问等。

3. 交流互动

互动环节是移动互联体系中最具特色的部分，但在现有的泛在学习的系统中仍然利用不足。传统教学较为注重互动环节，通过互动了解学习者的心理、思维状态；通过互动完成答疑解惑；通过互动改进教学设计。利用移动互联技术中互动性强的特点，将原有的互动过程，通过线上系统完成，方便学习者之间交流、学习者与授教者之间沟通。互动模块应该为学生和老师提供一个广阔的交流平台，方便教师与学生之间进行沟通，减少课堂上学生问题的滞留。可以充分地将学习的想法、学习心得、学习经验通过互动平台明确地展现出来。

交流互动需要实现以下几个部分：

（1）互动方式的选择

目前在线课堂后采用的方式有三种，一种是设置评论的方式，允许学习者在相应课程发表自己的观点，提出问题或给出评价；第二种是通过提供第三方联系的渠道，如 QQ、微信等方式，使用即时聊天的形式完成互动；第三种是通过提供论坛，针对某门课程给出大家进行讨论的空间。在这三种方式中，论坛方式能够较为明确地展现并保留下交流内容及各种交流形式。

（2）互动内容的选择

互动行为一方面加强了学习者之间的沟通和交流，促进了学生之间的相互学习，另一方面提供了可咨询、答疑、解惑的互动平台，方便授教者了解学习动态，对改进教学设计有帮助作用。因此在设计互动内容时可根据某门课程的学习心得、互动意见与建议等选择课堂互动的内容。

4. 资源共享

传统教学中针对每门课程的准备过程中会积累大量的参考文献资料，也包括制作的教材、演示、视频、素材等一系列课程资源，而学习者在学习过程中，通过网络也可以查找到相关的资源，如果可以将资源共享，那么学习者将会更快速地获取到所需的资料。

在设计资源共享模块考虑到可能的资源来源，需要提供给授教者和学习者上传的权限，也需要对资源进行更好的分类处理。由于届时资源的体量较大，为方便查找可采用关键搜索以及相关资源链接的方式提供给学习者使用。

移动课堂只是在互联网+教育理念下的实践，期望通过资源分享、师生互动、在线考核测试的方式建立在移动平台上加强传统教学。在移动互联技术的推动下，传统教学与泛在学习将会不断进行融合促进，主要在资源的整合、教学互动、智能问答、知识体系数据挖掘等，利用移动互联技术和大数据的操作完善移动课堂的内容。

二、基于移动学习的体育教学资源设计原则

（一）实用性与先进性相结合原则

实用性原则是重要的原则之一，是每个信息系统尤其是体育教学资源平台在建设过程中所必须考虑的，从实际应用的角度来看，这个性能更加重要。在体育教学中，特别是涉及训练练习，更加需要实用性作为基础。先进性是要求要以科学思想为指导，以事实为依据，不断进步，与时俱进的不断更新。其实最重要的是要将实用性与先进性充分地结合起来，在设计体育教学资源平台的过程中，坚持实用性与先进性相结合的原则，使得移动学习平台更加具有实用性与先进性。

为了使得体育教学资源的设计更具实用性与先进性，我们可以采取总体设计、分步实施的技术方案。因为总体的设计保证了系统整体的连贯，分步实施的过程中又不断地将实际的需求融入其中保证了系统与实际相结合。用户接口及界面设计充分考虑视觉特征进行优化设计，界面尽可能美观大方，操作简便实用。

（二）系统性与具体性相结合原则

基于移动学习的体育教学资源的设计必须要遵循系统性与具体性相结合的这一条件。在经历了长期的反复的教学实践之后得出了一个原则，那就是教学过程必须要循序、系统、连贯的完成。因此，在体育教学资源的设计过程中，必须要充分地考虑到系统性，将体育教学资源视为一个完整的系统来设计与开发。同时，还要考虑到体育教学资源的具体性。既突出重点又有具体。既有全面性又有局部性，做到系统性与具体性相结合的原则。

为了帮助学生更好地对知识进行学习，在体育教学的过程中一定要做到循序、系统、连贯的教学模式，这样做不仅可以保证学生更加客观规律的认识世界，还可以保证所传授的知识的完整性。因而体育教学资源的设计要共同遵循系统性与具体性，全面地考虑好系统的整体性与局部性，深入具体地研究设计系统中存在的不足与问题，并不断地改进。

（三）多样性与针对性相结合原则

学习者的多样性是学习者群体所固有的客观属性，多样性意味着差异、独特。多样性

包括两层含义：一是指同一学习者群体内的学习者个体的差异；二是指不同学习者群体间的差异及多样化需求与发展。显然，有效的高质量的移动体育教学资源必须建立在全面认识学习者多样化基础之上。在操作层面上，移动学习的针对性包括体育教学资源的丰富性、体育教学方式的多样化以及体育教学服务的优质化等内容。移动学习的多样性与针对性的关系是一个紧密结合的关系，在体育教学中，尤其注重尊重学生的个别差异，做到因材施教。在采取多样原则的基础上同时采取针对性原则，多样性与针对性相结合的原则可以满足不同的需求。

三、基于移动学习的体育教学资源设计策略

（一）教学内容设计策略

1. 教学资源要以学习需求为基础进行设计

体育学习资源的设计要有一定的针对性，要迎合学习者实际需求，要以学习者作为研究的对象，体育教学资源的设计一定要满足学习者的实际需求，要广泛深入研究与调查学习者的实际情况并与学习者未来的学习规划相结合以获得最真实的学习资源的需求。不同的体育项目要采取不同的设计策略，具体情况根据学习者的具体需求来定，比如在设计篮球体育项目的教学资源的过程中，要充分考虑各个学习阶段学习者的学习情况与其练习的着重点，由于不同阶段的学习情况不同，要分阶段、分情况有针对性地进行考虑。对于初学者，要着重设计一些基本的站姿以及一些运动动作等学习资源。对于有一定经验的学习者来说，应该着重设计一些发球、运动技术，以及一些篮球的战术等的课程。同时要对调查的情况进行分析与总结，进行需求性的探索，有针对性地设计学习资源，尽可能地满足不同项目体育项目的各个阶段的学习者。

2. 教学资源的设计应该符合体育教学大纲

移动学习资源的为学习者提供了便利的学习环境，让学习者能够随时随地进行学习提升了学习的效率，各式各样的学习资源也保证了学习者的学习质量。而且对于移动学习的资源所进行设计的要求也就相对苛刻，力图满足学习者的各项需求，但最重要的一点是要设计出符合体育教学大纲的学习资源。因此，在设计学习资源时要从实际出发，设计的一切学习资源要符合教育大纲的要求。注重资源的可利用性，要根据教学大纲的教学内容进行有针对性选择，让移动学习资源能够真正迎合学习者的需要。体育教学大纲是对学生学习体育的一些基本的要求，学生进行体育的学习过程中，必须要按照学习的大纲进行，这样才能够满足教育的目标。比如在足球教学资源的设计过程中，必须要满足足球教学大纲的要求。体育教学大纲会明确地规定学生需要掌握的运球姿势与动作以及相关的要求。如果不按照足球的教学大纲，则设计出来的移动学习平台是没有实际意义的。所以移动学习资源的设计必须要严格符合体育教学大纲，不能够滥竽充数，选择的教学资源要有实际意义，能够促进学习者在体育方面的进步。[①]

———————

① 王智勇. 新型网络学习资源在移动端教学的作用分析 [J]. 中国多媒体与网络教学学报（上旬刊），2019 (6).

（二）媒介方式设计策略

1. 选择具有普适性的媒介方式

我们在体育教学资源的设计过程中必须要选择具有普适性的媒介方式，即是要选择适合大众的媒介方式，其要符合学习者的学习习惯。目前移动媒体的广泛使用学习者通常有使用微信的习惯，在设计移动学习平台的过程中，应充分尊重目标群体的使用习惯，选择那些使用量大、普及度高、目标群体习惯使用的产品，例如微信、微博、QQ 等。这样才能够符合目标群体的使用习惯，也更加能够促进目标群体使用移动学习载体。一旦违背了目标群体的使用习惯，脱离了媒体用户，这样的产品无论理念无论多么先进，学习无论多么丰富，也只能是华而不实。迎合不了人们的实际需求，最终设计出来的产品也会被市场所淘汰。

2. 选择呈现方式丰富的媒介方式

与传统教学比较，移动学习内容的表现形式要求更高，其具体的一些要求也更加高。对移动学习内容的设计不但要注重内涵设计，更要重视视觉方面的设计，不断地提高视觉设计。移动学习的文本内容应尽量具体影像效果的表达，摆脱以往枯燥单调的学习风格，进而激发学习者的学习热情，提高学习者学习积极性。因此，在体育教学资源的设计过程学习需求，同时才能更好地提高学习者学习效果。

3. 选择方便学习交互的媒介方式

交流在学习过程中有着非常重要的作用，学习者通过彼此之间的交流，分享各自成功的学习心得，借鉴各自的心得经验可以令学习者在体育方面的学习中少走弯路，帮助其更加容易获得成功。所以我们在进行体育教学资源的设计时必须要选择方便学习者学习交互的媒介方式。通过媒体的双向交互可以创建一些体育学习社群，将一些具有共同兴趣和共同任务的学习者集合起来，鼓励人人为师，推动社群间的互动和交流。在使用媒体进行学习体育知识时，学习者应能通过投票、问答、点赞等方式进行交互，能简单、畅通地与教师、专家、同伴实现交流学习，进而提高学习者的学习兴趣以及学习的效果。除此之外，还能大大提高学习者学习体育知识的积极性与参与性。

CHAPTER 10

第十章　　体育网络多媒体教学

随着科学技术的飞速发展，为教育教学提供了强大的物质基础。越来越多的现代化高科技成果介入教育、教学、训练当中，使教育发生了很大变化。利用先进的科技手段，使一切有利于提高教学效果的理论、方法，向体育教学方面转移、渗透。提高教学训练的整体效果是体育教学面临的迫切任务，借助此理论、方法来改善体育教学的现状也是摆在每一个体育教师面前的新课题。本章主要论述了网络多媒体教学在体育教学中的应用。

第一节　　多媒体与多媒体技术

一、多媒体概述

（一）教学媒体

1. 教学媒体的含义

（1）媒体的含义

"媒体"一词来源于拉丁语"Medium"，音译为媒介，意为两者之间。它是指在信息传播过程中，从信息源到受信者之间承载并传递信息的载体或工具。也可以把媒体看作实现信息从信息源传递到受信者的一切技术手段。媒体有两层含义：一是指承载信息的载体；二是指存储和传递信息的实体。[①]

在第一层含义中，媒体指载有信息的物体，如印刷有知识文字和图片的书籍、录有音乐歌曲的磁带。反之，没有承载信息的物体，如空白的纸张、空白的磁带，则不能说是媒体，只能说是可用来书写、印刷或录制的材料。

在第二层含义中，媒体是指存储和传递信息的实体，也可看作实现信息从信源传递到信宿的一切技术手段。在这一层含义上，媒体作为连接信源和信宿的中介物，其范围更加广泛。

---

① 穆陟旺. 教育信息系统与教学媒体资源设计［M］. 成都：西南交通大学出版社，2011：16.

习惯上将媒体分为硬件和软件两大类。硬件是指存储、传递信息的机器和设备，如幻灯机、投影机、录音机、录像机、电视机、计算机等。软件则是指可以存储、传递信息的纸张、胶片、磁带和光盘等，记录信息的书本、幻灯投影片、录音录像带、光盘和计算机软件等。硬件和软件是密不可分的统一体，只有配套使用，才能发挥存储和传递信息的功能。

（2）教学媒体的含义

教学媒体是指以存储和传递教育教学信息为目的，载有教育教学信息，在学的过程中所采用的媒体。它是连接教育者和学习者双方的中介物。例如：专门用于课堂教学的计算机软件，由于具有明确的教学目的、教学内容和教学对象，称之为课件，同时也是一种教学媒体。从本质上看，教育教学活动过程是一种获取、加工、处理和利用信息的过程，因此作为储存与传递事物信息的任何媒体，都可以作为教学媒体。

概括来说，一般的媒体发展成为教学媒体要具备两个基本要素①：

①媒体用于储存和传递以教学为目的的信息时，才可称为教学媒体。以教学为目的的信息，也就是教学信息，由教学目标决定。教学媒体区别于一般媒体，是为了达到特定的教学目标服务的，是为教师、学生等特定的对象服务的。

②媒体能用于教与学活动的过程时，才能发展成为教学媒体。任何媒体都可用来储存和传送教学信息，但是用于娱乐和通信领域时，并非教学媒体，只有经过改进，符合教学需要，用于教学活动时，才能成为真正的教学媒体。

一般媒体要演变为教学媒体，必须要解决两大问题：一是硬件的改造，使它适合教学活动的需要，方便教师学生使用；二是软件的编制，使该媒体储存于传递的信息是教学信息。

2. 教学媒体的分类

对教学媒体进行分类，是为了更好地在体育教学中选择和应用这些媒体。因此，对媒体的分类应该以体育教学过程中的要素为依据，常见的分类方法有以下几种。

（1）依据使用媒体的感知器官分类

这种分类方法从教学内容出发，清晰地表明了教学媒体的信息表现能力与特点。根据这一分类的结果，教师可以有目的地选择教学媒体来展示教学内容。

视觉媒体：指传播的信息主要作用于人的视觉器官的媒体。如印刷品、图片、黑板、教科书、挂图、标本、幻灯、投影等。

听觉媒体：指传播的信息主要作用于人的听觉器官的媒体。如口头语言、录音机、广播等。

视听媒体：指传播的信息主要作用于人的视觉器官和听觉器官的媒体。如电影、电视、计算机等。

交互式多媒体：指传播的信息作用于人的多种感官且具有人机交互作用的媒体。如多媒体计算机系统。

（2）依据教学组织形式的需要分类

这种分类方法为教师在不同的教学形式、规模下选择教学媒体提供了有效的依据，体

---

① 黄成．教学媒体技术及应用［M］．武汉：湖北科学技术出版社，2011：103.

育教师可以根据自己的教学活动、学生数量来合理地选择媒体，争取最佳的教学效果与效率。

课堂展示媒体：投影、录像、黑板、CAI 课件等。

个别化学习媒体：印刷品、录音带、视频、动画、CAI 课件等。

小组教学媒体：图片、投影、白板等。

远程教育媒体：广播电视、计算机网络等。

（3）依据媒体的物理性质分类

根据现代教学媒体的物理性质可以分为光学投影教学媒体、电声教学媒体、计算机教学媒体和网络教学媒体。

光学投影教学媒体：包括幻灯机和幻灯片、投影机和投影片、电影和电影片等。这类媒体主要通过光学投影，把小的透明或不透明的图片、标本、实物投射到银幕上，呈现所需的教学信息，包括静止图像和活动图像。

电声教学媒体：包括电唱机、扩音机、收音机、语言实验室以及唱片、磁带等。它将教学信息以声音的形式储存和播放传送。

电视教学媒体：主要有电视机、录像机、影碟机、录像带、闭路电视系统和微格教学训练系统等。它主要储存与传送活动的图像和声音信息。

计算机教学媒体：包括计算机和计算机课件等。它能在各种教学活动中实现文字、图表、图像、活动图像等教学信息的传送、储存与加工处理，并且可以与学习者相互作用，开展有效的教学活动。

网络教学媒体：它可以实现基于网络的远距离教学，并且可以开展基于网络的协作学习、研究性学习等教学模式。

3. 教学媒体的选择依据

（1）依据学习者特征

学习者特征主要是指学生的年龄、兴趣、动机、认知水平和认知特点等。不同年龄阶段学生的兴趣爱好和学习动机完全不一样，认知特点也不相同。体育教师应根据学习者的特征选择合适的教学媒体。

（2）依据教学目标

每个单元、每个课题和项目都有一定的教学目标，即具体的教学要求，比如要使学生知道某个概念，或明白某种原理，或掌握某项技能等。为达到不同的教学目标常需使用不同的媒体去传输教学信息。

（3）依据媒体特征

各种教学媒体具有不同的适用性。在体育教学中，需要依据媒体的特性来选择媒体，只有最适用媒体，而没有最优媒体。在充分了解各个媒体的优点和局限性后，才能在使用中扬长避短，对它们进行综合应用。比如，能用实物观察的，就无须用图片和视频；能动手实验操作的，就无须用模拟教学。

（4）依据客观条件

客观条件主要涉及媒体的易获性、适用性等。体育教学中能否选用某种媒体，还要看当时当地的具体条件，其中包括资源状况、经济能力、师生技能、使用环境、管理水平等因素。例如，若教室不具备遮光设备，则连"价廉物美"的投影、幻灯都难以使用。计算机辅助教学应用广泛，但除了需要资金购买计算机，还得培训使用人员。有的学校管理混乱，即使已经置备现代化教学媒体，也不一定能很好地发挥作用。

（二）多媒体的定义

多媒体不仅指多种媒体数据的融合，而且还指多项技术的融合和多项业务的集合。例如，不能处理包括伴音在内的电视图像的计算机，不能称为多媒体计算机。

由于声音和电视图像在传统的意义上属于通信技术和电视技术的研究对象，因此多媒体计算机实质上已把计算机的应用延伸到通信技术和电视技术领域。传送包括伴音在内的电视信号，是当前各种通信手段中传送数据量最大的一种，能够处理这种业务的技术，一定可以处理其他小数据量的业务，如电话、传真、可视电话、会议电话、远程医疗诊断、远程教育等。

（三）多媒体的基本组成

多媒体技术来自不同的技术领域，所以组成形态及方法有不同的侧面，概括地可划分为偏硬件技术和偏软件技术两类。

用计算机把各种不同的电子媒体，如投影屏幕、视频光盘、录像机、CD-ROM、语音及音响合成器等，连接成一个相互作用的整体。这是侧重接口和硬件技术的多媒体。

以计算机为工具，应用数字化技术，以交互控制方式，把文本、图形、图像和声音集成为一体，将结果综合地、实时地表现出来，并通过多种不同媒体实现人机对话。这是侧重算法和软件技术的多媒体。

多媒体硬件系统的基本组成包括：

（1）具有 CD-ROM，即除了必需的硬盘驱动器外，还必须有 CD-ROM 驱动器。这是多媒体计算机的重要标志。

（2）具有 A/D 和 D/A 转换功能，让语音的模拟信号和数字信号之间能相互转换，从而使多媒体硬件系统有高质量的数字音响功能。

（3）具有高清晰的彩色显示器，以便显示图形、图像、文字以及来自光盘的动画与影视节目。

（4）具有数据压缩与解压缩的硬件支持，这是处理图像和声音等大数据量信息所必需的条件。

二、多媒体技术概述

（一）多媒体技术的定义

多媒体技术也可以理解为就是多媒体计算机技术（Multimedia Computer Technology），指的是利用计算机技术综合处理多种媒体信息，如文字（Text），声音（Sound）、图形（Graph）、图像（Photo）、动画（Animation）、视频（Video）等，使多种媒体信息建立逻辑联系，有机地集成在一起，成为一个具有交互性的、新型的计算机系统的技术。其中强调了多媒体技术是：（1）一种计算机处理技术；（2）一种信息处理技术；（3）一种人机交互技术；（4）是关于多种媒体和多种应用综合的技术。

（二）多媒体技术的特点

1. 多维性

是指多媒体技术具有的处理信息范围的空间扩展和放大的能力。这种多维性指能为输入的信息加以变换、创作和加工，对其输出的信息增加其表现能力，丰富其显示效果。例如，用多媒体系统辅助体育教学，学生不仅可以学到文本知识，观察到静止图片，而且通过多媒体技术还可以看到老师的动作演示，加强教学效果。

2. 集成性

集成性首先是指多媒体技术可将多种不同的媒体信息，如文字、声音、图像等，有机地进行同步组合，从而形成完整的多媒体信息。同时集成性的另一层含义是指处理这些媒体信息的设备或工具的集成，包括计算机系统、存储系统、音响设备、视频设备等的集成，总之，是指将各种媒体在提供的各种设备上有机地组织在一起，实现"声、文、图、像"处理地一体化。

3. 交互性

交互性是指人与人、人与机器、机器与机器间的交互，即人机对话的能力，也就是和使用者之间的沟通能力。这也是多媒体计算机系统与传统的电视机、音响等家电设备的区别。人能根据需要对多媒体系统进行控制、选择、检索和参与多媒体信息的播放和节目的组织。不再像传统的电视机那样，只能被动的接收编排好的节目。

4. 数字化

数字化指的是在多媒体计算机系统中，各种媒体信息都是以数字的形式存放到计算机中并对其进行处理。多媒体技术就是建立在数字化处理的基础上的，如图形以矢量方式、图像以点阵方式、音频和视频的信号以数字编码方式存储、处理。正是数字化技术的发展，才为多媒体技术的广泛传播和应用提供了用武之地。

当然，除此之外，多媒体计算机还有一些其他的特征，一般说来，还应该包括实时性、分布性、综合性等特点。实时性是指对声音和视频信号这些与时间有关的信息，对它们的处理以及人机的交互操作、显示、检索等操作都要求实时完成。分布性是指由于多媒体数据的多样性，使它的素材分布在不同的空间和时间，它的应用也是广泛分布在不同的领域中。因此，多媒体产品的开发，不仅需要计算机专业人才，而且往往更需要视、听专业的人士参与。系统的综合性更是显而易见，它把各种媒体设备综合集成把各种信息综合集成整体的作用，产生综合的效应。图、文、声、像组合在一起，不再是单兵作战。

第二节　在体育教学中应用多媒体技术的可行性分析

一、体育教学要求较强的示范性

体育的知识传授大多数是动作技术，教师可以通过文字、语言、图片、音像等形式进行传授，但大多是静态的形式，且多以刺激学生的单一感官为主，而通过多媒体教学演示可以使学生多种感官接受刺激；使学生较易接受教学内容；教学效果好，便于学生的认识、记忆、理解。根据教育心理家统计分析，人们通过视听获得的信息占信息总量的94%，3天以后能记得70%，均远远超过其他传播方式。[①] 在教学中同时调动视听功能，能明显提高学生的学习效率并促进其运动技能的"观察、观察、再观察"。将一个动作的全过程和用力点依次通过各种手段展现在学生面前，教师就可以轻松讲解各部分解动作的技术要领，演示整个动作的全过程，进而抓住动作的关键部分，突出重点，难点，打破了课堂的死板结构，有效地节约体育课的时间，减少了多次重复讲解而导致学生动作的出错的现象，增加了练习时间，提高了教学质量。

二、体育学习方式的形象性

学生对形象性的东西记忆较强，并且在学习中，对于理论往往与自己的体育实践相结合，这种思维方式很适合进行多媒体教学，借助于多媒体丰富多彩的组合，利用其直观、形象、生动、图文并茂、色彩鲜丽的特征，提供新颖性、奇特性、趣味性、针对性的教材，去刺激学生的多种感官，吸引学生的注意力，激发学生的兴趣，调动学生的积极性。

三、体育教育内容的丰富性

体育教育内容包括理论课、实践课。实践课包括田径、球类、武术等内容。理论课包括有学校体育、体育概论、运动生理、运动心理、运动技术理论等。这些内容有丰富的图片、文字、图像等资料，这给多媒体教学提供了充分的物质保证。

四、体育理论的动态性

体育理论与体育实践的联系很紧密，在体育理论教学中，概念的解释和说明都可以用具体的动作来代表它，或者用一个具体的动作来形象地描述它。例如，体育基本运动能力（即走、跑、跳、投、攀和爬等）都可以用一些简单的动作来说明它的理论性质，而这些例子都可以通过计算机实现动态显现，给学生的记忆刺激更加强烈，提高学生的效果。

五、体育信息社会化和丰富性

当今社会进入信息社会，人们越来越重视人体健康，人们对于体育的需求非常强烈，因此，关于体育的电视节目、音像、图片、光盘等为人们提供了大量的体育信息，同时也为体育多媒体教学提供了丰富的素材，并且，随着技术的发展，声像技术的完善，把声像资料刻录成光盘的费用越来越低，为体育多媒体教学资源的丰富提供了技术支持和保证，同时，使个人的多媒体教学课件的开发和设计成为可能。

六、体育资料收集的即时性

通过互联网、电视、报纸等信息资源，使得知识的更新加快，也使多媒体教学的交流

---

① 赵艳杰. 发展心理学 [M]. 沈阳：辽宁大学出版社，2008：34.

和发展更加迅速和便捷，同时，也促进知识的更新与完善，使自己与时代保持同步。

第三节 多媒体技术在体育教学中的辅助作用

在体育教学中，如何把握多媒体教学与传统教学两者之间的比例关系时非常重要的。虽然多媒体教学具有巨大的作用，但由于体育教学户外锻炼的特殊性，决定了多媒体技术在体育教学中只能起到辅助教学的作用。因为多媒体教学手段的实现依赖于多媒体教学平台，也就是说它需要在室内进行。而体育教学课主要是通过各种身体锻炼来进行，大部分的授课时间、授课场地是在必须在户外完成的。因此，多媒体教学虽然是体育教学手段中的重要组成部分，但在使用过程中，由于各方面条件的限制只能起辅助作用。

多媒体技术在体育教学中起辅助作用，我们可以从辅助体育理论课教学和辅助体育实践课教学两个方面来进行研究。

一、多媒体技术辅助体育理论课教学

（一）体育理论课教学的现状

目前，大部分高校体育理论课的课时较少，而教学内容较多，一般的课堂教学多采用以讲授为主的教学方法，这种教学方法是以教师为中心的立场上拟定的，它的基本过程是教师输出以文字和语言符号为主的大量教学信息，教师在讲台上结合板书不停地讲，学生在台下忙碌地记，使学生来不及想象与思考，只能是机械的、被动的学，这种"填鸭"式授课形式使学生缺乏参与意识，往往会产生教师只能从形式上完成教学任务，而给学生留下的仅仅是一些肤浅的印象或干巴巴的知识，不久就会遗忘，由于学生没有真正学会、学懂知识，于是对学习容易产生麻木，对这种陈旧、古老的教学手段感到厌烦，容易产生厌学情绪，造成教学效率低、效果差。

（二）多媒体技术辅助体育理论教学的可行性

教学是依据教学内容而具体展开的，由教师的"教"与学生的"学"彼此协同构成的双边活动，体育理论教学是在教师、学生和媒体的共同参与下，运用适当的方法，指导学生掌握体育知识，培养体育学习能力和良好思想品德的一种有目的、有计划的教育过程，整个过程可描述为教师媒体反馈学生，教与学是相辅相成的。传统的教学媒体主要是教科书、粉笔、黑板，在信息高速发展的今天，已远远不能满足现代教学的需要。因此，根据时代发展所提出的教学要求，从特定的教学关系与教学内容的实际出发，为提高教学效率和增强教学效果，在灵活地运用传统教学方法的基础上，引入多媒体技术来实施教学，使教与学的双边活动构成一种互激放大的自洽系统，是行之有效的。[①] 科学技术的迅猛发展，使许多高科技成果直接引入教育领域，各高校基本上都有多媒体教室。这为我们

① 安海涛，王彩甜. 多媒体技术应用教程［M］. 北京：北京理工大学出版社，2016：128.

改革传统体育理论教学方法和手段提供了物质基础。

（三）多媒体技术辅助体育理论教学的优点

1. 能系统地指导学生进行学习

教师用现代化的教学理论来组织安排教学内容和教学程序，能优化教学内容，使教学过程系统化、规范化，软件设计内容丰富，重点提示简明扼要，练习形式多样，操作灵活，界面友好，通过人机对话，集中注意力，高密度、大容量、生动活泼的学习内容能很好地引导学生进行学习。

2. 学生可用其进行自我学习及自我评价

教师只要把教学课件制作好，就可以反复使用，学生不仅可以在课堂上学习，而且可以在课后从计算机中调出相应的知识进行自学，并利用其存贮的试题进行自我评价。

3. 提高学生的学习兴趣和学习效率

学生对外界的新鲜事物具有高度的敏感性，同时在体育理论学习中需要除本体感觉外的大量感觉信息，特别是视听信息。传统教学方法是无法实现的，而多媒体技术具有的特性可以给体育教师提供强有力的帮助，对学生而言，丰富多彩，活灵活现的画面展示具有较强的吸引力，多媒体技术在演示理论的广泛性、整体性、生动性和细节性上能充分发挥其优势。可使教材中的重点、难点细节以文字、声音、图像、动画等方式从三维空间来进行描述，让学生一目了然，熟记于心。同时，多媒体教学方式还可以活跃课堂气氛，增加教与学的互融性，充分发挥学生认知系统的优势，进而提高他们的学习兴趣。

4. 能更新教学观念，提高教师自身素质

教学改革要求培养复合型、创造型的人才，在教学内容上改"素材"为教材，教法多样性与实效性相结合，创造出有利于学生理解概念，掌握方法、体验乐趣和学会健身的新教学模式。多媒体技术辅助教学，能挖掘和培养学生的潜力。使学生在扩展知识的同时，具备对学习新知识的好奇心，探索欲和对事物的主动思考能力，从而促进学生素质的全面发展，这些是传统体育理论教学所难以达到的。体育教师在使用多媒体技术辅助教学时，由于其在制作课件时需准备大量的素材，使用现代化仪器设备，并在教学中熟练操作这些设备，所以对其自身素质的提高起了促进作用，其素质高低直接影响教学效果。

综上所述，多媒体技术辅助体育理论课教学，可使学生各种感觉器官得到刺激，短时间内最大限度地接收信息。教学内容的多媒体化，能把文字信息编码成图像加以同步识别，使教材声像俱全、图文并茂，做到清晰、易懂、学生特别容易接受，牢记于心。

用计算机作为教学媒体，体现教学手段的现代化，其具备多方面的教学功能，是传统教学方法无法比拟的。多媒体技术辅助教学，大大缩短了学生学习消化的时间，快速提高学习进度。

二、多媒体技术辅助体育实践课教学

由于体育教学的特点，决定了大多数的体育课是体育实践课，要求老师和同学同时参与到身体锻炼当中，而且这些身体锻炼大多是在室外进行，如何应用多媒体技术来辅助体育实践课教学是一个很重要的问题。

（一）传统体育实践课教学中存在的不利因素

在传统的体育教学中，有几个主要不利因素影响着体育实践课教学：

1. 教师的专业特长在教学上有一定的局限性

在体育实践课教学中，学生主要通过"听""看"来感知技术动作，而"看"是学生获得信息的主要来源。这就要求教师要有很高的技术水平和示范能力，否则就很难把示范动作做得很规范，而任何一个教师都只有几个项目是特别擅长的，不可能是全能的。另外，教师在示范时，难免有失误或失败。一个失败的示范会影响教师在学生心目中的形象。因此每个体育教师在具体安排教学时，总是把自己喜欢的、擅长的内容安排得较多。长期这样，势必会影响学生的全面发展。

2. 随着教师年龄的增长，示范动作的质量会随之下降

体育教师随着年龄的增长，完成动作的水平一定会下降。此外，随着物质条件的改善，生活水平的提高，有许多中青年教师虽然年纪不大，但已经大腹便便了，示范时有一定的困难。因此，选择教学内容时，就会回避那些难以示范、技术性强的动作，造成教学内容的单一化、简单化，最终的结果也是影响学生的全面发展。①

3. 一些高难度的技术动作教师难以示范

在体育教学中有很多腾空、高速、翻转的技术动作，教师很难把这些动作示范给学生看。学生很难在短时间内领会、把握这些高难度动作的要领，也就很难快速建立一个完整的动作印象。在课堂上，教师只能重复讲解，最终的结果是事倍功半，影响教学进度。

4. 教学观念陈旧，教学手段单一

在传统体育实践课教学中，老师往往只停留在以往的教学经验中，甚至沿用照搬以前老教师的教学理念，观念陈旧，没有创新，不能跟上时代的要求和新的教学改革的思路；而且，教师的教学手段单一，方法欠灵活，导致课堂教学气氛沉闷，学生积极性不高，教学效果不理想。

5. 教师的个人素质有待于提高

当前的教师，在专业上或许能够胜任现代高校体育教学，可是在其他相应学科特别是人文、社会科学方面的知识匮乏，导师教师上课内容空洞，没有吸引力，而且更不能满足当前新的教学改革形式下，对新的高科技教学手段应用的需要。

（二）多媒体技术辅助体育实践课教学的方式

随着课堂教学改革的深入开展，多媒体技术在体育教学中得以广泛应用，这既能培养学生的学习兴趣，又增强了学生对具体动作的认识，使学生能在较短的时间内掌握动作技术要领，学到更多的有关知识。那么，在实际教学中如何有效地运用多媒体技术来克服以上三个影响着体育教学的不利因素呢？这里仅从以下五个方面进行论述。

1. 灵活运用，激发兴趣

在体育实践课教学中，通过多媒体的声、光、色、形对学生的心理产生影响，满足他们旺盛的求知欲和强烈的好奇心，激发他们的学习兴趣。例如，在篮球基本战术配合的教

---

① 李武纲. 高级多媒体课件制作原理和技巧［M］. 北京：北京理工大学出版社，2017：134.

学时，由于大多数学生对之了解甚少，因此学生在配合教师进行战术示范时表现迟钝、紧张，结果花费了很长时间也达不到预期的教学效果。我们可以用篮球游戏软件进行辅助教学，此软件可在竞赛规则允许的条件下随意设置比赛环境，可以毫不费力地将基本战术配合表现出来。[①]

2. 化难为易，化动为静，突出技术动作的重点和难点

在体育运动中，有许多运动技术不仅结构复杂，而且需要在瞬间完成一连串复杂的技术动作。例如，田径跳跃项目的空中动作，体操支撑跳跃的连续动作，技巧的滚翻动作，单杠的回环动作等，这给教学带来很大难度。一方面，教师的示范动作受自身条件的限制，如教师对动作要领的领会程度、教师的年龄、临场身体状况、心理因素等，很多体育教师很难自如地完成动作；另一方面学生的观察角度和时机也受到一定的局限。由于动作转瞬即逝，综合难度较高，因此，学生很难把这些瞬间完成的动作看清楚，也就很难快速建立一个完整的动作表象。这必然给学生的学习带来一定的影响。利用课件演示把教师很难示范清楚的技术环节，通过慢动作、停镜、重放等教学手段结合教师的讲解和示范表现出来，这样就能够使教学内容形象化、具体化，变动为静，变快为慢，有利于学生理解比较复杂的、抽象的知识，进而抓住动作的要领，突出重点，解决难点，更快、更全地建立起动作表象，提高了学生的学习效率，缩短了教学过程。

3. 通过正误对比，纠正错误动作

利用多媒体技术，把优秀运动员的技术录像或图片以及运动技术的难点、重点和常见的错误动作制作成课件。在上课时让学生观看，并与他们一起分析比较，提出问题，解答问题，使学生边看边听边想边讲，这样就能够使学生在练习中避免许多常见错误动作的发生。既快速掌握动作，又培养了学生的观察能力和分析能力。如在教学"鱼跃前滚翻"的时候，学生很难把握"跃"的感觉。同时，练习时容易出现屈腿和团身不紧等现象，而教师在示范时也只能一气呵成，不能分解示范。如果运用多媒体技术就简单多了，通过正误对比，增强学生的感性认识。在课堂上，利用《鱼跃前滚翻》的课件，把整个动作分解成为跃起、手撑低头、团身翻、蹲立四个连贯的动作，并在每个分解动作中都加入了失败的动作和一些特别的声音，一听就知道动作正确与否。[②] 通过这样的逐步演示成功与失败的动作，加上教师的提问和学生的讨论与回答，让学生进行比较、分析，在脑海中形成正确的动作概念，并及时帮助学生纠正错误动作。

4. 现场模拟练习

多媒体教学具有很强的交互性。教师根据体育理论知识和教学目的的要求，制作出合适的课件，可以很方便地实现人机对话。如在给学生讲解足球比赛规则中"什么是越位"这一问题时，利用多媒体技术在足球比赛的录像中有针对性地编写一些交互性练习。练习时，要求学生在"越位"和"不越位"两个按钮中选择一个。若回答正确则弹出一句赞扬的话和"解释"按钮；若回答错误则弹出一句鼓励的话和"解释"按钮。学生通过点击"解释"按钮可以看到教师详细的解释，从而及时检验自己是否正确地理解比赛规则。这种带交互性和娱乐性的练习效果非常好，使学生感到好像身临现场一样进行模拟练习，

① 李武纲. 高级多媒体课件制作原理和技巧［M］. 北京：北京理工大学出版社，2017：134.

② 赵露阳，鲁之瑞. 鱼跃前滚翻技术动作的研究［J］. 体育时空，2017（10）.

激发了学生的学习兴趣，充分调动了学生的积极性，从而化被动学习为主动学习。

5. 器械飞行的模拟演示

通过制作具有较强控制性的模拟演示，可充分表现技术动作中某些要素与运动成绩的关系。如我们可以根据有关物理的原理模拟出投掷项目中器械的飞行轨迹，让学生正确理解空气阻力、出手角度、出手初速度（取决于力量、距离、作用时间）、出手高度（取决于运动员的身高、臂长）等因素与运动成绩的关系，得出出手初速度越快、空气阻力越小、出手高度越高（在出手角度确定的情况下）投掷的距离越远这一结论。[①] 同时学生也能在教师引导下进一步发现各投掷项目在不同条件下的最佳出手角度等规律。

多媒体技术在体育实践课教学中的作用和优点是常规教学所不能比拟的，多媒体技术与体育实践课教学相结合，是体育教学改革中的一种新型有效的教学手段，多媒体技术辅助体育实践课教学是很值得尝试、探索和推广的。

三、体育教学中多媒体网络教学平台的优势与应用

（一）多媒体网络教学平台在体育教学中应用的优势

1. 有利于体育教学中教学内容的直观化展示

在传统的高校体育教学过程中，体育教师对于技术动作的传授主要还是以通过动作分析讲解和亲身示范来完成，但在这一过程中，许多具有难度的技术动作是在一瞬间内所完成的，教师在此方面的教学就会受到传统教学方式的制约，学生无法形象的体育与领悟该技术动作的要领，多媒体网络教学技术在体育教学中的应用将很好地解决这一问题，通过多媒体技术的进行影像的定格与慢放以及 Flash 技术的应用，可以很好地呈现所要讲述的技术动作。使得学生很快就能直观理解与掌握。在体育理论教学中，同样可以利用多媒体网络教学技术将一些原文文字化的内容通过多媒体进行展示，这样不仅使空洞的文字教学富有了新的生命同时也提高了学生的学习兴趣。多媒体网络教学还可以很好的运用微格教学法，从而更好地进行教学指导。教师通过摄影摄像器材对学生上课的技术动作环节作为影像记录，然后通过上传到计算机设备上，运用多媒体技术制作成可以分解与慢放的影像在学生学习的过程中进行播放，知道学生进行自我评价与集体评价，起到良好的教学反馈效果。

2. 有利于体育教学过程中教师与学生间的双向交流

多媒体网络教学的特点之一便是实时交通信技术。多媒体网络教学平台拥有很强大的信息资源共享功能。教师与学生间的及时沟通有利于体育教学的顺利进行。传统高校体育教学中，由于授课以班级为单位，学生人数较多，师生间交流受到一定程度的制约，而通过多媒体网络教学平台学生可以实现与老师间的在线交流互动。多媒体网络教学技术的支持，可以让学生与教师实现远程的"面对面"交流。这样便可更好地提高教学双方的互动，提高教学水平与教学效率。

3. 有利于给学生提供个性化学习空间

传统的高校体育教学的教学主体通常是围绕着教师、课堂与教材进行，由于受到学生

---

① 彭芳莹，贺炜．基于多媒体的高职体育教改探索［J］．当代体育科技，2019，9（22）.

数量以及教学时间的限制，高校体育教师的教学很难进行有针对性的个性化教学与教学指导，从而导致学生的自主化与个性化学习难以实现。通过多媒体网络教学在体育教学中的应用，学生可以通过多媒体网络教学平台强大的教学资源信息库来进行自主化的学习与个性化的选择学习，这样一来便突破传统高校体育教学对于时间与空间的限制，真正实现以学生为主体的个性化教学。学生可以通过个人的 PC 设备与网络连接通过登陆高校的多媒体网络教学平台就打破传统的束缚全面地进行体育相关知识的学习。

4. 多媒体网络教学平台有利于实现高校体育教学信息资源的共享与优化

多媒体网络教学在高校体育教学中的应用为高校体育教学信息资源的共享与优化网带了全新的改革创新。多媒体网络教学平台为高校体育教学提供了一个汇集世界各地先进学校、研究所、图书馆等各种信息资源的庞大的资料库。由于网上体育教育资源库的种类有很多种，包含体育教育新闻信息、各类体育教育统计数据、体育教研论文库等各个方面。在网上，教学内容、教材、教学手段和辅助教学手段、如何进行网络体育教育环境建设（如参观、实验）以及考试等都可以因人、因需而异，自主选择性强，实现资源共享。

5. 多媒体网络教学平台有利于提高体育教师的教学效率

在众多高校中，高校体育课程对体育教师的要求是全免得的，而在实际情况当中，很难存在有某一位教师能对所有运动项目都有全面的理解对技术动作的展示做到完美示范。体育教学的开展收到了来自教师年龄、教师性别以及教师个人能力的诸多因素的阻碍。通过多媒体网络教学平台的使用便可以进行规范化的示范教学，从而保证学生接收信息的完整性和正确性。

（二）多媒体网络教学平台在体育教学中的应用

1. 高校体育多媒体网络教学平台的基本结构与工作原理

多媒体网络教学平台采用最新的 B/S（浏览器/服务器）结构，其结构图如图 10-1 所示。该结构的特点如下：客户端所应用的环境为标准化通用的 Web 浏览器，所有应用程序均存储在 Web 服务器上，需要时可直接下载；更加易于管理和维护，因客户端无需专用软件，当对网络应用进行升级时，只需更新服务器中的软件即可；这样的结构具有良好的扩展性、开放性，B/S 结构采用标准的 TCP/IP 通信协议，学校可根据自身的发展需要随时对系统进行扩展。

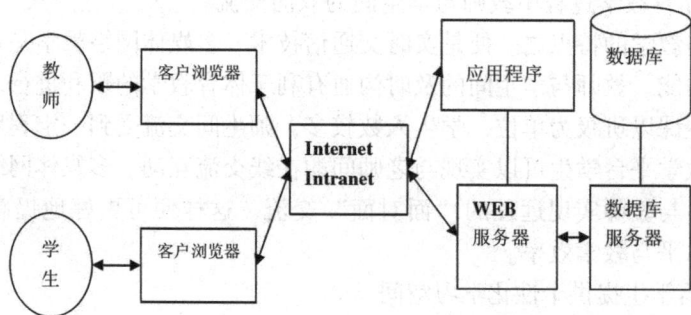

图 10-1 多媒体网络教学平台结构图

本系统的工作原理：教师与学生通过浏览器访问多媒体网络教学平台，学生使用个人计算机设备通过浏览器与服务器端相连，进行相关体育教学内容的学习、体育资源信息的查询，师生间的及时沟通、个人数据上传等操作。多媒体网络教学平台的管理者以及高校体育教师可以通过浏览器对存放在服务器端的内容进行更新与维护，并将最新的体育教学资源信息上传至服务器端，同时可与学生实现在线答疑，并可对学生做出体育运动指导。服务器由 Web 服务器和数据库服务器组成。其中 Web 服务器存放系统的各种应用模块，完成客户的应用功能，它接收客户端用户的请求，并转化为数据库请求后与数据库服务器交互，并将交互结果以 Web 页面的方式下载到浏览器中，用户即可观察到请求结果。数据库服务器存放系统所需的数据库及其管理软件，它根据 Web 服务器发来的请求进行数据库操作，并将结果传给 Web 服务器。

2. 高校体育多媒体网络教学平台中模块的应用

高校体育多媒体网络教学平台是基于互联网络开发的一种用于高校体育教学的系统集合，它既是高校在校学生进行自主化、个性化学习与交流体育知识的平台，同时也是日常高校体育教学的有效辅助功能的载体。[①]

根据高校体育的特点设计的高校体育多媒体网络教学平台，在推广过程中应当至少具备以下模块：

（1）体育资源信息模块

该模块主要作用是互联网络中最新体育信息资源的整合。通过"Computer Robot"（机器蜘蛛程序）将互联网络中各大体育资讯网站的最新体育资讯及信息资源进行检索并发布与该模块内，供学生与教师获取最新体育资讯与资源信息。高校学生及教师可以通过该模块了解相关最新的体育资讯，同时可以在线观看各种大型体育赛事的视频。学校也可利用此模块发布有关学校最新的相关体育资讯。

（2）体育教学模块

体育教学模块是高校体育多媒体网络教学平台的核心模块，该模块所承担的主要职能是高校体育教学过程的展示与辅助。其中该模块包含课程的简介、电子教材、授课教案、多媒体网络课件、直播教学、授课录像（包含精品课程展示）、课程资源收集等子模块。通过体育教学模块，教师将授课的信息资源进行编辑上传，学生可以通过此模块进行对于体育课程的了解，进行自主化的体育学习。借助多媒体网络课件还可以对体育授课过程中所出现的难度较高的技术动作进行直观化的多媒体动画展示，以便于学生更好的理解与掌握动作要领。通过实施授课可以远程在线观看体育教学过程，其他体育教学资源相对滞后的院校也可以通过该子模块进行体育课程学习。授课录像有利于学生课后的复习与加强记忆。

（3）即时通讯模块

即时通讯模块是实现教学过程中的教学信息即时沟通的主要系统，其可实现教师与学生间的即时信息沟通，及时为学生答疑解惑与在线指导。同时也是专家与体育爱好者进行指导交流的主要平台。

---

① 王小安. 高校体育网络教学现状 [J]. 体育世界（学术版），2018（1）.

（4）交流平台模块

该模块主要作用是通过电子公告板、论坛中心、Email 以及在线交流软件实现对于体育运动知识的交流与探讨。

第四节　体育多媒体课件的制作

一、多媒体课件概述

1. 多媒体课件的概念

随着现代信息技术的飞速发展，在计算机技术领域出现了人们逐渐熟知的"多媒体"这个名词，并随之诞生了一系列新的领域和技术，多媒体课件就是完全依靠这项技术产生和发展的。因此，讲述制作多媒体课件，就不能不对"多媒体"这个概念先做一个简单的介绍。

"多媒体"一词最早是从"媒体"这个术语的基础上演变而来的，首先"媒体"是英文 Media 的音译，指媒介物、工具手段等含义。① 从总体看，它是一个物质工具的概念，故在通讯、大众传播、新闻宣传和教育传播等领域把"媒体"定为信息传播的工具。"多媒体"应是指多种物化的信息工具手段。现代信息技术的发展把原来只承担运算任务的计算机发展成对文字（本）、图形（片）、声音、视频图像等多种信息表现形态进行加工、处理、呈现和传输的综合性信息工具。它在信息显示上具有书籍、电视、广播录音等多种媒体的特点，把多个媒体显示信息的方式集中于一身，故人们把具有这种功能的电脑称之为多媒体计算机。由于不同的人对多媒体应用的要求不同，对多媒体的含义解释也不相同，但就计算机多媒体技术在教学中的应用来说，其基本的含义是：多媒体技术是指以计算机为核心。交互地综合处理文字（本）、图形（片）、声音、视频图像等多种媒体的信息，并将这些信息建立逻辑链接，以协同表现出更丰富、更复杂的信息。

从以上定义可以看出，多媒体技术是以计算机为核心的，这是最基本的条件，所以开展多媒体教学首先要会使用计算机；其次，就是交互性地处理多种媒体，这是多媒体技术与其他媒体相区别的一个重要特征，多媒体技术能够线性地处理各种信息，使它们建立逻辑链接。

计算机辅助教学简称 CAI，CAI 是"计算机辅助教学"（Computer Assisted Instructing）的英文名称首字母的缩写。其含义就是把自己的教学想法，包括教学目的、内容、实现教学活动的策略、教学的顺序、控制方法等，用计算机程序进行描述，并存入计算机，经过调试成为可以运行的程序。由于计算机有着存储信息、处理信息、工作自动化等功能，因此，CAI 课件是将大容量的非顺序信息的呈现，可以选择学习内容和掌握学习进度，实现因人施教和及时反馈信息的原则等特点集于一身，并因此区别于其他媒体教学。

随着计算机技术的发展和计算机辅助教学活动的深入，目前在教学中，计算机不仅能

---

① 李武纲. 高级多媒体课件制作原理和技巧 [M]. 北京：北京理工大学出版社，017：59.

够部分地替代教师与学生进行个别化的交互活动，也同样支持教师进行课堂集体化教学。还能通过网络开展远程教学活动，大大拓展了 CAI 的内涵以及活动方式提作用。此外，多媒体计算机在教学中不仅是作为一种信息技术或工具形态而存在，而且融入到了整个教学系统之中。与教师、学生、教学目标，内容和方法一道构成了新的教学活动方式。因此，以计算机的教学作用来说，它不仅可以与学生交互开展教学活动，作为学生的认知工具，帮助他们探索和认识世界，去搜索、加工有关知识内容，促进智能的发展，而且还能帮助教师进行课堂教学和远程教学活动。

多媒体计算机课件的定义概括为：多媒体计算机课件是一种根据教学目标设计的，表现特定的教学内容，反映一定教学策略的计算机教学程序。它可以用来存储、传递和处理教学信息，能让学生进行交互操作，并对学生的学习做出评价的教学媒体。

从以上定义可以看出多媒体课件不同于一般的多媒体计算机软件，它是一种表现特定的教学内容，适合于某类教学对象，专门用于辅助某一学科教学的教学媒体，它突出的一点是强调了教育性，所以在开发多媒体课件时应注意教育性的体现。

2. 多媒体课件的分类

多媒体课件没有统一的分类标准，一般按照实际应用可分为如下几个类别。①

（1）课堂演示型课件

应用于课堂教学中，主要目的是揭示教学内容的内在规律，将抽象的内容用图形、声音、动画等多媒体方式表现出来，由授课者在授课过程中控制演示播放速度，或自动播放。

（2）题库型课件

通过大量的试题强化学生的知识和能力。

（3）演讲型课件

采用网络流媒体技术制作，基于真实授课过程、操作过程或者存储的录像带、VCD等，易于制作和传播。

（4）资料型课件

根据教学的目标和要求，以电子书、资料库的形式向学生或课堂教学提供学习信息资源，便于学生快速自学或检索信息，并可实现学习效果的自我评估。

（5）教学游戏型课件

寓教于乐，通过游戏的形式，教会学生掌握学科的知识和能力，并引发学生对学习的兴趣。

（6）仿真模拟型课件

用计算机模拟真实的自然现象或社会现象，主要是模拟某种场景、模型、现象或过程，形成仿真的学习环境，提高学生的学习兴趣和效率，培养学生实际分析问题、解决问题的能力，将课堂上不容易讲授的隐性知识形象地表达出来。

---

① 刘慧君. 多媒体课件制作［M］. 重庆：重庆大学出版社，2014：96.

二、体育多媒体课件的作用

(一) 创设教学情境，激发学生学习兴趣

体育教师在进行教学设计时，可以在网络中搜索合适的体育图像、声音、动画、视频，也可以自主开发体育多媒体课件，以便在体育教学中使用。在授课过程中借助计算机、投影仪、触摸屏、电子白板等先进的多媒体工具向学生展示体育运动的图、文、声、像等资料，运用视听媒体资源刺激学生的感官，创设更为逼真的学习情境，把体育精神和文化更好地传输到每节课中，有利于激发学生的学习兴趣，提高学习积极性。

(二) 帮助学生建立清晰的运动表象

清晰的动作表象是形成技能的重要基础，它来源于教师的讲解、示范、演示等教学过程。体育教学过程中有些技术动作很难用语言来描述清楚，尤其是运动项目一些技术细节，讲解的难度很大，示范的效果也不能尽如人意。多媒体课件就能轻松地解决这些疑难问题，帮助学生理解动作，形成概念，记住结构，并在头脑中建立清晰的动作表象。

(三) 帮助学生理解教学重难点

在传统体育教学中，抽象的知识往往以语言描述为主，即使使用一些挂图、模型等直观手段也显得较为呆板。多媒体课件可以利用二维、三维动画、视频等资源，全方位地剖析难点，学生通过清晰的演示画面，对一些难以理解和连贯性强的动作有了清楚的了解。这样不仅节约了时间，而且提高了学习效率。

(四) 为学生自主学习提供学习资源

部分学生在课堂上没有完全掌握教师讲授的内容，或由于各种原因缺课造成的学习遗漏都可能影响后续课程的学习。在这种情况下，学生可以利用教师提供的多媒体课件在计算机上自主学习，达到同样的学习效果。另外一部分学生对某些运动项目（比如网球）兴趣比较高，但是没有机会去上课，也可以利用多媒体课件进行学习，再到运动场地进行练习，以达到自学的目的。

三、体育多媒体课件制作的基本步骤

(一) 体育多媒体课件分析

根据体育教学各个项目的特点进行必要的分析，包括选取怎样的内容专题，是否有课件辅助体育教学的需求，体育项目特色是否能在课件中体现出来等，同时要考虑是否有相关的同类软件，同类产品有哪些不足，是否需要开发新产品等。在确认需要开发的前提下，要分析一下 CAI 课件的开发周期（如表 10-1 所示）和经费预算。[①]

① 彭立. 多媒体课件制作与教学资源应用 [M]. 长春：东北师范大学出版社，2001：135.

表 10-1　体育多媒体课件制作开发计划进度表

编号	项目	进度时间	备注
1	需求分析		
2	编写脚本		
3	搜集素材		
4	素材制作		
5	界面设计		

（二）体育多媒体课件设计

1. 体育多媒体课件教学设计

教学设计是任何一个教育软件必须进行的一项重要工作，它直接影响着 CAI 课件以及教学软件是否较好地应用于教学之中。体育 CAI 课件教学设计一般包括：学习目标分析、学习者特征分析、教学内容分析、教学策略选择、教学方法选择、教学媒体选择以及学习评价等环节。① 一般来讲，部分体育课程内容比较抽象、体育项目难以理解、教师用语言不易描述、某些体育运动规律难以捕捉等，在体育 CAI 多媒体课件中采用情景创设、案例讲解等方式效果更好一些。

2. 体育多媒体课件脚本设计

多媒体 CAI 课件的教学设计等前期设计完成后，接下来应该进行稿本的设计和编写。规范的稿本，对保证课件质量、提高课件的开发与制作效率有着极其重要的作用，因此，多媒体 CAI 课件稿本的编写是课件开发与制作的重要环节。多媒体 CAI 课件的稿本包括文字稿本和制作稿本两部分，一般情况下，文字稿本由学科老师编写，制作稿本由计算机技术人员或熟悉计算机知识的教学人员编写。文字脚本的编写包含教学目标描述、知识结构的分析、使用对象与使用方式的说明等。人们通常用文字稿本卡片的形式来编写，文字稿本卡片一般包含有序号、内容、媒体类型和呈观方式等，其基本格式见表 10-2 所示。

表 10-2　文字稿本卡片格式

序号	内容	媒体类型	呈现方式

制作稿本是多媒体 CAI 课件设计思想的具体体现，为多媒体 CA1 课件的制作提供直接的依据，它也是学科教师与计算机课件设计人员沟通的有效工具。制作脚本包括软件结构的说明、主要模块的分析、软件屏幕设计、链接关系的描述等内容。

① 穆陟晅．教育信息系统与教学媒体资源设计［M］．成都：西南交通大学出版社，2011：108.

3. 体育 CAI 多媒体课件导航设计

导航在多媒体课件中具有重要的作用，因而导航的设计在整个课件的设计中举足轻重。导航有许多方式，常见的有检索、线索、帮助、浏览、演示导航等，具体体现方式是导航图、按钮、图符、关键字、标签、序号等多种形式。在进行导航设计时，应注意针对软件的类型、对象、知识内容、学科特点等方面的特点，选择适当的导航策略，然后选用一定的交互方式实施。

4. 体育 CAI 多媒体课件交互设计

CAI 多媒体课件交互是指用户与计算机之间使用某种对话手段，以一定交互方式，为完成确定任务而进行的人机之间信息交换的过程。交互方式是指用户与计算机之间交互信息的组织形式或语言方式，又称对话方式、交互技术等。用户与计算机通过不同的交互方式实际完成用户向计算机输入信息以及计算机向用户输出信息的工作，目前常用昀交互方式有：问答式对话、菜单技术、命令语言、填表技术、查询语言、自然语言、图形方式及直接操纵等。

5. 体育 CAI 多媒体课件界面设计

屏幕界面是学习者与多媒体 CAI 课件交互的窗口，学习者通过屏幕界面向计算机输入信息以进行控制、查询和操纵；多媒体 CAI 课件则通过屏幕界面向用户提供信息，以供阅读、分析、判断。通常来说，多媒体课件的屏幕界面主要由窗口、菜单、图标、按钮、对话框、示警盒等组成。屏幕设计要注意以下原则：

第一，屏幕界面窗口的大小和窗口数量要适中。窗口的主要功能是帮助学习者区分画面上的资料，如果窗口过多、过于复杂，就失去了区分的意义。由于计算机屏幕有限，为了使教学信息呈现清楚，教学信息窗口开得越大越好。对于内容较多的，可在窗口边缘使用滚动条。

第二，屏幕信息的布局要合理。教学信息区中有时包含很多内容：教学信息、讲解、练习、帮助信息、交互功能键等，那么如何合理布局这些信息呢？根据人眼定位的规律，通常的屏幕构成元素一般都有其放置的规律，以下是推荐性的建议：比如屏幕的标题一般位于屏幕上中部，有利于产生对称感；屏幕标志符号、序数等置于右上角，这是一个大多数屏幕使用频率较低的位置；屏幕主体通常从中上部到底部稍上部分；有关信息项，如状况、注释行等应该放在屏幕底部；功能键区、按钮区等可放在屏幕底部；菜单条等则应放在屏幕顶部。

（三）体育 CAI 多媒体课件制作

多媒体课件开发工具可以帮助开发人员提高开发效率，它们大体上都是一些应用程序生成器，课件开发工具将各种媒体素材按照超文本节点和链结构的形式进行组织，形成多媒体课件系统。目前市场上多媒体课件制作工具非常多，并且各有优缺点，比较常用的有：PowerPoint、Authorware、Director、Flash，当然也出现了三分屏课件制作工具，如串流大师、德威课件大师等。[①]

① 彭立. 多媒体课件制作与教学资源应用［M］. 长春：东北师范大学出版社，2001：142.

1. PowerPoint

微软公司出品的制作幻灯片的软件，此软件制作的电子文稿广泛地应用于学术报告、会议等场所，有很多教师也在用此软件制作课件。它的优点是做课件比较方便，简单易学，很容易上手，制作的课件可以在网上播放，但其功能差一些，它只能出现一些图片、视频、文字资料，起到资料展示的作用，交互方面比较缺乏，现在的 OFFICE 里包含的 PowerPoint 虽然已经改变了很多，但功能依然有限，只能做一些简单的按钮、区域交互。打包以后的文件对里面的资料一般不加压缩，所以如果资料大，文件就大。引用外部文件比较有限，并缺乏控制。

2. Authorware

它是美国 Macromedia 公司开发的一款多媒体制作软件，是一个图标导向式的多媒体制作工具，使非专业人员快速开发多媒体软件成为现实，其强大的功能令人惊叹不已。它无需传统的计算机语言编程，只通过对图标的调用来编辑一些控制程序走向的活动流程图，将文字、图形、声音、动画、视频等各种多媒体项目数据汇在一起，就可达到多媒体软件制作的目的。Authorware 这种通过图标的调用来编辑流程图用以替代传统的计算机语言编程的设计思想是它的主要特点。但它主要应用于单机版的课件，并且生成的文件都比较大。

3. Director

它是 Macromedia 公司推出的多媒体开发工具，是全球多媒体开发市场的重量级工具。据统计，它在美国专业 CDROM 开发市场占据 85%以上的份额。[①] 它不仅具备直观易用的用户界面，而且拥有很强的编程能力。主要定位于 CDROM/DVDROM（多媒体光盘）的开发。用 Director 制作多媒体动画，无论是演示性质的，还是交互性质的，都显示其专业级的制作能力和高效的多媒体处理技术。文本、图形图像、音频、视频、动画多媒体元素，在 Director 中都可以非常方便而有机地结合起来，创造出精美的作品。因为非常专业，所以教师用此软件制作课件的不多。其特点是：帧动画与编程相结合的多媒体编制软件，用帧可以做出很多漂亮的动画，有 Lingo 语言可以编出你想要的交互，引入的外部的多媒体元素非常丰富。但是生成的文件比较大，在网络传输方面做得还不是很理想。对于初学者来说，用它来做课件比较困难。

4. Flash

Flash 是 Macromedia 公司出品的，用于互联网上动态的、可互动的动态媒体。它的优点是体积小，可边下载边播放，这样就避免了用户长时间的等待。Flash 可以生成动画，还可在网页中加入声音。Flash 虽然不可以像一门语言那样进行编程，但用其内置的语句并结合 JAVASCRIPT，也可制作出互动性很强的作品来。Flash 另外一个特点就是必须安装插件，才能被浏览器所接受，当然这也避免了浏览器之间的差异。用 Flash 制作动画素材的比较多，当然也可以用它来整合课件。

5. 三分屏课件制作工具

三分屏课件是把教师视频与 PowerPoint 课件一摄制下来，生成电脑格式的文件，通过 Windows 系统里的 IE 浏览器进行播放。生成的课件包括三个部分：教师的视频、讲课的

---

① 曾娅红，欧志鹏．用 Lingo 编写 Director 课件屏幕自适应播放器［J］．电子制作，2017（9）.

PowerPoint（也可能是其他电子文档）、课程纲要。[①] 因此被称为三分屏课件。由于三分屏课件是基于 IE 浏览器浏览的，所以课件可以被挂接到远程教学平台上，供学员进行在线学习。由于三分屏课件是老师视频讲授同步配合 PowerPoint 文稿，因此教学效果非常接近现场授课，经过几年的发展，三分屏课件开发技术已经日趋成熟。正因为如此，它是很多院校与企业进行网络培训的首选媒体形式。

第五节　体育教学中多媒体课件的应用

科技的发展，使更多的功能完善、特点各异的现代教育媒体参与到课堂教学中来，促使现代课堂教学的思想、模式、手段、方法等方面都产生了很大的变革。教育媒体承载着教育、教学信息，把教育者和学习者的活动连接在一起，成为人们在教育传播中用来传递和获取教育、教学信息必不可少的工具，它是参与教育传播活动的基本物质之一。

人类社会的进步，使教育传播活动不断发展，也促使教育传播媒体不断增加和完善。早期社会，人类的教育传播较为简单粗糙，教育媒体种类稀少，一般仅靠语音、肢体动作等作为传播媒体。当人类历史进入到近代社会后，教育传播逐渐变得精细、复杂起来，教育传播媒体也相应同步地发展、增加，产生了各种结构复杂、赋义严格的近代教育媒体，如书写文字、图形符号及各种印刷媒体书籍、报纸、杂志、挂图等。在科技飞速发展的现代社会，教育传播也不断向现代化迈进，教育传播媒体也随之发展，增加了更为高级、复杂、功能完善的现代教学媒体，如利用电、光、声音等来传输信息的现代电子教学媒体——幻灯、投影、广播、电视、计算机以及各种相应的记录声音、图像、学习程序信息的现代教学软件。

一、体育教学中对于多媒体课件进行应用

体育教学因其特点，需要大量直观、形象、生动的教学媒体，有些项目技术动作、战术内容的变化是教师身体示范和语言难以完成的，运动技术教学要求学生在运动技能形成过程中有大量的观察、模仿、反馈、修正，需要大量的除本体感觉外的感觉信息，特别是视听信息，而多媒体所具有的特性正可以给体育教师提供强而有效的助益。

多媒体系统的教学设计主要在于借着经过设计后的程式动作来进行学习目标的模拟过程。设计者可借摄像、动画建立实际示范画面呈现给学生，这样，体育老师可以不必是国手级人物，学生也能观察到顶尖选手的动作及听到学者专家的解说，并可了解、掌握并运用相关知识。教师可借助多媒体环境（如配备多媒体教室或多媒体投影仪等）呈现完整、全面的教材供学生观察、模仿、学习，学生也可以针对不懂或有兴趣的主题选择性学习。

多媒体教学软件（课件）的一般设计流程：策划与构思—内容选取—稿本设计—脚本设计—辅助制作—制作—调试—成品。其中，脚本设计要反馈到稿本设计，调试要反馈

---

① 黄成. 教学媒体技术及应用 [M]. 武汉：湖北科学技术出版社，2011：98.

到脚本设计与制作，再据内容需要进行修改、补充。而课件内容层次则应是：主题页—知识单元—知识节—页面对象：包括文字、图形、视频、音频、动画、练习与问答。每一个页面不一定包括所有的媒体信息，可根据教学内容进行选取。常用的多媒体制作软件有Authorware 或 3D studio Max，也有的采用 Toolbook，较简单的有方正奥思和 Arks。针对运动技能教学特点，更应偏重于利用摄像、三维摄影或高速摄影等视频信息来分解、分析动作，并整合以相关运动科学的知识，使教学内容更丰富，形式更生动。以田径教学为例，首先根据课件设计流程进行策划构思与内容选取，设计稿本主要是文本设计，脚本设计则据稿本内容特点进行多种媒体的选取，将所需的媒体信息素材制造好后进行集成与整合，再据反馈信息调整和修改。①

在课件内容上，如选取"艺术体操"—"圈"—"训练方法"—"抛接"。设计"动作要点"，可采用文字说明和画外音讲解，辅以三维动画；设计"标准示范"可采用优秀运动员的教学录像，设置重放、慢放或定格；设计"动作设计与编排"，以动画模拟从基本动作、个人动作到团体动作的设计与编排，可以不同颜色的线条交叉行进，表现队形变化中运动员的位置改变及相互间器械抛接配合，或配以不同节奏、风格的音乐旋律进行动作编排模拟，更可采用三维动画设计高难度动作或显示教师无法示范的高难度设计。"习者动作"是此类课件的重点，它可利用计算机图像处理功能把学习者自己完成动作的摄影录像编入课件中，并可与标准示范对照比较，重复展示，这样直观的观察反馈更有利于学生理解和掌握，还可运用生物力学的方法采用高速或三维摄影对其动作进行分析，加强学生的认知与记忆，从而修正并改进至正确掌握。②

设计"常见损伤预防与处理"，采用动画模拟受伤机理，图片或影带显示伤后症状体征、诊断与治疗方法，并提出预防建议。"练习与问答"是每个章节必有的内容，主要针对该章节的重点和难点设置问题，以填空、判断和选择的形式给出练习，并据学习者的回答进行正确率的统计，并可据此设计分支转向，"进入下一章"或"再复习"。其他项目的课件设计都可依此类推。应当指出，多媒体课件的应用在于帮助学生最大程度地理解和掌握知识，而作为运动技能的学习运动实践仍是必不可少的。

综上可见，多媒体技术运用于体育教学中可提供高质量的教学软件与灵活轻松的教学环境，还可提供即时反馈以提高学生的自我观察与评判能力，学生可随时随地随机读取课件内容，从而大大提高学习的主动性和灵活性，同时多媒体更能将知识整合以达成学生对知识的全面理解与掌握。它在体育教学中有极其重要的意义。

另一方面，不同时期的教学活动，其教学模式、教学内容、教学要求也有所不同，于是就相应有不同的教学媒体产生、参与；新媒体的不断增加，又使得教学的模式不断变革，效果不断改善。③ 教学者必须看到，无论何种教育传播媒体，总是具有各自的特长与不足，也很难互相替代。要用它们来完成高密度、高速度、全方位的现代课堂教学任务，必须科学合理地进行组合设计使用，发挥各自优势，取长补短。

———————————

① 王晓莉，杨晓辉. 多媒体课件设计理论与制作［M］. 北京：北京邮电大学出版社，2015：78.
② 易康，等. 多媒体课件设计与制作［M］. 北京：冶金工业出版社，2003：126.
③ 施道丽. 浅谈多媒体课件的设计原则和方法［J］. 数码世界，2019（9）.

二、运用多媒体课件应注意的问题

现代教育技术的应用带来了良好的教学效果和教学质量的提高，其中许多突出特点在实践中已显示了强大优势。但是任何事物的发展总是一个辨证的过程，在现代教育媒体开发与应用中也出现了一些不容忽视的问题。我们必须正确认识，并在实践中注意解决，确保更好的使用现代媒体教学，发挥其巨大优势。

（1）多媒体课件是现代教育技术运用于教学工作的灵魂之一，高质量的课件是教学的先导和前提。由于当今开发中多用工具提供的模板制作的课件内容相仿和相近的太多，特别是开发工具提供的自动功能较多，制作中较易出现过分强调华丽外表中看不中用的一些形式上的东西。如一些不恰当的动画等，在使用中就分散了学生的注意，结果显然达不到预期效果。其实课件作为一种教学必备的软件基础，它的制作和使用应以实现最终教学目的为宗旨，应避免出现重形式轻内容的不良现象。

（2）现代教育技术应用中易形成重机器、轻教师的弊端。现代媒体用于教学会出现不分课程内容，过分依赖媒体技术，僵化地使用现代化媒体教学的不良现象。忽视教师作为教学活动的主导作用，甚至教师成为现代媒体课件的放映员，学生成为缺乏活力的观众，课件成了简单的电子讲稿。现代媒体只能是教师在教学活动中的辅助手段，在整个教学过程中教师的主导性和学生的主体性地位是不应丧失的，现代教育技术是达到教学目的的手段之一。[①]

（3）对现代教育技术应用的认识存在误区，有部分教师对现代教育技术片面理解，认为只要使用了现代化的教学设备，就是进行了现代媒体教学。没有把媒体与教学内容充分整合，认真分析哪些内容用什么方式表现为好，利于学生学习。

（4）任何教学手段都不是万能的，它只是教师进行教学活动的一种辅助手段选任何一种媒体作为辅导手段都具有本身的局限性。如在教学实践中发现的白天进行多媒体教学的教室环境较暗；课堂笔记记录困难；信息量大、速度快，基础薄弱的学生学习吃力，加之目前开发软件的技术不高，长期使用多媒体教学，学生丧失新鲜感，若教师教学组织不当，学生感觉单调，视觉疲劳，难以达到预期效果。

① 周洪福. 网络多媒体课件在高校篮球教学的实践应用 ［J］. 当代体育科技，2017，7（30）.

第十一章 信息化环境下体育教学评价

体育教学评价是体育教学的重要组成部分。体育教学的顺利开展离不开体育教学评价的成功试行。在信息化环境中的体育教学评价也呈现出了新的特点，本章就对信息化时代的体育教学评价进行了具体研究。

第一节 教学评价概述

一、教学评价的定义

全面、客观、科学、准确的教学评价，源于对教学评价基本含义的正确理解，对教学评价基本思想的正确把握。

所谓的教学评价就是依据教学目标，运用科学可行的操作手段及方式，对教学过程和教学效果进行测量，给出价值判断，并为教学决策提供信息和依据的活动，是对教学活动中阻碍教学目标实现的现实的或潜在的因素作出价值判断的过程，是对教学工作的质量所做的测量、分析和评定，同时也是对教师的教和学生的学作出价值判断的过程。[①] 教学评价中有两个核心环节：一个是对教师教学工作（教学设计、组织、实施、调控等）的评价，另一个是对学生学习效果的评价。

二、教学评价的意义

教学评价的过程实际上就是了解学生各项技能的发展水平和发展潜力等信息的过程。通常情况下，教学评价可以达到两个目的：一是为学生个人提供有益的反馈；二是为学生所在的学校和社区提供有用的资料。具体而言，大学体育教学评价的意义体现在以下几个方面。

---

① 李小融，魏龙渝．教学评价［M］．成都：四川教育出版社，1988：25.

（一）教学评价对学生的意义

教学评价对学生而言，具有以下意义：

1. 通过教学评价，学生可以及时改进不足

在教学评价当中，学生可以及时发现在自己学习中的不足，进而对其进行分析，并自己调整学习计划，改变学习方法，克服自己的不良学习习惯，提高学习效率，使自己成为真正的学习者。

2. 通过教学评价，学生可以获得更多成就感

教学评价可以使学生意识到语言学习的过程性。学生意识到了语言学习是一个过程，就能更加主动地对自己的学习进行监控，成为真正的自主学习者。通过对学习过程的审视，学生可以清晰地看到自己的学习轨迹和取得的进步. 这样学生就会产生一种满足感，获得一种成就感和自豪感，进而学生的学习信心就会增强，学习的动力就会增加，学习的积极性也会提高。

3. 通过教学评价，学生可以更了解学习过程

在具体的学习过程中，很多学生都将注意力放在学习结果上，而忽视了学习过程。实际上，过程要远比结果重要得多，无论做任何事，如果没有过程也就不可能有结果，过程对结果有决定作用。体育学习也是如此，学习成果的取得要靠学习过程的积累。教学评价可以使学生的学习过程具有可视性。在这个过程中，学生能够清楚地看到自身的长处和不足，有利于更好、更快地纠正学习过程中的一些错误观念和错误假设。而一旦学生对自己的学习过程有所了解，就会主动积极地学习，并能自觉监控自己的学习行为。

（二）教学评价对教师的意义

教学评价对教师而言，具有以下意义：

1. 有助于拉近师生距离，优化教学环境

教学评价还能消除师生隔阂，拉近教师与学生之间的距离，优化课堂教学环境。因为在自主的教学评价中，教师会给学生发表教学意见和建议的机会，通过师生间的对话利于师生间和谐关系的建立与维持，为更有效地开展教学奠定基础。教学评价可以让学生和教师充分地交流，更深地了解彼此，进而就能改善传统的师生关系，增进师生情感。而师生关系的亲密化能进一步促使师生之间相互鼓励、相互支持，进而一起营造一个宽松、和谐、民主、充满活力的教学环境，而这样的教学环境自然能消除学生学习的紧张情绪，激发学生积极学习，使学生充分发挥自己的学习天赋。

2. 有助于教师获取反馈信息，适时调整教学计划

在具体的教学过程中，及时获取必要的反馈信息对于教师而言十分重要。例如，在教师讲解完生词以及生同的语法点之后，学生的表情和眼神就是对教师内容讲解的信息反馈。如果大部分学生表情镇定，眼神露出自信，就代表他们已经基本了解和掌握了所讲内容，教师就没有必要再做讲解；而如果大部分学生表情凝重，眼神躲闪，则说明他们并没有理解所讲内容，教师就需要重新讲解。[①] 可以看出，及时、全面的信息反馈对于教师的

---

① 沈玉红，毛杨林. 课堂教学评价的实践策略［J］. 教学与管理，2020（7）.

教学来讲至关重要。通过教学评价，在教师日常的教学活动中可以得到必要的反馈，从而使教师能及时根据反馈对自己的教学计划、教学方式进行调整。

3. 教学评价可以为教师的科研活动提供材料

评价的一系列环节有助于教师成为有意识的教学研究者，从而为以后教学理论的研究奠定基础。教师的主要工作不仅仅是认真教学，除此之外教师还要认真踏实地做学问，也就是做科研。因为如果教师只教学而不研究，那么教学就会缺乏根基，教学水平也就会徘徊不进。而教学评价就是研究教学的突破口，通过连续不断的教学评价，教师可以清晰地了解自己的教学情况，并准确把握学生的学习情况。同时，还能积累大量与教学有关的经验，这些经验则对教学研究具有重要的意义，它能为教学研究提供丰富的理论依据，并能指明教学研究的方向。

4. 有助于教师获得教学经验，增强教学技艺

教师的教学意识及教学行为直接影响着教学的效果和质量。一般情况下，教师有效的教学行为越多，无效的教学行为越少，教学的效果就会越好。但是，要想增加有效的教学行为，减少无效的教学行为，就需要教师有丰富的教学经验和较高的教学技艺。而教学评价正是帮助教师丰富教学经验、提高教学技能的有效途径之一。比如，通过学生评价和自评，教师可以发现自己在教学过程中存在的不足，明确教学中应该做的事情和不应该做的事情，从各方面吸取教学经验，提高教学技艺，进而提高教学效果。

(三) 教学评价的功能意义

从功能的角度看，大学体育教学评价的意义主要体现在以下几个方面。

第一，教学评价具有促进发展的功能。所谓促进发展功能，主要是指通过对课程与教学评价的实施，为学校的教育教学提供有效的诊断和反馈，并以此来强化和改进教育教学活动的开展，进而促进学生、教师以及学校更好地进步和发展。这种功能是当代课程与教学评价理论与实践所特别关注的。

第二，教学评价具有管理研究功能。所谓管理功能，就是指评价作为一种价值判断，通过上级对下级、组织对个人或者被评价者的自我评价，可以更好地监督和促进被管理对象认真履行职责，完成规定的任务，进而达到预期的目标。所谓研究功能，是指课程与教学评价具有教育研究上的价值，有利于开展教育教学研究活动。

第三，教学评价具有鉴定筛选功能。鉴定功能是指通过评价对课程与教学的各个因素或各个方面的优良程度进行鉴定，一方面认定其价值的大小，另一方面衡量其是否达到了应有的标准。① 所谓选拔功能，是指课程与教学评价能够为选拔优秀和淘汰不合格者提供依据，从而对评价对象进行筛选。

三、创新型教学评价的特点

现代体育教学评价改变了往日传统教学模式中单一的评价方式，具有以下几方面的特点。

---

① 雍军. 高校体育教学评价现状及改进方法 [J]. 科教导刊, 2019 (12).

（一）评价主体多元化

过去教学评价的主体一般只有教师和教学管理者，他们接受了教学评价方面的专业学习和培训，有专业的评价技能和分析技能，在教学评价方面的作用和贡献是毋庸置疑的。但是在传统的教学评价过程中往往将评价对象（学生）及其他一切有关的人的看法排除在外，这显然割裂了教学过程中教师和学生共同作为教学主体的协动性。

而现代大学体育有效的教学评价实现了评价的主体多元化。评价主体从单向转为多向，增强评价主体间的互动，强调被评价者成为评价主体中的一员，建立学生、教师和专家等共同参与、交互作用的评价制度，以多渠道的反馈信息促进被评价者的发展。比如针对学生采用自评的方式。学生作为教学活动的直接参与者，对自己的学习目的和学习行为有着最直接和真实的想法。在学习过程中，教师的外部评价与学生内部自我评价相结合，可以有效激发学生的学习动力。学生主动地对自己的行为进行检查和调整，形成自我反思、自我调整的有效机制，进而主动地为自己规划成长的过程，学生需靠自我评价来完善自己。并且有效的自我评价有利于学生和教师共同承担评价的责任，激发学生的学习责任感，让学生认识到他们的任务除了学习，还有对学习过程的评价。自我评价是学生自我认识、自我反思的基本手段，也是学生自我诊断、自我矫正、自我完善和自我实现的过程，有效的自我评价将帮助学生成为独立的终身学习者。因此，学生自己的观点应该纳入评价考量范围。

不过需要注意的是，评价主体的多元化是将多种意见和评价纳入教学考察系统，但这些意见和评价在权重上并不是均等的，毕竟就算学生受到自我评价的培训，他们也不是专业人士，而且无论是自评还是互评，他们都是站在学习者的角度，评价并不全面和专业。所以，教师和教学管理者的评价还应当放在首要位置。

（二）评价内容综合化

以往体育教学评价目标单一。由于长期受应试教育的影响，对学生的评价往往是知识、技能、能力，特别是理解力、记忆力方面评价较多，不但远离了真实的学习活动过程，而且主要局限于对认知领域发展的结果评价。而现代体育教学评价强调评价问题的真实性、情景性。在看重学生基础知识技能掌握的情况下，还关注学生知识以外的综合素质的发展，尤其是创新、探究、合作与实践等能力的发展，以满足全方面发展人才市场的需要。

（三）评价工具多元化

按照评价方式和评价目的的不同，教学评价应采用多元化的评价工具。其中这些工具主要包括：不同种类的标准化测试，比如大学体育等级考试、雅思考试（IELTS）、剑桥商务体育考试（BEC）以及托业考试（TOEIC）等；各类问卷测量工具，比如学习策略问卷、课堂感知问卷、课堂环境问卷、自主学习能力评价问卷、小组合作情况问卷等；各种行为观察记录，比如学生课堂发言的次数和质量、课堂活动中行为的记录以及课外活动的表现等。[1]

（四）更加注重评价过程

在传统的大学体育教学评价过程中，常常用总结性评价代替过程性评价。中国大部分院校对学生体育学习的评价仍依赖于集中式的一次性书面考试，而往往忽略了学生学习过程的评价。但是学生的学习是一个过程性的体现，所以应该有一个对应的评价方式，即过程性评价。在过程评价中更多关注被评价者在各个时期的进步状况和努力程度，把有价值的教育教学活动都纳入评价范围，很好地发挥了评价促进发展的功能。

四、教学评价原则

若想要顺利开展体育教学评价，需要遵守以下几项原则。

（一）目的性原则

教学评价对学生和教师都有重要的意义，在进行体育教学评价时，首先要遵循目的性原则，这一原则可从教师和学生两个方面来理解。

从教师的角度来看，不同评价方式的预期目标不同，适用的范围也不同，因此教师对于各种评价方法的目的和预期效果应有所了解，只有这样，才能在诸多评价方式中做出正确的选择。另外，教师在选择时还应结合自己班级和课堂的具体情况，并且注意各项方法技巧的作用。而对于学生而言，学生应对各种评价方式的重要性、具体操作及其作用等有所了解，因为学生只有对教学评价有所认识，才能积极配合教学评价的实施，进而促进教学评价的有效开展。

（二）发展性原则

在具体教学评价过程中，教师还要具有全局观和前瞻性，也就是要注重学生的未来发展。从根本上来说，教学评价是为了改进教学，最终促进学生的发展。所谓的发展性原则指的是课堂教学评价着眼于促进学生发展，侧重于观察和衡量学生的表现，着眼于促进教师教学水平的不断提高，激励教师转变观念，进行课堂教学的改革。课堂教学评价的目的尽管不排除其检查、选拔和甄别的作用，但其根本目的在于促进学生发展、提高和改进课堂教学实践，在于反馈调节、展示激励、反思总结、积极导向等基本功能。因此教学评价始终要围绕学生的发展，遵循发展性原则。发展性原则具有以下五个特征。

第一，发展性原则强调人的内在情感、意志、态度的激发，着力于促进个体的和谐和发展，强调以人为本。

第二，发展性原则在重视教学过程中的静态、常态因素的同时，更加关注教学过程中的动态变化因素，由师生之间情感等的交互作用而使得课堂教学出现的偶发性和动态性。[2]

第三，发展性原则注重评价主体的多元化，主张使更多的人成为评价主体，尤其是使

---

① 周俊.数据信息透视体育教学评价［J］.体育教学，2017，37（12）.

② 谢文琴.国内发展性教学评价研究综述［J］.职教通讯，2014（27）.

评价对象成为评价主体，重视评价对象自我反馈、自我调控、自我完善、自我认识的作用。

第四，发展性原则主张个性化和差异性评价，要求评价的指标和标准是多元的、开放的和能够体现差异的，对信息的收集应当是多样、全面和丰富的，评价对象的价值判断应关注评价对象的差异性、有利于评价对象个性的发展。

第五，发展性原则在重视指标量化的同时，更加关注质性评价的作用，其强调用质性评价去统整定量评价，认为过于强调细化和量化指标往往会忽视了情感、态度和其他一些无法量化而对评价对象的发展影响较大的因素的作用。

（三）多维性原则

多维性原则就是指在课堂教学评价中，应该从多个角度、运用多种方法对课堂教学的过程和课堂教学的结果进行全方位的评价。所谓多维性原则，是指教学评价应从多角度、多层面、运用多种方式对教学过程和教学结果进行评价。这一原则具体体现在以下三个方面。

1. 评价内容的多维性

评价内容的多维性是指评价的内容要全面，要能够涉及教学的多个方面，包括课堂教学的过程、教师的教学能力及水平、课堂教学要素、课堂教学结果、学生的参与度等各方面。当然，教学评价内容的多维性并不意味着每一次教学评价都要涉及各个方面，而是需要根据评价的目的有侧重地进行选择。在选择过程中，既要考虑到评价的目的，也要考虑到课堂教学评价的一般要求，同时还要考虑到当前教学评价发展的理论前沿。

2. 评价主体的多维性

评价主体的多维性要求评价主体应该全面。其要求评价主体既有课堂教学之外的人员，如研究者和教育管理者的参与，也有课堂教学内的被评教师或学生，同时还可以考虑同事或同伴评价。并且改变了在评价过程中的原来单纯以他评为主的方式，重视自评和互评。确保了教学主体的多维性，才能确保教学评价的客观性，也才能调动学生的积极性。

3. 评价方式的多维性

评价方法的多维性，改变了以往单纯以纸笔测验为主的方式，而采用多种多样的评价方式。比如采用观察、成长记录袋、真实性评价等。与此同时，评价方式既要重视客观、量化的评价方法，也要重视量化和质性评价相结合的方法，以质性评价统整量化评价。这是因为量化的评价可以简化教学过程，而质性评价则注重丰富的教学过程，强调教学过程的完整及其间真实的表现。这样对被评价者的评价也更为准确、客观和全面。

（四）真实性原则

教学评价旨在为教学提供反馈，而反馈的信息必须真实才能真正帮助教师和学生改进教与学的效果。因此，教学评价必须遵循真实性原则。真实性原则主要指在真实生活情景下对学生的发展进行评价，在真实性评价中应该包括真实性任务，即某一具体领域中专家可能遇到的那些真实的生活活动、表现或挑战。美国学者戈兰特·威金斯（Grant

Wiggins）认为，真实性评价应该具有以下五个特征。[①]

第一，评价既可以是对学生学习结果的评价，也可以是对学生学习过程的评价。其主要凸显评价的诊断与服务功能，即为学生的学习提供有效的反馈和建议，而不仅仅是选拔与区分功能。

第二，真实性评价承认个体差异，主张对不同的学生提供不同的评价策略，用以适应各种能力、各种学习风格以及各种文化背景的学生，为展示他们的潜能与强项提供机会。而常规的考试与测验往往忽视学生的个体差异，其大部分都是用来找出一个人的弱点，而不是他的长处。

第三，真实性评价强调在现实生活的真实情境中，给学生呈现开放的、复杂的、不确定的问题情境以及需要整合知识和技能的活动任务来对学生进行评价，评价的重点在于考查学生在各种真实的情景中使用知识、技能的能力，而不是单纯地考查学生对知识信息的积累与占有程度。

第四，评价通常被整合在师生日常的课堂活动中，成为教师教学、学生学习的一部分。但是在真实性评价中，评价是师生共同的任务，学生不再是被动的测验接受者，而是评价活动的积极参与者，学生参与评价是学生学习的一种形式。

第五，任何一个真实性评价前，都必须要制定好用以评价学生的"量规"或"检核表"。所谓"量规"，是一种界定清晰的、用来对学生的表现或作品进行评分或等级评定的评价工具。通常情况下，一个完整的"量规"应当包含三个基本要素，即"具体的评价标准""区分熟练水平"以及"明确的反馈"，学生应该提前知道评价的任务以及具体标准，而不是像传统的测验那样需要做好保密工作。[②]

（四）过程性原则

所谓过程性原则是指教师要改变以往评价中过分重视总结性评价的倾向，把评价对象当前的状况与其发展变化的过程联系起来，并将一次性评价改为多次性评价。过程性原则强调以教育教学过程中评价对象的表现作为评价的主要内容，以促进评价对象的发展为根本目的，体现满足社会发展需要与个体发展需要的辩证统一，使评价过程成为促进发展和提高质量的过程。过程性原则要求要切实将教学评价纳入课堂教学之中，使其对学生的学习和教师的教学起到真正的监控作用。只有保证教学评价正常进行，才能使评价发挥出良好的作用。因为教学评价是监控学习过程的一种手段，以形成性测验为主，并不是简单的单元测验，不是期中、期末考试，也不是总结性测验，在进行时必须要经常且有规律性，使其成为一种过程的连续性，才能使得实施的效果得到保障。

过程性原则有三个基本的特征：一是把全部有价值的教育教学活动都纳入评价的范围，不管这些活动是否与预期的目标相一致；二是在方法论上，既要倡导量化研究的方法，还要给质性评价一定的位置；三是本质上受"实践理性"的支配，过程性原则强调过程本身的价值，强调评价者与评价对象之间的交流和相互理解。

---

① 优才教育研究院．优秀教师专业成长与成才［M］．成都：电子科技大学出版社，2013：48.

② 周俊．数据信息透视体育教学评价［J］．体育教学，2017，37（12）.

（五）反馈性原则

教学评价的反馈性原则和目的性原则是相辅相成的，遵循反馈性原则是为了更好地实现教学评价的目的。

通常情况下，在课堂教学评价结束后，教师需要对评价中获取的信息进行分类综合，然后找到学生学习中共同存在的问题；进一步在分析"双峰"现象、检查计划完成情况的基础上，制订下一步的教学或评价计划。另外，教师要及时把评价信息反馈给学生。因为通过评价的反馈信息，学生可以对教师采用的这种评价方式的真正意义有一个整体性的了解，同时通过反馈信息还能了解自己在学习方面的不足和差距，从而促使教师和学生采取相应的措施给予改进与提高。

（六）激励性原则

体育教学评价的主要目的就是评价学生的学习效果，进而为学生的全面学习和发展打下基础。由于传统应试教育观念的影响，很多人都把评价等同于考试，并且认为教学只是为了应付大大小小的考试，各种考试分数的排名也使得学生厌学情况高涨。因此，在进行教学评价时，应该遵循激励性原则，要确保通过教学评价可以激发学生的积极性，为学生提供更大的发展空间，从而促进学生的全面发展。

五、教学评价类型

体育教学评价可以从不同的角度出发进行不同的分类。比如根据评价的对象可分为课程评价和学生评价；根据评价过程可分为起点评价、形成性评价和终结性评价；而根据评价的内容又可分为以课程标准为基础的评价、以学业为基础的评价和以能力为基础的评价等。但这些分类法并非互相排斥的，而是可相互交叉的。这里就介绍几种比较常用的体育教学评价类型。

（一）诊断性评价

诊断评价也称"教学前评价"或"前置评价"，是为了使课堂教学与学生的需要、特点以及背景相适合，而对学生在教学中的行为表现问题进行的诊断。诊断性评价的目的是通过收集有关信息来确定特殊教育的对象、培养目标和方案。诊断性评价的实施时间，一般在课程、学期、学年开始的时候，必要时在教学过程中也可以结合具体实际情况进行。学生在学习过程中经常会遇到各种困难，如听不懂、注意力不集中等，偶尔也会受情感、家庭或社交方面的影响，如当天的心情、对教师的喜爱程度、与同学是否发生了冲突等。因此，教师应该先找到问题所在，然后记录其发生的频率，最后找出解决问题的方法。通过诊断评价，可以按照教学大纲的要求，充分考虑学生的现实情况，设计和制作能够满足不同起点和不同学习风格的学生所能适应的教学方案，并分别将学生置于最合适的教学程序、教学过程之中。

一般来说，学生的学习情况不仅体现在测试的分数上，还体现在学生对某一主题的项目完成记载以及教师与学生家长的交谈结果上。采用诊断性评价的方法，教师就可以对学生的知识掌握情况和能力有一个深入的了解。而通过获取的信息，教师可以得到反馈，从而了解学生的具体学习情况，发现学生学习中的详细问题，据此设计适合学生的学习活动，以满足学生的学习需要，解决学生的学习问题。与此同时，学生也能根据自己的问题而调整学习方法，产生积极的学习动力。诊断性评价的方式有很多种，比如精心设计的测验、教学中对学生的提问以及学生的回答等都是有效的诊断性评价方式。

（二）形成性评价

形成性评价最初是由斯克列汶提出来的，布鲁姆则把它的应用范围加以扩展而成为一种教学评价的类型。布鲁姆认为，"形成性评价就是在课程编制、教学和学习的过程中使用的系统性评价，以便对三个过程中的任何一个过程加以改进。既然形成性评价是在形成阶段中进行的，那就要尽一切努力用它来改进这一过程。"[①] 形成性评价就是指教学过程中进行的过程性和发展性评价，即根据教学目标，采用多种评价手段和形式，跟踪教学过程，反馈教学信息，促进学生全面发展。

形成性评价的着眼点在于过程评价，它是对学生学习过程的全面测评，是对学生课程学习成果的阶段性评价，是对学生学习目标的阶段性测试，也是课程考核中的重要组成部分。一般课堂上采用形成性评价方式的手段有很多，比如访谈、座谈、测验结果的分析、对学生学习研究报告的评论等，其目的是激励学生学习，帮助学生有效调控自己的学习过程，使学生获得成就感，增强自信心，培养合作精神。形成性评价有助于使学生从被动接受评价转变为主动参与评价并成为评价的主体。因此，这一评价方式颇受教师以及教育评价理论学者的青睐，已成为体育课堂教学的重要组成部分。

（三）总结性评价

总结性评价是指在活动后为判断其效果而进行的评价，又称事后评价、终结性评价，主要是指在教学活动告一段落时为把握最终的活动成果而进行的评价。比如，期末课程考试和水平考试，这种考试应以评价学生的体育综合应用能力为主，不仅要对学生的读写译能力进行考试，而且要加强对学生听说能力的考试考核。在完成三个教学层次的教学要求后，可以组织学生单独考试，或参加校际联考、地区联考、全国统一考试，以对教学进行终结性评价。无论采用何种形式，都要充分考核学生实际使用语言交际的能力，尤其是听说能力。具体来说，总结性评价在教学工作中的作用主要有三点。首先，为学生评定成绩。其次，预测学生在今后学习中成功的可能性并确定学生在后继学习中的起点。最后，为学生提供学习反馈。

总结性评价是检测学生综合应用语言能力发展程度的重要途径，也是反映教学效果、办学质量的重要指标。并且总结性评价强调教与学的结果，借此对学生所取得的成果进行鉴定和区分，进而评定整个教学方案的有效性。例如，根据学期末考试成绩，教师可以发现学生学习中的问题以及自己教学的不足，从而据此不断改进教学活动，以提高教学效率；学生还可以对教师学期和学年的任课情况进行网上评教，教师之间也可以进行互评，以帮助学校对教师进行综合评价。

通过表11-1，可以清晰看出诊断性评价、形成性评价以及总结性评价各自的作用

---

① 马超. 拓展选项课应用布鲁姆教学评价的理论研究［J］. 体育风尚，2017（3）.

特点。

表 11-1　诊断性评价、形成性评价和总结性评价的对比分析

	实施时间	评价目的	评价方法	作用
诊断性评价	教学之前	了解学生知识准备状态，以便安排学习	观察、调查、作业分析、测验	查明学习准备情况，以便排除不利因素
形成性评价	教学过程中	了解学生学习过程，调整教学方案	经常测验、作业分析、行为观察	确定学习效果
总结性评价	教学之后	检验学习结果，评定学习成绩	考试或者考查	评定学业成绩

（四）起点评价

与总结性评价恰恰相反的评价类型就是起点评价，所谓起点评价顾名思义就是在学期或学年刚开始进行的评价，其主要目的是了解学生的基本学习情况，为建立良好的集体奠定基础。这一评价方式对教师有一定的要求，其要求教师在较短时间内对每个学生的学习特点和性格都要有一个初步的了解，以促使课堂教学的积极进行。[①] 通过了解要发现具有突出特点的学生，进而可以让这部分学生在今后的教学中辅助教师进行工作，以提高教学的效果。

第二节　体育教学评价的技术与手段

一、教师对学生体育成绩的评价的技术与手段

（一）教师对学生学习效果的"总结性"评价

总结性评价一般是在学期、学年或某项教学活动结束时，为判断其效果而进行的评价。从这个意义上说，总结性评价不仅是对学生学习效果的分析，更重要的是教师对自己阶段性教学质量的总结和比较的过程。这种评价主要是以体育成绩评定的方式进行，表11-2 和表 11-3 分别是 "100 分制"和"5 分制"评定学生体育成绩的实例。

---

① 雍军. 高校体育教学评价现状及改进方法［J］. 科教导刊, 2019（12）.

表11-2　教师作为结果对学生体育成绩的评定内容与方法（100分制的实例）

作为结果的学生体育成绩评定（100分制）			
方面	分值	评分内容	评分方法
体育态度	10	出勤率、态度评定	出勤统计+主观评价
体育知识	20	体育运动项目知识、体育锻炼知识	知识考试+主观评定
运动素质	40	速度、耐力、柔韧、灵敏、力量等运动素质	素质测试+主观评定
运动技能	30	有关运动技能的评价	技评考试+主观评定

表11-3　教师作为结果对学生体育成绩的评定内容与方法（5分制的实例）

作为结果的学生体育成绩评定（5分制）			
方面	分值	评分内容	评分方法
运动技能	3	特长、技能面、体育锻炼知识	参考技能考核与知识考试的主观评价
运动参与	0.5	积极态度、爱好	参考行为观察和态度问卷的主观评价
身体健康	0.5	病假率、体适能	参考出勤率和健康标准测试的主观评价
心理健康和社会适应	1	开朗性格、集体融入度	参考行为观察和态度问卷的主观评价

　　表中的评分内容有的是可以通过"标准测验"来进行评定的，有的则是可以通过"非标准测验"来进行评定的，这要根据评分内容的性质和需要而定。

　　1. 标准测验

　　标准测验属于客观性考试，它是根据考试的理论，运用统计手段，按照科学程序设计与实施并且有统一标准的考试。标准测验是由专家对测验的诸种条件的研究而制作的标准，即称常模。只要把测验后的结果同这一标准对比分析，便可判断被试者的程度。这种测验不仅评价目标明确，而且评分标准也明确并具有代表性，可以利用标准测验了解每个学生和每所学校的成绩在地区或全国的地位。标准测验的试题内容的选择、测试的实施到评分、记分、分数的合成及解释等每一个环节都有质量要求和标准化要求，因此标准测验的水平具有代表性、科学性和可靠性。

　　2. 非标准测验

　　也可以称为非正式测验，是教师自制的或自行掌握标准的测验。这种测验只能在本班或本校就学生的知识和能力进行测定和比较。因此，非标准测验属于相对评价，评价的内容包括难以标准化的、便于教师灵活掌握的、适合于定性评价的指标，如运动技能的评分，心理健康的评价、社会适应的评价、学生进步程度评定等等。当前，第一线的体育教师们总结了许多这样的评价方法。非标准测验可以分为等级评价或是分数评价两大类。

　　下面就体育课学习表现的评价标准、体育基础知识的评价标准、身体素质和运动能力的评价标准、运动技能和技巧的评价标准以及有关问题进行介绍。

（1）体育课学习表现的评价标准

用记分的方法评价学生的学习表现是很困难的，尤其在学生人数多的情况下困难更大。针对这一实际情况，可采取百分制和等级制相结合的方法。具体做法是：先评出等级，如优、良、及格、不及格，然后再换算成分数，如优为 90 分以上，良为 75 分至 89 分，及格为 60 分至 74 分，不及格为 60 分以下。为了便于操作，还可把分数划成几个档次，如 95 分、90 分、85 分、80 分、75 分、70 分、65 分、60 分、55 分……称为确定等级分数，但不宜分得过细，如果过细就不易操作了。

（2）体育基础知识的评价标准

对体育项目知识和身体锻炼知识进行评价时，宜采取书面测验的方式，试题可依据教学大纲的要求自行编制。评分标准可以根据试题的数量和难度来确定，但测验时间一般应控制在 20~45 分钟，评分方法宜采取百分制。为了不过分增加学生的负担，命题应力求清楚、准确，答案应做到简明、扼要并有利于评分。

（3）身体素质和运动能力的评价标准

身体素质和运动能力的评价虽然是体育教学评价的重点，但必须考虑到区域差异。一般来说南方学生的身体素质在速度、灵巧方面较好；而北方学生的力量、耐力较强。因此评价学生的身体素质和运动能力时，要考虑到针对性，根据学生的身体发展需要，参考《学生体质健康标准》等有关锻炼制度有针对性地制订评分标准。

（4）运动技能的评价标准

运动技能、技巧的评价可采用百分制或百分制与等级制相结合的方法。采用百分制时，可先确定 4 个分数段，即 90 分至 100 分、75 分至 89 分、60 分至 74 分、60 分以下。为了便于操作，也可采用百分制和等级制相结合的方法，先评出 4 个等级，即优秀、良好、及格、不及格，再根据等级归入相应的分数段，并根据情况适当调整分数以评出差别。

（二）教师对学生学习的"过程性"评价

过程性评价也称形成性评价，是指在体育教学活动过程中，为了及时了解情况，明确活动运行中存在的问题，及时修改或调整活动计划，以期获得更加理想的教学效果所进行的即时性评价。因此过程性评价具有直接、具体、及时和针对性强的特点。过程性评价所涉及的内容多，方法和手段灵活多样。

过程性评价的评价内容包括学生的学习目标、参与程度、拼搏精神和学习效果，其主要方法有：表扬、批评、抑制、激励；经常采用的评价手段为：口头指示、手势、眼神、问卷、技能小测验、简短评语等（表 11-4）。①

---

① 滕正福. 高校一体化教学评价困境与出路［J］. 现代职业教育，2019（14）.

表 11-4　教师在学习过程中对学生的激励评价内容与方法

学习过程中的激励评价	
评价内容	学生的学习目标、参与程度、拼搏精神和学习效果等
评价方法	表扬、批评、抑制、激发
评价手段	口头指示、手势、眼神、问卷、技能小测验等

　　形成性评价主要依赖观察的方法，观察不是评价方法，但是获取评价依据的方法。观察的方法有正规的观察和非正规的观察。正规的观察是依据观察用表进行的规范的和数字化观察，这种观察比较细致可信，但做起来比较费时费工，有时一个人不能完成，不可经常用；非正规的观察是不用观察表随时进行的定性性的观察，这种观察不如正规的观察结果细致可信，但做起来比较方便，是可以经常用的观察方法。

　　过程性评价也可以采用小测验、小考试、小测试等方法，这对运动素质和知识的评价是十分重要的。因为运动素质和知识水平有时不能准确地观察到。

二、学生对"学习"评价的技术与手段

　　让学生开展对自己"学习"进行评价的目的是：参与教学评价，了解自己和同伴的学习表现以及学习的程度；判断学习中存在的不足及原因，改进学习；培养与提高学生自我认识和自我教育的能力；培养学生的合作精神和集体意识。

（一）学生对学习的"自我评价"

　　学生对学习的"自我评价"可以唤起学生对自己体育学习态度和表现的"自省"，帮助学生提高自我认识和自我教育的意识与能力。学生的"自我评价"可以以学校制定的评价目标为标准，通过自我评价来判断个人达到目标的程度，也可以让学生自己确定评价标准，通过学生的自我评定来判断自己的优势和进步。前一种方式适合在期末或学年末的评价时使用，后一种方式适合用于日常性的"自我评价"。

　　"学生自我评价"的内容有：学习目标、参与程度、拼搏精神和学习效果等，方法可采用自省、自评、自我反馈、自我暗示等，手段包括目标的回顾、学习卡片、成绩前后对比、行为的检点等（表 11-5）。

表 11-5　学生自我评价的内容与方法

学生自我评价	
评价内容	自己学习目标、参与程度、拼搏精神和学习效果。
评价方法	自省、自评、自我反馈、自我暗示
评价手段	目标的回顾、学习卡片、成绩前后对比、行为的检点

　　要特别注意的是：学生的"自我评价"难免会出现偏差。因为学生出于自尊的原因，会有过高估计自己的心理倾向性；另外如果"自我评价"和体育成绩、评优、升学、奖学金等挂钩，那么就势必影响"自我评价"的客观性和可靠性。因此进行学生的"自我

评价"要注意以下几点：

1. 要把学生的"自我评价"作为一种学习性的、形成性的评价，不宜将其作为正式的评价，更不宜作为最终学习成绩的评定。

2. 要把学生的"自我评价"与功利性相分离。

3. 针对某些与学生自尊有关内容的"自我评价"时，主要以师生间交流为主，以保护学生自尊和自信。

4. 要开发"学习卡片"，发挥以书面形式进行"自我评价"的方式与方法。

（二）学生对学习的"相互评价"

学生对学习的"相互评价"可以起到"同伴的镜子"和"同行者的激励"的特殊作用，帮助学生提高观察能力和评价他人的能力，可以有助于学生之间的交往与交流并增强学生的团队意识。[①] 学生之间的"互评"很有意义，也很生动。

相互评价方法主要有：互评、互议、学习同伴优点、指出同伴不足等，相互评价的手段主要有：观察、记录卡片、课中讨论等（表 11-6）。

表 11-6　学生相互评价的内容与方法

学生相互评价	
评价内容	同伴的学习目标、参与程度、拼搏精神和学习效果
评价方法	互评、互议、学习同伴优点、指出同伴不足
评价手段	观察、学习卡片上的互动、课中讨论

进行学生的"相互评价"时，出于学生自尊和学习经验不足的原因，会使"相互评价"有许多不准确性，言语也会有许多不适当之处，这些都会影响"相互评价"的意义和效果，因此要注意以下几点：

1. 要把学生的"相互评价"作为一种教育性的、集体养成性的评价，不宜将其作为正式的评价，更不宜作为最终学习成绩的评定。

2. 要把学生的"相互评价"与功利相分离。

3. 要通过有关教育，端正学生对他人进行正确评价的态度和能力。

4. 可主要围绕技能学习的互相帮助和问题学习的讨论进行相互评价，不要过多地让学生对他人的人格进行评价。

5. 要先团队，后评价。要在小组有了团队意识后，再进行小组内的相互评价。

三、教师对教学评价的技术与手段

教师对教学进行评价的目的是通过客观、公正、及时、可靠的评定，促进体育教师教学工作的质量的提高，及时发现教学活动中的优点和不足，提供具体、准确的反馈信息以帮助教师改进教学工作，促进教师自身的发展和教学研究水平的不断提高。

教师教学评价是指对教学以及背后的专业素质的全面评价，包括完成教学工作的数

---

① 穆瑞玲. 体育教学评价的现状、问题及对策研究 [J]. 科教导刊（电子版），2019（29）.

量、质量、职业道德、教学能力等方面。

教师对教学的评价形式也包括两种，一是"教师对自己教学的自我评价"，二是"教师之间的相互评教活动"，前者和后者都有正式和非正式的形式，在人员方面有个人性的、体育组内的和校际之间的形式，在时间上有平时性的和集中性的形式等。

（一）教师对教学的自我评价

教师自我评价是通过反思来分析问题与不足，并及时进行总结做简要评述的过程，是一种自我认识、自我教育和自我提高的具有内省机制的评价。评价的内容包括教学目标、教学的组织和课的结构、教学内容的质与量、师生间的交流和关系、教学技巧和授课能力、教学目标的实现程度以及教学思想、教材化、个性化的教学模式、教学方法的恰当性、教学效果等。教师教学评价通过自省、自评、自我总结的方法，运用目标的回顾、阅览学生的学习卡片、对比学生前后的变化、听取学生意见等手段（表11-7）。

教师既要有在每堂课后在教学日志或教案上作简要评述的方式进行日常性的自我评价，也要有在每学期进行若干次的阶段性自我评价，更必须在每学期、每学年进行一次正规的自我教学评价和总结，并根据评价和总结对自己提出新的要求。

表11-7 教师自我评价的内容与方法

教师自我评价	
评价内容	教学思想、教材化、个性化的教学模式、教学方法的恰当性、教学效果
评价方法	自省、自评、自我总结
评价手段	目标的回顾、阅览学生的学习卡片、对比学生前后的变化、听取学生意见

（二）教师间的教学相互评价

教师间的教学相互评价是为了提高教学质量，在教师同行之间进行的业务性评价，也称同行参与评价。评价的内容围绕着教学思想、教材化工作、教学设计、教学风格、教学方法的适用性、教学效果等开展。教师间的教学相互评价的主要方法有：互评、互议、学习同行优点、指出同行不足等；主要手段有：日常教学观摩、教学评议、教学课评优活动、教学研究活动、说课活动、教学总结等（表11-8）。

表11-8 教师之间相互评价的内容与方法

教师相互评价	
评价内容	教学思想、教材化工作、教学风格、教学方法的恰当性、教学效果
评价方法	互评、互议、学习同行优点、指出同行不足
评价手段	日常教学观摩与评议、教学课评优活动、教学研究活动、说课活动、教学总结

体育课堂教学是一项专业性比较强的工作，需要专门的学科知识来保证评价的信度和效度。同行评价是专家之间的评价，在评价的业务基础上不会有太大的问题，但由于是同行，可能会碍于情面或由于个人偏见而影响着评价的客观性。因此，在进行教师间的教学

相互评价时应注意以下几点：

1. 应该采用定性和定量相结合的方法，从教学的具体环节入手，用公认的等级和分数进行评价，以求客观准确。

2. 要把教师间的教学相互评价更多地看成是业务性和探讨性的评价，不要过多地将评价与功利性因素联系起来。

3. 评价要将教师的"自评"与同行评价很好地结合起来。

4. 教师间的教学相互评价形成民主、和善和虚心学习的氛围，要将评价与师德教育相结合。

5. 教师间的教学相互评价可多采用"公开课"或"评议课"的形式进行，以便有的放矢。①

6. 主持教师间的教学相互评价的领导要熟悉业务并了解体育教学改革形势，使评价有正确的方向。

四、学生对教师教学评价的技术与手段

学生对教师教学的评价也是现代教育理念中提倡和重视的评价方式。在教学过程中，学生是体育学习的主体，是教学的直接对象。教师的敬业精神、业务水平、教学行为及效果直接为学生所感受，学生是在一定程度上了解教学的优点及存在问题的，因此，学生对教师教学的评价也是有意义的。这种评价包括：①学生对教师教学过程的评价，即"学生在学习过程中对教学的随时反馈"；②学生对教师教学结果的评价，即"学生参加的评教活动"。前者多是非正式的评价活动，而后者多是正式组织的评价活动。

1. 学生在学习过程中对教学的随时反馈

学生在学习过程中对教学的随时反馈对教师及时改进教学很有意义，而且也是发扬教学民主的重要手段。教师应在教学中经常听取学生的意见，并鼓励学生及时把各种感受和意见提出来。这种评价是随时的，实施起来并不难，但需要教师有这种民主的态度和灵活掌握体育教学的能力。

学生在学习过程中对教学的随时反馈主要可采取评课、反馈、建议、要求等方法，常用的手段有：学习卡片上的对话、填写意见表、课中随时的提问和反馈等（表11-9）。

表11-9　学生对教学过程的评价

学生对教学过程的评价	
评价内容	教师所选教学内容、对教学过程的设计、教法、教态
评价方法	评课、反馈、建议、要求
评价手段	学习卡片上的对话、意见表、课中随时的提问和反馈

2. 学生参加评教活动

现在有的学校采用了"学生参加评教活动"来评价和促进教学的做法。对此也有不同的意见，反对的意见认为这种评价不科学，影响教师严格要求学生；甚至导致讨好学生

---

① 李若果．高校公共体育教学评价的研究综述［J］．文体用品与科技，2019（17）.

和迁就学生。同意的意见认为这种评价具有教育性，也有助于教学的民主性。但无论如何，这是一个可以利用、也是值得研究的评价方式。

在体育教学评价中，还有家长、社会人士代表的评价，关于这些评价也有许多方法，是辅助性的评价方式。

第三节　信息化时代的体育教学评价

一、信息化体育教学评价的特点

为了达到信息化教育的培养目标，即培养具有处理信息能力的、独立的终身学习者，体育教学评价必须要与各种相关的教学要素相适应，从而也必然与传统的体育教学评价迥然不同。

（一）基于学生表现和学习过程的评价

传统的体育教学评价侧重于评价学习结果，以便给学生定级或分类。评价通常包含根据外部标准对某种努力的价值、重要性、优点的判断，并依据这种标准对学生所学到的与没有学到的进行判断。为了评价学习结果，传统的评价往往是正规的、判断性的。而在信息化教学中，评价是基于学生表现和过程的，用于评价学生应用知识的能力。关注的重点不再是学到了什么知识，而是在学习过程中获得了什么技能以及情感体验。这时的评价通常是不正规的，是建议性的。

（二）师生共同制定评价标准

传统评价的标准是根据体育教学大纲或教师、课程编制者等的意图制定的，因而对团体学生的评价标准是相对固定且统一的；而信息化体育教学强调学生的个别化学习，学生在如何学、学什么等方面有一定的控制权，教师则起到督促和引导的作用，学生所"控制"的要素中也包括对"评价"的控制。因此，在信息化体育教学中，评价的标准往往是由教师和学生根据实际问题和学生先前的知识、兴趣和经验共同制定的。

（三）重视学习资源的评价

在传统体育教学中，学习资源往往是相对固定的教材和辅导材料，因而对于学习资源的评价相对忽视，往往只是在教材和辅导材料等成为产品前，才有由特定学生与教师所实施的检验或实验性质的评价出现。而在信息化体育教学中，学习资源的来源十分广泛，特别是互联网在学习中的介入，更使学习资源呈现了取之不竭之势。[1] 如何选择适合学习目标的资源不仅仅是教师的重要任务，也是学生所要获得的必备能力之一。因而，在信息化教学评价中，对学习资源的评价受到更广泛的重视。

---

[1]　周遵琴.高校体育教学改革与发展［M］.成都：电子科技大学出版社，2015：152.

（四）重视学生的自我评价

在传统的体育教学评价中，学生的角色是被动的。他们通过教师的评价被定级或分类，并从评价的反馈中认识自己的学习是否达到预期。然而，在信息化社会中，面对不断更新的知识，指望他人像传统教学中的教师一样适时地对自己的学习提供评价是不可能的。因而，作为一个合格的终身学习者，自我评价将是一个必备的技能，培养学生的这种技能本身就是信息化教学的目标之一，也是评价工作的任务之一。

（五）评价在学习过程中不可分离

在传统体育教学中，评价往往是在教学之后进行的一种孤立的、终结性的活动，目的在于对学习结果进行判断。而在信息化体育教学中，必须发挥评价的导向和激励功能，将评价伴随教学过程中，学生才有可能达到预期的学习结果。因此，评价是镶嵌在真实任务之中的，是一个进行中的、嵌入的过程，是整个学习中不可分割的一部分。

二、信息化体育教学评价原则

在探讨信息化体育教学评价原则时，这里认为信息体育教学评价原则中有些具有一致性，如以学生发展为本、提供学习预期、评价标准多维化、评价主体多元化、评价方法多样化等，在信息化体育教学评价过程中，评价要基于学生在实际任务中的表现，也就是教学的组织者要尽可能地从"真实的世界"中选择挑战性问题，并在评价时关注学生在实际任务中所表现出来的提问的能力、寻求答案的能力、理解的能力、合作的能力、创新的能力、交流的能力和评价的能力。评价的重点要放在如何使学生的这些能力得到发展和提高上，而不仅仅是判断学生的能力如何。

同时，信息化体育教学中的评价是一个进行中的、嵌入的过程，所以它也应该是频繁进行的，目的是衡量学生的表现与教学目标之间的差距，进而及时改变体育教学策略，或者要求学生改变他们的学习方法及努力方向。事实上，评价是促进整个学习发展的主要工具。

还有一个重要的问题是要让学生对评价进程和质量承担责任，这样才能使学生得到发展。要发展学生自我评价能力，学生需要有机会制定和使用评价的标准，使他们在思考和反思中发展自身的技能。学生应该知道如何回答和解决诸如"需要解决的问题是什么""我们怎样才能知道自己已经取得了进步""我们如何才能得到提高""我们怎样才能达到优秀"之类的问题。因此，只要有可能，就要尽量鼓励学生进行自评或互评，并使他们对评价的进程和质量承担责任。

三、信息技术时代体育教学评价方法

传统评价所借助的方法如测验、调查和观察等，虽然已经发展得比较成熟，但随着信息化教育的发展，对教学过程的关注越来越广泛，这就要求体育教师对传统的评价方法进行一定的改造，尽可能使之适应信息化教学评价的特点和原则。

值得注意的是，信息化教育对测验中试卷的形式和内容提出了新的挑战，什么样的题目才能测试出学生的信息处理能力和高级思维能力，这正是广大教育工作者正在思考和实践的一大问题。在信息化体育教学评价中，可以通过问卷调查表发现学习资源对学生的作用，引导学生有目的地进行反思，还可以让学生自行制作问卷调查表，以培养他们收集信息、处理信息的能力等。观察即在教育自然的场景下了解观察对象。观察与测验、调查不同的是被观察者像往常一样地学习和活动，不会产生或感到任何压迫感。所有收集的资料自始至终都是被观察者的常态表现，都是自然的、真实的。观察一般要在事前确定观察目的、观察范围，并必须明确对将观察的某现象需设置变化的情况或场景，使被观察者在这种特定条件下进行活动，以获得合乎实际目的的材料。观察在情境化教学中的评价作用应该引起重视，但需要注意运用量规等评价工具，以便使观察更具目的性，观察结果更具客观性。

在信息化体育教学中，除了要根据体育教学目标的不同对传统评价方法进行改造外，还要发展一些新的评价方法。现代评价方法一般有：

（一）量规

量规（rubric）是一种结构化的定量评价标准，通常是从与评价目标相关的多个方面详细规定评级指标，具有操作性好、准确性高的特点。[①] 表 11-10 即是一个量规。信息技术课程标准在评价建议中，特别提出根据教学目标制定科学的评价标准和评价量规，也就是这里所说的量规，并进一步给出了制定量规的要求和方法：首先应根据评价内容和相应的教学目标明确具体的评价目的，然后根据评价目的确定评价标准。应将评价标准进一步分解为评价指标，并对评价指标进行量化，构建规范的评价量规。在制定体育教学评价标准或评价量规时，首先要根据评价目的划分出能客观反映有关学习过程和结果的重要维度或重要方面，然后为每个方面制定不同水平的评价等级。

在传统的体育教学评价中，特别是在评价非客观性的试题或任务时，人们已经自觉不自觉地应用了这种工具。例如，教师对学生试卷的评价，往往会分别就内容、结构、卷面等方面所占的分数给予规定，以便更有效地进行评价；又如体育教师在期末评价学生一学期的表现时，也往往会从学生的学业成绩、劳动与纪律、同学关系等多个方面进行综合考虑，给出优、良、中、差的等级评定。在评价学生的学习时，应用量规可以有效降低评价的主观随意性，不但可以教师评，而且可以让学生自评或同伴互评。如果事先公布量规，还可以对学生学习起到导向作用。此外，让学生学习自己制定量规也是很重要的一个评价方法。随着教育信息化的发展，越来越多的学习任务是以非客观性的方式呈现的，传统的客观性评价方法具有较大的局限性，而量规的应用逐渐受到重视。

---

① 姜梅红，蒋春．习作评价量规的现状调查及使用研究［J］．名师在线，2019（7）．

表 11-10　多媒体演示文稿评价量规

评价内容		指标	自评 1~5	教师 1~5	其他人 1~5
内容		内容全面，包括任务要求的所有基本主题，能论及有关的其他主题			
		观点准确，论证清楚、有力			
		主题内容逻辑顺序准确清楚，重点突出，易于理解			
		包含细节、提问，能引发读者思考和探询更多信息的动机			
技术	布局	区域划分清晰，版式美观，易于理解，内容表现形式多样、合理			
		布局平衡合理，易于观看和检索			
	界面	页面风格与主题相符，形式新颖，背景能很好地衬托出主题			
		图片、动画使用合理，能提高访问者兴趣并有助于理解相关文本			
	艺术性	作品设计既能突出主题，又具有美感			
	多媒体素材应用	能根据演示的需要合理设置有关对象的动画效果，动画播放顺序准确、自然			
		能准确、合理地使用多媒体素材，如声音、动画、视频素材等			
	导航	有用于导航帮助的目录页，各幻灯片标题清晰易懂，利于理解和检索			
		能利用母版设置各页之间的链接，相关页面之间的链接准确、合理，页面切换自然、准确			
	创造性	能将以前学到的信息技术知识、技能创造性地运用到当前任务中			
		能根据任务需要，主动探索、学习并合适地应用新的知识和操作			
口头报告		能使用生动、准确的语言，能灵活地使用信息传递和交流技巧			
		组织严密，条理清晰，易于理解，能引发观众兴趣			
		小组成员轮流发言，做过较好的预演或准备			
协作		分工明确，能相互合作，取长补短			
		小组成员能完成分配给的任务，各小组成员主动帮助别人，共同完成项目			
总体评价结果及改进建议：					

1. 量规评价的特点

使用量规评价有以下一些特点：

（1）量规适用于研究性学习、协作学习、课堂参与、演示汇报、科学实验等多种学习活动。量规评价不再仅局限于书本知识，而更多注重对学生的实践能力、创新精神、问题解决能力、协作交流能力以及情感态度和习惯等综合素质的考查。

（2）量规是一种评价标准的体现。量规从与评价目标相关的多方面详细规定评定指标，可以有效降低评价学生学习时的主观随意性，不但可以由教师评价学生的学习，学生也可以自评和同伴互评。

（3）量规的使用可使评价内容灵活丰富，评价主体多元化，评价手段和方法多样化。

2. 量规设计的基本原则

（1）根据教学目标和学生水平设计结构分量

体育教学目标不同，量规的结构分量也应不同。例如，在评价学生的电子作品时，通常从作品的选题、内容、组织、技术、资源利用等方面考虑；而在评价学生的课堂参与性时，又会从学生的出勤率、回答问题情况、作业完成情况、小组合作情况等方面考虑。另外学生的水平也是决定量规结构的一个重要方面。

（2）根据教学目标的侧重点确定各结构分量的权重

对量规中各结构分量的权重进行合理的设置不但有利于有效地评价，还可以引导学生把握好努力的方向，起到目标导向的作用。结构分量的权重设计与教学目标的侧重点有直接的关系。

（3）描述语言要具有可操作性

在对量规的各结构分量进行解释时，应使用具体的、可操作性的描述语言，避免使用抽象的概念性语言。总之，量规的设计应该结合体育教学目标和学生实际，设计应科学合理，使评价有效，否则劳而无功，还会起到误导的作用。

（二）学习契约

学习契约（learning contract）也称为学习合同。学习契约实质上是学习过程中一种可以不断修正的协议（契约），它赋予学生学习中的自主决定权，规定着学习者在学习中必须履行的义务，并为自我指导的学习的开展提供一种基本框架。[①] 协议学习的过程需要学习者来诊断学习需要，创建目标，发现资源和评价学习。通过学习契约，学习者对自己的学习负责，有权控制学习，并且积极参与到体育学习过程中来。因此，这有助于帮助学习者学会学习。

学习契约是一种由学生与教师共同设计的书面协议，它确定学生学习的目标、达到目标的方法、学习活动进行的时间、完成活动的证据及确认这些证据的标准等。它是学生与教师双方持续不断、一再商讨的协议过程，特别强调体育教学双方在作决策中的相互关系及学生对学习结果的自我评定。实践表明，学习契约对于培养学生自我导向学习和自主能力特别有利。

---

① 韩晓妍，刘成新. 学习契约的应用设计及案例分析 [J]. 软件导刊（教育技术），2011，10（12）.

（三）范例展示

范例展示（example presentation）是在布置学习任务之前，向学生展示符合学习要求的学习成果范例，以便为学生提供清晰的学习预期。例如，在信息化的体育教学中，要求学生通过制作某种电子文档来完成学习任务，如多媒体演示文稿或网站等。教师所提供的范例一方面可以启发和拓展学生的思路，另一方面还会在技术和主题上对学生的工作起到引导作用。科学的范例展示不但可以避免拖沓冗长或含糊不清的解释，帮助学生较为便捷地达到学习目标。

（四）概念地图

概念地图（concept map）是指围绕特定主题创建知识结构的一种视觉化表征。是利用图示的方法来表达人们头脑中的概念、思想和理论等，把人脑中的隐性知识显性化、可视化，便于人们思考、交流和表达。概念地图又称为"心智/思维地图"或"心智/思维工具"，也就是说，概念地图是语义网络的可视化表示方法，是人们将某一领域内的知识元素按其内在关联建立起来的一种可视化语义网络。[①] 它用图示的方式来呈现知识结构，展示概念之间的各种关系。在构思概念地图时需要对知识融会贯通，因此概念地图能提高对概念的理解及对整体意义的把握。在识别与某一课题有关的概念后，学生可通过沿着空间等级层或时间先后顺序的维度，创建心理模式，以此识别和标识概念间的相互关系。学生可通过绘图将概念联系起来，以表征这些概念对于他们个人的意义。由于概念地图提供了对于知识丰富了解和区分概念的能力，因此，它们提供了对学生的理解和了解认知成长水平的有用的途径。这一显示主题和有关子主题的网对于学习活动的进行和评价有重要的意义，有助于学生以具体和有意义的方式表征概念。常见的概念地图有层级概念地图、蜘蛛网概念地图、流程图概念地图、系统型概念地图、统计图、鱼骨图等。

（五）绩效评估

绩效评估（performance assessment）涉及学生创造成果或完成所要求的既定任务的过程。科伊勒（G. Coyle）认为，绩效评估是使用一整套特殊的标准来评价学习者的真实性任务以及完成任务的过程。[②] 在信息化体育教学中，学生个人或小组针对某一主题，独立完成任务，并以成果（如电子作品、解决方案、研究报告等）方式来展示绩效，已经成为一种普遍认可的学习模式。绩效评估需要一整套的辅助工作，如学生作业的观察、展现、陈述、访问，学生计划的生成、模仿，以及角色游戏等。为了绩效的真实性，它们应与真实世界或该世界的某些方面保持联系，即这应当是知识的应用，而不只是对知识的回忆。好的绩效评估反映了真实世界的复杂性并同时对许多方面进行测量。在绩效评估中，又可能使用到量规、观察、问卷等。任务的完成使学生有可能扮演类似真实世界场景中所期望的角色，学生有机会显示广泛的才能。通过绩效评估，学生意识到学习不仅仅是记忆的练习，而且是既有具体训练的深度，又能适应所学领域复杂性的一种感悟。

---

① 顾小清，郑颖. 初识概念地图 [J]. 信息技术教育，2003（9）.

② 钟志贤. 大学教学模式革新：教学设计视域 [M]. 北京：教育科学出版社，2008：146.

（六）电子学档

电子学档（E-Learning Portfolio，ELP 或 ePortfolio），国内有专家学者又称为电子文件夹、电子作品或学习文件夹。电子学档是指信息技术环境下，学习者运用信息手段表现和展示学习者在学习过程中关于学习目的、学习活动、学习成果、学习业绩、学习付出、学业进步，以及关于学习过程和学习结果进行反思的一种集合体。其主要内容包括学习作品、学习参与、学习选择、学习策略、学习自省等材料，主要用于现代学习活动中对学习和知识的管理、评价、讨论、设计等，由学习者本人在他人（如教师、学伴、助学者等）的协助下完成。档案的内容选择、标准选择等必须体现学习者的参与。学档也展示了自行选择的作品经验和范例、学业付出的努力，学习档案能够为学习者提供自主学习的记录，因此在设计时能自由地表现学习者的个性和创造力。信息化体育教学中应用这种方法评价学生在一个阶段或一个学期甚至更长时间的学习，能较全面地反映学生学习成就和进步，是一个很好的评价方法。

电子学档评价技术，主要是建构主义学习理论和加德纳的多元智能理论在教育评价上的应用。建构主义学习理论认为，知识在不同的情境中需要被重新建构；学习是真实生活的应用，是不同水平的学生在多方位的人际互动中主动建构的过程。[①] 所以，这种评定技术旨在提供有关学生学习的实际水平，重视发展的过程，从多角度、多侧面来判断每个学生的优点和可能性。

2. 电子学档的内容

①学习目标。

②教师和学生共同选择的作品范例。

③新课程开始时反映学生学业基础的档案文件或测验。

④学生学习活动、行为记录，如课上参与活动、角色扮演等情况。

⑤标准和范例，如作业的样本，通常由学生自己决定收入的作品。

⑥教师反馈与指导，如教师、家长对学生学习情况的观察评语。

⑦多元评价，如教师评分或在教师指导下同学评分或评语或自己评分或评语。

⑧学生自我反省，学生对自己的学习态度、方法与效果的反思与评价。

在完成电子学档时，还必须收集以下重要材料：

①在选择内容时学生的参与情况。

②选择材料的标准。

③判断材料优劣的标准，清晰或合适的作品评价标准和量规。

④学生自我反思的依据。

因此，作为一种完整的电子学档，一般要表现学习者五大类型的信息，见图11-1。

---

① 隋俊宇，石卉. 建构主义学习理论简析 [J]. 教育现代化，2019（98）.

图 11-1　电子学档的内容框架

2. 电子学档应用的意义

①可以记录和保存所完成的各种学习作品，使学习者能看到自己发展的轨迹，更好地确定学习任务，反思学习效果，促进学习效能。

②通过学习反思可以促进学习者自我学习和自我绩效管理。

③建立和展示学习档案有助于学习者积极参与学习活动，使其不仅关注学习内容，还关注学习过程。

④电子学档是一种基于过程性的学习，有助于学习者把学习看成一个整体，而不至于把学习、评价、内容和过程割裂开来。

⑤促进协作学习与评估。通过分析和反思完成学习目标的情况，通过与学习伙伴和教师之间的交流，有助于评价学习的进步和发展。

第四节　基于大数据的体育教学评价体系建构

一、大数据概述

（一）大数据的背景

1. 数据存储成本降低

大数据产生的重要前提是数据存储成本的大幅降低、存储硬件的体积日益减小。1965年，英特尔（Intel）创始人之一戈登·摩尔（Gordon Moore）提出著名的摩尔定律，即：当价格固定时，大约每隔 18~24 个月，集成电路上的元器件的数目便会增加 1 倍，其性能也将提升 1 倍，也就是说，每隔 18~24 个月，一美元所能买到的电脑性能将翻 1 倍以上。

摩尔定律所阐述的趋势已经持续了超过了半个世纪。半个多世纪以来，计算机硬件的发展规律基本符合摩尔定律，硬件的处理速度、存储能力不断提升，与此同时，硬件的价格却在持续降低。其中，商用硬盘存储器每兆价格从 1995 年的 6000 多美元下降到 2010

年的 0.005 美分。

另外，随着计算机硬件价格的降低，其体积也在迅速变小。2014 年，英特尔公司发布了 14 纳米（一纳米等于十亿分之一米）的晶体管，这比 21 纳米的晶体管缩小了 1/3，而且更便宜、更节能。英特尔的发现使得大部分科学家相信摩尔定律可以延续到 2020 年。预计到 2020 年，1TB 硬盘的价格将下降到 3 美元。而一所普通大学的图书馆，其馆藏量一般在 1TB~2TB 之间。可以很形象地理解为：只需要花一杯咖啡的价格就能够把一个图书馆的全部信息拷进一个小硬盘。

大数据处理的数据量通常很大（那时是 PB 级，1 个 PB 的数据相当于 50% 的全美学术研究图书馆的藏书和资讯的内容），数据的种类很多（文档、日志、博客、视频等），数据的流动速度很快（包括流文件数据、传感器数据和移动设备的数据的快速流动）。而且，这些数据经常是不完备甚至是不可理解的（需要从预测分析中推演出来）。大数据的新技术和新架构正是在这种背景下被不断开发出来的，以有效地解决这些现实的互联网数据处理问题。

由于存储器的价格下降速度飞快，而且储存量非常大，人们才能够做到以廉价保存海量的数据；由于存储器的体积越来越小，人们才可以便捷携带海量的数据。这都在一定程度上促进了大数据时代的到来。

2. 企业思维模式的转变

大数据真正存在的意义是在于其价值，正是由于企业意识到大数据的价值所在，企业的商业思维发生了巨大的转变。企业开始注重对于企业内外部数据的挖掘，在海量的数据中搜索出隐藏的规律和价值，从而为决策者提供更好地参考。大数据时代的到来，人类对于数据的搜索和利用能力得到了巨大的提升，这种提升主要表现在企业大数据的挖掘上。数据挖掘一般是指，通过一定的算法从海量数据中分析出隐藏在数据背后价值的过程。

2012 年以来，大数据成为全球投资界所青睐的领域之一，IBM 公司通过并购数据仓库厂商 Netezza、软件厂商 InfoSphere BigInsights 和 Streams 等来增强自己在大数据处理上的实力；EMC 公司陆续收购 Greenplum（Pivotal）、VMware、Isilo 等公司，展开大数据和云计算产业的战略布局；惠普公司通过并购 3PAR、Autonomy、Vertica 等公司实现了大数据产业链的全覆盖。业界主要的信息技术巨头都纷纷推出大数据产品和服务，力图抢占市场先机。

在信息时代，个人行为和社会状态的数据无处不在，这些数据是多源的、即时的、分散的、多形式的、碎片化的，同时又是海量的。通过采用自调适参数的算法，根据计算、挖掘次数的增多，不断调整自己算法的参数，使得对数据的挖掘和预测的结果更为精准，利用算法分析的结果，在这些海量的、零碎的数据中找到规律，从而发现大数据背后真正的价值动向，从而提供创造性、突破性的产品和服务。大数据时代下，企业对数据挖掘的利用还在不断进步，有望在将来达到一个新的高度。

3. 生活的数字化驱动

近些年来，随着人们生活水平的提高，人们越来越多的追求生活的质量，不再满足于之前的慢节奏的生活，因此无论是生活用品还是平时的出行，人们都要求快速和便捷。正是人们对于生活品质的不断追求，使得数字化不断地出现在生活中，促使数字化不断进步和发展，也成为大数据不断进步的动力。

物联网的出现使得数据的产生从主动式产生变成自动式产生，而大数据真正产生的原因正是由于人们生活中自动式数据的产生。随着科学技术的进步发展，人们已经有能力制造极其微小的带有处理功能的传感器，感知式系统的广泛使用使得海量的数据自动生成。

近几年，越来越多的穿戴式设备进我们的生活，这些设备可以记录佩戴者的物理位置、热能消耗、体温、心跳、睡眠模式、步伐多少以及健身目标等数据。

近年来，也有一些智能家居的出现。智能家居通过物联网技术将与家居生活有关的各种设备（如音视频设备、安防系统、数字影院系统等）进行集成，构建了高效的住宅设施控制与家庭日程事务的管理系统。

在智能交通方面，智能导航服务利用出租车 GPS 的历史轨迹的分析结果为出行者设计个性化的路线，有效缓解交通拥堵问题，UPS 利用传感器等设备帮助调度中心监督并优化行车路线，根据过去积累的大数据制定最佳行车路线。

穿戴式设备、智能家居以及智能交通的案例，都是以数据为载体而存在的。其内置的传感器最重要的任务就是大数据的采集。传感器等微小计算设备实现了无处不在的数据自动采集，这也意味着人们数据收集能力的提高，为大数据的产生提供了技术上的支持。

4. 社交网络的飞速发展

2010 年，全球进入 Web2.0 时代，Twitter（推特）、Facebook（脸书）、博客、微博、微信等社交网络将人类带入自媒体时代，互联网数据快速激增。随着智能手机的普及，移动互联网时代也已经到来，移动设备所产生的数据海量般地涌入网络。为了实现更加智能的应用，物联网技术也逐步被推广，随之而来的是更多实时获取的视频、音频、电子标签（RFID）、传感器等数据被联入互联网，数据量进一步暴增。

网络数据近几年一直呈现持续增长的势头，主要有两个方面的原因：一是首先是以博客、微博、微信为代表的新型社交网络的出现和快速发展，使得用户产生数据的意愿更加强烈；二是以智能手机、平板电脑为代表的新型移动设备的出现，这些易携带、全天候接入网络的移动设备使得人们在产生网络数据的途径更为便捷。

由于社交媒体的出现，全世界的网民都开始成为数据的生产者，每个网民犹如一个信息系统、一个传感器，不断地制造数据，这引发了人类历史上迄今为止最庞大的数据爆炸。比如，Facebook 用户每天共享的东西超过 40 亿，Twitter 每天处理的推特数量超过 3.4 亿；而每分钟 Tumblr 博客作者会发布 2.7 万个新帖子，Instagram 用户会共享 3600 张新照片。

除了数据总量极速增加，社交媒体还使数据的类型变得多元化：微博、微信中的信息大小、格式完全下一样，有文字、图片、音频、视频等。因为没有统一的结构，在社交媒体上产生的数据，也被称为非结构化数据。这部分数据的处理，远远比结构化数据要困难得多。在这种前所未有的数据生产速度下，社交媒体的出现虽然才 10 年，但目前全世界大约超过 75% 的数据都是非结构化数据。就目前来看，社交媒体的出现，是大数据爆发的直接原因。

根据美国市场调查公司 IDC 的预测，人类产生的数据量正在呈指数级增长，大约每两年翻一番，这个速度在 2020 年之前会继续保持下去。全球在 2010 年正式进入 ZB 时代（1 个 ZB 的数据相当于全世界海滩上的沙子数量的总和），预计到 2020 年，全球将总共拥有 35ZB 的数据量。这意味着人类在最近两年产生的数据量相当于之前产生的全部数据量。人类真正进入了一个数据的世界，大数据技术有了用武之地，大数据技术和应用空前繁荣起来。

（二）大数据的定义

大数据本身是一个比较抽象的概念，单从字面来看，它表示数据规模的庞大。但是仅仅数量上的庞大显然无法看出大数据这一概念和以往的"海量数据"（Massive Data）、"超大规模数据"（Very Large Data）等概念之间有何区别。这些概念只着眼于数据规模本身，未能充分反映数据爆发背景下的数据处理与应用需求，而"大数据"这一新概念不仅指规模庞大的数据对象，也包含对这些数据对象的处理和应用活动，是数据对象、技术与运用三者的统一。针对大数据，目前存在多种不同的理解和定义。

（1）麦肯锡的定义：大数据指的是大小超出常规的数据库工具获取、存储、管理和分析能力的数据集。该定义有两方面内涵：一是符合大数据标准的数据集大小是变化的，会随着时间推移、技术进步而增长；二是不同部门符合大数据标准的数据集大小会存在差别。

（2）维基百科对"大数据"的解读是："大数据"（Big Data），或称巨量数据、海量数据、大资料，指的是所涉及的数据量规模巨大到无法通过人工在合理时间内达到截取、管理、处理、并整理成为人类所能解读的信息。

（3）研究机构 Gartner 以为，"大数据"是需要新处理模式才能具有更强的决策力、洞察发现力和流程优化能力的海量、高增长率和多样化的信息资产。从数据的类别上看，"大数据"指的是无法使用传统流程或工具处理或分析的信息。它定义了那些超出正常处理范围和大小、迫使用户采用非传统处理方法的数据集。

（三）大数据的特征

大数据是信息技术与专业技术、信息技术产业与各行业领域紧密融合的典型领域，有着旺盛的应用需求、广阔的应用前景。大数据从字面上理解．人们便会想象到一个大容量的数据集合，但是，这只是它的特征之一，它还具有多样性和速度快等特征。

1. 数据规模大

从"大"字入手，大数据一般指在 10TB（1TB＝1024GB）规模以上的数量级。当然，随着技术的进步，这个数值也会不断变化，也许，几年之后几个 EB（1PB＝1024TB，1EB＝1024PB）数量级的数据量才能称得上是大数据。

麦肯锡全球研究院估计，全球企业 2010 年在硬盘上存储了超过 7EB（1EB 等于 10 亿GB）的新数据，消费者在 PC 和笔记本电脑等设备上存储了超过 6EB 的新数据，数据总量相当于美国国会图书馆中存储的数据的 5.2 万倍。据统计，目前整个人类社会总共拍摄了超过 3.5 万亿张照片，绝大多数是数码存储的照片。如今人们每两分钟拍摄的照片数就比整个 19 世纪拍摄的照片总数还要多。Facebook 已经成为世界上最大的照片库，目前全球累计已经有超过 1400 亿张照片发布在 Facebook 网站上。

据美国某网站发布的一张题为"互联网的一天"的信息图显示：每天有 2940 亿封电子邮件发出。每天有 200 万篇博客文章在网上发布，这些文章相当于美国《时代周刊》刊发 770 年的总量。每天有 2.5 亿张照片上传至社交网站上。如果把它们都打印出，摞在一起有 80 个埃菲尔铁塔那么高。每天有 86.4 万小时的视频被上传至视频网站上，不间断播放则需 98 年。每天有 1.87 亿个小时的音乐会在流媒体音乐网站上播放，如果一台计算机从公元元年就开始播放这些音乐会，到现在还在继续播放着。

2. 数据种类多

多样性主要体现在数据来源多、数据类型多和数据之间关联性强这三个方面。

（1）数据来源多，企业所面对的传统数据主要是交易数据，而互联网和物联网的发展，带来了诸如社交网站、传感器等多种来源的数据。

而由于数据来源于不同的应用系统和不同的设备，决定了大数据形式的多样性。大体可以分为三类：

①结构化数据，如财务系统数据、信息管理系统数据、医疗系统数据等，其特点是数据间因果关系强。

②非结构化的数据，如视频、图片、音频等，其特点是数据间没有因果关系。

③半结构化数据，如 HTML 文档、邮件、网页等，其特点是数据间的因果关系弱。

（2）数据类型多，并且以非结构化数据为主。传统的企业中，数据都是以表格的形式保存。而大数据中有 70%～85% 的数据是如图片、音频、视频网络日志、链接信息等非结构化和半结构化的数据。

（3）数据之间关联性强，频繁交互，如游客在旅游途中上传的照片和日志，就与游客的位置、行程等信息有很强的关联性。

3. 数据处理速度快

数据产生和更新的频率，也是衡量大数据的一个重要特征。物联网、云计算、移动互联网、车联网、手机、平板电脑、PC 以及遍布地球各个角落的各种各样的传感器，无一不是数据来源或者承载的方式。例如，整个日本的便利店在 24 小时内在 POS 机上产生的数据；购物网站中由用户访问所产生的网站点击流数据；高峰时期在博客上每秒产生 7000 条的博文；公路上安装的交通堵塞探测传感器和路面状况传感器（可检测结冰、积雪等路面状态）等，每天都在产生着庞大的数据。而大数据技术可以时时刻刻处理容量庞大的数据。

大数据与海量数据的重要区别在两方面：一方面，大数据的数据规模更大；另一方面，大数据对处理数据的响应速度有更严格的要求。实时分析而非批量分析，数据输入、处理与丢弃立刻见效，几乎无延迟。数据的增长速度和处理速度是大数据高速性的重要体现。

既有的技术架构和路线，已经无法高效处理如此海量的数据，而对于相关组织来说，如果投入巨大，而采集的信息无法通过及时处理反馈有效信息，那将是得不偿失的。可以说，大数据时代对人类的数据驾驭能力提出了新的挑战，也为人们获得更为深刻、全面的洞察能力提供了前所未有的空间与潜力。

二、大数据时代体育教学评价体系建构的原则与特点

（一）大数据时代体育教学评价体系建构的原则

1. 科学性和客观性原则

结合大数据时代的背景与特征，从客观规律与实践基础出发，科学、客观地进行高校体育教学评价的构建。例如评价指标的选取要建立在所收集和调查的数据基础之上做出合理的筛选，以确保评价指标的科学性和客观性。[①]

2. 完整性和全面性原则

即在构建高校体育教学评价体系时评价指标的选取要全面，且不重复出现、层次分明、具有广泛代表性，能基本反映体育教学的全过程。

3. 可行性和可测性原则

可行性是指对体育教学进行评价的方式具有实际可操作性，可测性是指对评价指标的评价具有可测试量化的标准，例如指标的选取必须是易懂易测，没有含糊不清的指标。

4. 共性和个性相结合的原则

不同学科的学生有着不同的学习目的和特点，不同学科的教师也有不同的教学方法、风格，所以不同学科以及不同学生应该用不同的标准去评价。我们在体育教学评价中，应在体育教师与学生共性的基础之上，尊重不同学科以及不同学生的个性。

5. 开放性与及时性原则

开放性是在高校体育教学评价体系构建时要对学生开放，这样不仅可以让学生和教师更加了解体育教学评价，同时也能更好地监督评价的进行。及时性指评价、分析以及反馈要及时，特别是高校体育教学评价体系在反馈这一块要有足够的开放性和及时性。

（二）大数据时代体育教学评价体系的特点

随着大数据时代的来临，通过大数据技术来驱动高校体育教学评价体系的重构成为可能。结合大数据特点的研究和分析，可以看出大数据背景下高校体育教学评价体系呈现出以下特点：

1. 评价时从主观经验到客观数据支撑

传统的体育教学评价中，对学生的评价主要参考学生的体育成绩，对体育教师的评价主要参考个人的主观印象，所以评价不全面、客观。但通过应用大数据技术，可以准确记录体育课堂情况，并以此为依据进行评价，让体育教师和学生更加全面、客观的了解自己，为体育教师和学生提供科学的评价方法。

2. 评价方式从总结性评价到伴随性评价

目前高校体育教学评价对学生和体育教师的评价以总结性评价为主，这种评价不能反映教学各个阶段学生和体育教师的情况。而伴随性评价是把总结性评价与过程性评价相结合，及时记录学生的学习状态和教师的教学状态，采取结果与过程并重的评价体系。

[①] 陈金平，刘向群. 分析数据挖掘在体育教学中的应用价值［J］. 自动化与仪器仪表，2017（03）.

3. 评价内容从单一性到多样性评价

评价内容的多样性就是内容的多元化，比如对学生进行体育教学评价时，不仅要评价运动技能、体育理论知识、体能，还要评价学习态度，学习能力、运动技能的进步情况等方面的内容。

4. 评价手段从人工评价到智能评价

人工评价不仅费时费力，而且容易出现错误，而智能化的评价不仅方便快捷，而且准确精准。因此，高校体育教学评价的手段要相应地从传统人工采集、统计、分析，转变到使用智能技术来收集、处理、分析大量的评价数据信息。

三、基于大数据的体育教学评价体系的建构策略

（一）高校体育教学评价主体

教学评价按主体可分为两类：一是自我评价，二是他人评价。影响教学评价的因素有很多，但主要因素是"教"和"学"，"教"指体育教师的教学情况；"学"指学生的学习情况。因此，我们在构建高校体育教学评价系统时，应该认识到不同的评价主体具有不同的作用，通过评价指标和指标权重中来明确主体间的共性与个性。在本研究中，我们选择的评价主体有4个，即体育教师、学生、同行和体育教学主管部门人员。具体框架如图11-2所示。

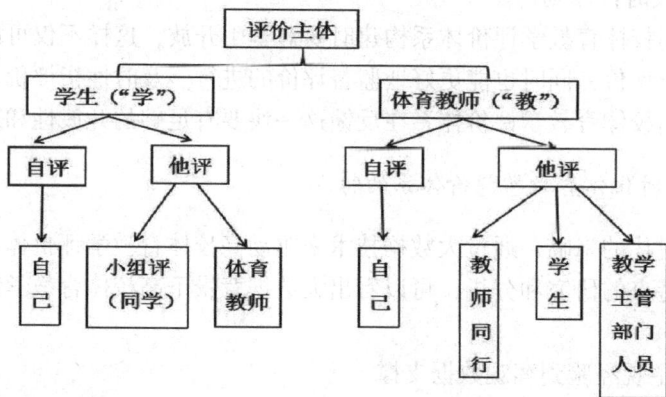

图11-2　体育教学评价主体框架

1. 对学生的体育教学评价活动

（1）学生的自评活动

学生自我评价是指学生对自我学习质量的一种认识，即学生对学习过程的一种自我认识，自评有助于学生自我了解学习过程中问题，从而改进自我的学习方法，进而提高学习质量。学生根据评价指标进行自我检查、总结与评价，从而认清自己的优缺点，在以后的学习过程中充分发挥主观能动性，促进自身的学习的进步。

（2）小组（同学）的评教活动

小组评教就是将班级学生平均的分组，小组成员采取一对一的评价方式按照指标进行

评价。这样能更好地激发学生之间体育学习的积极性，而且同学之间相互促进学习，还能借鉴他人的体育学习方法，改进自己的学习方法。所以采取组评的形式能更多地收集学生在体育学习过程中发展、变化和进步的资料。

（3）体育教师的评教活动

在对学生进行体育教学评价的活动中，体育教师是评价的主体，而学生是评价的客体，体育教师对学生的评价是最真实、直接的和最有说服力的。学生的体育学习情况如何，最有发言权的是体育教师，所以在对学生进行体育教学评价时，体育教师的评价是主要组成部分。

2. 对体育教师的教学评价活动

（1）体育教师的自评活动

体育教师自我评价是指体育教师对自我教学质量的一种认识，是教学质量评价的基本方式。体育教师进行自我评价，可以清楚地认识到自我在体育教学过程中的不足，从而自我改进。体育教师登录教师系统对自己的上课情况进行自我评价。

（2）学生的评教活动

学生和体育教师是体育教学成败的直接联系人，学生对体育教师的评价是最直接的，所以学生的评教活动是不容忽视的。在学生评教时，我们要清楚学生是主体而体育教师是客体，学生作为主体，主动作用于教师。

（3）同行评教活动

同行评价是同行体育教师对体育教师的教学质量一种认识，在评价过程中，同行体育教师是主体，而被评价的体育教师是客体。在同行评价时，同行教师不能凭借主观经验去评价，更不能以个人感情等非教学因素去评价，从而忽视了具体的体育教学课堂调查。同行体育教师可以以旁听的方式对体育教师进行体育教学评价。

（4）体育教学主管部门人员评教活动

首先体育教学主管部门人员熟知体育教学内容和目标，其次体育教学主管部门人员能直接掌握体育教师的第一手资料，因此因而他们的评价具有权威性。体育教学主管部门人员对体育教师的上课情况可以采取抽查、旁听的方式进行评价。

（二）高校体育教学评价指标

高校体育教学评价的指标就是指体育教学评价的内容，大数据应用背景下，高校体育教学评价指标体系应形成相对的层次结构。在体育教学评价中包括评价目标层、准则层、子准则层，本研究评价指标体系由体育教师教学评价指标体系和学生体育教学评价指标体系组成，如图 11-3 和图 11-4 所示。

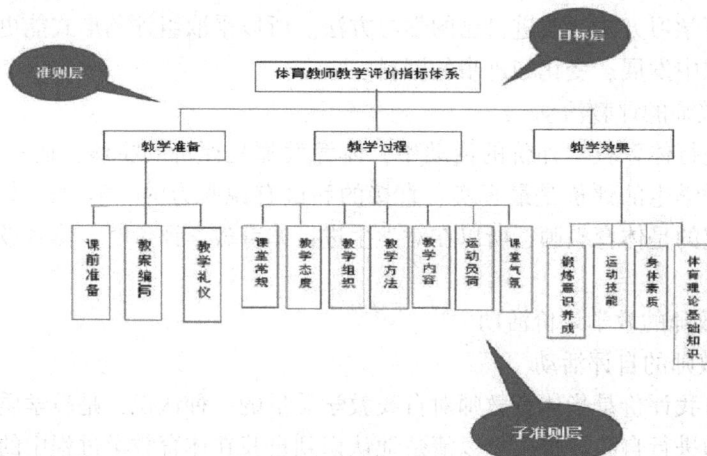

图 11-3　体育教师教学评价指标体系框架

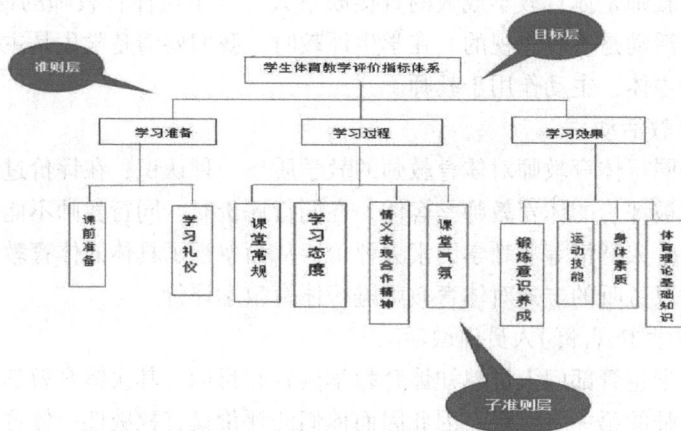

图 11-4　学生体育教学评价指标体系框架

（三）高校体育教学评价流程

根据目前高校教学评价实施现状分析，在大数据应用背景下设计了高校体育教学评价的流程，主体用户分别是教学管理者、教师、学生三类，评价流程大概包括数据收集、数据分析、评价结果输出和结果反馈等环节，具体流程如图 11-5 所示：

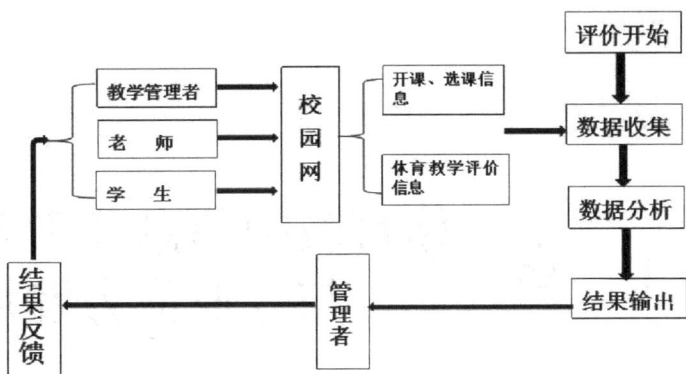

图 11-5 高校体育教学评价流程

1. 数据的收集

数据采集是在新建好一个项目以后，评价主体根据项目类别、已规定评价方法等录入评价数据。在本研究中，领导、体育教师和学生从校园网平台录入体育教学评价数据，同时可以有添加、修改、删除等操作功能。主要收集的数据是体育教师的基本信息（姓名、教龄、性别等）、学生的基本信息（姓名、性别、学号、年级、专业等）以及领导、教师和学生的体育教学评价信息，按照统一的格式存入到数据库，数据库及时保存录入的评价数据，以确保后期评价分析的顺利进行。

2. 数据的分析处理

大数据应用背景下，我们可以应用大数据相关技术对所收集的数据进行处理。将大数据相关技术运用到在体育教学评价中，可以将采集到的数据进行整合分析，深度挖掘并获取大量的信息，使评价结果较为科学、客观，具有一定的应用价值。

3. 结果输出及反馈

评价结束之后的还有必不可少的一环，即反馈环节，没有反馈环节的评价是不完整的[1]。体育评价要通过最后的反馈来发挥作用，体育教学评价缺少反馈，就会失去应有的意义和作用。高校体育教学评价可利用大数据时代网络的便利、移动智能终端的普及，通过网上反馈的方式及时反馈给教学管理者、体育教师以及学生，提高反馈效果，以达到体育教学评价的目的。

---

① 闵良艳. 过程性评价对体育专业研究性学习的影响［D］. 扬州：扬州大学，2015.

CHAPTER 12

第十二章　体育教师信息化素养提升与专业能力发展

体育教师是体育教学活动的重要组成部分，是体育教学信息化改革的重要保障，因此，本章专门论述了体育教师信息化素养的培养与专业能力发展的原则与路径。

第一节　教师信息化素养概述

一、教师信息化素养内涵

"信息素养"这个名词是美国信息产业协会主席保罗·泽考斯基（Paul Zurkowski）于1974年提出来的。他认为信息素养是利用大量的信息及主要信息源使问题得到解答的技术和技能。① 1979年美国信息产业协会将信息素养解释为：人们知道在解决问题时利用信息的技术和技能。② 美国图书馆协会把信息素养解释为："具有信息素养的人，能够认识到何时需要信息，并拥有寻找、评价和有效利用所需信息的能力……，从根本意义上说，具有信息素养的人是那些知道如何进行学习的人。他们知道如何学习，是因为他们知道知识是如何组织的，如何去寻找信息，并如何去利用信息，以至其他人可以向他们学习，他们已经为终身学习做好了准备"。③ 目前国内外有关信息素养这一概念尚无统一的、标准的定义。较为成熟科学的释义为：在各种信息交叉渗透、技术高度发展的社会中，人们所应具备的

综上所述，本书认为网络体育教师的信息素养应该包括信息意识、信息知识、信息能力、信息和课程整合能力及信息伦理5个方面。

1. 信息意识

教师的信息意识是教师信息素养的一个重要内容，是人们在信息活动中产生的认识、观念和需求的总和。指的是教师对信息的敏感度，这要求教师具有敏锐的感受力和持久的

① 王理. 信息素养［M］. 北京：科学出版社，2010：12.
② 同上。
③ 焦建利. 教师的信息素养［J］. 中国信息技术教育，2017（9）.

注意力，能够意识到信息的作用，对信息有积极的内在需求。教师在进行信息技术与课程整合时，只有敏感于信息，具备强烈的信息意识，才会积极主动地挖掘信息，搜集、利用信息，丰富自身的知识。它是教师丰富信息知识、提高信息能力、形成信息意向、完善信息素养的前提条件，同时更是教师进行信息技术与课程整合的前提条件。

2. 信息知识

信息知识是指与信息有关的理论知识和方法。信息知识是信息素养的重要组成部分。在信息时代，信息知识包括关于信息的基本知识。例如，信息的理论知识，对信息和信息化的性质、信息化社会及其对人类影响的认识和理解，信息的方法和原则等；还包括现代信息技术知识，如信息技术的原理、软硬件的知识、信息技术的作用及信息技术的发展和未来等。所有这些基本的信息知识，作为教师，都需要有一定程度的了解并且不断地学习。

3. 信息能力

信息能力是整个信息素养的核心，指的是教师对信息系统的使用以及获取、分析、加工、评价信息并创造新信息、传递信息的能力。教师应具备：①基本信息素养，即计算机基本技能，教师必须掌握 Word 文字处理、Excel 电子表格及一些常用应用软件的安装和使用，并能熟练应用计算机处理学生考试成绩、编写测验试题等；②多媒体素养，信息时代为教学提供了丰富的媒体，为提高教育教学质量，教师应根据不同的学科特点和教育对象，围绕教学目标、授课内容选择和使用不同的媒体，进而制作多媒体教学课件；③网络素养，网络时代的教师应具有网络基本知识和素养，教师应当掌握计算机网络的一般原理，学会利用网络搜索数据、传输文件和网络交互式教学，能利用电子邮件与同行或学生进行交流，利用电子公告牌或自己制作的网站（页）发布自己的认识和观点。

4. 信息和课程整合能力

信息和课程整合能力是信息素养的目的，指的是教师根据课程特点，依据一定的教学原则，因地制宜、根据需要地利用必要的媒体来设计符合教学实际的教学活动，完成教学任务，提高教学效果的能力。把信息技术和不同媒体优化组合，将信息技术有机融入学科教学过程，才能真正发挥信息技术的作用，从而提高教育教学质量。

5. 信息伦理

信息伦理指信息安全和信息道德两方面的内容。信息伦理把握教师信息素养的方向，指的是教师在获取、利用、加工和传播信息的过程中必须遵守一定的伦理规范，不得危害社会或侵犯他人的合法权益。同时，还要了解信息安全、防范计算机病毒和抵制计算机犯罪的常识。信息技术与课程整合背景下教师的信息道德特别指教师在信息技术与课程整合中要保证教学内容的科学性和对他人劳动成果的尊重及知识产权的保护。这是当前教师的信息道德中的重要内容。

以上 5 个方面既相互独立又相互关联，一般来说，信息技能的提升是信息意识增强的结果，同时它又促进信息意识的增强，信息技能的提升通常有助于信息安全的发展，而信息安全意识的提高又必然促进信息技能的发展。

二、教师信息化素养的特点

信息素养是一个人在解决问题的过程中体现出来的综合素质。它是对个人从意识到问题、分析问题、设计解决问题的方案、收集解决问题的信息、掌握解决问题的工具和方法、实施解决问题的方案到评价问题的解决过程及结果等一系列前后衔接的过程中，对与问题相关的知识的掌握和具备某种能力及能力的熟练程度的综合反映。信息素养具有以下特点。

（一）综合性

信息素养是人的基本素质的一部分，涉及人的方方面面，是在解决问题的过程中体现出来的个人的修养和能力。它不仅跟信息技术知识和信息技术能力有关，还跟具体问题的内容有关，素养高的人能采用最有效的方法解决实际问题。

（二）形成的长期性

素养的形成不是一朝一夕的事情，需要长期积累、反复练习，只有在不断解决问题的过程中，才能掌握必要的知识，并能熟练地应用这些知识。熟练运用知识和技能是信息素养的基本要求，而熟练只有通过大量的练习、反思及总结才能达到。①

（三）测量的间接性

信息素养不能被直接测量，我们只能通过测量反映素养的知识和能力，来间接推断一个人信息素养的高低。

（四）解决问题的灵活性

素养表现为在具体问题情境中快速应用知识和能力收集特定的信息、设计专门的解决方案、运用特定的工具和方法解决问题的过程。问题的解决方案往往有很多种，实施方案的途径也有很多种，信息素养高的人表现为可以根据实际情况迅速确定解决问题的核心，设计出多种解决问题的方案，并能熟练地投入实施。

（五）创新性

在解决问题的过程中，针对问题的具体情况，素养高的人往往能产生新的思路，发现新的解决问题的方法，能把问题的多个方面或与问题相关的多种知识综合起来，设计出新颖的解决问题的方案，采用新颖的工具和方法，高效地解决问题。

---

① 刘新海. 教师信息化素养提升技巧［M］. 长春：东北师范大学出版社，2010：35.

第二节　体育教师信息化素养的现状和意义

一、高校体育教师信息化素养的现状

（一）意识层面

有一些教师对于计算机网络技术应用于大学体育教学的重要性认识不足，认为这种教学模式的效果一般、可有可无或效果不好不应该大面积推广。这些教师有的持忧虑、怀疑甚至排斥的态度，担心大学体育网络教学全面铺开以后，机器会代替教师而面临失业，因而担心教师的作用会被削弱。还有一些教师因自身的计算机能力较低而对信息技术与课程教学的整合缺乏信心，有的甚至生"计算机恐惧症"。他们害怕由于自己的误操作而中断教学，或由于无法处理设备的软件故障而使其在学生面前尴尬难堪，所以常常对信息技术产生逆反心理。另外，将信息技术整合于课程教学所需的大量的时间和精力使不少教师对此不感兴趣。

（二）技术层面

相关调查显示，认为自己目前的计算机网络技术完全能满足网络教学的需要的教师仅占 26%，也就是说只有刚刚 1/4 多一点的教师完全能胜任网络教学。而 3/4 的教师的计算机网络技术需要提高。[①] 对于计算机病毒防治和信息安全方面，也只有 38% 的教师懂得很多，能满足网络教学的需要。无论如何，大多数体育教师的计算机网络操作技术仍然达不到网络教学的需要。所以，网络体育教学人才的缺乏制约了网络体育教学的普及和多层次、多形式、多规格的发展。

（三）网络体育教学法理论知识层面

只有很少一部分教师在网络教学中能根据课程的需要，就已获取的网络信息进行整合分析后合理地设计网络教学方案和任务。也就是说，大部分教师对网络教学过程中如何有效利用技术来进行课堂教学整体设计的能力还是很欠缺的。由此看出，大部分教师的网络体育教学法知识很欠缺，需要系统地学习技术和课程有效整合的理论知识。通过网络聊天还进一步了解到，虽说许多教师参加过学校组织的计算机技术培训，但也只局限于计算机基本操作能力，对计算机用于教学方面的知识却少有涉及。另外，许多教师反映，在新的教学模式下，原有的课程教学原则、教学方案设计理论等都需要做一些调整和变化，可是如何调整才能使技术为课程服务确实是摆在许多网络体育教师面前的难题。

---

① 王国乾. 提高教师信息化素养的策略研究 [J]. 成才之路，2019（21）.

二、高校体育教师信息化素养的意义

（一）能够适应教育信息化的发展需要

随着教育信息化浪潮的来临，各级各类学校纷纷建起了现代化的多媒体教室、网络教室等，建设了计算机校园网，网络教学、多媒体教学、远程学习等新的教学方式不断形成和出现。这些都是信息技术在现代教育中的具体应用，在客观上为教育信息化创造了物质条件。然而，要使这些现代化的教学信息资源充分发挥作用，作为在教学活动中起主导作用的教师的素质必须提高，特别是信息技术和信息素养能力的提高是当前迫切需要解决的问题。否则教学信息资源利用率不高，甚至闲置的现象也将会在许多学校长期存在。

（二）能够顺应信息时代的潮流

在知识经济时代和信息化社会里，知识和信息成为经济发展和社会进步最根本的动力，人们原有的知识及体系已无法满足生存和发展的需要，终身学习成为知识经济时代对人们的基本要求，而信息素养则是人们终身学习的前提和基础。具备了信息素养的人，才能够知道如何学习，知道如何寻找、组织和利用信息，从而进行有效的学习。

在信息时代，教师不仅要不断地进行学习，而且要善于将所学知识和信息传授给广大学生，因而就要求教师必须具有较高的信息素养。一个具有信息素养的教师能对不同形式、不同内容和不同来源的知识信息进行有效的收集、评价、组织、综合和利用，从而对学生进行有效的传播。

（三）能够推动学校教学改革的发展

信息技术不仅改变着人们的工作和生活方式，也改变着教育和学习方式，特别是学校课堂教学的教学结构和模式都面临着重大变革。传统的教学结构是以教师为中心，以教师讲授为主，学生始终处于被动听讲和接受的地位。当前推行的创新教育，就是从根本上改变传统的教学结构和教学模式。在新型的教学结构中，由于应用了先进的信息技术媒体，使得教学过程和教学模式发生了重大变革。在这里，学生成为教学的中心和主体，学生更多的是通过教学媒体，利用信息资源自主地学习，而教师的主导地位则体现在对教学方向的把握、教学节奏的调控和教学环境的创设上。可见教学结构和教学模式的改革，对现代教师提出了更高的要求。作为教学一线的教师、新课程的实践者，学习、认识、掌握并创新地运用信息技术是创建新型教学结构和教学模式必备的条件。提高教师信息素养是学校教学改革的需要，信息素养应该成为衡量教师教学能力的重要指标。

（四）能够促进信息技术与课程整合的进行

信息技术与课程整合实行的是模块操作、任务驱动式教学，它把信息技术融合到学科教学当中，并将其他学科的相关知识贯通起来，要求教师把信息技术作为获取信息、解决问题的认知工具，要像使用黑板和粉笔一样流畅自然，从而优化教学过程，达到信息技术与学科课程的有机整合，这无疑要求教师具有较高信息素养。

第三节　体育教师信息化素养培养的原则和路径

一、高校体育教师信息化素养培养的原则

（一）培训内容应具备可接受性

体育教师不是信息化技术的专业人员，只是在工作过程中运用信息化技术，所以在设计体育教师信息化技术培训的内容时，应切合教师的实际，选择一些教师能够掌握的内容，例如教学中经常用到的文字处理、演示文稿、表格的制作等等内容。

（二）培训内容应具备实用性

信息化技术的发展日新月异，应用软件升级也是追星赶月。在选取体育教师信息化技术培训内容时要选实用的技术，一些暂时不用的或者用不上的，教师就可以不学。

只有那些教师们学得会、用得上、用得好的信息化技术，才是真正在教育教学中具有重要价值的信息化技术，才是教师喜爱的信息化技术。因为教师信息化技术培训的最终目的是为了应用，是为了改进教学，促进教师与学生的共同发展。

（三）培训内容应能减轻教师工作负担

教师之所以需要信息化技术，是因为这些信息化技术能帮助教师简捷、高效地解决教育教学中的实际问题。在为教师设计信息化技术培训内容时应选取简单易学、适合课堂教学、能够减轻教师劳动强度和难度的信息化技术。那些脱离信息化教学实际需要，反而增加了教师的劳动强度和难度的信息化技术是不受教师欢迎的。

（四）培训内容应对教师创造性的提高有帮助

信息化教学，是以现代教学理念为指导，以信息化技术为支持，应用现代教学方法的教学。信息化教学强调对学习环境的设计，强调利用各种信息资源来支持"学"。作为教学中的应用技术，信息化技术必须在降低教师劳动强度的同时，能够具有提升教师劳动创造性的功能。

（五）培训内容应能促进教师专业发展

在信息化时代，信息化技术在不断地发展变化，为此体育教师信息化技术培训应着重提升广大教师的信息化素养，尤其是要强化教师自主学习能力的提高与发展。那些能够提升教师学习能力和促进教师专业发展的信息化技术，例如网上阅读、备课、教研和处理日常工作等应当作为培训的核心和重点。

信息化技术和网络的发展已经给体育教育带来了深刻的变化，基于信息化技术的体育学科教学改革已经势在必行。要做到信息与多媒体技术有机地融合到体育课堂教学中，教

师自身的信息化素养是至关重要的。

二、高校体育教师信息化素养培养的路径

（一）国家宏观层面应做的努力

1. 保证政策支持，加大经费投入

国家战略层面一直高度重视高校的信息化建设，从信息全球化以及确保文化阵地的层面上说，国家应保证高校教师发展的相关政策及连续性，给予高校更多自主权，提高高校教师教学发展中心的地位；加大投入，明确国家经费投入比重，为教师的教学发展提供保障，支持教师的教学信息化技术培训，鼓励教师的教学技术创新，提高教师的教学技能水平；加强对高校教学信息化程度的考核，引入地区和学校的教育信息化发展水平的考核指标；关心教师的专业化发展，对创新教学方法的组织机构和个人或者对教学信息化建设中做出突出贡献的高校或者教师给予奖励，通过有利于教育信息化发展的政策和制度的运行，来鼓励高校以及教师重视教学信息化的建设与发展；考虑不同地区经济发展水平和实际需求，形成区域性教育信息化发展特色。

2. 加强资源建设，发展交流平台

借鉴其他国家的教学信息化经验，例如英国利用信息技术提升教师教学计划、新西兰的"学校群"联盟、新加坡的"智慧国计划"等，发展"数字"校园、"智慧"教学，提升教学信息化水平；促进高校与信息技术企业的合作，优化并共同开发教师教育技术，推动教师交流平台建设，共享高校资源；突出教育资源建中的实用性和特色性，以教师实际需求为主，重点建设教师网站群、共享数字化图书馆、学科网站、多媒体素材库等，满足教师教学需要；由政府牵头，减少资源渠道的中间流转环节，坚持做规模适中、畅通、规范、开放的网站工具，完善教师教学资源。[①]

（二）教育行政部门应做的努力

1. 教育主管部门要认识到信息素养教育的紧迫性

思想是人行动的先导，要有效地提高教师信息素养水平，必须要先从理念上重视起来。教育信息化的发展为新课程改革创造了优良的教育教学环境，在信息化教学环境中，使得传统的教与学的方式发生了巨大转变，使得教育中新型教育理念和教育思想得以实现和升华。在信息社会中，现代信息技术与教育教学的结合，对教育教学产生巨大的促进作用。教育主管部门要明确认识到提高教师信息素养的重要性和必要性，从思想上、观念上深刻认知到信息技术为教育教学带来的巨大的改变。

2. 优化师范院校的课程设置

高等师范院校是培养未来教师的摇篮，其课程体系的设置直接关系到职前教师的信息素养水平的高低。就目前的教育形势来看，未来高师毕业生面对的教育对象是已经具备一定的计算机知识和技能的学生，将面对的教学环境已不光是传统的讲台、粉笔和黑板，而是现代化的教学设备、教学任务、教学内容和课程，以及教师角色的种种变化，要求教师

---

① 冯明，奚立川. 提升教师信息化素养 [J]. 上海教育，2019（C1）.

必须具备高度的创新意识、创新精神和学习能力。如果教师不能利用现代信息技术创造性地组织教育教学活动，他将会有面临被淘汰的可能。因此，针对基础教育所提出的挑战，师范院校的信息素养教育类课程体系不仅要培养知识型的教师，更要注重培养能够育人，掌握现代的教育思想理论，具备一定的信息化教育教学技能和实践经验，熟悉基础教育教学的规律，理解信息教育等现代教育理念的综合型教师。

（三）高校应做的努力

1. 完善相关的评价和激励机制

健全高校教学质量评价体系，制定相应的教师教学水平评价标准和教学质量的评价体系，确立相应保障教学质量的制度，是保证教师对教学积极性，实现信息化背景下教学过程的全面质量管理，保证高校教学质量的重要措施。

（1）建立合理的教师评价制度

改变单一化、模板化的量化标准，以多元化、全方位的全员评议为方向，结合同行教师、学生、院校等评价进行系统评价，构建科学合理的教学评价体系；加强对教学质量评价指标体系的研究，充分考虑教学活动的复杂性和多因素制约性以及评价技术和手段的局限性，兼顾不同学科、学院、教师类型等因素带来的影响，制定准确客观的量化指标；加强评价结果的反馈和同行听课，强化过程评价与结果评价相结合，调动教师参与评教的积极性，确保学生评价、教师自我评价、同行评价相结合，确保评价的科学性、客观性、有效性、诊断性。

（2）建立良好的激励支持环境系统

信息时代，应该利用信息技术为教师的教学能力创建良好的教学文化环境，根据国家政策支持完善校内学习平台，为培养教师教学能力提供物质基础，加大教育信息化硬件设施的投资力度，合理筹划现有信息技术设备，优化校内资源配置，进行科学化的教学管理，适应教师的教学需求；深入研究有利于实现大学使命的教育教学规律，在校内营造良好的自主学习氛围，要为教师的学习活动提供便利，为他们提供学习设施、材料、创造学习交流的机会。

2. 鼓励教师运用信息技术进行教学创新

信息时代，知识的更新速度需要高校教师时刻保持学科专业知识的高渗性与前沿性，从学术性视角审视大学教学活动，也如同高深知识的生产与应用一样，属于学术活动，这就要求教师符合教学的学术性要求，而科教融合就是把教学和科研有机融合，将科研优势和科技力量转化到人才培养中，它有助于实现教学模式由"教师中心"向"学生中心"的转变，提高教学的学术性和有效性，提升教学质量。

（1）增加教师的科研活动

不仅能提高教师自身的学术水平和研究能力，还可以促进教师提升教学能力和教学水平。"开展高水平的科学研究，有利于教师教学观念的转变，有利于教师更新教学内容和改革教学方法，学生可以直接从中受益"[1]。研究表明，科教融合是实现科研与教学相互

---

① 熊建辉. 以教育信息化推动教师专业化—访联合国教科文组织教师发展与高等教育司司长戴维·阿乔莱那[J]. 全球教育展望, 2013（11）.

促进、教学相长的有效手段，高校应促使教师将科学研究方法和教育教学方法相融通、科学成果和教学成果相融通，从而引导、促进大学教师自觉加强对教学本身的反思和研究①。在资源上要向基层教学组织倾斜，促进教师与学生共同摸索，不断反思，不断总结；利用信息化技术与网络手段融合教学和科研活动，积极开展网络教研，例如：网络教育博客记录教学日记、网络教育论坛积极开展网络教研等。

（2）建设、推广应用精品在线开放课程

高校应根据教育部的有关精神，将精品在线开放课程建设与信息技术在教学中的应用结合起来，以此为契机制定措施和办法，集中在本校推出一批精品课程，并在教师中组织交流和观摩，有力的促进信息技术在各个学科教学中的广泛应用。

3. 对教师开展培训

（1）专业进修

这种方式是指教师为了提高专业水平和学历层次，或者为了获得相应学位而参加的各种专业进修活动，包括各种自学考试、函授、远程教育等形式的专科、本科、专升本学历教育以及有关信息技术教育、教育技术等学科的研究生学位学习等。这种进修培训专业性强，所学知识比较系统全面，但对广大在职教师来说还不具普遍性。

（2）短期培训

这主要是指由各大专院校、地方教育管理部门或师资培训中心等组织的有计划、大范围、短期集中进行的信息技术应用培训活动。如由政府部门组织的骨干教师技能培训、中小学教师信息技术轮训、中小学教师教育技术能力培训等都属于这种形式。

（3）校本培训

这是指各学校利用节假日等空暇时间在校内自行组织的本校教师的培训活动。这种培训方式的特点是时间可长可短，次数可多可少，形式灵活多样，或专题讲座，或计算机知识培训，或教学观摩等。内容较有针对性，强调实用性，能有效地将信息技术与学科课程结合起来，使培训活动更具活力和效果。

（4）自发研修

这是指在职教师为了教学和科研需要，为了提高信息技术水平，提升信息素养，自发地学习相关知识、掌握相关技能和进行相关研究的活动，包括利用闲暇研读有关教育技术和信息技术教育方面的专业书刊、自行参加有关的专业培训或业务研讨会、利用信息网络资源自学、积极开展信息技术教研活动、发表教学成果等。

（四）教师自身应做的努力

1. 激发信息化教学需求，发掘内在学习动力

社会信息化为高校教学信息化提供了很好的外部环境和发展动力，从社会信息化到高校教学信息化，需要学校完成外在动力到内在动力的转变。如何激发学校内在信息化教学需求，找到内在发展动力成为促进教师信息化教学能力发展至关重要的第一步。教师应积极主动了解本学科领域信息化教学的潜在需求，将对信息化教学的认识从社会领域逐步转移到自己的专业特色领域，从自身需求出发，积极探索信息化手段在教学中的重要作用。

---

① 莫甲凤. MOOC 时代如何提升大学教师教学能力 [J]. 中国地质大学学报（社会科学版），2014（5）.

2. 提高信息化教学意识，主动进行角色转换

信息化教学不仅仅是利用信息技术达到辅助教学的目的，更重要的是信息化教学理念下教师角色定位的转变。教师应该由知识的传授者转变为学生的指导者和合作者，成为教学资源的开发创造者，课堂的"导演者"，和信息化教学的"实践者"。[①] 只有教师信息化教学的实践伴随角色的转换，信息化教学能力才能真正得到提升。

3. 树立终身学习意识，积极主动实践信息化教学

教师信息化教学能力的提升离不开终身学习，只有树立终身学习的意识，才能在教学实践中自主学习新知识、新技能。首先，教师应该根据自身特点和学科背景，制定与信息化教学相匹配的学习计划和目的，例如教学设计、知识点分割、视频制作和资源整合等，循序渐进地提升自身的技能。具备一定的信息化教学能力的教师应在实践中发现、记录问题，针对自身能力薄弱的环节自主选择学习资源，加强理论和实践能力。

第四节　体育教师专业化发展

一、体育教师专业化发展概述

（一）体育教师专业化发展的内涵

1. 专业理念

专业理念决定了对体育教师的教学行为，并指导其教学活动的进行。对于一名高校体育教育专业的教师而言，要确立良好的专业理念应注意以下几点。

（1）正确审视新的教育改革下的教师与学生的关系

教师的角色往往体现出时代的特征，这也就决定了教师的角色并不是一成不变的，它需要顺应时代的变化而变化，教师的角色必须适应时代的发展，与当下的社会需求相吻合。

在我国新的教育改革的背景要求下，我们要改变原来教学内容里出现的"从难、从偏、从繁"的状态，更多的关注学生的兴趣爱好，关注学生的个人需求，尊重学生的个体差异，鼓励学生主动参与到学习中来，培养学生探究问题的兴趣和能力，倡导学生大胆地进行学习实践和理论创新，着重培养学生分析问题、解决问题的能力及交流协作的能力，充分发挥学生的主观能动性，培养学生终身体育的意识和良好的运动习惯。在这种课程要求的前提下，体育教师应从原有的单纯机械式的灌输知识和技能的角色中走出来，传统的以教师为教学中心的观点已经发生转变。体育教师应将学生作为教学的主体，致力于引导、激发学生的能动性，使其学会主动地学习和探索，而不是一味地被动接受老师所传授的知识。教师的身份也再不能仅仅是"教育者"，更应该是"学习者"。在知识爆炸的当今社会，"教师是知识的权威"一说早已经被打破，"学会学习"不仅是教师对于学生

---

① 谢虎. 高校课程信息化教学绩效成熟度模型的构建与应用［D］. 广东：华南师范大学，2014.

的要求，更是对自身的要求，教学相长的师生关系才能促进教师和学生的共同进步。

（2）树立正确的教学观

体育教学相对于其他学科的教学有着很多不同的地方，主要特点可以概括为四点：教学场地的开放性、教学内容形式的技艺性、教学方法及手段的直接性、身体练习的负荷性，其中最为差异最为显著的就是教学内容的技艺性。教师通过讲解、示范、练习使学生获得和掌握运动技术及技巧，增强身体的运动能力，提高运动成绩，这是传统的体育教学中最为基础性的教学模式，也是体育教师作为"运动技能传授者"的主要职责之一。然而，传统的体育教学往往过多地注重运动技术，体育教师也仅仅作为传授学生运动技能教师而存在，这是一种较为单一的、低级的教学模式。如果体育教师仅仅是以"运动技能的传授者"的身份存在时，他的"专业性"是较低的，换句话说也就是他的"可替代性"是较高的。如果仅就传授体育运动技术来说，体育教师的作用远不及一个职业的体育运动教练员，其运动技巧更不如一个优秀的专业运动员。所以，一名合格的体育教育工作者，不应该只是局限于传授学生运动技能，要通过体育教学对学生进行全面的教育和培养，在促进学生身体发展的同时培养学生正确的体育观、价值观，使学生养成良好的运动习惯和体育精神。尤其是体育教育专业的体育教师，更应该注意对学生体育观及体育教育观的培养，使学生对体育有更为深刻的了解，喜欢体育并热爱体育教育事业，将体育教师的专业理念传达到学生身上，只有这样，才能真正培育出符合社会需要的全面发展的体育人才。

2. 专业知识与专业技能

"教学若被视为一种专业，则首先需要教师具备专门的知识与能力，教师要学习应该教的知识和如何教授这些知识。"[①] 完整的、系统的知识结构是构成专业化的重要标准，是专业人员从业的基本依据。体育教师的专业知识是决定其从教能力水平和个人素质的基本要素。专业知识不是固定的、一成不变的，而是随着教师自身的不断学习、教学经验的不断增长以及各种学科的发展而不断变化的。体育教育专业教师的专业知识与技能应该包含以下几个方面。

（1）科学文化知识

体育作为一门综合性的学科，有着较高的学科交叉性，其周边学科所涉猎的范围十分广泛，诸如教育学、心理学、营养学等，这就对体育教师提出了更为严格的要求，不仅仅要广泛了解各学科知识，还要讲这些知识整合起来，使之成为一个完整而系统性的知识体系并为我所用。体育教师应当明确一点的是，体育不仅仅是片面地对学生体质的增强，还应该是对于学生"人"的塑造，体育教学应当体现出对于学生的"人文关怀"。这些都不是单纯靠体育专业的学科知识和运动技能所能解决的。王维群等在《未来中学体育教师的知识结构》一文中指出："未来中学体育教师合理的知识结构，由普通基础知识、体育学科专业知识和体育教育知识3大类6各方面的60门知识构成。这3大类知识的关系是：第一大类知识是结构的基础，它是形成教师教学能力和学习另两类知识的基础知识。第二大类知识是结构的核心，它制约着体育教师教学、训练、科研、保健和社会活动等能力的高低。第三大类知识是结构的支架，它对教师的教学能力起决定的作用，只有掌握了这类

---

① 吴昊. 走向贯通：新世纪体育教师教育的发展观 [J]. 体育文化导刊, 2006 (2).

知识，教师才能在体育教学中舒展才华，更好地完成体育教学的任务。"①

由此可见，体育教师不仅是"运动技能的教授者"，更应该是学生人生道路上的教育者和引路人。只有具备广博的科学文化知识并在教学实践中加以运用，才能获得学生的信赖与尊敬，才能激发起学生主动参与学习积极性和探索问题的欲望。对于教师自身而言，广博的文化知识也是提高自身素养的根本要求，可以这样说，如何看一个人的素养的高低，要看他所占有知识的多少及深度。这是作为一名职业教育工作者所必备的条件，亦是教师专业化对于体育教师的一项基本要求。

（2）体育学科的专业知识与技能

体育学科的专业知识与技能指的是与体育教师任教学科相对应的有关体育专业方面的学科知识与运动技术。教师要完成教学任务，必须依靠丰富的专业知识和技能，只有系统、熟练地掌握所教学科的知识与技能，才能初步成为一名专业的体育教师。

体育教师区别于其他学科教师的特点之一，除了需要熟练掌握体育学科相关的理论知识外，还需要具备良好的运动技能。因为运动技巧要求教师亲自示范以施教，不是只靠教师的讲解和学生的思考就能起效的。虽然说体育教师不应该仅仅是一名"运动技能传授者"，但他首先必须是一个"运动技能传授者"。所以，良好的身体素质和精湛的运动技术技巧是一名专业化的体育教师所必备的。

（3）教育专业知识

杜威在他的著作《我们怎样思维·经验与教育》中指出："为什么教师要熟悉心理学、教育史和各科教学法？这主要有两个原因。一种理由是，他能凭借这类知识观察学生的反应，迅速而准确地解释学生的言行，否则，学生的反应可能察觉不出来；另一个理由是，这些知识是别人用过而又有成效的方法，在需要的时候，他就能凭借这些知识给儿童以适当的指导。"② 体育教师作为专业的教育人员，不仅需要体育学科方面的专业知识，更需要教育专业的知识。教育专业知识一般来说可分为三种。

第一，一般教育学知识。一般教育学所包含的内容十分广泛：教育基本理论、教育心理学、教学论、教育社会学、教育科学研究等。体育教师只有全面而系统地掌握好教育学科的专业知识，才能将本专业的知识技能传达给学生。

第二，体育学科教学知识。指教师对本专业学科知识、教育学、心理学及学生特征的综合理解。对于一名体育教师来说，在教授课程时要能明确一堂课的中心内容，以怎样的形式教学能让学生更快地掌握运动技术，如何激发学生的学习兴趣和主动性，这些都是需要掌握的基本的教学知识。

第三，教学情境知识。指教师在具体的教学活动过程中，面对不同的情况所采取相适宜的教学行为的能力。由于体育课场地、器材、课程要求等的特殊性，体育教师尤其要具备这方面的知识，这就要求我们的体育教师要在教学过程中不断的精益求精，勇于面对问题、解决问题，总结经验教训，不断提高教学质量和水平。

---

① 向家俊.体育教育专业学生术科能力欠缺的原因及解决对策 [J].体育学刊，2007 (4).
② 李尚明.教师专业化发展趋势及现代教师培养方式研究 [J].教育与职业，2007 (17).

（二）体育教师专业化的必要性

1. 体育教师专业化是社会分工与社会发展的内在要求

人类生活方式的日益复杂和知识经验的不断积累必然导致社会分工，并由此推动着社会的发展。随着社会的发展和进步，对职业技能的专业化程度要求越来越高，以至于不能通过一般的、简单的社会化手段来获得，必须通过专业化的手段才能获得。教师职业同其他职业一样，随着社会分工越来越精细化，而逐步走上了专业的发展道路。人类社会发展到今天的信息化社会，知识社会，必然要求包括体育教师职业在内的各种职业的专业化。体育教师教育专业化体现了社会分工与发展的内在要求。

包括体育教师职业在内的教师职业专业化在人类社会教育发展的历史长河中，经历了漫长的发展过程。原始社会的教育是在生产中进行的，一般以"长者为师，能者为师"，因而没有专职教师，更没有体育教师。人类进入奴隶社会以后，专门的教育机构—学校产生了。西方国家的学校大多设在僧院和教堂，以"僧侣为师"，而东方国家的学校大多设在官府，则以"官吏为师"。进入封建社会以后，在古老的中国出现了"官学废弛，私学兴起"的局面，以"学者为师，智者为师"替代了"以吏为师"。西方在文艺复兴运动中，世俗学校崛起，教师职业才完全分化出来，随后又产生了培养专职教师的体制—师范教育。到了现代，由于社会主义国家的诞生，加速了社会进步和人类精神文明，教育事业得到充分的发展，各级各类学校呈现出普及之势，教师职业也有了突破性的发展，教师的社会地位经过附属职业、独立职业的历史阶段，朝着专业化职业的社会地位跃升。教师职业实现了由经验型、随意型向专业型的历史性转变。这些转变既是社会分工与发展的内在要求，又是社会分工与发展的必然结果。

体育教师由经验型、随意型向专业型的转变，在推动社会进步与发展的同时，对体育教师教育也提出了新的要求。首先，对体育教师教育质量提出了新要求。教师资格证书制度的建立与实施，不仅要切实提高体育教师职前培养的质量，而且要与国家教师资格认定机构的体育教师规范和体育教师专业标准相接轨。其次，国家体育教师教育机构认定制度的实施，要求高等师范院校，尤其是体育专业院校要切实改革过去简单地组合教育专业课程和体育学科专业课程的传统师范教育，深化体育教师教育课程改革，调整课程结构，提高体育教师教育课程的专业化水平，达到国家管理部门的规范要求。最后，体育教师资格等级制度和任期制度的实施，要求高师院校体育院系朝着多层次和多种类的综合性办学模式的方向发展，不仅要培养适应社会发展的专业化的体育师资，还要承担社会上在职体育教师或体育教育工作者的培训、复训和规范的考核评价任务，更应注重在职体育教师的继续教育和培训。所有这些，都是由于社会分工与社会发展要求包括体育教师在内的教师专业化发展的必然结果。

2. 体育教师专业化是终身教育发展的必然结果

终身教育的思想早已有之，只是到了 20 世纪 60 年代，终身教育思潮席卷了教育领域各个角落。在联合国教科文组织和其他一些经济、文化合作组织的推动下，得到丰富和发展。

终身教育的理论和实践在 20 世纪 90 年代形成了一个完整的教育体系，师资培养也随之逐步向终身教育发展。日本从 1992 年就开始实施"新教师研修制度"。英国政府也于

1992 年发布了教育白皮书，规定了新教师和正式教师的进修任务和要求。美国 1997 年颁布的《教育改革法》把师资培养的重点放在推动教师在职培训上。韩国 1994 年制定的"21 世纪为创造新韩国的教育改革计划"中，提出不仅要加强对教师进行周期性培训，同时也要加强对选修课教师的培训。中国先后出台了《中国教育改革和发展纲要》《面向 21 世纪振兴教育行动计划》，要求在一定时期内，通过教师补充和在职培训，绝大多数中小学教师要达到国家规定的合格学历标准。1996 年联合国教科文组织发表《教育：财富蕴藏其中》的报告认为终身教育的概念是进入 21 世纪的关键所在……终身教育超越了职前教育和继续教育的传统界限，能迎接快速发展的世界提出的种种挑战。教师终身教育的理论与实践表明，实施教师教育一体化，是教师教育改革发展的必然趋势；是世界各国面对新世纪，应对新挑战，提升教师素质，促进 21 世纪教育大发展的必由之路；也是广大教师在今后的教育实践中能够保持与时俱进，始终站立于教育、教学、教研的前沿阵地，始终立足于教育改革发展的潮头，夯实教师职业专业化的坚实基础。

3. 体育教师专业化是提高体育教师社会地位的有效途径

"体育教师社会地位和社会印象与其社会作用不符的现状，是历史的习惯势力、体育教师队伍的不合理结构、其培养过程中的缺陷以及不合理的物质待遇等多方面的原因造成的"①。社会学理论认为，衡量一个职业的社会地位的主要因素是经济收入、职业声望和权力。② 提高体育教师的社会地位，就要从提高体育教师的经济收入、职业声望和权力入手，走专业化的发展道路。

首先，体育教师教育专业化能提高体育教师的物质待遇，进而提高体育教师的社会地位。吸引有志从事体育教师工作又有体育教师必备能力的人进入体育教师行业的"决定性因素是教师的社会地位和物质待遇的改善"③。衡量体育教师的物质待遇或经济收入的重要因素是体育教师的工资水平。"工资的高低常常被人们视作社会地位高低的一种标准"④。虽然体育教师的劳动成果不能完全用经济收入或工资水平来衡量，但是，物质待遇的好坏、经济收入或工资水平的高低也能在一定程度上反映出体育教师的社会地位来。一般而言，教师的经济收入在社会的各种职业中，高于一般体力劳动的职业或蓝领工人的收入，而低于其他的较高等级职业。换句话说，教师的经济收入常常处在社会中等收入水平。"世界各国普遍认为教师的社会地位不高，特别是中小学教师。因为他们的工资一般均低于企业职工的工资和国家公务员的工资"，"教师的工资收入在专业人员中低的这种情况在中国更是如此"⑤。体育教师的物质待遇低，经济收入或工资水平偏低的直接后果就是使现职体育教师体育教育教学工作的精力投入不足，而对那些愿意在中小学任教的体育师范毕业生又会产生不良的影响，最终的后果就是影响教师的专业发展，导致基础教育质量滑坡。解决此问题的有效办法就是推进教师职业的专业化，提高体育教师的专业化水平，使体育教师职业朝着像医生、律师一样的成熟专业方向发展，获得像医生、律师一样的专业地位，体育教师的物质待遇、经济收入或工资水平就会提高。在提高体育教师物质

① 刘德佩．论我国中小学体育教师的社会作用及当前师资队伍发展中的主要问题 [J]．体育科学，1983（3）.
② 刘传进．呼唤与回应：体育教师教育专业化课程改革 [M]．西安：陕西人民出版社，2010：81.
③ 谢维和．教育活动的社会学分析：一种教育社会学的研究 [M]．北京：教育科学出版社，1999：310.
④ 刘捷．专业化：挑战 21 世纪的教师 [M]．北京：教育科学出版社，2002：189.
⑤ 刘捷．专业化：挑战 21 世纪的教师 [M]．北京：教育科学出版社，2002：189-190.

待遇的同时，也提高了体育教师的社会地位，与之俱来的是，使那些不安心体育教师职业的人安心了，使那些安心体育教师职业的教师全身心地投入到体育教育教学过程中了，基础教育的质量还能不提高吗？

其次，体育教师的专业化水平越高，体育教师的职业声望越高，提高体育教师的专业化，就是提高体育教师职业声望。职业声望是人们对某一种职业的意义、价值与声誉的社会反映与综合评定。所谓教师的职业声望，是人们对教师职业的社会评价。

国内外学者关于教师职业声望的研究一致表明："教师职业声望的排位是比较稳定的"，"在整个职业声望结构中居于中上"并"有逐渐提高的趋势"[①]。职业和专业的区别就在于专业的职业声望要高于一般职业的社会声望。体育教师专业化水平越高，越接近成熟专业的水平，体育教师的社会声望就越高，提高体育教师的专业化水平，就是提高体育教师职业的声望。

最后，权力也是衡量体育教师社会地位的一个重要因素。体育教师的权力不像行政权力或其他权力，它是一种专业性的权力。这种专业权力表现在体育教师教育教学活动中，是体育教师在学校中对学生、班级和课程等教育资源所具有的权力。体育教师的这种专业权力，使体育教师在学校和体育教学活动中获得了相对于学校和教育行政管理权力的独立性，并通过这种独立性形成了对于学校中各种体育教育资源的使用和控制，以及对学生的影响。就专业而言，专业自主权是达到完全专业的重要标志。体育教师的体育教学活动，不同于其他教师的教学活动，体育教学活动常常处于一种复杂的室外环境中，多变的因素很多，因此，体育教师必须根据当时的教学情况，对整个体育课堂教学活动进行巧妙地构思与灵活的处理，这就要求体育教师富于创造性地劳动。从这个意义上讲，体育教师在课堂教学过程中，享有更多的自主权。另外，体育教师是基础教育课程改革的核心，在体育教育科研、体育课程改革、体育课堂教学改革都应享有一定的自主权，只有他们在教学改革中主动发现问题，并实施学术自主，才能更好地推动体育教学改革的深化。像医生、律师这样的成熟专业，他们在专业活动中享有很高的专业自主权，体育教师向着这样成熟专业方向发展，不断提高自己的专业自主权，进而提高体育教师的专业地位。

二、体育教师专业化发展的途径

（一）体育教师职前教育

1. 以专业化取向改革体育教师职前教育课程体系

相对以往教师总体的社会地位及专业地位不高而言，体育教师的社会地位及专业地位则更为低下，"同工不同酬"是一些学校体育教师经常面临的问题。长期以来不仅优秀学生报考体育教育专业的相对不多，而且没有经过体育教育专业教育的人也常挤进体育教师队伍。退伍军人、退役运动员直接从事体育教学是常见的现象，以至于体育教师形象有了"军人""教练员"的色彩，而缺少"体育教育者、育人者"的形象。这说明，体育教师的社会地位及专业地位有待提高。其途径虽然很多，但提高体育教师的专业化程度则是更为重要的途径，而这最终要通过体育教育专业课程的专业化来落实。以往体育教育专业课

① 谢维和.教育活动的社会学分析：一种教育社会学的研究 [M].北京：教育科学出版社，2000：116.

程改革中的一个问题就是过于强调"学科"与"术科"的比例，其隐含的前提仍是基于一次性本科教育即可培养优秀体育教师的理念，这种理念并不把体育教学工作看作专业性工作，也不把体育教师看成是需要不断学习和探索才能趋于成熟的专业人员。实际上，"学科"与"术科"只是体育教师专业发展诸多内涵中的一个方面。因此，以视体育教师是专业为前提，以促进体育教师专业化发展为直接目标，即以专业化为取向进行体育教育专业的课程改革就显得十分必要。

当今世界，教师专业化发展把教学工作及教师当作专业性工作和专业人员，因此，教师教育专业化取向就要求教师教育的方案要按教学工作的性质和教师专业发展的要求进行规划实施；而体育教学、体育教师又属于"教学"和"教师"的范畴，那么，作为教师专业教育的一种，体育教师教育专业化取向，要求目前师范院校和体育院校的体育教育专业的教育方案，要按体育教学的性质和体育教师专业化发展的要求去规划、实施。由于专业是按特定方向组织起来的课程体系，也即是说，按一定方向组织起来的课程体系就是专业的实体。因而，从教育内容的视角看，体育教育专业的专业化取向从根本上说还要通过相应的专业课程体系来体现和落实。因此，以通过促进体育教师专业发展来促进体育教育、教学质量提高为目的的体育教育专业的改革，必然要求其课程改革以专业化为取向。根据教师教育专业化的核心思想，可以认为，体育教育专业课程改革的专业化取向是：以促进体育教师专业发展为中心进行专业课程体系的统整，尤其注重能体现其专业性的课程构建，以为体育教师的专业发展提供课程支持和支撑。这不仅只是对师范教育专业化趋势的顺应，也是基于对以往体育教师社会地位及专业地位的反思。①

2. 完善体育教育学学科体系

早期体育教育专业更多地依赖于教育学、心理学、生物学和医学学科为学科基础，随后体育教学法、体育理论、学校体育学等体现体育教育、教学特点的学科课程开始出现并受到重视。可以说，以培养体育师资为本的体育教育专业是建基于教育科学、人体科学和体育教育学之上的，这不仅反映在专业的课程中，也反映在国家的有关文件中。但从我国体育教育的课程发展中也可以发现，在以上三类学科中，我国对体育教育学类课程的开发与开设重视不够，能体现此类学科知识的课程往往是"体育理论"或"学校体育学"，也反映出对这一学科的研究有所忽视。而我们所忽视的这个体育教育学类学科课程却正是最能体现体育教育专业特征的支撑学科，尤其在当今体育专业教育已广泛分化、非师范类专业相继出现的背景下。专业性的职业不仅应有相应的基础学科（组）支持，也更应有能突出体现该专业独特性的支撑学科来支撑；同样，专业教育不仅要有相应的基础课程也应有能体现该专业教育之所以存在的支撑课程，否则这一专业教育就无存在的理由。这个支撑课程也就是所谓的专业课。所谓专业课，一般认为是与基础课相对，旨在使学生掌握必要的专业知识和专门技能，重在专业理论、基本规律的教学，指高校各专业为教授学生该专业的专门知识、专门理论、专门技能所设置的课程。② 显然，强调专业性是专业课的特征，而体育教育专业的专业性在于"体育教育"。因而，体育教育学类课程，理应是体育教育专业的支撑课程即专业课。如果说，在体育专业教育还只是以培养体育教师为本、体

① 王健. 体育专业课程的发展及改革 [M]. 武汉：华中师范大学出版社，2003：149.
② 张胜利，邢振超，孙宇. 高校体育教学与科学训练 [M]. 北京：九州出版社，2015：148.

育专业教育还没有分化的情况下，我们不强调专业的支撑学科或课程还可以理解的话，那么在体育专业教育已经分化且各专业已有明确培养指向的现今，专业教育就应有支撑专业存在的学科和课程，以体现所培养专门人才的特性。就体育教育专业来说，这个支撑学科及其课程就是体育教育学及其课程，换言之，体育教育学类课程就是体育教育专业的"专业"课程。

体育教育专业课程改革专业化取向的根本要求，就在于必须明确并构建专业化的课程体系，这个体系不仅要有宽厚的专业基础课，还应有体现并反映体育教育、教学特性的专业课。因此，明确专业的支撑学科及课程并按体育教师专业发展的要求对其合理构建，是以专业化为取向的体育教育专业课程改革的基本要求之一。由于我们长期以来对此有所忽视，在以往教育行政部门所颁发的体育专业教学计划中，尚未发现有"专业课"一词，类似的提法往往是"专业基础课""专业技术课"，或"专业主干课"，其所列课程并非都是真正的"专业课"。这种较宽泛的提法，源自对体育教育教学及体育教师职业专业性的认识不足，以及相应的专业课程的非专业化取向。从其所列课程名称看，虽明显有别于其他非体育类师范专业，但尚难明显区分于其他相近的体育类专业。因为这类提法所包括的人体运动生理、人体运动解剖、田径、球类等课程，是各相关体育专业的共同基础理论和技术手段课，并非体育教育专业所独有，因而难以成为该专业的支撑课程即专业课。而以专业化为取向的体育教育专业课程改革，是把体育教育、教学及体育教师视为专业工作和专业性职业为前提，这就要求专业教育不仅要为体育教师专业化发展提供必要的专业基础课，更要求提供能体现并支撑其专业发展特殊性的专业课。而体育教育学类课程则是其专业课的集中体现。

由于学科是课程的资源，且由于长期对体育教育学学科研究的重视不够，构建体育教育学类课程首先要从该学科的建设入手。因而，构建并完善体育教育学学科，是专业化取向的体育教育专业课程改革的前提工作。

由于以往对体育教育学学科研究的不够重视，对体育教育学的界定、学科体系也缺少研究。但概括地说，体育教育学是研究体育教育现象、本质及发展规律的学科领域。虽然对其研究的范围还难做定论，但体育教育的目的、体育教育的内容、体育课程编制、体育教育与人的身心发展的关系、体育教育的手段、体育教育的评价等，应是其研究的主要问题。虽然体育教育学学科与体育理论、学校体育学、体育教材教法密切相关，但并非它们的简单相加。影响体育教育学发展的重要因素之一，就是以往常将它们等同，或视为几者的相加。体育理论和学校体育学主要是研究与揭示学校体育工作基本规律、阐明学校体育工作基本原理和方法的总括性学科，由于其"总括性"而难以对体育教育有关问题深入探索。而体育教材教法则着重各具体运动项目的教法分析，对体育教育的原理涉及不深。虽然，这二者包含体育教育学的部分内容，但从以往的体育理论、学校体育学、体育教材教法学科内容来看，已难以适应培养新型体育教师的需要。当今社会对体育教育的本质开始重新认识，体育教育与健康教育的关系日趋密切，体育课程改革问题已集中地提上日程，体育理论、学校体育学、体育教材教法三门学科已经难以适应当前社会发展以及课程改革的需要，建立体育教育学这一学科体系实为时代和发展的需要。

体育教育学的构建至少应包括三个层面或领域。第一，从哲学意义和原理意义上探讨体育教育与人的身心发展、与社会发展的关系，探讨体育教育目的任务、内容及原则方法的关联性，具体包括体育教育原理、体育教育思想史、各国体育教育比较等；第二，探讨体育教育内容的选择与组织实施和评价问题，即体育课程的编制问题，具体说包括构建体育课程论；第三，体育教学方法与体育学习方法的基本原理与实践，以及该领域的特殊性问题，具体说，包括体育教学论、运动技术学、体育方法学、体育评价学等。总之，体育教育学是一个学科群。在它之下，存在着众多的具体学科，构建成的体育教育学的一个完整的学科课程体系，包括体育教育思想史、体育教育原理、各国体育教育比较、体育课程论、体育教学论、运动学习论、运动技术学、体育教育评价论等多个分支领域。但对本科体育教育专业来说，不必以课程形式与之一一对应。体育教育学科的构建，并非只针对本科体育教育专业课程改革而言。因为，体育教师的专业化发展是持续不断的长期发展过程，本科教育阶段只是其专业发展的预备或初期阶段，本科教育只是预备性教育。[①] 因此，体育教育学科体系的构建与完善，是为体育教师专业全程发展提供支撑课程而言的。

3. 调整课程比例，改革课程内容，拓宽课程门类，完善课程评价机制

按照以专业化取向改革体育教师职前教育课程体系，完善体育教育学学科课程的思路，针对我国体育教育专业课程体系中专业性不足，体育教育专业课程内容反映的基本上是 20 世纪八九十年代科技发展水平，由于知识内容传统陈旧，没有把各学科的最新研究成果、动态编入教材，理论无法与不断变化的生活实际联系起来，改革必须更新课程内容，应与当前中小学体育教育改革紧密相连，使学生能学有所用；必须调整学科专业课、教育专业课以及公共基础课之间的比例，适当增加教育专业课程在总教学时数中的比例，特别要强化学生的教育实习与见习；要拓宽课程门类，如教育专业课程，要打破"老三门"的局限，多开设一些能开阔学生视野的教育课程如世界教育流派、中外教育哲学思想、教育学系列专题等课程；在学科专业课设置方面，应从强调专业对口向拓宽专业口径方面转变，打通专业基础课，以增强专业的适应性，同时增设文化基础课，为专业发展奠定广博的文化基础；在公共基础课方面，适当调整社会科学与人文科学、自然科学课程的比例，培养学生的综合素质。

当前培养出来的体育教育专业的部分毕业生实践能力不强，这与目前体育教育专业课程单一的评价机制有关。要改变这一局面，必须对体育教育专业课程评价机制进行改革。具体地说，课程评价可以采取几种评价方式：着眼于学业成就的评价，可以通过课程的实施对受教育者带来的变化对课程价值进行判断，这是一种很普通的课程评价方式，这种评价方式过于单一，毕竟学生的"输出"不是唯一的决定因素。因此，课程评价还可以采取综合性的评价方式，即考察课程的各构成要素的首尾是否达到一贯性，比如课程目标和课程内容是否一致，课程内容与课程结构是否统一等。这是一种较客观的评价方式，着眼于教学的评价，也是课程评价的一个方面。这种评价采取的是对教学直接相关的因素比如教学目标、教学方法、教学手段等因素的评价，或者对教学间接相关因素如教学管理、教学组织等因素的考察，以此来判断一门课程的价值，推进新课程的编制。

---

① 黄爱峰. 体育教育专业的发展与改革 [M]. 武汉：华中师范大学出版社，2008：110.

（二）体育教师入职教育

1. 建立健全体育教师入职教育制度

建章立制，依法管理，是做好教师入职教育工作的根本保障。入职教育是连接职前教师培养和职后教师教育的桥梁，是实现教师教育一体化的中间环节。把初任体育教师入职教育作为教师教育的中间环节来抓，就必须进一步建立健全教师入职教育制度。目前，我国还没有针对初任教师入职教育的专门法律和规章，只是在 1999 年实施的《中小学教师继续教育规定》中，用相关条款规定新任教师必须接受培训，这样容易把教师入职教育看作是教师继续教育的一个组成部分，致使实践中入职教育在教师专业发展中的重要而独特的作用体现不够充分。因此，应尽早将针对教师入职教育的立法工作提上日程，并制定相应的配套政策和具体实施方案，对教师入职教育的内容、形式、实施过程、监督检查、考核评价等做出详细规定；将教师入职教育与教师资格和聘任制度挂钩，使之成为获得正式教师资格及转正定级的必要条件，从而保证教师入职教育扎扎实实地得到落实。

与此同时，各级地方政府、教育行政管理部门和学校应建立健全一套符合国家政策和自身实情的体育教师入职教育管理体系和运行机制，真正把入职培训、考核环节有机结合起来，逐步使体育教师入职教育工作制度化、规范化，把教师的参加入职教育与转正定级、晋升工资或职称联系起来，从而提高体育教师参加入职教育的积极性，逐步形成多层次的入职教育法规体系，为中学体育教师入职教育工作提供政策保证。

2. 研究并完善体育教师入职教育的内容

按照体育教师的思想素质、知识结构、能力水平等方面的要求，结合体育教育改革的新动向、新成果，加强对教师成长规律、入职教育发展规律的理论研究，不断总结成功的体育教师入职教育工作的经验，科学制定体育教师入职教育工作规划，积极构建适应体育教育改革和体育教师个性发展的入职教育课程体系，不断丰富和完善体育教师入职教育的内容。根据近年来体育教师入职教育的经验，目前应重点加强体育教师入职教育在师德修养和新知识、教育理念以及教育教学技术能力方面的培训，从体育学科性质和特点出发，坚持"学之能用，用之有效"的原则，紧扣基础体育学科教改动态、课改方向、教材内容和教学理念与方式的改革，让准备入职的体育教师通过入职教育了解教学改革最前沿的知识，在教育理念上得到启发、感悟和更新，以保证入职教育所传授知识和技能的先进性。

3. 完善体育教师入职教育的形式

（1）要注重多种形式并举，突出培养自我反思能力

我国初任体育教师入职教育活动安排主要是通过行政命令系统来通过的。行政部门规定学校指派初任体育教师参加行政单位所规定的各种活动，或行政单位要求学校应该组织什么样的活动，初任体育教师必须参加。这样初任体育教师处于一种被动状态，难以发挥积极主动性。而组织培训活动的单位，也主要是把完成行政任务放在首位，而不是把初任体育教师的需要放在首位，这样自上而下的行政管理主义的培训方式很难做到培训的针对性，实用性。另外，借鉴其他一些学科在新教师入职教育工作中采用的注册课程、网络支持等形式，可以提高优质教学资源，为新教师提供学习优秀体育教师教学课件与经验的方便性。同时，各级地方教育行政部门和学校应尽量为初任体育教师定期组织初任教师进行

研讨，使他们共同讨论、交换心得、促进反思；积极为初任教师创造参加专业研讨会、座谈会等机会，以帮助他们获取专业新知；鼓励初任教师积极参与合作学习、同辈视导、合作研究等活动，以吸取别人的优点，增进专业能力。此外，还要动员初任教师积极从事教学研究，发表研究成果，撰写论文，以提高教学研究能力。

在多种培训形式中，应注重提高初任体育教师的教学反思能力。提高初任体育教师的反思能力不仅可以增强他们的责任感、提升其专业品质和工作境界，还可以丰富初任体育教师的实践性知识，从而为他们教育能力的可持续发展提供了可能。[①] 目标前，教学反思的理念已经得到了许多教师的认同，因为相对于知识的培训和合作学习的模式而言，对自己的教育教学实践进行反思，将更有助于提高自身的教育教学技能。而初任体育教师也只有通过与"过去的我"的不断对话，才能在不断地累积过程中逐渐成长为经验丰富的专家型教师。教师反思的方法有很多，常用的有写教学日志、课后小结、教学研讨法、观摩分析法、记录教学案例等。其中写课后小结和教学日志是两种有效的方式，可以在初任体育教师帮助计划中加以利用。

（2）在实践中要注重不断完善指导教师制

实践证明，指导教师制是学校培养教师的一种大家普遍认可的较为方便、有效的方法。实践中，导师既可能是教师个体，也可能是教研组、备课组、教学协作指导小组等教师群体。导师主要来自校内从充分挖掘资源来看，学校要积极组织特级教师、名优教师和校外名师参与本校教师的入职指导。调查发现大多数学校都采用了这一种方法，初任体育教师也普遍认为效果较好。确实"指导教师制"能够发挥优秀教师的指导作用，避免初任体育教师成长道路上走弯路，但是不同学校的"指导教师制"所取得的效果却很不一样，同一所学校中的效果也不一样。因此我们认为，学校要在实行"指导教师制"的同时，追求它的高质量，真正发挥出它的作用。

指导教师是决定教学指导成败的关键性因素。具体的实施中，首先要确定选择指导教师的条件。在慎重选定指导教师后，应对他们进行系统培训。明确指导教师的职责范围，明确规定"指导教师制"的时间，由于教师个体之间的差异性，有的初任体育教师度过入职期只需半年，有的需要一至两年，有的则需要二年或更长时间。我们建议指导教师开展指导的时间应是一年至二年。初任体育教师工作一年后，对其教学或其他工作进行考核，看需不需要继续指导，未通过的再延长一年。

4. 加强体育教师入职教育的管理与考核评价

入职教育在整个教师教育过程中发挥着承前启后的作用，涉及初任体育教师的任职学校、毕业院校、初任体育教师的培训机构、地方教育行政管理机构等多个部门及人员。根据体育教师入职教育的实际情况，发现只有构建完善的教师入职教育组织和管理体系，才能协调好所有参与机构和人员之间的关系，入职教育的功效也才能得以充分发挥。根据目前的状况，应该尽快构建一个地方教育行政部门、教师职前培养机构和中学之间相互协调、相互合作的"三位一体"的教师入职教育组织和管理体系，如成立"初任教师指导委员会"来统一协调体育教师入职教育工作。

目前体育教师的入职教育基本没有考核评价环节。只有教育培训，没有考核评价，教

---

① 张胜利，邢振超，孙宇 . 高校体育教学与科学训练［M］. 北京：九州出版社，2015：153.

师入职教育往往变成可有可无的形式，在具体工作中得不到重视。增加体育教师入职教育考核评价环节不仅有助于提高培训质量，而且对参加入职教育的体育教师的培训积极性、工作的创造性都有重要的促进作用。对培训效果的科学评价，可以为进一步改进和完善培训起到非常好的促进作用，推动体育教师入职培训工作真正落到实处取得实效。评价方式可以采用指导教师对初任体育教师评价、学校通过教学常规的检查、学生反馈、公开课教学、教学基本功检查等相结合对体育教师入职教育的效果进行全面考核，对考核合格者可聘任为正式教师，不合格的可延长试用期和培训时间，以发挥体育教师入职教育的真正作用。

（三）体育教师职后教育

1. 体育教师的职后教育工作必须具有前瞻性与多样性

前瞻性指的是超前性、发展性。教育的属性之一是超前性，教育是面向未来的事业，教师职后教育更要具有超前意识。体育教师职后教育必须强调按需施教，让体育教师能学以致用，尤其是注意研究新动向、新技术，还要注重研究人才和技术的需求状况，持续地提供新资讯，使职后教育的发展始终走在前端，发挥对实际工作的超前指导作用。这要求我们提供的体育教师职后教育必须突出将重点放在更新体育教师教育观念，更新知识结构，不断完善教学手段、方式和内容，只有这样才能实现职后教育的超前性。

还要注意体育教师职后教育的多样性。体育教师的职后教育在时间和空间上与传统学校教育相比存在很大不同，体育教师职后教育的发展应试图将这些因素有机地整合，甚至应扩展到整个人的各个方面，才能使体育教师的职后教育可持续发展。另外，职后教育的发展要考虑体育教师在不同的职业发展时期有不同的需求反映，根据不同的需求和反映，应体现出体育教师职后教育内容与方法的不同。体育教师职后教育的多样性也应体现在学校教育和社会教育的结合上，实现各种教育形式的综合统一。

2. 进一步细化体育教师职后教育的目标

对于体育教师职后教育而言，教师专业化不仅提出了发展总目标，而且为我们设立具体目标指明了方向。按照教师专业化的要求，我们在设计具体的培训项目时，应根据培训对象的不同，针对不同的培训需求，设置不同的具体职后教育目标。例如，在体育教师职后教育类别方面，我们可以细化为面向全体体育教师的教师岗位培训、学历提高培训、骨干教师培训等。区分不同类别的培训目标，可以提高体育教师职后教育的针对性与实效性。

当前，按照教师专业化的要求，体育教师职后继续教育的目标面临着由改革开放初期的重视"学历达标"向重视"能力提升"的转化。因此，面向全体体育教师岗位培训的目标就是通过培训，使体育教师逐步树立正确的教育观念，具有良好的职业道德，不断完善知识结构，不断提高履行体育教学岗位职责的能力，适应学校体育实施素质教育的需要。

学历提高培训的目标应是通过培训，提高受训体育教师的学历层次，使体育教师的体育教育教学水平和体育教育科研能力明显提高。

骨干体育教师培训的目标应是通过培训，使骨干体育教师在思想政治与职业道德、体育专业知识与学术水平、体育教育教学能力与体育教育科研能力等方面有较大幅度的提高，提高他们实施素质教育的能力和水平，发挥他们在实施素质教育中的骨干带头和示范辐射作用，使其尽快成长为体育教育教学专家、学科带头人或骨干力量。

3. 重视体育教师培训机构的建设，确保体育教师职后教育实施的体制框架

要推进体育教师职后教育工作的深入开展，必须重视体育教师培训机构的能力，尤其是基层体育教师培训机构的建设。随着体育教师教育从低层次向高层次过渡，从职业定向到专业发展，教师教育在模式上也由封闭向开放型过渡，但体育教师教育的开放并不是说所有的学校和所有的教育机构都可以办体育教师教育，而是说只能允许那些符合条件的大学或培训机构来经办。确认哪些学校能够办体育教师教育，则需要政府领导的教师教育委员会根据体育教师教育的基本要求，制定体育教师教育机构资格标准，对申请经办体育教师教育的教育机构进行严格审定和定期检查，在制度上保证体育教师教育的质量。与此同时，要把"培训者培训"作为建设体育教师培训机构的一个重点来抓，使"培训者培训"具有一定的层次、规格，真正成为体育教师职后教育的先行工程。为此，教育行政部门要加强统筹协调作用，发挥管理性的指导功能，尤其是要利用研究力量加强对各地培训者培训的业务指导。只有建立完善的体育教师职后教育机构和规则管理制度，建立体育教师职后教育的完整体制框架，才能保障体育教师职后教育得以真正落实和不断发展，提供更多的高质量培训。

4. 完善体育教师职后教育机制，加强职后教育与职前教育的有机衔接

体育教师职后教育的效果与质量，很大程度上离不开职后教育机制的完善。针对目前各级教育管理部门，尤其是基层学校对体育教师职后教育"讲起来重要，落实起来次要"的状况，应通过行政和法律手段制定政策，创立体育教师专业发展的职后教育保障机制；完善体育教师职后教育发展的驱动机制；健全外在利益和荣誉驱使与内在发展要求推动相结合的激励机制；形成体育教师专业发展组织形式的多样化格局；建立体育教师职后专业发展的鉴定与评价机制等路径，来提高体育教师职后教育的质量，促进体育教师整体素质的提升。同时，针对体育教师职后教育培训与目前学校基础体育教育发展的实际需要结合不够紧密的现实情况，应在中小学体育教师职前培养、入职培训与职后教育的全过程中，落实每个阶段的教师教育任务与目标，加强三者之间教育内容与方法相互衔接的研究，使各个阶段的教师教育都可以相互连贯，进一步提高体育教师教育的质量。

5. 加强过程管理，实施教师职后教育质量的评价制度

一般的体育教师职后教育培训时间都较短，单靠短时间的集中教育培训，绝对不可能使受训者的观念、知识结构、体育教学技能产生根本性的变化，因此体育教师职后教育培训更重要的是注重挖掘参训者的主动参与意识，以此来带动体育教师的继续发展。所以，应建立动态的、持续发展的体育教师职后教育组织管理模式，使培训渗透到体育教师实际教学过程中，与体育教师职后的教育教学继续形成联系，促使其在专业发展的道路上继续前进。

教师评价具有导向和激励作用，评价不仅能够评判优劣、区分等级，也能够改进提高，促进发展。[①] 因此，有必要强化体育教师职后教育的评价制度。体育教师职后教育是为了促进教师专业成长，重点在于提高教师的思想政治道德水平和体育教育教学能力和体

---

① 张胜利，邢振超，孙宇. 高校体育教学与科学训练［M］. 北京：九州出版社，2015：142.

育科研能力。所以，评价应体现出"德"为首、"能"为主的基本要求。为了更好地促进体育教师自身的发展，提高职后教育的效能，在对教师职后教育进行评价时，应采用发展性评价方式，采取自评、互评与他评相结合，定量评价与定性评价相结合，过程性评价与终结性评价相结合、单项评价与综合性评价相结合的评价策略。至于具体选择何种评价方式，则可以根据具体培训目标、培训内容和培训实施阶段有所侧重。同时，学校也应根据自身的特点，根据体育教师专业发展的需要，制定培训目标和具体内容要求，确定适合的评价指标。如采用多证书方式，对参加培训的体育教师学习态度、教育教学研究成果、体育教学技能的掌握水平和课堂教学水平进行多元检测，颁发相应的等级证书，发挥评价对提高体育教师的积极性、形成终身学习理念和自主学习的习惯等积极的导向和激励作用。

参考文献

[1] 安丽娜. 现代体育教学管理研究 [M]. 北京：中国时代经济出版社，2013.

[2] 蔡曼君，芦萍萍，黄慧娟. 信息技术与教学缘何难以深度融合——兼论信息技术应用于课堂教学时需正确处理的几组重要关系 [J]. 电化教育研究，2014（10）.

[3] 蔡跃. 微课程设计与制作教程 [M]. 上海：华东师范大学出版社，2014.

[4] 陈崇高. 浅谈体育教学中引入翻转课堂的意义 [J]. 中国教育学刊，2019（A2）.

[5] 陈丽虹，邓安富. 网络环境下 PBL 教学模式的研究与应用 [J]. 中国远程教育，2010（11）.

[6] 陈丽虹，周莉，吴清泉，等. PBL 教学模式效果评价与思考 [J]. 中国远程教育，2013（01）.

[7] 陈先荣. 创新型人才培养必须从基础教育抓起——对课程目标新增"发现和提出问题的能力"的认识 [J]. 中小学教师培训，2012（8）.

[8] 陈烨. 微课在高校篮球教学中应用的可行性探析 [J]. 运动，2015（22）.

[9] 陈玉琨，田爱丽. 慕课与翻转课堂导论 [M]. 上海：华东师范大学出版社，2014.

[10] 樊晓璇. 微课在大学体育健美操教学中的应用研究 [D]. 宁波：宁波大学，2018.

[11] 方媛. 篮球教学的新模式探索——"微课" [J]. 新课程（下），2016（1）.

[12] 高林溪. 慕课和微课在体育教学中的应用 [J]. 亚太教育，2015（27）.

[13] 韩凤云. 试论如何运用多媒体 CAI 进行体育教学 [J]. 林区教学，2015（05）.

[14] 何海萍. 微信的传播模式研究 [J]. 科技创新与应用，2016（25）.

[15] 胡文骅. 多媒体技术应用基础 [M]. 上海：上海交通大学出版社，2018.

[16] 黄华，陈海鸥. 微课在高职院校篮球教学中应用的可行性 [J]. 长春教育学院学报，2017，33（12）.

[17] 黄月. 浅谈混合式教学的实践与探索 [J]. 科学咨询（教育科研），2020（1）.

[18] 蒋峰. 高职体育混合式教学的创设分析 [J]. 长江丛刊，2018（25）.

[19] 靖鸣，周燕，马丹晨. 微信传播方式、特征及其反思 [J]. 新闻与写作，2014（7）.

[20] 柯清超. 信息化教学设计与教学工具 [M]. 西安：陕西师范大学出版社，2008.

[21] 乐玉忠，张伟. 校园篮球文化建设与教学创新探索 [M]. 北京：中国商业出版社，2018：99.

[22] 李成. 把握信息素养特点 创建学习型自我 [J]. 经济与社会发展，2003，1（03）.

[23] 李丹. 翻转课堂应用教学的现实问题和条件 [J]. 现代中小学教育，2015（12）.

[24] 李启迪，邵伟德. 体育教学基本理论研究 [M]. 北京：北京师范大学出版社，2014.

［25］李瑞杰．微信促进高校体育课堂良性互动的可行性分析与路径探索研究［J］．体育文化导刊，2016（3）．

［26］李喜先．技术：定义、特性及技术系统观［J］．科学（上海），2014（05）．

［27］李悦．初探教师职业认同的形成［J］．科教导刊，2019（35）．

［28］李正平．信息技术的特点及在现代教学中的应用［J］．移动信息，2016（02）．

［29］李政涛．现代信息技术的"教育责任"［J］．开放教育研究，2020，26（02）．

［30］连秋菊．基于 CMOOC 课程模式的网络学习环境设计探讨［J］．科技视界，2014（30）．

［31］连秋菊．基于 CMOOC 课程模式的网络学习环境设计探讨［J］．科技视界，2014（30）．

［32］刘宝林．略论翻转课堂的意义［J］．吉林教育（综合版），2016（c2）．

［33］刘彩平．当代学校武术教育价值刍论［M］．北京：北京体育大学出版社，2011：96．

［34］刘畅．体育教学中翻转课堂应用的理论研究［D］．哈尔滨：哈尔滨体育学院，2019．

［35］刘立文．多媒体课件在体育教学中的辅助作用［J］．信息化教学，2010（19）．

［36］刘珊珊．浅析体育教师角色意识［J］．文体用品与科技，2019，13（13）．

［37］刘洋．普通高校体育教师现代教育技术能力提升的困境与对策［J］．当代体育科技，2016，6（31）．

［38］齐华．整合与建构：信息化教学中教师必备的重要能力［J］．河南教育学院学报（哲学社会科学版），2015（02）．

［39］石彤．谈谈体育教学中多媒体课件的互补作用［J］．快乐阅读（上旬刊），2013（10）．

［40］石永芳．互联网+混合式教学探讨［J］．山西青年，2020（8）．

［41］舒盛芳，高学民．体育教学设计［M］．上海：复旦大学出版社，2013．

［42］孙雨，郝彩娟，罗征．基于腾讯微校的移动智慧校园建设研究［J］．中国管理信息化，2019，22（14）．

［43］汤桢子．素质与素养：内涵的演进与逻辑关联［J］．基础教育研究，2018（19）．

［44］田爱丽，吴志宏．翻转课堂的特征及其有效实施：以理科教学为例［J］．中国教育学刊，2014（08）．

［45］佟晓东，刘铁．体育教学设计与实践［M］．沈阳：东北大学出版社，2009．

［46］王崇喜，体育课程与教学改革研究［M］．郑州：河南大学出版社，2014．

［47］王洪宝．在体育教学中应用多媒体技术的可行性分析［J］．体育时空，2016（06）．

［48］王俊．多媒体技术的应用现状和发展［J］．电子技术与软件工程，2017（05）．

［49］王铃．微课程在高校健美操专业课程中的实践与探索［J］．当代体育科技，2015（25）．

［50］王庭槐．MOOC——席卷全球教育的大规模开放在线课程［M］．北京：人民卫生出版社，2014．

［51］王玮．翻转课堂及其实施思考［J］．教育与教学研究，2015（06）．

［52］王行，吴昭燕．基于微课高职太极拳教学设计实践［J］．文体用品与科技，2018（3）．

［53］王英英．微课在体育教学中的应用研究［J］．当代体育科技，2019，9（18）．

［54］韦贤帅，鲁菲菲．论传统媒体微信公众账号的发展现状与策略［J］．电视指南，2017（24）．

［55］吴海池．浅谈翻转课堂引入高校体育教学［J］．好家长，2017（30）．

［56］吴斓，陈丽．基于扎根理论的cMOOC学习者学习过程的研究［J］．中国远程教育，2019（12）．

［57］吴胜涛．体育教学理念创新与课程改革思考［M］．北京：光明日报出版社，2014.

［58］武琳昭．翻转课堂在大学体育教学中的应用［J］．教育现代化，2017（38）．

［59］向超宗，邢峰．大学体育选项课教程［M］．重庆：重庆大学出版社，2015.

［60］肖博文，肖威．体育微课的类型地位作用研究［J］．赤峰学院学报（自然科学版），2017，33（02）．

［61］徐薇，王敏．多媒体课件在体育教学中的应用［J］．哈尔滨体育学院学报，2012（01）．

［62］闫婷．基于多媒体平台的甘肃省高校体育教育专业排球普修课教学研究——以西北师范大学为例［D］．兰州：西北师范大学，2013.

［63］杨航．翻转课堂模式在高职院校体育教学中的应用研究［J］．信息记录材料，2018，19（06）．

［64］杨惠燕．学校武术教师核心素养的构成与培育［J］．产业与科技论坛，2019，18（24）．

［65］岳峰．翻转课堂教学模式的构成要素浅析［J］．卫生职业教育，2018，36（06）．

［66］曾庆国．微信公众号对武术传播的影响研究［J］．中华武术（研究），2019（1）．

［67］张衡．运用微课优势　提升课堂效率［J］．高中数学教与学，2019（20）．

［68］张磊，吴延丰．微课在篮球教学中的应用研究［M］．体育时空，2017（11）．

［69］张利芳，龚涵睿．"翻转课堂"教学模式在体育教学中的应用研究［J］．教育现代化，2018，5（03）．

［70］张振华，毛振明．学校体育教材教法［M］．北京：北京师范大学出版社，2016.

［71］赵承勇．翻转课堂引入普通高校公共体育教学的理论与方法［J］．青少年体育，2018（11）．

［72］赵光学．体育教学理论与发展探究［M］．长春：吉林大学出版社，2013.

［73］赵会朋．高职院校篮球教学微课的开发与应用模式探讨［J］．体育时空，2018（7）．

［74］周定财．多媒体教学的利弊分析与对策建议［J］．广州广播电视大学学报，2009（02）．

［75］周毅敏．浅析巧用微课提高中职健美操课的高效性［J］．课程教育研究，2015（15）．

［76］周永华，董春峰．慕课环境下的大学体育教学探究［J］．体育世界（学术版），2019（1）．

［77］朱磊，燕艳．山东省高校体育教学中多媒体及网络辅助教学现状的研究［J］．曲阜师范大学学报：自然科学版，2010（01）．

［78］邹扬德．高校教师信息素养的提升策略研究［D］．南昌：江西师范大学，2005.